中国法学会婚姻家庭法学研究会 2023年卷 总第19卷

家事法研究

Researches on Family Law

VOL.2023

主　　编 夏吟兰　龙翼飞

执行主编 马忆南

法律出版社 LAW PRESS · CHINA

北京

图书在版编目(CIP)数据

家事法研究. 2023 年卷 / 夏吟兰, 龙翼飞主编 ; 马忆南执行主编. -- 北京 : 法律出版社, 2023
ISBN 978-7-5197-8234-4

Ⅰ. ①家… Ⅱ. ①夏… ②龙… ③马… Ⅲ. ①亲属法-研究-世界-丛刊 Ⅳ. ①D913.904-55

中国国家版本馆 CIP 数据核字(2023)第 158732 号

家事法研究(2023 年卷)
JIASHIFA YANJIU (2023 NIAN JUAN)

主　　编 夏吟兰　龙翼飞
执行主编 马忆南

责任编辑 董　昱
装帧设计 汪奇峰

出版发行 法律出版社
编辑统筹 法规出版分社
责任校对 张红蕊
责任印制 耿润瑜
经　　销 新华书店

开本 710 毫米×1000 毫米　1/16
印张 21.25　　**字数** 325 千
版本 2023 年 10 月第 1 版
印次 2023 年 10 月第 1 次印刷
印刷 唐山玺诚印务有限公司

地址:北京市丰台区莲花池西里 7 号(100073)
网址:www.lawpress.com.cn
投稿邮箱:info@lawpress.com.cn
举报盗版邮箱:jbwq@lawpress.com.cn

销售电话:010-83938349
客服电话:010-83938350
咨询电话:010-63939796

书号:ISBN 978-7-5197-8234-4
定价:88.00 元

凡购买本社图书,如有印装错误,我社负责退换。电话:010-83938349

《家事法研究》

卷首语

本书是对中国法学会婚姻家庭法学研究会(以下简称研究会)2022年学术年会研讨主题的荟萃与呈现。随着《民法典》的深入贯彻实施,研究会对《民法典》婚姻家庭编、继承编的理论和实践的研究愈加精细化和专业化,作为研究会主办的学术连续出版物《家事法研究》也体现出愈来愈高的学术水准。研究会2022年学术年会主题是进一步推进《民法典》婚姻家庭编、继承编的理解与适用,设置了"中华传统家庭美德的传承与现代化""身份法基本原理""家庭关系""继承权""遗产管理""监护"等若干议题。本书选取了部分学者提交的年会学术论文,另外选取了部分学者已经发表和未发表的相关学术论文,编为四个专题。这些论文研究方法恰当,研究结论可靠,富有创新性思想,具有重要理论意义和较大应用价值。更重要的是,这些论文所讨论的议题皆是《民法典》婚姻家庭编、继承编贯彻实施以来的重要问题和热点问题。本书以专题形式编排,能够比较好地聚焦这些议题。

第一专题"'身份关系协议'的法律适用"。薛宁兰、崔丹《身份关系协议的识别、类型与法律适用》一文提出,身份关系协议并非合同,应将其置于身份法理论构造中予以识别和判断。身份关系协议的性质或者具有纯粹身份性,或者具有身份附随性。身份关系协议类型包括:纯粹的身份协议与附随身份的财产协议、身份法明确规定的身份关系协议与符合身份法理念要求的身份关系协议。身份关系协议的法律适用以婚姻家庭编规则为首要,以参照适用合同编为补充。

冉克平《"身份关系协议"准用〈民法典〉合同编的体系化释论》一文认为,身份关系协议可以被类型化为纯粹身份关系协议、身份财产混合协议以及身份财产关联协议,三者的伦理性渐次减弱而财产性趋强。法官在个案中既要依据婚姻、收养和监护等身份关系协议的事实构成和性质来评价和发掘合同编和总则编之中被援引法条的规范意旨,还要论证该规范意旨与婚姻家庭编的原则以及待决身份关系协议的伦理属性不相排斥,避免“参照适用”条款沦为交易规则过度市场化、工具化身份关系协议和“反噬”家庭法的通道。

夏江皓《情事变更制度在与离婚相关的财产协议中的参照适用——以婚前协议为例》一文指出,基于与离婚相关的财产协议本身具有的特殊性和情事变更制度的规范意旨,在与离婚相关的财产协议中引入情事变更制度十分必要。在参照适用情事变更制度时,需要把握与离婚相关的财产协议的家庭伦理属性及该种协议与一般商业交易协议的不同特点,对情事变更法律规则的构成要件和法律效果进行有针对性的法律解释。

石雷《功能主义视域下夫妻财产约定的体系释论》一文尝试在功能主义视域下解释夫妻财产约定的体系,认为夫妻财产约定制度应涵摄夫妻间赠与,《民法典》第 464 条第 2 款和《婚姻家庭编解释一》第 32 条其实是对夫妻财产约定制度的增补和完善。对夫妻财产约定效力的判定,应立足其规范功能先从《民法典》体系视角审查夫妻财产约定是否有效,优先考虑适用《民法典》第 1065 条。不能适用第 1065 条时,则按照《民法典》婚姻家庭编基本原则的指引,根据案件事实结合规范意旨采用区分适用的规则。

第二专题“婚姻中的房产问题”。汪洋《婚姻关系中房产归属与份额的理论重构》一文提出,婚姻关系中房产归属与份额的认定应当契合国家治理层面提升结婚率和生育率的价值立场。父母出资的资金归属应与子女购房的房产归属完全脱钩,各种类型的父母出资行为都被推定为父母仅针对自己子女一方的赠与。房屋产权登记应与夫妻内部房产归属完全脱钩,夫妻共同财产制和物权变动各自产生内部与外部效力。夫妻间赠与房产不直接发生物权效力,但直接产生夫妻内部归属效力,赠与方不享有任意撤销权。登记权利人对共同财产的单独处分属于有权处分,仅当无偿或低价转让的财产超过共同财产一半份额以上才类推适用债权人撤销权救济。夫妻内部房产归属的重要性弱于份额认定,夫妻享有的份额仅与资金来源挂钩,个人财产购房的婚后增值归入个人份额。离婚时若双方均主张产权、财产状况水平大致相当以及均同意竞价,通过竞价决定产权归属,否则优先考虑婚前购房首付一方或者出资份额多的一方获得房产,并对另一方价值补偿。

李洪祥、陈凤《论父母为子女出资购房的赠与性质》一文认为,父母为子女出资购房的纠纷情况复杂,在司法裁判中,同案不同判的现象很常见。有必要在《民法典》和《关于适用〈中华人民共和国民法典〉婚姻家庭编的解释(一)》规定的框架下,明确界定在没有特别约定的情况下,父母为子女出资购房的性质推定为赠与。同时,结合我国具体国情,以诚信为核心适用《民法典》婚姻家庭编、合同编关于赠与的规则,以达至公平和统一裁判尺度的目的。

田韶华、元泉《父母为子女婚后购房出资性质认定中的法律问题》一文指出,在父母为子女婚后购房出资性质的认定中,司法实践存在解决路径上的误用以及忽视性质认定中的利益融合状态的问题。在《关于适用〈中华人民共和国民法典〉婚姻家庭编的解释(一)》第29条第2款适用过程中应准确把握该规范的适用前提,即其仅适用于父母为子女婚后购房出资赠与性质明确但赠与对象不明的情形,将其作为赠与之法律推定规范有失妥当。在父母意思表示不明的情形下,需回归意思表示解释制度对父母的意思予以认定。在意思表示解释过程中要基于家庭的整体性作出利益衡量,根据父母出资的目的将出资认定为特殊赠与或借贷。在将父母出资认定为特殊赠与的情形下,于子女离婚的情形,有情事变更规则适用的余地。而在将父母出资认定为借贷的情形下,则在所购房屋系夫妻共同房屋的情形下,该笔债务应认定为夫妻共同债务。

雷春红《离婚当事人约定的"赠与子女财产"条款研究》一文提出,当事人离婚时约定将共同财产赠与子女,此类约定虽然具有赠与的性质,但不宜适用《民法典》关于赠与合同的规定。"赠与子女财产"条款属于"特殊赠与",对双方当事人具有法律约束力,一方或双方当事人均不能任意撤销。受赠子女有权请求父母履行赠与义务,此项权利属于债权请求权,受时效制度的限制。对于不动产的赠与,在办理产权变更登记前,外部债权人申请强制执行的,在符合特定要件的情形下,受赠子女有权提起执行异议之诉排除强制执行,以实现利益的平衡。

第三专题“家庭关系新论”。邓丽《个体—家庭离合关系的法律呈现与应对》一文认为,《民法典》视域下的个体—家庭关系,突破了家庭一体观的局限,同时也显现出家庭本位观的危机,喻示着以个体本位为基础的家庭治理新路径:家庭成员的姓名权、人身自由权等回归民事权利体系,婚姻家庭对不法行为、伤害行为所具有的屏障效应正在逐步清除;家庭成员在婚姻家庭共同财产中的权益和责任更加明确,积极财产可以析分,消极财产可以划界,非物质贡献可以补偿。《民法典》所宣示的“婚姻家庭受国家保护”,具有多重解释意蕴,一方面指向私法中的婚姻家庭权益,另一方面导向社会保障和社会福利范畴中的家庭友好政策,由此贯通整个家事法域。

李琦、曹贤信《夫妻分居期间扶养义务的减损逻辑》一文针对学界关于夫妻分居期间扶养义务的“维持说”、“取消说“和“减损说”等三种观点,指出前两种观点不可取,后一种观点有待加强伦理正当性论证。夫妻双方以别体主义为前提,主观伦理共同体在婚姻关系正常阶段(分居前)必然会实现互利价值;而在分居期间则不必然,分享利益的感情基础已然或正在衰退,使夫妻扶养义务在顺应伦理共同体向个体化的转化过程中出现减损甚至取消可能。客观伦理共同体的历史传承使命与人权保障义务要求夫妻双方相互负责,即使分居也要维持扶养义务的履行,至少保障对方的基本生活。基于主客观伦理共同体的交互作用,夫妻分居期间的扶养义务应然减损至基本生活保障程度,夫妻一方或双方均能在这种最低限度的共识中获得道德自由。因此,立法上应明确夫妻“分居权”及此期间的权利义务自主权,且规定基本生活保障的扶养底限及期限,而司法上应以实际生活的扶养需要为依据裁判此类纠纷。

王倩《〈民法典〉视域下分居探望权的困境与出路》一文认为,《民法典》第 1086 条未规定分居探望权,可从四种路径分析《民法典》视野下分居探望权的适用规则:一是类推适用《民法典》第 1086 条关于离婚探望权的规定;二是将分居探望权解释到《民法典》第 1068 条关于父母教育、保护子女的权利义务中,进而适用该条的规定;三是通过发布分居探望权司法解释统一法院的裁判标准;四是发布分居探望权纠纷的指导性案例,作为法院审理类似分居探望权纠纷时的参考依据。发布司法解释和指导性案例可以与类推适用《民法典》第 1086 条的路径同时适用,或者与直接适用《民法典》第 1068 条的路径同时适用。

第四专题“遗产管理研究”。在我国遗产管理人制度中,制作遗产清单、处理被继承人的债权债务等是遗产管理人的重要职责。遗产债务申报通知与公告制度有利于准确地制作遗产清单、及时确定遗产债务的范围。陈苇、刘宇娇《我国〈民法典〉遗产债务申报通知与公告制度立法完善研究》一文指出,我国《民法典》继承编只规定了继承开始的通知制度,欠缺公告制度,并且被通知对象没有明列遗产债权人等利害关系人。这导致有些遗产债权人等遗产利害关系人不能及时申报对遗产的权利,不利于保护遗产债权人的利益和维护交易安全。该文在考察我国民众观念与民间习惯,汲取域外立法经验基础上,针对我国遗产债务申报通知与公告制度之不足,从中国实际出发,提出了我国遗产债务申报通知与公告制度的补充完善之立法构想。

石婷《〈民法典〉遗产管理制度释论:演绎逻辑与制度再构》一文认为,我国《民法典》继承编首次确立了遗产管理制度,体现了立法的重大进步与创新。在外部制度衔接上与内部制度规则构建中,建议结合我国国情与民众继承习惯,遵循遗产管理制度的演绎特性与价值追求,从制度外部衔接以及制度内部结构进行优化再构,以实现制度的价值效用,推进该制度在我国的有效落地。

梁琳、张婷娟《我国遗产管理人职责研究》一文认为,《民法典》以问题为导向,直面社会发展中的新情况,针对性地规定和完善了遗产管理人制度。但遗产管理人制度在遗产管理人的职责方面仍存在欠缺之处,如遗产清单制度和公示催告债权人职责内容不完善、职务终止事由的欠缺以及遗产管理人失职行为的责任承担方式不健全。完善遗产管理人职责的内容确有必要。

本人曾经是《家事法研究》2011 年卷的执行主编,十二年后再次担任 2023 年卷的执行主编,毫不夸张地说,《家事法研究》记录了研究会的研究能力发展强大和年轻学者人才辈出的历程,《家事法研究》对我国家事法研究的长期性持续性学术贡献毋庸置疑。

本书的出版首先感谢各位作者慷慨赐稿和耐心修改打磨,感谢路德珍老师的编辑校对,也感谢法律出版社的编辑和工作人员冒着北京罕见的高温酷暑坚持工作,使得本书顺利出版。

马忆南

2023年8月26日

目　录

第一专题

“身份关系协议”的法律适用

身份关系协议的识别、类型与法律适用*

薛宁兰　崔　丹**

摘　要　身份关系协议并非合同，应将其置于身份法理论构造中予以识别和判断。身份关系协议应为身份法规则明确承认或者符合身份法理念和原则要求的，以产生、消灭、变更身份关系或附随身份的财产关系为内容的协议。身份关系协议的性质或者具有纯粹身份性，或者具有身份附随性。身份关系协议主要特征包括法定性、身份性、伦理性、专属性和要式性。依据不同标准，身份关系协议类型包括：纯粹的身份协议与附随身份的财产协议、身份法明确规定的身份关系协议与符合身份法理念要求的身份关系协议。身份关系协议的法律适用以婚姻家庭编规则为首要，以参照适用合同编为补充。

关键词　身份关系协议　识别要素　类型　法律适用

---

* 本文发表于《法治研究》2022年第4期。本文受国家社科基金项目"儿童本位的亲子关系立法研究"（项目号：18BFX186）和中国社会科学院大学（研究生院）研究生科研创新支持计划项目"民法典中身份协议的效力认定及法律适用"（项目号：2022－KY－39）的资助。

** 薛宁兰，中国社会科学院法学研究所研究员、博士生导师，研究方向：民法、亲属法；崔丹，中国社会科学院大学法学院博士研究生，研究方向：亲属法、性别法。

一、问题的提出

在我国民法体系中,1999 年《合同法》(已失效)第 2 条第 2 款首先确定“婚姻、收养、监护等有关身份关系的协议”[①],适用其他法律的规定,即身份关系协议完全排除合同法适用。[②] 2020 年《民法典》对此规则作出重要改变,不再完全否定身份关系协议对合同编规定的适用,在有关身份关系的法律没有规定前提下,可以根据身份关系协议的性质参照适用合同编。[③] 从《民法典》体系化和现实需求角度考察,这一变化至少具有两点进步意义:一方面,“参照适用”条款可以为婚姻家庭编的制度与规范缺漏提供有效供给;另一方面,回应司法实践的现实需求,可在一定程度上避免无法可依的局面。而从身份法[④]理念和价值导向方面考量,尽管立法仍坚持身份关系协议优先和穷尽适用身份法的原则和立场,但是,赋予身份关系协议在财产法上一定程度的适用空间,会带来交易规则过度侵入身份关系调整法则的风险,对身份法价值理念产生冲击,容易造成价值导向趋于工具理性。如此担忧源于身份法与财产法之间具有价值理念和结构内容上的显著差异,前者在于维系家庭,实现家庭的社会职能,后者追求和实现经济利益,以利己主义为价值导向。尽管身份法也调整一定的财产关系,但这种财产关系和财产法所调整的财产关系是不同的。后者一般具有等价、有偿的特点,而前者调整的财产关系是基于一定的身份关系,不存在等价、有偿的特点。[⑤] 婚姻家庭伦理有别于财产交易伦理,应防止婚姻家庭关系在市场经济大潮裹挟下由温情脉脉的“人伦关系”全面走向“冰冷”的物化关系。[⑥] 由此,对于身份关系协议的法律适用,尤其在身份法规范供给不足情况下,仍应保持警醒,

---

① 学界普遍将“婚姻、收养、监护等有关身份关系的协议”统称为“身份关系协议”,也有个别学者将其称为“身份协议”,两者实为同一概念,仅为称谓不同。本文讨论的“身份关系协议”特指亲属身份关系协议。

② 原《合同法》(已失效)第 2 条第 2 款规定:“婚姻、收养、监护等有关身份关系的协议,适用其他法律的规定。”

③ 《民法典》第 464 条第 2 款规定:“婚姻、收养、监护等有关身份关系的协议,适用有关该身份关系的法律规定;没有规定的,可以根据其性质参照适用本编规定。”

④ 本文所言的“身份法”,在我国民法体系中仅指婚姻家庭法,不包括继承法。

⑤ 参见巫昌祯:《婚姻法论》,中央广播电视大学出版社 1986 年版,第 6 页。

⑥ 参见薛宁兰:《婚姻家庭法定位及其伦理内涵》,载《江淮论坛》2015 年第 6 期。

对不同协议的法律适用具体分析。

学界关于身份关系协议法律适用问题的讨论层出不穷①,整体更倾向于以身份关系协议类型划分为基础,探究不同类型身份关系协议如何参照适用合同编乃至总则编具体规则,几乎囊括现实生活中各种与亲属身份关系相关的协议,而对于身份关系协议的认定和识别则关注较少。相较而言,后者恰恰属于身份关系协议法律适用的重要前提,更是婚姻家庭法从立法体例上完成向《民法典》回归后,贯彻《民法典》内在价值并保持其相对独立性所应亟须解决的核心问题。学界对身份关系协议认定标准不同,进而导致对身份关系协议效力认定和法律适用问题争议不断。基于此,本文拟从身份关系协议的理论基础出发,对身份关系协议的识别与类型进行探讨,并将《民法典》第 464 条第 2 款规定作为解释论基础,进而展开对身份关系协议法律适用问题的阐释。

二、身份关系协议的识别

随着社会发展,民众自我意识和权利意识提升,市场经济规则逐渐由经济领域渗透到婚姻家庭领域。财产法的工具理性思维侵入婚姻家庭内部,重视权利和自我实现的个人主义迅速兴起,导致婚姻家庭伦理观念减弱,婚姻家庭内部通过协议为双方设定权利、义务的现象屡见不鲜,意欲通过协议构建身份关系。现实生活中,当事人之间除签订夫妻财产约定、离婚协议、收养协议、解除收养协议等身份法中明确承认的协议外,还签订了法律没有规定的所谓“新型”婚姻家庭内部协议,如夫妻“忠诚协议”、夫妻“空床费”协议等,大多数学者将这些“新型”协议一并纳入身份关系协议范围②,仅在其效力和法律适用方面争议较大。身份关系协议并非合同,应为身份法调整,也受到身份法上之行为特性影响,因此对于是否属于身份关系协议的识

① 参见申晨:《〈民法典〉视野下婚内协议的效力认定》,载《法学评论》2021 年第 6 期;韩世远:《法典化的合同法:新进展、新问题及新对策》,载《法治研究》2021 年第 6 期;冉克平:《“身份关系协议”准用〈民法典〉合同编的体系化释论》,载《法制与社会发展》2021 年第 4 期;张平华:《〈民法典〉合同编的体系问题》,载《财经法学》2020 年第 5 期;王雷:《论身份关系协议对民法典合同编的参照适用》,载《法学家》2020 年第 1 期等。

② 参见冉克平:《“身份关系协议”准用〈民法典〉合同编的体系化释论》,载《法制与社会发展》2021 年第 4 期;王雷:《论身份关系协议对民法典合同编的参照适用》,载《法学家》2020 年第 1 期。

别和判断应当持谨慎态度,既不能过于开放,也不能简单、机械地将与身份关系有关或者存在于婚姻家庭内部的所有协议统统纳入身份关系协议范畴。当前司法实践中因婚姻家庭内部协议产生的大量纠纷,因法官认识不同,“同案不同判”现象比较突出,其首要根源在于对身份关系协议认识不清。由此,识别身份关系协议,确定身份关系协议的性质和特征,对于解决实践矛盾具有重要意义。

(一)身份关系协议与合同之辨

关于身份关系协议是否属于合同的争议早已存在,形成肯定说和否定说两种见解。两种学说争议起点在于对我国法律中“合同”概念的范围认识不同,前者认为合同应采广义概念,身份关系协议就是合同;[①]后者则认为合同应采狭义概念,仅指财产关系协议,不包括身份关系协议。[②]《民法典》颁布之后,有学者指出,根据《民法典》第 464 条的规定,立法者是将协议作为合同的属概念,从语义角度看,作为民事法律关系的协议,包括人身关系协议与财产关系协议,但从体系上看,依据该条第 2 款,合同编关于合同的规定,不能直接适用于身份关系协议,因此该条第 1 款所称协议,限于财产关系协议。[③] 本文赞同该观点,具体而言,身份关系协议并非合同的理由有三:

---

① 肯定说认为,身份关系协议是《合同法》中的合同。我国《合同法》采纳的是广义的合同概念,即除债权合同外,还可包括物权合同及其他合同。只有这样,《合同法》第 2 条第 2 款明确将身份合同排除在《合同法》的规范范围之外才有意义。参见韩世远:《合同法总论》(第 4 版),法律出版社 2018 年版,第 5 页。还有观点认为,《合同法》第 2 条第 2 款只是表明“婚姻、收养、监护等有关身份关系的协议”不适用《合同法》,却未必意味着否认身份契约(合同)之概念。参见朱庆育:《民法总论》,北京大学出版社 2013 年版,第 145 页。也有学者从我国现行法出发,认为结婚、收养等无不强调当事人自愿,其核心内容就是意思表示一致,由此可见,身份关系协议就是合同。参见田士永:《论合同变动的民事权利义务关系》,载《华东政法大学学报》2017 年第 3 期。

② 持否定说的学者认为,身份关系协议不是《合同法》中的合同。例如,梁慧星教授认为,《婚姻法》(已失效)规定的结婚、双方自愿离婚、收养以及《继承法》(已失效)规定的遗赠扶养协议都是合意,但不属于合同。参见梁慧星:《论我国民法合同的概念》,载《中国法学》1992 年第 3 期。还有学者认为,《合同法》所规范的合同是平等主体之间设立、变更、终止民事权利义务关系的协议,仅就文义而言,难以准确判断此处所谓协议的类型和含义,但是根据《合同法》第 2 条第 2 款的规定,婚姻、收养、监护等有关身份关系的协议适用其他法律的规定可知,此处的协议不包含身份合同。参见崔建远主编:《合同法》(第 6 版),法律出版社 2021 年版,第 1 页。

③ 参见朱广新、谢鸿飞主编:《民法典评注:合同编通则》,中国法制出版社 2020 年版,第 11 页。

1. 协议与合同的词义内涵不同

《民法典》第464条第1款将"合同"定义为"民事主体之间设立、变更、终止民事法律关系的协议",可见立法严格区分"合同"与"协议"两概念,后者是前者的属概念。据梁慧星教授考证,"协议"一词具有动词和名词两种用法,作动词用时,其含义等同于协商;作名词用时,具有两种含义:一是等同于"合意";二是与"合同"同义。但其严格意义应为"合意",原《民法通则》中的"协议"一词①,应解释为"合意"。② 由此可见,从称谓上讲,身份关系协议不能直接称为身份合同,"依据现今中国民法立法和理论,平等主体之间有关财产关系的双方行为称为合同;平等主体之间有关身份关系的双方行为称为协议"③。

2.《民法典》采狭义合同概念

作为法律概念的合同,有广义与狭义之分。狭义合同概念专指以发生债权债务为内容之合意。广义合同概念则凡以发生私法上效果为目的之合意皆属之。④《民法典》关于"合同"的定义中以"民事法律关系"取代原《合同法》中的"民事权利义务关系"⑤,立法机关的解释强调⑥,将"民事权利义务关系"修改为"民事法律关系"是为了与《民法典》总则编第5条⑦表述相统一。学界也认为,民事法律关系即民事权利义务关系,两者只是表述差异,并无实质不同。⑧ 可见,这一修改只是表达上的考虑,并非调整了合同的概念范围,仍与原《合同法》对于"合同"概念范围的界定保持一致。应予强调的是,从原《合同法》立法史料中关于"合同"概念范围的解释来看,合同仅

---

① 参见《民法通则》(已失效)第85条规定:"合同是当事人之间设立、变更、终止民事关系的协议。依法成立的合同,受法律保护。"

② 参见梁慧星:《论我国民法合同概念》,载《中国法学》1992年第3期。

③ 梁慧星:《民法总论》(第5版),法律出版社2017年版,第165－166页。

④ 参见史尚宽:《债法总论》,中国政法大学出版社2000年版,第7－8页。

⑤ 我国原《合同法》第2条第1款规定:"本法所称合同是平等主体的自然人、法人、其他组织之间设立、变更、终止民事权利义务关系的协议。"

⑥ 参见黄薇主编:《中华人民共和国民法典合同编释义》,法律出版社2020年版,第9页。

⑦ 参见《民法典》第5条规定:"民事主体从事民事活动,应当遵循自愿原则,按照自己的意思设立、变更、终止民事法律关系。"

⑧ 参见梁慧星:《民法总论》(第5版),法律出版社2017年版,第58页。

指债权债务关系,并不包含身份关系协议。[①] 由此,《民法典》仍系采狭义合同概念,身份关系协议不属于合同范畴。

3. 身份关系协议与合同的属性不同

身份关系协议是婚姻、收养、监护等有关身份关系协议的统称,此类协议是以设立、变更或终止身份关系[②]为内容,存在伦理和情感联系,以价值理性为导向,具有身份属性;一般财产性合同是以设立、变更或终止财产关系为内容,属于市场交易,要求等价、有偿,以工具理性为导向,具有财产属性。由于两者属性不同,故不能将身份关系协议纳入合同范畴。

(二)身份关系协议的识别要素

《民法典》第464条第2款所述"婚姻、收养、监护等有关身份关系的协议"是对身份关系协议范围[③]的界定。然而,对待身份关系协议不能以孤立的眼光分别审视"身份关系"和"协议",再将两者简单相加,应当以整体性、统一性视角来认识,切不可泛化理解身份关系协议的内涵。"身份关系协议"目前尚不是法律上的概念,一直被作为"婚姻、收养、监护等有关身份关

---

① 在当初学者起草的"《合同法》建议草案"中第2条规定:"合同是当事人之间设立、变更、终止债权债务关系的协议。"显然是采狭义合同概念。但在修改和审议过程中,有的委员、部门和专家提出,鉴于对"债权债务关系"一词容易产生不同理解,对《合同法》调整范围的表述还是用"民事权利义务关系"为好,于是该条将"债权债务关系"改为"民事权利义务关系"。参见胡康生主编:《中华人民共和国合同法释义》(第3版),法律出版社2013年版,第3页。对此,学者们关于我国合同采广义还是狭义概念存在不同见解。认为采广义概念的学者认为,单纯从字面理解,《合同法》第2条所规定的"民事权利义务关系"与"债权债务关系"语义不同,对"民事权利义务关系"也不应当作限制解释使之与"债权债务关系"同义,《合同法》最终没有采纳狭义的合同概念,而是采纳了广义的合同概念,只是明确将身份合同排除在《合同法》的规范范围之外。参见韩世远:《合同法总论》(第4版),法律出版社2018年版,第5页。认为采狭义概念的学者认为,我国民法中的合同概念,属于狭义概念,其定义应为当事人之间设立、变更、终止债权债务关系的合意。参见梁慧星:《论我国民法合同概念》,载《中国法学》1992年第3期。也有学者认为,《合同法》中所称的合同是狭义上的合同概念,主要是指债权合同。参见江平主编:《中华人民共和国合同法精解》,中国政法大学出版社1999年版,第3页。

② 身份关系包括纯粹身份关系和身份财产关系。身份法包括纯粹亲属的身份法和身份财产法。参见陈棋炎:《亲属、继承法基本问题》,台北,三民书局1980年版,第1页。

③ 婚姻关系、收养关系和监护关系都是身份关系,但身份关系并不限于这三者,在各种身份关系中均会涉及一些协议,因此,该款采用列举加概括的立法技术确定了身份关系协议的范围,它主要是但不限于婚姻、收养和监护等身份关系中所涉及的身份关系协议。该款中的"等"字实际上是不适宜全面列举身份关系范围而作的立法技术精简处理,并非对身份关系协议任意性的肯认。

系的协议"的统称为学界所阐述。正是不同学者对这类协议的内涵范围认识不同,导致学界对于"身份关系协议"的认识不同,始终未能形成统一的观点。我们认为,将"身份关系协议"作为法律概念有助于在学理上加深对"身份关系协议"的理解。由此,对于身份关系协议的识别,应当在明晰婚姻、收养、监护等有关身份关系的协议的一般性内容基础上,提炼出其运行法则,以明确"身份关系协议"的含义。

民法调整自然人之间的身份关系和财产关系,民事法律行为也相应地分为身份行为和财产行为。判断某一行为属于身份行为抑或财产行为,主要看该行为能够直接产生、消灭或变更哪种法律关系。① 婚姻、收养、监护中有关身份关系协议的意思表示均在于发生身份变动效果,这类协议均能够直接产生、消灭或变更身份关系②,而非财产关系。即使协议中具有财产关系变动内容,但该财产关系变动以身份关系为前提,具有强烈的身份依附性,与其他平等民事主体之间的财产法律行为有着本质区别。例如夫妻财产约定,尽管该约定以财产关系变动为内容,但该财产关系依附于夫妻身份而存在。因此,夫妻财产约定是一种附随身份的财产行为,仍应属于身份行为范畴。至于收养协议、解除收养协议则以发生纯粹身份上的变动效果为内容,不具有财产内容,属于纯粹的身份行为。

收养协议和夫妻财产约定作为身份关系协议的典型,两者分别代表着身份关系协议的两大内容,即产生、消灭纯粹的身份关系与产生、消灭或变更附随身份的财产关系。由此,判断一项协议是否属于身份关系协议,应当根据该协议的内容,协议内容要么产生、消灭纯粹的身份关系,要么产生、消灭或变更附随身份的财产关系。前者由纯粹的亲属身份法调整,后者则由亲属身份财产法调整。

除此之外,身份关系协议还应符合身份法的要求,或者为身份法所明确规定,或者不违反身份法的基本理念与原则。《民法典》第 464 条第 2 款明

---

① 参见丁慧:《身份行为基本理论的再认识》,载《法学杂志》2013 年第 1 期。

② 需要特别强调的是,对于纯粹身份关系而言,由于其"统体性"和"法定性"特点存在,纯粹身份关系的变动只具有"产生和消灭"效果,而不存在"变更"的可能。而身份财产关系(附随身份的财产关系)具有财产属性,其变动可具有产生、消灭和变更的效果。参见张作华:《亲属身份行为的分类研究》,载《政法论坛》2009 年第 3 期。

确强调身份关系协议适用有关该身份关系的法律规定,身份关系由婚姻家庭法调整。尽管我国婚姻家庭法完成了从独立法律部门到回归民法典体系的转变,但其固有的普遍性、伦理性、习俗性、团体性和强制性等鲜明特质决定了在民法体系中,它具有相对独立性,婚姻家庭法的这些特性也给意思自治提出了限度性要求。具言之,在私法自治前提下,民事主体可以依其意愿创立法律关系,只要符合法律普遍承认的秩序原则和公序良俗的要求。需要强调的是,这一要求对于财产行为和身份行为的作用力存在明显差别。[①] 在财产法领域,意思自治可以得到充分、独立展示。相对而言,在身份法中,意思自治是有限度的,身份法的伦理性、习俗性、强制性等特性决定了其必须始终警惕主体的放任行为对婚姻家庭关系的破坏,重在强调个人对婚姻和家庭的责任。对婚姻家庭关系的调整除坚持平等原则外,还要充分考虑情感因素和对弱者的保护,在身份法领域强调不劳者不得食和等价交换,是徒劳无功的。[②] 由于婚姻家庭法中权利与义务带有浑然一体不可分割的属性,因此当事人的意思自治必然受到法律的限制。意思自治的限度性要求决定了身份关系协议的签订在自愿的前提下还应符合身份法的要求,不能持肆意、放任态度,行为人一旦进入法律预定的身份关系中,便只能在这个规则框架内活动,否则身份行为的合法性便得不到法律确认,行为人的意思自治的范围为身份法预先确定,应当在身份法要求的范围内行使权利和履行义务,行使权利的自由度受到一定限制。[③] 由此,除了法律对身份关系协议的内容有要求外,身份关系协议还应当为身份法规则所确认或符合身份法理念要求,否则即使内容为产生、消灭、变更身份关系或附随身份的财产关系的协议,因其得不到身份法规范的确认或者违背身份法理念要求,仍然不属于身份关系协议。例如夫妻"忠诚协议""空床费"协议等,它们未被身份法认可,甚或违背身份法的伦理性,故不属于身份关系协议范畴,实践中可作为自然债处理。

基于此,识别身份关系协议时应当结合两大要素:一是协议内容为产

---

① 参见丁慧:《身份行为基本理论的再认识》,载《法学杂志》2013年第1期。

② 参见杨遂全:《新婚姻家庭法总论》,法律出版社2001年版,第14-15页。

③ 参见丁慧:《身份行为基本理论的再认识》,载《法学杂志》2013年第1期。

生、消灭、变更身份关系或附随身份的财产关系;二是协议必须为身份法规则明确规定允许或不违反身份法的基本理念与原则。综上,可将身份关系协议定义为:身份法规则明确承认或者符合身份法理念和原则要求的,以产生、消灭、变更纯粹身份关系或附随身份的财产关系为内容的协议。

(三)身份关系协议的性质及特点

基于身份关系协议识别要素中的内容要求,可以确定身份关系协议的性质。不同内容的身份关系协议,其性质也应当有所不同。[①] 详言之,产生、消灭纯粹身份关系的身份关系协议,内容上仅发生纯粹身份上的变动效果,因此该类协议具有纯粹身份性;而产生、消灭或变更附随身份的财产关系的身份关系协议,由于其内容发生附随身份的财产关系变动,兼具身份法上的身份性、伦理性以及财产法上的契约性质,该类协议具有身份附随性。

根据身份关系协议的定义和性质,身份关系协议具有以下鲜明特征:第一,法定性。身份关系协议或者为身份法规则所明确承认,或者符合身份法理念和原则要求,其内涵必定为身份法所框定,因此法定性是身份关系协议的重要特征。第二,身份性。身份关系协议不可能脱离身份关系而存在,即使是财产内容也对身份关系具有强烈的依附性,与一般意义上的纯粹财产性内容具有明显差异。第三,伦理性。身份关系具有浓厚伦理特性,即便是附随身份的财产关系变动的身份关系协议也不能将其等同于一般意义上的合同。身份法的价值目标在于维系家庭,实现婚姻家庭的社会职能,身份关系协议与身份关系密不可分,深受身份法品格之作用,同样具有强烈的伦理性。第四,专属性。身份关系协议虽以协议为表现形式,但只能在具有特定身份的当事人之间发生效力。第五,要式性。身份关系协议发生身份法上之变动效果,或者表现为纯粹身份关系变动,或者为附随身份的财产关系变动。这些都属于亲属的身份共同生活关系,对于社会秩序具有重要影响,必须严格遵守法律规定的形式与程序,以维护社会秩序的安定。

---

① 我国台湾地区民法学者的代表性观点,根据身份行为是否具有财产内容为标准,将其划分为纯粹的身份行为与身份财产行为。参见陈棋炎:《亲属、继承法基本问题》,台北,三民书局1980年版,第124页。依此观点,本文认为,具有纯粹身份上变动效果的身份关系协议,其内容具有纯粹身份性;具有附随身份的财产关系变动的身份关系协议,其内容具有身份附随性。

三、身份关系协议的类型

依据不同的标准可对身份关系协议作出不同划分。由于学界对身份关系协议内涵认识不同,对其类型划分也存在较大差异。身份关系协议类型划分应基于身份关系协议的识别要素,在身份法框架内,根据协议性质在其范围限度内进行。

在既有研究成果中,有学者结合亲属身份生活秩序和家庭法的内在目的,认为《民法典》中的身份关系协议可以分为三种类型:一是纯粹身份关系协议,包括结婚协议、收养协议与收养解除协议等;二是身份财产混合协议,包含基于身份关系而发生或解除的财产协议(如婚内夫妻财产协议、离婚及财产分割和子女抚养协议、离婚财产补偿协议、离婚给予子女财产协议)与有关身份权利行使和义务承担并附带金钱给付的协议(如夫妻“忠诚协议”)等;三是身份财产关联协议,包括近亲属之间的意定监护协议、协议监护协议、委托监护协议、遗产分割协议、遗赠扶养协议、继承协议等。[①] 还有学者认为,合同规则在身份关系协议中的适用应当对于不同的身份关系协议分别考虑,由此根据相关协议中身份性的强弱为标准,将身份关系协议区分为三类:第一类是纯粹的有关身份关系的协议。例如,结婚协议、离婚协议等。第二类是基于身份关系作出的与财产有关的协议约定。例如,夫妻双方订立的婚内财产制协议和离婚中财产分割协议等。第三类是纯粹的财产协议。例如夫妻间的赠与协议、遗赠扶养协议。[②] 也有学者对身份关系协议分别从包含财产权益内容的身份关系协议和收养、监护、赡养、遗赠扶养等有关身份关系的协议两个层面展开研究。[③] 除此之外,有学者认为,身份协议可以依不同标准进行分类。例如,依法律法规有无规定为标准,可将身份协议区分为法有规定的身份协议和法无规定的身份协议,前者如夫妻财产

---

① 参见冉克平:《“身份关系协议”准用〈民法典〉合同编的体系化释论》,载《法制与社会发展》2021 年第 4 期,第 85 页。

② 参见王利明主编:《中国民法典释评:合同编通则》,中国人民大学出版社 2020 年版,第 14-15 页。

③ 参见王雷:《婚姻、收养、监护等有关身份关系协议的法律适用问题——〈合同法〉第 2 条第 2 款的解释论》,载《广东社会科学》2017 年第 6 期。

约定、离婚协议、收养协议和解除收养协议;后者如“忠诚协议”、禁止家庭暴力协议、同居义务协议、生育协议等。还可以参照合同法关于有名合同、无名合同的分类,将身份协议分为有名身份协议和无名身份协议。[①]

由此可见,当前研究存在一个共性问题:将现实生活中出现的各种与亲属身份关系相关的协议均纳入身份关系协议范畴,特别将具有亲属身份的当事人之间签订的法律没有规定的各种协议也算作身份关系协议。这种做法势必会扩大身份关系协议的范围和类型,因为所有身份法上没有细化或禁止的条文,当事人均可能依此订立协议,比如实践中出现的夫妻“忠诚协议”“空床费协议”“晚归协议”等。若将这些协议纳入身份关系协议范畴,恐将导致权利滥用,突破身份法中意思自治限度要求,将会产生一系列不良影响,对婚姻家庭的稳定造成冲击。正如有学者所言,“法外空间”映照着国家对社会的容让度和国家治理智慧。[②]“在当前中国语境下,‘婚姻法’‘私法’与‘适用私法自治原则’之间过于简单化的衔接,业已给理论本身以及立法司法实践造成了困境。”[③]由此,对身份关系协议的范围应予限缩,准确地讲,应当基于身份关系协议的识别要素,对身份关系协议的类型在一定范围限度内予以划分。基于本文前述身份关系协议的两大识别要素,身份关系协议的类型大致可作以下两类区分。

一是根据身份关系协议内容的本质特征,身份关系协议要么具有纯粹身份性,要么具有身份附随性,由此,其类型可分为纯粹身份协议和附随身份的财产协议。前者如收养协议、解除收养协议;后者如夫妻财产约定、离婚财产分割协议。如此划分以便明晰是适用身份法还是适用财产法。纯粹身份协议以产生、消灭纯粹身份关系为内容,该类协议还可进一步分为产生身份关系协议和消灭身份关系协议,前者如收养协议,后者如解除收养协议。这一区分意在设置不同的效力控制机制。

---

① 参见陈信勇:《自然债与无名身份协议视角下的生育纠纷》,载《浙江社会科学》2013 年第 6 期。

② 参见谢鸿飞:《论创设法律关系的意图:法律介入社会生活的限度》,载《环球法律评论》2012 年第 3 期。

③ 巫若枝:《论中国婚姻法在法律体系中地位研究之误区——兼与婚姻法私法论商榷》,载《中华女子学院学报》2006 年第 5 期。

二是根据是否为身份法确认或者符合身份法理念与原则,可将身份关系协议区分为身份法明确规定的身份关系协议和符合身份法理念要求的身份关系协议。前者包括婚姻家庭法规定的纯粹身份协议和附随身份的财产协议之集合;后者可为婚姻家庭领域中可能出现的新型身份关系协议提供确认和保护的空间,以灵活应对实践中新出现的身份关系协议的现实需求。众所周知,成文法存在一定程度的滞后性,随着社会发展,未来可能会出现一些新型的具有纯粹身份性或身份附随性的婚姻家庭内部协议,这些协议只要符合身份法理念和原则要求,也应被纳入身份关系协议范畴。如此可回应婚姻家庭领域不断涌现的对身份关系协议的新诉求,满足处理新型身份关系协议纠纷的司法需求。

四、身份协议的法律适用

明晰身份关系协议的识别、性质、特征和类型是对身份关系协议进行法律适用的重要前提。在规范层面,《民法典》第 464 条第 2 款为身份关系协议的法律适用提供了依据。该款为原则性规定,一切身份关系协议的法律适用均应遵循这一原则。与此同时,不同类型的身份关系协议,其法律适用也会存有差异,应当结合不同身份关系协议的性质与特征确定其法律适用。囿于本文篇幅,仅以收养协议和夫妻财产约定为例,对纯粹身份协议、附随身份的财产协议的法律适用过程展开论述。

(一)《民法典》第 464 条第 2 款述评

《民法典》第 464 条第 2 款规定,身份关系协议适用有关该身份关系的法律规定,没有规定的,可以根据身份关系协议的性质参照适用合同编规定。这一条款确定了身份关系协议法律适用的基本要求,即首先适用婚姻家庭编规则,参照适用合同编规则居于补充位置。

1. 婚姻家庭编与合同编之适用关系

身份关系协议并非合同,严格说来,其并不具有适用合同编的空间。尽管《民法典》第 464 条第 2 款改变了原《合同法》第 2 条第 2 款的规定,允许在婚姻家庭编没有规定的情况下,可以根据该身份关系协议的性质参照适用合同编,但基于这一新变化并不能得出结论:对于身份关系协议的法律适用,身份法与财产法之间属于原则与例外,或者一般与特别的关系。准确地讲,在身份关系协议的法律适用问题上,婚姻家庭编规则与合同编规则间应为首要和补充的关系。具言之,合同编并不具有直接适用于身份关系协议的资格,由于婚姻家庭编规范供给不足,该身份关系协议内容涉附随身份的财产关系的变动,且它虽与一般意义上的财产性内容不同,当适用合同编个别规则并不违背婚姻家庭法伦理、弱者保护等价值理性要求,并有助于解决实务纠纷时,才赋予合同编以补充的参照适用地位。因此,身份关系协议首先要适用婚姻家庭编规则。具体来说,纯粹身份协议不具有财产属性,应当首要且只能适用婚姻家庭编,而附随身份的财产协议兼具身份性和财产性,应当首先并且主要适用婚姻家庭编规则,合同编规则仅作为补充适用的依据。

2. 如何理解“参照适用”

《民法典》第 464 条第 2 款确立了身份关系协议参照适用合同编的空间,它属于不完全法条。能否参照适用合同编要结合身份关系协议的性质来确定,同时这种参照适用也不是强制性的,而由法官酌定。

从一般意义上讲,参照适用充分体现了法律规范设置的精简科学。[①] 我国台湾地区学者黄茂荣先生认为,“参照”在立法技术上属于“准用”,是一种法律明文规定的“授权式类推适用”。[②] 通过类推方法填补法律漏洞,属于法官自由裁量权限。立法者在本款将其明文规定,使法官在法律漏洞填补时受到两方面限制:一是在符合参照适用合同编的情形下,法官必须在“准用”的明示下首先尝试用类推方法填补漏洞;二是法官必须以立法指明的法律规范为基准进行类推。[③] 参照适用既连接了民法典规范体系和部门体系,又是一种以灵活方式应对未来社会变迁的智慧之举。

根据文义解释,《民法典》第 464 条第 2 款表达的是在身份法缺乏规范供给情况下,可以根据身份关系协议的性质参照适用合同编。其中“可以”一词说明参照适用合同编并不具有强制性,换言之,即使婚姻家庭编没有规

---

① 参见张弓长:《〈民法典〉中的“参照适用”》,载《清华法学》2020 年第 4 期。

② 参见黄茂荣:《法学方法与现代民法》,中国政法大学出版社 2001 年版,第 306 页。

③ 参见于飞:《合同法总则替代债法总则立法思路的问题及弥补——从“参照适用”的方法论性质切入》,载《苏州大学学报(法学版)》2018 年第 2 期。

定,也可以不参照合同编。对于是否参照合同编,由法官自行选择。若选择参照适用合同编,则必须满足一项前提条件,即应当根据身份关系协议的性质确定。根据身份关系协议内容的不同,身份关系协议要么具有纯粹身份性,要么具有身份附随性,具有纯粹身份性的身份关系协议具有浓厚伦理特质,不具有财产属性,其主要内容是形成或消灭身份关系,对于这类协议的法律适用应当严格限制在身份法规则之内,即使身份法规则缺少规范供给,也不能参照适用合同编,可以类推适用身份法的其他相关规定。附随身份的财产协议具有身份附随性,因此在身份法没有规定时存在参照适用合同编规定的可能。需要强调的是,可得参照适用的合同编规则也是有条件的,它必须在身份关系本质作用下改变其构成,并最终形成身份财产法的独特规则,也即处于被参照适用的合同编规则对于身份关系协议的适用实际体现的是一种间接作用力。就私法体系而言,身份财产法与一般财产法之间并非截然对立关系,而是处于相互独立位置。尽管一般财产关系的法律规则并非身份财产关系的直接法源,但只要符合一定条件,一般财产法规则会进入身份财产关系,并对身份财产法规则发生作用。[①] 当适用合同编规则无法体现身份关系对当事人之间协议的特殊要求时,应以身份财产法为指导,谨慎地考虑排除对合同编条款的适用。

(二)纯粹身份协议之法律适用:以收养协议为例

《民法典》第 1105 条第 3 款规定,收养关系当事人愿意签订收养协议的,可以签订收养协议。对于中国公民在中国境内收养子女,收养各方可以自愿选择签订收养协议或不签订,但以下几种特殊类型的收养,按法律规定或部门规章要求,应当签订收养协议。[②] 具体包括:(1)儿童福利机构进行涉外送养

① 参见毋国平:《婚姻财产关系中一般财产法规则之适用——兼以物权法归属规则为例》,载《晋中学院学报》2015 年第 1 期。

② 最高人民法院民法典贯彻实施工作领导小组主编:《中华人民共和国民法典合同编理解与适用》,人民法院出版社 2020 年版,第 404 页。

的[①];(2)收养被拐获救未成年人的[②];(3)外国人来华收养子女的[③]。由于收养属于创设性身份行为,因此签订收养协议必须由收养人和送养人双方亲自进行,不能由他人代理。收养协议的当事人包括收养人、被收养人和送养人,其主要内容必须符合收养法律制度的规定。收养协议应为书面形式,该协议自送养人、收养人在协议上签字、盖章之日起生效。[④]

关于收养协议的法律适用,有学者指出,收养协议属于纯粹身份关系协议,法律有特别规定的,应当适用该特别规定。具体来说,由于收养对当事人具有特别重要的意义,收养合意必须通过特定形式展现,当事人之间的合意反而退居其次,因此,《民法典》合同编关于"要约—承诺"的规定并不能准用于收养协议。收养协议是针对养父母子女身份关系构建的协议,依据这一性质,其不仅需要遵循诚实信用原则以保护相对方的合理信赖,而且应当符合公序良俗原则,维护以伦理秩序底线为表征的社会一般公德和公益。因此,关于收养协议的缔结,双方在信息的获取或提供上应当遵循诚实信用与公序良俗双重原则,以此为基础,可以参照适用缔约过失责任规范。《民法典》婚姻家庭编并未规定收养协议意思表示瑕疵的效力规则,只明确收养应当遵循最有利于被收养人的原则,因此,收养协议在参照适用《民法典》总则编规定时,应当保护未成年人的利益。[⑤] 还有学者认为,收养协议存在三方当事人:送养人、收养人和养子女,类似于为第三人利益的合同。对于收养人不履行抚养义务,未达到虐待、遗弃等程度时,送养人可以参照适用合同编中的继续履行责任进行违约救济。若达到虐待、遗弃程度时,则构成根本违约,送养人可以行使法定解除权。[⑥]

---

① 按照民政部《关于社会福利机构涉外送养工作的若干规定》(民发〔2003〕112 号)的要求,收养人和送养人应当订立书面收养协议。

② 按民政部、公安部《关于开展查找不到生父母的打拐解救儿童收养工作的通知》(民发〔2015〕159 号)的要求,办理收养登记前,社会福利机构应当与收养家庭签订收养协议。

③ 按照《外国人在中华人民共和国收养子女登记办法》(中华人民共和国民政部令第 15 号)第 9 条的规定,外国人来华收养子女应当与送养人订立书面收养协议。

④ 参见夏吟兰、龙翼飞等:《中国民法典释评:婚姻家庭编》,中国人民大学出版社 2020 年版,第 317 页。

⑤ 参见王利明主编:《中国民法典释评:合同编通则》,中国人民大学出版社 2020 年版,第 75 - 79 页。

⑥ 参见王雷:《论身份关系协议对民法典合同编的参照适用》,载《法学家》2020 年第 1 期。

上述研究成果从不同层面对收养协议参照适用合同编的情形提供了智识。本文认为,收养协议属于纯粹身份协议,意思效果是为了创设养父母子女关系,其身份因素极为浓厚,收养行为具有的独特身份属性和身份效果也决定了对私法体系内的收养契约范式必须进行多环节改造[①],其法律适用应以婚姻家庭编规则为限。由于该类协议不涉及具体的财产给付义务,且其并非成立收养关系的强制性要素,不宜适用合同编规定,否则会扩大收养协议的效力和功用。在没有完成收养登记手续情况下,收养协议亦不具备约束力,不能强制履行。

(三)附随身份的财产协议之法律适用:以夫妻财产约定为例

实践中争议最多的当数附随身份的财产协议的法律适用。《民法典》第1065条[②]对夫妻财产约定的主体、内容、形式、法律效力以及债务清偿作出明确规定,但较为简单,司法实践在处理夫妻财产约定法律适用问题时若依该条规定是难以获得足够的规范供给的。根据《民法典》第464条第2款的规定,身份关系协议在有关该身份关系法律规定供给不足时,可以根据身份关系协议的性质参照适用合同编。附随身份的财产协议,兼具身份性和财产性的双重属性,为基于夫妻身份关系发生的财产关系变动,基于其性质,可参照适用合同编。由此,夫妻财产约定的法律适用,应当首先适用《民法典》婚姻家庭编,婚姻家庭编缺少规定或规定不明时,可以参照适用合同编之规定。例如,关于夫妻财产约定的生效条件,《民法典》婚姻家庭编对此并未作出规定,遂可参照适用合同编和总则编关于合同生效条件的规定。如果夫妻一方以欺诈、胁迫手段使另一方违背真实意思表示作出夫妻财产约定,受欺诈方或受胁迫方有权请求人民法院或者仲裁机构予以撤销;约定的内容必须合法,不得损害国家、集体、第三人利益。夫妻财产约定无效或被撤销

---

① 参见邓丽:《收养法的社会化:从亲子法转向儿童法》,载《法学研究》2020年第6期。

② 参见《民法典》第1065条规定:"男女双方可以约定婚姻关系存续期间所得的财产以及婚前财产归各自所有、共同所有或者部分各自所有、部分共同所有。约定应当采用书面形式。没有约定或者约定不明确的,适用本法第一千零六十二条、第一千零六十三条的规定。夫妻对婚姻关系存续期间所得的财产以及婚前财产的约定,对双方具有法律约束力。夫妻对婚姻关系存续期间所得的财产约定归各自所有,夫或者妻一方对外所负的债务,相对人知道该约定的,以夫或者妻一方的个人财产清偿。"

的,该约定自始没有法律效力,除法定的个人特有财产外,婚姻关系存续期间的一方或双方所得财产应为夫妻共同共有。

对于夫妻财产约定的法律效力,《民法典》婚姻家庭编第 1065 条第 2 款明确了夫妻财产约定的对内效力,第 3 款又明确了夫妻对婚姻关系存续期间所得的财产约定归各自所有的,该约定对于债权人的效力。可见,夫妻财产约定原则上不对第三人发生效力,例外情形下对第三人生效。[①] 只有债权人知晓夫妻双方有财产约定,该约定才可对其发生效力。同时,最高人民法院《关于适用〈中华人民共和国民法典〉婚姻家庭编的解释(一)》(以下简称《婚姻家庭编解释一》)第 37 条进一步明确夫妻一方对第三人知道该约定负举证责任,即必须证明在与第三人发生债权债务关系时,第三人已明确知晓夫妻双方有分别财产制约定。但如何判断第三人是否知情,婚姻家庭编及其司法解释并未明示,为规范供给不足,且夫妻财产约定作为附随身份的财产协议,具有身份附随性,依《民法典》第 464 条第 2 款的规定,可以参照适用合同编。由此,夫妻财产约定是否对债权人产生拘束力,可以参照适用《民法典》合同编第 546 条关于债权转让通知的规定,只要夫妻任何一方有将约定通知债权人的事实,则该约定可对抗债权人。

此外,《民法典》婚姻家庭编对于夫妻财产约定是否可以变更或解除也无明确规定。允许变更、解除夫妻财产约定,是民法意思自治原则的体现,符合夫妻关系发展的实际,有利于保护夫妻各自财产利益。但考虑到夫妻财产约定可能涉及第三人利益,为确保夫妻财产权益和交易安全,应当对约定的变更或解除进行必要限制。在比较法上,多数立法例允许夫妻财产约定在生效后变更或解除,但也设置了相应限制。例如,《法国民法典》要求应在结婚之前书面完成有关夫妻财产的各项协议条款;还规定结婚两年之后,允许夫妻根据家庭实际情况,对婚前财产协议予以变更。《俄罗斯家庭法典》第 43 条规定:"婚姻合同,根据夫妻双方的协议可随时变更或解除。关于变更或解除婚姻合同的协议,应采用与婚姻合同相同的形式。"[②]由此可

---

① 参见程啸:《婚内财产分割协议、夫妻财产制契约的效力与不动产物权变动——"唐某诉李某某、唐某乙法定继承纠纷案"评释》,载《暨南学报(哲学社会科学版)》2015 年第 3 期。

② 梁慧星主编:《中国民法典草案建议稿附理由:亲属编》,法律出版社 2013 年版,第 142 页。

见,对于夫妻财产约定,可以参照适用《民法典》的合同编第543条[①]、第562条第1款之规定[②]。该约定作为夫妻协商一致的产物,应当允许双方在自愿基础上予以变更或解除。但夫妻双方变更、解除原财产约定时,应遵循夫妻财产约定的各项有效条件,履行与订立财产约定相同的形式要件。[③] 变更或解除的协议不得对抗已进行的交易,不得改变夫妻双方对第三人原先应承担的财产责任,但第三人明确表示同意的除外。夫妻双方以欺诈、逃避债务为目的的变更无效。[④]

五、结语

身份关系协议内容不同,其性质和类型亦有差别。不同类型身份关系协议的法律适用在婚姻家庭编供给不足时,"参照适用"合同编的情形也会有所差异。总之,身份关系协议虽非陌生概念,但因当前学术界对身份关系协议的研究整体偏向于参照适用合同编时具体规则的选择,进而对身份关系协议自身的理论基础着墨过少。再者,学者们对身份关系协议认定的理解不同,也导致对身份关系协议效力认定和法律适用问题争议不断。本文立足理论探讨,确定了身份关系协议的概念,同时对其识别要素、性质、类型和法律适用展开讨论,希冀有助于厘清身份关系协议的理论基础,为司法实践解决身份关系协议纠纷有所助益。考虑到身份法与财产法之间的协调性,建议未来修法时,在《民法典》婚姻家庭编"一般规定"中确立身份关系协议,明确其概念与法律性质。

---

① 参见《民法典》第543条规定:"当事人协商一致,可以变更合同。"

② 参见《民法典》第562条第1款规定:"当事人协商一致,可以解除合同。"

③ 参见梁慧星主编:《中国民法典草案建议稿附理由:亲属编》,法律出版社2013年版,第142页。

④ 参见曾玉珊:《夫妻财产约定的〈合同法〉适用》,载《南京农业大学学报(社会科学版)》2005年第1期。

“身份关系协议”准用《民法典》合同编的体系化释论*

冉克平**

摘　要　《民法典》第464条第2款的准用条款系沟通家庭法与合同法、伦理秩序与交易体系的桥梁，是受立法者指引和授权的高度概括的价值评价条款，本质上仍然属于法律解释范畴，有赖于法教义学的具体化和类型化。意思自治原则适用领域的扩大与婚姻家庭编的内在价值秩序共同为身份关系协议准用合同编乃至总则编提供了价值基础。身份关系协议可以被类型化为纯粹身份关系协议、身份财产混合协议以及身份财产关联协议，三者的伦理性渐次减弱而财产性趋强。法官在个案中既要依据婚姻、收养和监护等身份关系协议的事实构成和性质来评价和发掘合同编和总则编之中被援引法条的规范意旨，还要论证该规范意旨与婚姻家庭编的原则以及待决身份关系协议的伦理属性不相排斥，避免“参照适用”条款沦为交易规则过度市场化、工具化身份关系协议和“反噬”家庭法的通道。

关键词　合同编　身份关系协议　婚姻家庭编　参照适用　伦理性　体系化

* 本文发表于《法制与社会发展》2021年第4期。

** 冉克平，武汉大学法学院教授、博士生导师，研究方向：民法总则、物权法和家庭法。

一、问题的提出

《民法典》实现了家事法向民法典的回归,改变了长期以来我国婚姻法、收养法各自独立发展的状态。[①]《民法典》以市场经济秩序与家庭生活世界为规范对象,其所包含的众多法条以不同的方式相互关涉,彼此交织,共同发生作用,从而形成一个体系化的规范整体。[②]《民法典》体系化的重要表现即"参照适用"条款。"参照适用"又被称为准用,旨在联结不同分编之间的法律规范的适用,对类似的法律问题适用相同的法律规范,可以补充制度和规范的缺漏并实现科学精简的结构,增强《民法典》内部的体系化结合。[③]

《民法典》第 464 条第 2 款系关于婚姻、收养和监护等身份关系协议参照适用合同编的原则性规定。[④] 学理上通常认为,《合同法》(已失效)第 2 条第 2 款指明,该法主要调整财产关系,婚姻、收养和监护等身份关系协议被排除在外。[⑤]《民法典》第 464 条第 2 款在文义和价值取向上明显修改了《合同法》第 2 条第 2 款的规定,即在婚姻家庭编没有对身份关系协议作出规定的情况下可以根据其性质参照适用合同编之规定。依据《民法典》合同编第 508 条,身份关系协议的效力又可以进一步适用总则编的法律行为规范。《民法典》第 464 条第 2 款实质上成为架构婚姻家庭编与合同编乃至总则编的重要桥梁。

《民法典》婚姻家庭编与合同编存在价值理念与体系结构上的差异,两者必然产生碰撞。[⑥] 前者呈现出浓厚的道德伦理属性,包含保护家庭弱者权益、维护家庭稳定的特殊原则,并带有一定程度的社会保障和社会公共利益

---

① 参见李拥军:《民法典时代的婚姻家庭立法的突破与局限》,载《法制与社会发展》2020 年第 4 期;巫若枝:《三十年来中国婚姻法"回归民法"的反思——兼论保持与发展婚姻法独立部门法传统》,载《法制与社会发展》2009 年第 4 期。

② 参见[德]卡尔·拉伦茨:《法学方法论》,黄家镇译,商务印书馆 2020 年版,第 336 页。

③ 参见薛军:《中国民法典编纂:观念、愿景与思路》,载《中国法学》2015 年第 4 期。

④ 参见黄薇主编:《中华人民共和国民法典合同编解读》(上册),中国法制出版社 2020 年版,第 15 页。

⑤ 参见胡康生主编:《中华人民共和国合同法释义》,法律出版社 2009 年版,第 4 页。

⑥ 参见谢鸿飞:《民法典的外部体系效益及其扩张》,载《环球法律评论》2018 年第 2 期。

的色彩。[①] 后者调整的是基于平等、自愿等原则而发生的交易关系，具有强烈的工具理性，性质上为交易法。[②] 如果说合同编形成的是法学内的实证体系，那么家庭法导向的则是法学外的、经验主义的实证体系。[③] 在《民法典》实施的背景下，如何使婚姻家庭制度既融入法典的外在体系，又贯彻法典的内在价值，对于长期独立发展的婚姻法而言，是全新的挑战。

身份关系协议是意思自治原则在婚姻家庭法领域的具体表达。现代社会中的身份关系协议形式多样，如夫妻“忠诚协议”、离婚财产分割协议等。通过“参照适用”条款发挥《民法典》的体系化效益，回应日益变迁的经济和社会发展需要，显得尤为重要。《民法典》第464条第2款的体系化阐释，既要充分发挥准用条款为身份关系协议提供规范供给的功能，也要避免以工具理性为核心的合同编危害植根于家庭伦理的身份共同体价值。笔者拟分析身份关系协议准用合同编的价值基础及界限，并从身份关系协议的类型出发，阐释身份关系协议参照适用合同编以及总则编的具体规则，希冀为相关法教义学的构造略尽绵薄之力。

二、《民法典》第464条第2款的法律性质与方法论意义

（一）《民法典》第464条第2款“参照适用”的法律性质

“参照适用”条款所针对的是拟处理的案型与被援引的法条所规范的案型。鉴于这两种案型在抽象的法律事实上虽不相同但类似，立法者基于平等原则，对它们作出“相应的适用”，以实现法律评价体系的无矛盾性。[④]《民法典》第464条第2款规定的“参照适用”条款表明，法官可以将并不属于交易关系的身份关系协议参照适用实质上系交易规则的合同编条款。该“参照适用”条款与被法官援引的合同编乃至总则编之规范共同构成对具体的

---

① 参见肖新喜：《论民法典婚姻家庭编的社会化》，载《中国法学》2019年第3期；黄文艺：《论民法典与社会治理现代化》，载《法制与社会发展》2020年第5期。

② 参见[美]E. 艾伦·范斯沃思：《美国合同法》，葛云松、丁春艳译，中国政法大学出版社2004年版，第22页。

③ 参见刘征峰：《家庭法与民法知识谱系的分立》，载《法学研究》2017年第4期。

④ 参见[德]卡尔·恩吉施：《法律思维导论》，郑永流译，法律出版社2004年版，第143页。

身份关系协议产生法律拘束力的依据,属于待决争议案件的法源规范。[①] 买卖合同之规定准用于其他有偿合同。“参照适用”条款属于指示参照性法条,后者包括指示适用法条、法律上的拟制条款与参照适用条款三种类型,它们均有助于梳理法条、规范乃至篇章元素之间的体系关联,使之呈现出清晰可辨的意义脉络。

《民法典》第 464 条第 2 款这一“参照适用”条款所拟处理的案型与被援引法条所规范的案型只是相似而非相同,两者存在大同中的小异,此点与指示适用性规范应适用于完全相同之案型不同。基于此小异,可能需要先对被援引法条的法律效果作出必要的限制或修正,而后再适用于拟处理的案型。[②] 如果拟处理的案型与被援引的法条所规范的案型高度相似,则属于法律评价相同的限定参照;如果拟处理的案型与被援引的法条所规范的案型之间的差异具有法律意义,则法官仍需进行二次探寻,寻找妥当的法律效果,这属于法律效果应当适当修正的概括参照。在特定案例中,“参照适用”条款究竟属于限定参照,还是属于概括参照,应对其进行价值判断,尤其是要考察所涉及法条的规范意旨,从而作出与被援引法条的法律效果相同或者相似的结论。[③] 即使在限定参照的情形下,参照适用与指示适用也仍然采用两种完全不同的思维过程。前者系将拟处理的案型涵摄入被援引的法条规范而直接适用的结果,法律适用的确定性较高,而后者是对拟处理的案型与被援引的法条所规范的案型进行类比评价的结果。

依据《民法典》第 464 条第 2 款,身份关系协议的法律适用包括规范解释、类似性判断以及价值评判三个过程。对身份关系协议的认定属于法律解释的范畴,但是身份关系协议的类型具有开放性,不同类型之间具有较大的异质性,这无疑会增加对待决案件的类型判断以及相应的参照适用。对身份关系协议与被参照适用的合同编乃至总则编的法律行为规范的类似性判断,不仅是按照形式思维进行的逻辑操作,更是围绕身份关系协议的性质建立在《民法典》合同编和婚姻家庭编基础上的价值评价过程,包括积极确

① 参见易军:《买卖合同之规定准用于其他有偿合同》,载《法学研究》2016 年第 1 期。

② 参见黄茂荣:《法学方法与现代民法》,法律出版社 2007 年版,第 174 页。

③ 参见[德]齐佩利乌斯:《法学方法论》,金振豹译,法律出版社 2009 年版,第 49 页。

定与消极确定两个方面。一方面,法官应当依据待决身份关系协议的性质引入并发掘具体被援引法条的规范意旨和价值基础,从而建构法律适用的大前提。为了认识法定事实构成中哪些要素对于法定评价具有重要性以及为什么具有意义,必须回到被援引法条的规范意旨及基本思想之上。[①] 另一方面,被援引法条的规范意旨和价值基础与婚姻家庭编的原则以及待决身份关系协议的本质不应相互排斥。通过对被援引法条的规范意旨的考量,可以限制法官在进行类似性认定时作出较为任意的判断。[②] 因此,参照适用兼具归纳和演绎两种方法:从身份关系协议出发,寻求被援引的合同编的相关法条,并从该法条反思性地获取规范的目的、根据和理由,而且被援引法条的规范意旨不应被其他应然判断(如其他法律原则、层级更高的法律规范等)所排除或推翻,在此基础上,合同编的相关法条被演绎地适用于婚姻家庭编未调整的身份关系协议。[③]

通常,"参照适用"条款所援引的对象是法条的法律效果,典型如《民法典》第174条。然而,对于"参照适用"条款是否包括完全规范的构成要件,理论上认识不一。有学者认为,"参照适用"仅限于参引被援引规范的法律效果,那些认为参照适用的对象既包含构成要件又包含法律后果的观点,值得商榷。[④] 对此,应当结合参照适用的具体对象作出分析。如果被援引的法条具有明确的指向,则参引对象系该法条的法律效果。相反,如果"参照适用"条款对所援引的对象仅作了概括性的指引(如《民法典》第646条),并没有明确指出可以直接参照的法律规范,那么,法官需要将目光在待决案型与可能被援引范围内的法条之间反复流转,才能决定是否参照适用。[⑤] 在这一过程中,参照适用所援引的对象究竟只限于法律效果,还是兼及构成要件,属于带有价值判断的法律解释问题,不能由法条的外在形式完全厘清。[⑥] 被

① 参见[德]卡尔·拉伦茨:《法学方法论》,黄家镇译,商务印书馆2020年版,第480页。

② See William Sacksteder, *The Logic of Analogy*, Philosophy and Rhetoric, Vol. 7:4, p. 236 (1974).

③ 参见纪海龙:《法律漏洞类型化及其补充——以物权相邻关系为例》,载《法律科学(西北政法大学学报)》2014年第4期。

④ 参见张弓长:《〈民法典〉中的"参照适用"》,载《清华法学》2020年第4期。

⑤ 参见刘风景:《准用性法条设置的理据与方法》,载《法商研究》2015年第5期。

⑥ 参见黄茂荣:《法学方法与现代民法》,法律出版社2007年版,第189页。

援引规范的抽象化程度越高,立法赋予法官的自由裁量幅度就越大,反之亦然。被援引的规范究竟是关涉价值的规则,还是仅涉及技术的规则,对于参照适用亦非常重要。例如,对基于重大误解而成立的婚姻,是否可以参照总则编的重大误解规则予以撤销,这关涉价值规则的参照适用,而撤销权行使方式的参照适用则关涉技术规则,对前者的判断无疑比对后者的判断复杂得多。

《民法典》第464条第2款规定的身份关系协议所援引的法条涵盖整个合同编乃至于总则编中的法律行为效力制度。该条款既未指明身份关系协议应参引合同编或者总则编中的哪一具体规范,也未明示如何援引合同编或者总则编的规范来处理有关身份关系协议的案型。因为援引的对象不仅包括法条的法律效果,还包括构成要件,所以,这一条款属于高度概括的参照适用条款。即使确定待决案件属于与身份关系协议相关的案件,但被参照适用的法律规范过于抽象概括,而且数量过多,无疑极大地增添了参照适用的难度,亦不利于有效监督法律实施活动。

(二)《民法典》第464条第2款的方法论意义

《民法典》第464第2款采用的是“可以……参照适用”的表达,类似于授权性规范。如果立法上欠缺“参照适用”条款(如《合同法》第2条第2款),那么,尽管法官可以在个案中自行采用类推适用合同法的方式解决身份关系协议案件,但这与《民法典》第464条第2款明文规定的“参照适用”具有极大的差异。具体而言,如果没有立法上的参照指引,则学说与判例完全可能采用反对解释,认为《合同法》第2条第2款属于立法者有意的沉默,不得将身份关系协议适用于合同法。[①]《民法典》第464条第2款设置“参照适用”条款,蕴含着身份关系协议可以类比适用合同编的价值取向,法官必须在“参照适用”条款的指引下,尝试将身份关系协议类推适用合同编的规定。[②] 因此,一旦学说与判例针对该条逐渐形成稳定的法教义学及案例类

① 参见崔建远:《合同法总论》(第2版),中国人民大学出版社2011年版,第1页。

② 参见朱广新、谢鸿飞主编:《民法典评注:合同编通则》,中国法制出版社2020年版,第14-15页。

型,则法官的自由裁量权仅体现在"如何将身份关系协议参照适用合同编乃至总则编的规范"上。

参照适用与类推适用的思维过程极为相似。在方法论上,类推适用系填补立法者因未能预见而无意形成的法律漏洞的主要方式。制定法漏洞所描述的是实在法违反计划的不完整性状态。[①] 依据法律漏洞是否源于立法者有意识地忽视或遗漏了某一特殊的利益状态,其可分为无意的漏洞与有意的漏洞。针对有意的漏洞,法院被立法机关有意识地赋予按照现行法解决待决案件的自由裁量权,如概括条款和参照适用条款被认为属于"授权漏洞"。[②] 此时,法律并未提供直接可供适用的答案,而是需要法官作进一步的澄清、价值评判和具体化,因而有意的漏洞又被称为"法内漏洞"。[③]《民法典》第464条第2款的"参照适用"条款表明,立法者承认关于身份关系协议的规范体系存在漏洞,有完整地调整婚姻家庭编未能规定的待决案型的意图,属于"有意的漏洞",或称"法内漏洞"。然而,"参照适用"条款究竟是属于法律解释的范畴,还是属于法律漏洞的填补方式,理论上认识不一。有学者认为,参照适用属于由立法者授权的类推适用,而类推适用具有造法功能,因此,法官运用参照适用的裁判活动已超越法律解释的阶段,进入了法律内的法的续造的范畴。买卖合同之规定准用于其他有偿合同,[④]相反观点则认为,类推适用的前提是存在法律漏洞,而参照适用并非法律漏洞的填补方法。[⑤] 对待决案件而言,立法者通过参照适用,已经有意识地填补了法律漏洞,法律漏洞不再存在,因而参照适用不属于授权式类推适用,而属于介乎法律解释和法律续造之间的特殊的法律适用方法。[⑥]

法律适用通常包含法律解释、制定法内的法律续造以及制定法外的法律续造三个阶层,相比于法律解释,法官对制定法进行漏洞填补的合法性门

---

① Vgl. anaris, Die von C Liicken im Gesetz eine Methodologische Studie uber Voraussetzungen und Grenzen der Richterli – chen Rechtsfortbildung Praeter legem, 2. Aufl., 1983, S. 33.

② 参见[奥]恩斯特·A. 克莱默:《法律方法论》,周万里译,法律出版社2019年版,第161页。

③ Vgl. Rithers, Rechtstheorie mit Juristischer Methodenlehre, 6. Aulf., 2011, S. 503.

④ 参见易军:《买卖合同之规定准用于其他有偿合同》,载《法学研究》2016年第1期。

⑤ 参见王利明:《法律解释学导论:以民法为视角》,法律出版社2009年版,第503页。

⑥ 参见张弓长:《〈民法典〉中的"参照适用"》,载《清华法学》2020年第4期。

槛更高,论证负担更重。[①] “参照适用”条款与概括条款均是立法者基于公平正义的价值目标,授权法官解决无限社会生活与有限法律规定之间矛盾的方式。如前所述,如果“参照适用”条款所援引的条款具体而明确,则“参照适用”条款属于法律解释的范畴;反之,如果“参照适用”条款所援引的对象抽象且模糊,则“参照适用”条款与概括条款具有相似性,且被参引的对象越是抽象,两者越是相似。因此,“参照适用”条款与概括条款非常接近制定法漏洞。通常认为,对概括条款的具体化仍然属于法律解释的范畴。概括条款在个案中的具体含义需要法官在学说的帮助下加以确定,这一条款可以直接作为法官的裁判工具。立法者委托法官在学说的帮助下确定概括条款在个案中的具体含义,因此概括条款可以直接成为法官的裁判工具。[②] 例如,对于公序良俗和诚实信用条款,司法的作用常常不过是一步步地对有关法律用词的含义空间加以明确。[③] “参照适用”条款异于概括条款之处在于,“参照适用”条款受制于规范目的的约束,而不是从外部把某种东西添加进法律规范。既然概括条款不属于漏洞填补的方式,则“参照适用”条款亦应如此。“法内漏洞”的概念已经受到批判,如果立法者有意设置一个假定的漏洞并通过指引来实现规制,则法的续造就不被允许。[④] 即使将此类情形称为“漏洞”,进而予以漏洞补充,也不具有意义,因为法律虽未提供直接可供适用的答案,但是法官可以依据“参照适用”条款的指引,探求表述模糊的规范的确切内涵,这实为法律解释的问题。[⑤]

从立法权与司法权的关系出发,我国的审判实务一直秉持“以事实为依据,以法律为准绳”的裁判原则,法官通常只能探求立法者的意图并在其意图范围内进行解释,[⑥]很少能够对法律条文进行自由的、超越制定法的漏洞

---

① 参见[德]齐佩利乌斯:《法学方法论》,金振豹译,法律出版社2009年版,第102页。

② 参见于飞:《民法基本原则:理论反思与法典表达》,载《法学研究》2016年第3期。

③ 参见易军:《民法基本原则的意义脉络》,载《法学研究》2018年第6期。

④ 参见[德]约阿希姆·吕克特、[德]拉夫·萨伊内克主编:《民法方法论》,刘志阳等译,中国法制出版社2023年版,第63页。

⑤ 参见[瑞典]贝蒂娜·许莉蔓-高朴、[瑞典]耶尔格·施密特:《瑞士民法:基本原则与人法》,纪海龙译,中国政法大学出版社2015年版,第62页。

⑥ 参见赵一单:《依法立法原则的法理阐释——基于法教义学的立场》,载《法制与社会发展》2020年第5期。

填补。在遇到疑难案件时,我国司法实践多年来已形成征求最高人民法院的权威意见的路径依赖。[①] 依据依法裁判原则,法官作出的判决必须生成于既有法律规范,法官大多会承认自己对法律作出了"解释",而很少承认自己对法律漏洞进行了补充。[②] 在我国的法律语境之下,"参照适用"条款属于法律明文规定的裁判依据,未被定义为制定法漏洞。例如,2018 年最高人民法院发布的《关于加强和规范裁判文书释法说理的指导意见》第 7 条中规定,"民事案件没有明确的法律规定作为裁判直接依据的,法官应当首先寻找最相类似的法律规定作出裁判"。因此,身份关系协议在形式上受到《民法典》第 464 条第 2 款"参照适用"条款的指引,其在本质上是一个法官受到立法者指引和概括授权的价值评价条款,并未偏离立法者的意志,仍然属于法律解释的范畴。鉴于立法者有意放弃对身份关系协议之法律适用的精细化构造,这一概括授权方式为司法机关依据身份关系协议的性质处理有关案件预留了较为广泛的价值判断空间,法官应当肩负明晰"参照适用"条款的构成要件与法律效果的任务,并通过对被参引规范与待决案件之间的类比,借助判例、学说,引导身份关系协议及其参照适用的类型化和具体化,从而为相关疑难案件的解决提供法律依据。

三、依据身份关系协议的"性质"准用合同编的判断

(一)对身份关系协议准用合同编的积极判断:以历史变迁为视角

《民法典》婚姻家庭编仅有 79 条。现代社会不断涌现的各类身份关系协议致使家庭法难以提供有效的规范供给,进而形成了"规范不足"或"体系漏洞"的局面。因此,通过准用条款连接身份关系协议与合同编就显得尤为必要。身份关系协议能否准用合同编,取决于具体身份关系协议的性质与相关规范所涵摄的事实在重要的评价点上是否一致。事物的本质或性质(der sache)是指,在客观上可以确定的现实事物在逻辑上的结构,对于法律

① 参见姚辉:《民法学方法论研究》,中国人民大学出版社 2020 年版,第 286 – 287 页。

② 参见曹磊:《法律漏洞补充行为的失范与规制》,载《法学论坛》2019 年第 4 期。

规范的解释与补充具有重要意义。[①] 法律规范的形成、解释以及补充均必须取向于所规范之事物的性质,如此,才不会使法律与人类的社会生活关系脱节而成为经济社会生活的障碍。

婚姻、亲子之间个人的、情感的和不容置换的关系包含每个个体的多种角色与利益。[②] 无论是婚姻、收养还是监护关系,均立足于自然血缘与超越功利的情感,此类利他的、非计算性的情感表达是精神获得满足的重要来源。身份关系协议的性质植根于相应的身份共同体,深受婚姻家庭伦理秩序的制约。家庭法上的人伦秩序并不是一种事实状态,它具有规范性,是确定受婚姻家庭编调整之生活关系的决定性因素。[③]

19 世纪以来,追求理性化与体系化的民法典在内容上涵盖了财产法与家庭法。虽然立法者将民事主体无差别地抽象为“理性人”,然而在个人主义本位之下,“理性人”实质为“经济人”。[④] 与财产法相比,家庭法仍然比较保守,体现的是超个人主义的以家长制为主导的自然伦理思想。家庭关系长期以来被认为具有超实证法的特征,并不完全属于法规范。[⑤] 在我国传统观念中,婚姻从未被视为契约,而是被认为属于姻缘,由外在的命定、般配以及说媒等因素所塑造。[⑥] 然而,自 20 世纪中叶之后,家庭法开始经历重大变革,成为民法典内部变革最为活跃的部分之一,主要有以下几方面原因。

第一,市场关系已经由经济领域侵入婚姻家庭领域,这使后者深受工具理性影响。随着人权哲学的兴起,宪法上的基本权利所形成的客观价值秩序逐渐取代了自然伦理秩序,构成家庭法的新的价值基础。[⑦] 由于社会伦理

---

① 参见[德]阿图尔·考夫曼、[德]温弗里德·哈斯默尔主编:《当代法哲学和法律理论导论》,郑永流译,法律出版社 2013 年版,第 250 页。

② 参见[美]戴维·波普诺:《社会学》,李强等译,中国人民大学出版社 2007 年版,第 195 页。

③ 参见徐涤宇:《婚姻家庭法的入典再造:理念与细节》,载《中国法律评论》2019 年第 1 期。

④ 参见[日]星野英一:《私法中的人——以民法财产法为中心》,载梁慧星主编:《民商法论丛》第 8 卷,法律出版社 1997 年版,第 178 页。

⑤ 参见[德]弗里德里希·卡尔·冯·萨维尼:《当代罗马法体系Ⅰ:法律渊源·制定法解释·法律关系》,朱虎译,中国法制出版社 2010 年版,第 265 页以下。

⑥ 参见翟学伟:《爱情与姻缘:两种亲密关系的模式比较——关系向度上的理想型解释》,载《社会学研究》2017 年第 2 期。

⑦ 参见[德]克劳斯-威尔海姆·卡纳里斯:《基本权利与私法》,曾韬、曹昱晨译,载《比较法研究》2015 年第 1 期。

观念趋于开放,财产法的工具理性逐渐渗透到家庭内部,市场关系已经由经济领域扩展到整个生活世界,工具理性已经堪称民法的一般品性。① 自改革开放以来,在工业化和城市化的浪潮下,重视权利和自我实现的个人主义迅速在我国兴起。婚姻、收养和监护关系虽然包含家庭成员之间的情感表达,但是当事人之间若是有意识地以"协议"来构建身份关系,则属于"价值理性"的理想类型。② 合同编调整的交易关系属于工具理性的理想类型,身份关系协议则可被视为身份关系在一定程度上的工具理性化。

第二,由于个人主义和契约思想的扩张,家庭内部的自治倾向越来越显著。随着市场化进程的深入,超个人主义的传统家庭观念和职能都备受冲击,开始出现家庭契约化趋势。③ 契约的概念在现代婚姻法中已经从单纯的婚姻缔结扩展到婚姻生活的内容、婚姻的终止等各个方面,法律对婚姻家庭生活强制的减少与契约之债的扩张互为表里。现代家庭关系中的婚姻是平等的伴侣型婚姻,这种平等的伴侣型婚姻具有夫妻双方人格独立、个人自治和分工合作等特征。现代家庭法不再像对一个虚构的自然伦理的生活关系的描绘,而是如同一个社团章程。④ 夫妻双方在选择生活方式并受这种选择约束方面享有了更多的自由。现代家庭法在整体上趋向于长期债之关系,在规范层面,家庭成员间的关系大部分可以化约为债权债务关系。⑤

第三,合同法的新发展为身份关系协议的参照适用提供了范式和基准。其一,关系契约理论为继续性合同提供了适用范式。依据关系契约理论,家庭成员之间属于社会性的交换关系,⑥与继续性合同的经济交换关系相似。例如,夫妻可以获得人身与财产两方面的满足,即除了进行经济交换之外,

---

① 参见易军:《私人自治与私法品性》,载《法学研究》2012 年第 3 期。

② 参见[德]马克斯·韦伯:《社会学的基本概念》,顾忠华译,广西师范大学出版社 2011 年版,第 51-54 页。

③ 参见谢鸿飞:《〈民法典〉制度革新的三个维度:世界、中国和时代》,载《法制与社会发展》2020 年第 4 期;张剑源:《家庭本位抑或个体本位?——论当代中国家事法原则的法理重构》,载《法制与社会发展》2020 年第 2 期。

④ 参见[德]罗尔夫·克尼佩尔:《法律与历史——论〈德国民法典〉的形成与变迁》,朱岩译,法律出版社 2003 年版,第 114、192-195 页。

⑤ 参见刘征峰:《论民法教义体系与家庭法的对立与融合:现代家庭法的谱系生成》,法律出版社 2018 年版,第 117 页。

⑥ 参见黄文艺:《民法典与社会治理现代化》,载《法制与社会发展》2020 年第 5 期。

还进行社会性的交换。[①] 其二,现代合同法开始接纳"具体人格",例如消费者、承租人、劳动者等,合同法超越个人自由的目标,致力于实现实质正义。[②]在私法领域,合同法、家庭法均出现了相似的"实质化"倾向。其三,当事人之间的通知、协助、保密等附随义务不断发展。合同法不仅为交易关系提供法律准则,还规制当事人之间的信赖保护与协作义务,以协作为中心的附随义务法定化,尤其体现于租赁契约、雇佣契约等具有人身信任性质的持续性债务关系中。这与婚姻、收养和监护等亲密协作关系具有类似性。

概言之,意思自治原则适用领域的扩大以及合同法和家庭法中人与人关系趋近的价值理念,为身份关系协议参照适用合同法创造了可能性。而《民法典》婚姻家庭编的内在价值体系为身份关系协议准用合同编提供了充分的价值基础。婚姻家庭编的价值体系包括男女平等、婚姻自由、保护妇女儿童等弱者合法权益以及新增的"婚姻家庭受国家保护条款"和"树立优良家风条款",[③]它们共同构成了调整婚姻家庭关系的"价值之网"。男女平等、婚姻自由以及家庭自治属于其中的核心价值,是意思自治原则在人身关系领域发挥作用的重要表现。[④] 由于当事人的地位在实质上的不平等性,法律通过弱者保护原则之上的各种分权制衡策略来更好地实现其调整功能,以保障被规训者维系自由平等主体的本性。[⑤] "婚姻家庭受国家保护条款"包含的实质正义理念为法官对身份关系协议进行形式审查与法律审查提供了价值基础,有利于妥当平衡家庭法领域个人自治权与弱者获得实质公平之间的冲突。

(二)身份关系协议准用合同编的消极判断

合同的各方参与人是为达到典型交易目的而形成的单元,其以利己主

---

① 参见[美]麦克尼尔:《新社会契约论——关于现代契约关系的探讨》,雷喜宁、潘勤译,中国政法大学出版社1994年版,第7、12-13页。

② 参见[德]弗朗茨·维亚克尔:《近代私法史——以德意志的发展为观察重点》(下),陈爱娥、黄建辉译,上海三联书店2006年版,第588页。

③ 参见龙翼飞:《编纂民法典婚姻家庭编的法理思考与立法建议》,载《法制与社会发展》2020年第2期。

④ 参见孙宪忠:《民法典总则编"法律行为"一章学者建议稿的编写说明》,载《法学研究》2015年第6期。

⑤ 参见汪志刚:《论民事规训关系——基于福柯权力理论的一种阐释》,载《法学研究》2019年第4期。

义为导向,并应确保当事人获得利益期待。以继续性合同为例,双方当事人为追求和实现利己的、可计算的、可预测的经济目标,在抽象价值、缔约目的、具体手段和附带结果这四个因素上均表现出高度工具理性化的行为。①尽管工具理性的急剧扩张导致人类价值理性的式微,致使身份关系协议在实现缔约目的具体手段的选择和具体结果的锚定上倾向于工具理性,但是在抽象价值与缔约目的上,仍然带有明显的价值理性指向。以婚姻关系为例,男女双方缔结婚姻是为了形成一个利益共享、不分彼此的“家庭共同体”,因而夫妻之间应当彼此忠诚,互相支持。

法官在援引“参照适用”条款时,除那些被规定于既有法规范之中可识别的立法者的价值判断是其实现补充工作的标准之外,尤为重要的是,应与实在法秩序的全部评价机制保持协调一致。②《民法典》设置“树立优良家风条款”,表明我国立法始终视家庭的本质为伦理实体,采取的是团体本位之下的人格独立的价值取向:一方面,承认家庭成员的人格独立、意思自主以及夫妻之间的伴侣型关系;另一方面,注重婚姻家庭的团体性价值,以期实现家庭人伦秩序的圆满维持与经营,弘扬传统文化中的善良风俗和家庭美德,而非追求经济利益最大化。③《民法典》第 464 条第 2 款规定了身份关系协议可参照适用合同编之规定,但不得违背婚姻家庭编特有的价值秩序,具体包括婚姻家庭的团结、对身份的伦理考量、未成年子女的利益最大化等,否则,该“参照适用”条款可能成为通过民法典的体系化以合同编的市场关系“反噬”婚姻家庭编的身份关系的通道。④

亲属身份关系包括人身性内容与财产性内容两个方面。前者如夫妻之间的同居与忠实义务,后者如夫妻之间的扶养请求权、子女对父母的抚养请

① 参见纪海龙:《比例原则在私法中的普适性及其例证》,载《政法论坛》2016 年第 3 期。

② 参见[德]约阿希姆·吕克特、[德]拉夫·萨伊内克主编:《民法方法论》,刘志阳等译,中国法制出版社 2023 年版,第 458 页。

③ 参见夏吟兰:《婚姻家庭编的创新和发展》,载《中国法学》2020 年第 4 期。

④ 在《民法典》制定过程中,有学者担忧婚姻法回归民法典有可能导致婚姻家庭之伦理性的丧失,因而对此持否定态度。参见巫若枝:《三十年来中国婚姻法“回归民法”的反思——兼论保持与发展婚姻法独立部门法传统》,载《法制与社会发展》2009 年第 4 期。《欧洲示范法民法典草案》规定:在规定债务的释放范围时,排除对家庭中权利和义务的适用。这种排除至少表明:如果不将家庭排除在法律行为和债的适用范围之外,可能会导致过多的例外。人们对于是否将法律行为和债的普遍性规则适用于家庭领域,分歧过大,很难达成共识。

求权等。[①] 相比于身份关系的经济性内容,人身性权利义务受到法律与伦理更为严格的制约。夫妻之间的同居、忠实等权利义务具有由主体独享、不能转让、无法用金钱衡量的特性,当事人即使违反义务,也不能强制执行,只能由当事人自觉自愿履行。[②] 家庭成员之间的抚养权、赡养权、监护权、代理权等属于"他益权"。[③] 权利本质的利益论无法合理解释此类"权利"的强制属性,即权利人不得单方面放弃或者转让其权利;权利本质的意志论则无法忽视此类"权利"并不必然使权利人获益的事实。[④] 从婚姻家庭编特有的价值体系和权利属性出发,应将合同编与总则编中的下列规范排除在身份关系协议参照适用的范围之外:

一是合同编中商事色彩鲜明的规范。"商人"具有追逐利润的特性,其组织性、强行性和公法化的特征在精神实质上有异于民法的特征,所以,"商人"与婚姻家庭编中的"伦理人"分别处在民商法体系的两极。《民法典》合同编总则部分的相关规定,例如格式条款规制(第 496 ~ 499 条)、无权代表行为的效力(第 504 条)、当事人超越经营范围的合同效力(第 505 条)、提存(第 570 ~ 574 条)、合伙合同、保理合同、仓储合同、保管合同等,因具有鲜明的商业色彩,不得被援引适用于身份关系协议。对于债务人实施的身份行为,如结婚、协议收养或终止收养等,债权人都不能主张代位权和撤销权。[⑤]

二是合同编、总则编中与婚姻家庭伦理属性相背离的规范。因与身份关系的伦理属性相悖而不能被参照适用的《民法典》总则编、合同编的法条包括:效力待定法律行为(第 145 条)、显失公平的法律行为(第 151 条)、附条件和附期限的法律行为(第 158 ~ 160 条)、行政审批合同的效力(第 502 条)、无权代理行为的效力(第 503 条)、悬赏广告(第 499 条)、选择之债(第 515 ~ 516 条)、按份之债与连带之债(第 517 ~ 521 条)等。

三是合同权利义务构造与身份权利义务相互排斥的规范。因与身份权

---

① 参见[德]迪特尔·施瓦布:《德国家庭法》,王葆莳译,法律出版社 2010 年版,第 76 页。

② 参见[意]阿雷西奥·扎卡利亚:《债是法锁——债法要义》,陆青译,法律出版社 2017 年版,第 32 - 33 页;朱广新:《论监护人处分被监护人财产的法律效果》,载《当代法学》2020 年第 1 期。

③ 参见朱广新:《论监护人处分被监护人财产的法律效果》,载《当代法学》2020 年第 1 期。

④ 参见彭诚信:《现代权利理论研究》,法律出版社 2017 年版,第 112 页。

⑤ 参见王洪亮:《债法总论》,北京大学出版社 2016 年版,第 142、150 页。

利义务相冲突而不能被参照适用的《民法典》合同编的法条包括:合同的转让(第545~556条)、清偿抵充顺序(第560条、第561条)、抵销(第568条、第569条)等。

四、身份关系协议的规范阐释及其类型分析

(一)身份关系协议的规范解释

《民法典》第464条第2款列举了婚姻、收养和监护等身份关系协议。身份关系协议的上位概念是身份法律行为与民事法律行为。身份法律行为作为在亲属法领域发生效果的法律行为,包括结婚、调整夫妻财产关系的合同、确认非婚生子女的父子关系等,适用类型法定原则。①

关于亲属法上的法律行为的范围,存在三分说与两分说的分歧。日本民法的代表性观点被称为"三分说",即依据法律行为的效力状态,将亲属法上的法律行为划分为形成的身份行为、支配的身份行为和附随的身份行为三种。形成的身份行为系指直接产生身份关系变动之法律行为,如结婚、收养协议等;支配的身份行为系指基于自己身份而对他人所为之身份法上的支配行为,如亲权人的保护教养、财产管理等行为;附随的身份行为系指附随于身份的变动所为之行为,如附随于结婚行为的夫妻财产协议、协议离婚行为中的子女亲权协议等。我国台湾地区的代表性观点被概括为"两分说",系根据身份法律行为是否具有财产内容为标准,将其划分为纯粹的身份行为与身份财产行为。前者指直接以发生或丧失身份关系为目的之法律行为,如结婚、协议离婚、对非婚生子女的自愿认领、对婚生子女的否认、收养及协议终止收养等;后者指基于身份关系而发生的以变动财产关系为目的之行为,如夫妻日常家事代理行为、夫妻财产制契约行为、遗产分割协议行为、抛弃继承行为等。②

与前述依据发生法律效果所在领域界定身份法律行为的方式不同,我国民法学说主要从身份关系或者身份法律效果的角度阐释身份法律行为。具体而言:一是"纯粹身份关系说"。该说认为,既然身份行为是个人将要进

---

① 参见[德]维尔纳·弗卢梅:《法律行为论》,迟颖译,法律出版社2013年版,第14页。

② 参见陈棋炎:《亲属、继承法基本问题》,台北,三民书局1980年版,第124页。

入或脱离某种共同生活关系,以亲属身份之取得与丧失为目的的行为,其就既不包括附有财产内容的身份财产行为,也不包括亲属身份上的支配行为。纯粹的身份行为具体包括结婚行为、协议离婚行为、收养行为、协议终止收养行为以及任意认领行为五类。[①] 还有学者认为,纯粹身份法律行为包括创设性身份行为(如结婚、收养等)、解消性身份行为(如协议离婚、协议解除收养等)以及变更性身份行为(如签订离婚后或分居后子女抚养协议等)。[②] 二是“身份与财产关系交织说”。该说认为,身份法律行为以引发身份关系以及身份关系当事人之间的财产关系的设立、变更或者终止等身份法律效果为目的。除结婚、收养协议之外,离婚协议、夫妻财产约定等均属于典型的能够引发财产法后果的身份法律行为。[③] 三是“折中说”。该说认为,身份关系协议是指主要以设立、变更或终止身份关系为内容的协议。夫妻财产协议虽然附属于夫妻身份,但主要以财产关系为内容,因此应当被排除在外。然而,遗赠扶养协议主要是为了设立扶养人与被扶养人之间的身份关系,亦属于一种有关身份关系的协议。[④]

(二)“身份关系协议”的含义及其类型分析

通过对法律行为与身份法律行为进行逻辑演绎,固然有助于明晰身份关系协议的含义及类型,然而,对形式概念的体系演绎分析具有局限性,它易忽略婚姻家庭法领域的身份关系协议所包含的特殊价值。身份关系协议的含义及类型应当结合亲属身份生活的秩序并透过家庭法的内在目的得到分析。

其一,纯粹身份法律行为是自然人以设立或者终止身份法律关系为目的的法律行为,是构建身份生活秩序的基础行为,具有浓厚的人伦道德色彩,例如结婚创设夫妻身份,离婚终止夫妻身份,收养成立亲子关系等。因为自愿认领和否认在性质上属于单方法律行为,离婚协议通常包含财产分割及子女抚养等内容,它们均非纯粹的身份关系协议。因此,纯粹身份法律

① 参见张作华:《亲属身份行为基本理论研究》,法律出版社2011年版,第25页。
② 参见田韶华:《民法典编纂中身份行为的体系化建构》,载《法学》2018年第5期。
③ 参见王雷:《论身份关系协议对民法典合同编的参照适用》,载《法学家》2020年第1期。
④ 参见朱广新:《合同法总则研究》(上册),中国人民大学出版社2018年版,第14页。

行为仅限于结婚、协议收养以及协议解除收养这三种形成亲属身份的行为类型。婚约是男女双方以结婚为目的而作出的事先约定，由于我国现行法对于婚约"既不提倡也不保护"，即婚约并非契约，而是一种具有道德拘束力的情谊行为，因此，对婚约不得准用《民法典》第 495 条规定的"预约"规范。婚约解除所涉及的彩礼返还责任和损害赔偿责任并非婚约的法律效果，而是赠与行为的效果或者一方实施侵权行为的结果。

其二，基于身份关系而发生或解除的与财产相关的协议是以身份关系与财产关系为内容的混合协议。家庭成员均具有各自独立的人格，所以，近亲属之间以自然人为角色缔结的合同（例如借贷、委托合同）应当直接适用《民法典》合同编。然而，如果当事人之间的身份关系和角色对于财产契约的缔结、效力和履行等具有重要影响，那么，基于身份关系而发生或解除的财产契约属于身份关系协议。以离婚协议为例，离婚协议通常包含夫妻的离婚合意、共同财产的分割、共同债务的清偿、子女的抚养等内容，它们均是针对夫妻身份关系解除所作出的在人身和财产关系上的安排，形成了一个不可分割的整体。[①] 离婚协议实质上是一种以身份关系与财产关系为内容的混合协议。混合协议是只有一个合同关系但具备数个典型合同构成要素的合同形态，其与表现为数个在交易目的上一体、效力上相互依存的合同联立不同。[②] 基于身份关系而发生或解除的包含财产内容的协议包括婚内夫妻财产协议、夫妻日常家事代理范围协议、婚内夫妻财产分割或补偿协议、离婚财产分割协议、离婚财产补偿协议以及离婚协议中的给予子女财产协议等。

其三，身份权利行使、义务承担并附带金钱给付义务的协议是平权型家庭成员自由选择生活方式的反映。家庭成员为了圆满地经营或维持婚姻家庭生活，以相互之间的权利享有与义务履行为必要。自然人因婚姻家庭关系而产生的人身权利包括亲权、夫妻之间的身份权利、以其他近亲属关系为基础的亲属权以及探望权等。[③] 家庭成员行使纯粹的身份权利，是对既得利

---

① 参见陆青：《离婚协议中的"赠与子女财产"条款研究》，载《法学研究》2018 年第 1 期。

② 参见陆青：《合同联立问题研究》，载《政治与法律》2014 年第 5 期。

③ 参见陈甦主编：《民法总则评注》（下册），法律出版社 2017 年版，第 792 页。

益的享有或实现,属于权利的应然内容或者权能,行为人通常并无设立一定法律效果的意图,因此,纯粹身份权利的行使行为应被视为事实行为,有别于民事法律行为。[①] 当夫妻双方不存在明确的合同或可推知的合同时,应当推定当事人无创设法律关系的意图。例如,根据夫妻就家庭分工而作出的约定,通常不能认定双方存在合同关系,而应认为双方是在履行夫妻间的法定的相互扶助义务或协力义务,除非夫妻之间采纳分别财产制。

然而,近年来,家庭成员之间缔结的以身份权利行使、义务承担为内容并附带金钱给付义务的协议的类型逐渐增多,典型如夫妻"忠诚协议"、夫妻"空床费协议"、探望权补偿协议、抚养费给付协议等。有学者将夫妻"忠诚协议"、夫妻"空床费协议"归入当事人彼此之间不具有受法律约束的意思的道德调整领域或者身份情谊行为,认为不应该赋予这些协议法律约束力。[②] 对此类协议持否定态度的学者认为,将夫妻感情、亲情契约化,难免会使亲友间的相互宽容、理解、扶持与帮助金钱化、功利化,进而以财产关系取代伦理关系,使亲友间的关系过度紧张。[③] 此类新型的身份关系协议既体现了法律与伦理、家庭与市场、情理与法理、国家与社会的互动,也反映了国家、社会与个人的博弈,其究竟是属于"法外空间",还是具有法律意义,主要不是法律技术问题,而是价值衡量和选择的问题,映照着国家对社会的治理智慧。[④] 家庭成员之间达成的关于身份权行使或义务履行的协议是对家庭身份生活作出的预先安排,双方对损害赔偿计算方式或违约金的约定,是一种旨在使预先安排得以实现的法律手段,实质上是现代社会中平权型家庭的成员在生活方式上选择自由的表达。为增强婚姻家庭生活的透明度和世俗生活的规则化,使婚姻家庭领域的新兴诉求在司法领域得到确认和保护,规避成文法在回应社会现实需求方面的滞后性,我国司法实践应当以灵活的

---

① 参见陈棋炎:《亲属、继承法基本问题》,台北,三民书局 1980 年版,第 123 页。

② 参见余延满:《亲属法原论》,法律出版社 2007 年版,第 13 - 14 页。

③ See H. K. Lucke, *The Intention to Create Legal Relations*, Adelaide Law Review, Vol. 3, No. 4 (1970), p. 419.

④ 参见谢鸿飞:《论创设法律关系的意图:法律介入社会生活的限度》,载《环球法律评论》2012 年第 3 期。

方式回应此类对身份关系协议的社会需求。[①] 司法判决本质上是一种由社会决定的产物,其目的就在于回应更多的社会需求。[②]《民法典》第 464 条第 2 款规定的“参照适用”条款无疑是司法裁判回应社会需求最为恰当的路径。

其四,监护人与被监护人之间的身份关系能够影响监护协议的参照适用。根据监护的设立方式,除法定监护与指定监护之外,监护还包括遗嘱监护与意定监护。[③] 意定监护是指具有完全行为能力的成年人与其近亲属、其他个人或者组织缔结监护合同,将自己的监护事务部分或者全部委托给合同相对人的成年监护制度。意定监护将被监护人自我决定权置于优先的地位,是意思自治原则的具体表现。[④] 自 20 世纪中叶以来,由于人权保障思潮的兴起和社会老龄化压力的增大,发达国家的成年监护制度由以他治为主的保护逐渐转为以自治为主的支援或辅助,立法理念从法律父爱主义转向以被监护人的自立与自我决定为中心。[⑤] 当父母、配偶、成年子女及其他近亲属担任意定监护的监护人时,监护人与被监护人之间具有鲜明的伦理色彩,涉及赡养、扶助、保护等人身关系内容,监护人与被监护人的身份关系是构建监护制度的重要基础。近年来兴起的以协助决策为模式的新型成年监护要求最大限度地尊重被监护人的真实意愿,以财产关系为主要内容,而关于人身权利的内容(诸如医疗行为的同意权)则被排除在意定监护协议之外。[⑥] 尽管意定监护协议涉及人身权利保护的内容,但其主要表现出财产属性,伦理属性较弱。而且,监护人未必是被监护人的近亲属,尤其是当社会

---

① 参见李拥军:《当代中国法律对亲属的调整:文本与实践的背反及统合》,载《法制与社会发展》2017 年第 4 期。

② See Brian Leiter, *American Legal Realism*, in Martin P. Golding and William A. Edmundson eds., The Black well Guide to the Philosophy of Law and Legal Theory, Blackwell Publishing Ltd., 2005, p. 56.

③ 最高人民法院《关于贯彻执行〈中华人民共和国民法通则〉若干问题的意见(试行)》(已失效)第 22 条规定,监护人可以将监护职责部分或者全部委托给他人。但是该条只是规定了受托人在被监护人侵害他人时的过错责任,并未涉及如何解决监护人与受托人之间的合同权利义务及责任的问题。

④ 参见杨立新:《我国民法典立法思想的选择和坚守——从〈民法总则〉制定中的立法思想冲突谈起》,载《法制与社会发展》2018 年第 4 期。

⑤ 参见李霞:《成年监护制度的现代转向》,载《中国法学》2015 年第 2 期。

⑥ 参见李国强:《成年意定监护法律关系的解释——以〈民法总则〉第 33 条为解释对象》,载《现代法学》2018 年第 5 期。

机构(民政部门、居委会或村委会)担任监护人时,将监护人与被监护人之间的关系看作身份关系,并无任何实质意义。[①]《民法典》第 33 条还规定了协议监护,系指在成年人与具有监护资格的人之间达成的确定实际由何人担任监护人的约定。就意定监护协议、委托监护协议以及协议监护协议而言,如果监护人与被监护人之间具有法律上的近亲属身份关系,则它们属于《民法典》第 464 条第 2 款规定的"有关身份关系的协议",可以参照适用合同编,并应考量亲属身份关系的固有伦理特征。

其五,伦理属性是继承编中有关亲属身份关系的财产协议的一个重要特征。继承法上的法律行为通常涉及被继承人与继承人之间的身份关系、各继承人之间的身份关系,具有鲜明的伦理属性。夫妻共同遗嘱、继承人之间订立的遗产分割协议等属于《民法典》继承编中的"有关身份关系的协议"。遗赠扶养协议是与法定继承、遗嘱继承并列的遗产转移方式,系自然人与继承人以外的组织或个人签订的有偿协议,受遗赠人负有对遗赠人生养死葬的义务,享有接受遗赠人之遗赠财产的权利。遗赠扶养协议在效力上优先于遗嘱继承和法定继承,具有身份法的色彩。[②] 遗赠扶养协议应当被归为《民法典》第 464 条第 2 款所规定的"有关身份关系的协议",可以依据其性质参照适用合同编。继承协议是继承人之间就继承遗产、赡养父母等问题经协商一致而达成的协议。为教育、鼓励人们积极赡养老人,善待处于弱势地位的近亲属,促进家庭关系的文明与和谐,应当赋予继承协议与遗赠扶养协议相同的地位。[③]

(三)小结

《民法典》第 464 条第 2 款规定的身份关系协议包括五种类型,分别是纯粹身份关系协议、基于身份关系而发生或解除的财产协议、有关身份权利行使和义务承担的协议、近亲属之间的监护协议以及继承编中有关亲属身份关系的财产协议。纯粹身份关系协议是婚姻与收养关系产生或者消

---

① 参见朱广新:《合同法总则研究》(上册),中国人民大学出版社 2018 年版,第 19 页。

② 参见朱庆育:《民法总论》,北京大学出版社 2016 年版,第 139 页。

③ 参见马新彦:《民法典家事财产法制的教育功能——以社会主义核心价值观为价值理念的研究》,载《当代法学》2020 年第 1 期。

灭的法律事实,包括结婚、收养协议与收养解除协议等;基于身份关系而发生或解除的财产协议与有关身份权利行使和义务承担的协议等身份关系协议的身份伦理属性较强,要么财产性内容与身份因素相互交织,要么财产性内容以身份因素为条件,属于"身份财产混合协议";近亲属之间的意定监护协议、协议监护协议、委托监护协议、遗产分割协议、遗赠扶养协议、继承协议等身份关系协议的财产性内容与身份关系具有关联性,身份伦理属性很弱,属于"身份财产关联协议"。身份财产混合协议与身份财产关联协议可以被统称为"身份财产协议"。身份财产协议的伦理属性的强弱是其参照适用合同编乃至总则编的重要判断标准,当事人之间的伦理属性越强,法官在参照适用合同编乃至总则编时就越要考量婚姻家庭编的特殊价值,具体如图1所示。

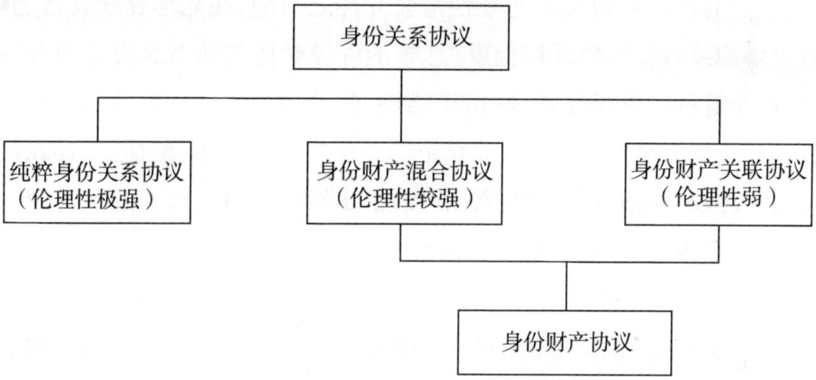

图1 身份财产协议的伦理属性

五、纯粹身份关系协议对《民法典》合同编的准用

对于结婚、收养协议与收养解除协议等纯粹身份关系协议,法律有特别规定的,应当依照特别规定予以适用,例如婚姻关系的终止(《民法典》第1076条、第1080条、第1081条、第1082条)、收养关系的解除(《民法典》第1114条、第1115条、第1116条)等规定。但是,对于纯粹身份关系的成立、缔约过失责任、效力瑕疵等是否可以准用《民法典》合同编乃至总则编之规定,存在争议。

(一)对纯粹身份关系协议成立准用合同编

合同通常采取“要约—承诺”的方式缔结。《民法典》以法律行为的形式自由为原则,对法律行为成立与否的判断与形式要件通常相互分离。[①] 为保障身份行为的安定与透明,使其满足最低限度的规范性要求,促使当事人慎重行事,维护婚姻家庭制度,纯粹身份关系的成立必须兼具合意与法定形式要件。[②] 例如,结婚登记、协议离婚登记、收养登记以及收养协议解除登记等,均属于《民法典》总则编第 135 条所规定的法律规定应当采用的特定形式的具体表现。[③]《民法典》第 135 条区分了书面形式与特定形式。书面形式通常仅出于证据目的,当事人缔结合同时未采用书面形式但一方已经履行主要义务且对方接受的,合同成立。但是,婚姻登记与收养登记这类“特定形式”具有维持身份关系清晰性与公开性之目的,在此类要式具备之前,不宜令婚姻或收养发生任何拘束力,亦不可像对待欠缺书面形式的合同那样,通过履行行为进行补正。[④] 由于结婚、收养对当事人具有特别重要的意义,所以,当事人结婚登记与收养登记的程序越来越简单、便捷,不存在现实的障碍。相反,对不具有“特定形式”的事实婚姻与事实收养的认定则非常困难,对其是否发生争议,必须由法院对个案逐一进行判断,这几乎不可能实现。[⑤] 强制公示(登记)的形式主义立法已经取代“以夫妻身份共同生活的事实”,具有显著的法律地位。无论是婚姻的合意,还是收养的合意,均必须通过特定形式得到展现,当事人之间的“合意”反而退居其次。因此,《民法典》合同编关于“要约—承诺”的规定并不能被准用于纯粹身份关系协议的缔结。

在缔约过程中,若一方当事人因违反诚信缔约的先合同义务给相对人造成损失,则应当承担缔约过失责任,以保护相对人因信赖合同有效成立而

① 参见朱广新:《书面形式与合同的成立》,载《法学研究》2019 年第 2 期。

② 参见王泽鉴:《民法概要》,北京大学出版社 2009 年版,第 495 页。

③ 参见龙翼飞:《编纂民法典婚姻家庭编的法理思考与立法建议》,载《法制与社会发展》2020 年第 2 期。

④ 参见金可可:《〈民法总则〉与法律行为成立之一般形式拘束力》,载《中外法学》2017 年第 3 期。

⑤ 参见[日]星野英一:《民法劝学》,张立艳译,北京大学出版社 2006 年版,第 145 - 146 页。

产生的损失。[①] 缔约过失责任的价值基础在于,对缔约阶段相互冲突的契约自由与诚实信用这两个原则进行调适,并由此在缔约当事人的利益关系、法律义务和责任之间架起沟通的桥梁。[②] 在婚姻缔结与收养协议缔结的阶段,一方面,双方当事人均享有选择结婚对象和收养相对人的自由;另一方面,诚实信用原则作为保护诚实与维护信用并塑造法律交往基础的基本原则,存在于当事人之间具有特定结合关系的情形,这是普遍有效的一般原则。[③] 在婚姻缔结过程中和合同缔结过程中,依据当事人业已建立的特别结合关系,当事人应当依据诚实信用原则增强其注意义务。[④] 在人身关系领域,我国目前鲜见适用诚实信用原则的案例,但是,将其适用范围加以限缩而使之成为财产法的基本原则并不合理。[⑤] 法律所保护的合理信赖的对象不仅包括交易当事人,还包括缔结婚姻与协议收养的当事人。然而,婚姻和收养协议系针对身份关系构建的协议,依据这一性质,当事方不仅需要遵循诚实信用原则以保护相对方的合理信赖,而且应当符合公序良俗原则,维护以伦理秩序底线为表征的社会一般公德和公益。[⑥] 以婚姻的缔结为例,男女双方原则上均有权中断结婚磋商,否则,结婚自由本身将受到极大的限制。鉴于婚姻的缔结会形成夫妻共同体,所以,双方在信息的获取或者提供上应该遵循诚实信用与公序良俗双重原则,以此为基础,在此种关系中可以参照适用缔约过失责任规范。

第一,婚姻未缔结。如果一方的行为致使相对方产生将会结婚的合理信赖,但是前者并未及时告知后者不欲缔结婚姻的意愿,有违诚实信用原则,而且后者为缔结婚姻支付了相关费用,或者基于此种信赖对自身的人格利益(尤其是性权利)进行了处分,在此情形下,后者可以参照适用缔约过失

---

① 参见[德]迪尔克·罗歇尔德斯:《德国债法总论》,沈小军、张金海译,中国人民大学出版社2014年版,第72页。

② 参见[德]鲁道夫·冯·耶林:《论缔约过失》,沈建峰译,商务印书馆2016年版,第2页。

③ Vgl. Larenz, Lehrbuch des Schuldrechts, Band I, 14. Aufl., 1987, S. 127 f.

④ 参见[德]迪特尔·梅迪库斯:《德国债法总论》,杜景林、卢谌译,法律出版社2004年版,第95页。

⑤ 参见徐国栋:《我国司法适用诚信原则情况考察》,载《法学》2012年第4期。

⑥ 参见于飞:《公序良俗原则与诚实信用原则的区分》,载《中国社会科学》2015年第11期;李宇:《民法总则要义:规范释论与判解集注》,法律出版社2017年版,第741页。

责任规范,请求前者赔偿损失。

第二,婚姻被撤销。从体系解释的角度来看,《民法典》规定的关于婚姻缔结的欺诈事由仅限于一方在结婚登记前未将“患有重大疾病”如实告知相对方(《民法典》第1053条)。在婚姻缔结之后,无过错方可以撤销该婚姻,并请求相对人承担损害赔偿责任(《民法典》第1054条第2款)。因为婚姻欺诈构成侵害婚姻自主权的侵权责任,所以,将该条规定的赔偿责任归结为缔约过失责任并无实际意义。①

第三,婚姻有效。在合同有效的情况下,缔约过失责任亦可发生,但是仅限于因为缔约方违反说明义务而产生具体财产损害的情形。② 如果不告知相对方与结婚相关的其他重要信息,婚姻已经缔结但不构成欺诈婚姻,则相对人不可撤销该婚姻。尽管婚姻有效,但因一方违反告知义务的行为违背诚实信用与公序良俗原则,致使相对方缔结了不受期待的婚姻,所以,相对方可以参照适用缔约过失责任,主张相应的损害赔偿。缔约过失责任所赔偿的是缔约一方因对缔约另一方的意思表示发生信赖,自愿支出的费用或放弃的其他交易机会。③ 但是,对婚姻缔结机会的损失,无法像对待财产损失那样进行量化,受害人遭受的主要是人格利益(婚姻自主权)的损害,鉴于《民法典》第996条已经规定违约责任包含精神损害赔偿,而缔约过失责任在结构上与侵权责任紧密关联,④所以,在准用缔约过失责任规范时,受害人可以获得精神损害赔偿。

(二)对纯粹身份关系协议意思表示瑕疵准用合同编

《民法典》婚姻家庭编对婚姻缔结的效力瑕疵的规定采取的是可撤销与无效的二元体系,在内容上可以区分为意思表示瑕疵事由与意思表示瑕疵以外的事由,后者包括民事行为能力与合法性判断两个方面。民事法律行为是财产行为与身份行为的上位概念,民事行为能力与合法性判断应当被贯彻于整个《民法典》分编。纯粹身份关系协议违反强制性规范或者公序良

---

① 参见李宇:《民法总则要义:规范释论与判解集注》,法律出版社2017年版,第741页。

② 参见韩世远:《合同法总论》,法律出版社2018年版,第167页。

③ 参见朱广新:《合同法总则研究》(上册),中国人民大学出版社2018年版,第208页。

④ 参见王泽鉴:《债法原理》,北京大学出版社2009年版,第182页。

俗原则,例如夫妻之间以协议限制人身自由、生育权或婚姻自由权,可以直接适用《民法典》第143条,使其归于无效。① 婚姻缔结能力实质上是一种特殊的民事行为能力,亦应直接适用民事法律行为有效要件,因而限制民事行为能力人或者无民事行为能力人无缔结婚姻能力。结合《民法典》第508条,身份关系协议参照适用总则编之法律行为效力制度仅限于意思表示瑕疵的相关规范。

从比较法上看,《德国民法典》的总则编有关意思表示的瑕疵效力规则具有封闭性,并不适用于缔结婚姻的法律行为。② 近时日本的学说和判例亦认为,《日本民法典》关于意思表示的规定不适用于身份行为,对身份法领域中有瑕疵的身份行为,应适用亲属编和继承编的相关规定。③ 这与德国民法和日本民法的亲属编中有关意思表示的瑕疵规则比较完备有关。然而,我国《民法典》有关婚姻缔结的意思表示瑕疵事由仅限于"患有重大疾病"与胁迫两种类型。相比于德国民法和日本民法,我国民法对婚姻缔结意思表示瑕疵事由的规定明显不完善,而《民法典》总则编中的意思表示效力瑕疵事由的体系完整,这为婚姻缔结意思表示瑕疵案件参照适用《民法典》总则编的意思表示瑕疵类型提供了可能。

第一,"假结婚"和"假离婚"不得参照适用通谋虚伪表示的相关规则。对于"假离婚",有学者认为,因"假离婚"涉及社会公共利益并对婚姻制度构成挑战,因此,可以参照适用总则编的通谋虚伪规则,认定"假离婚"行为无效,具有溯及既往的效力。④ "假结婚"所追求的是婚姻缔结之外的目的(如获得税收上的优惠或者户籍,实为缔约动机),有违婚姻制度的本质。然而,因纯粹身份行为的"特定形式"(登记)类似于公司的决议,决议的瑕疵主要表现为内容瑕疵与程序瑕疵,所以,对自然人主观心理方面的瑕疵的判断被

---

① 参见崔建远:《合同法总论》(第2版),中国人民大学出版社2011年版,第214-215页。

② Vgl. MinchenerKomm BGB/Wellenhofer, 2017, 81314, Rn. 1.

③ 我妻栄ほか『我妻・有泉コンメンタール民法—総則・物権・債権』(日本評論社,第6版,2019年)198頁参照。

④ 参见李昊、王文娜:《婚姻缔结行为的效力瑕疵——兼评民法典婚姻家庭编草案的相关规定》,载《法学研究》2019年第4期。

排除在外。[①] 从体系上看,我国的无效婚姻的类型具有封闭性,仅限于意思表示瑕疵之外的事由,具体包括《民法典》第 1051 条规定的重婚、有禁止结婚的亲属关系以及未到法定婚龄,所以,当事人婚姻缔结之外的动机不应该成为否定结婚登记效力的因素。因此,"假结婚"依据其性质不得参照适用总则编的规定,应当属于有效婚姻。对于当事人利用"假结婚"而实施的非法行为,可以通过行政、刑事手段对当事人予以相应制裁。"假离婚"的男女双方均具有解除婚姻的意思表示,双方所不愿解除的只是当事人的共同生活关系,[②]为了维护婚姻登记的公信力以及人身关系的确定性,"假离婚"的当事人不得参照适用通谋虚伪规则而主张离婚无效。

第二,在一方对婚姻缔结有实质决定意义的事项产生误解的场合,可以参照适用重大误解的相关规定。男女双方在缔结婚姻时,因披露信息不完整或获取信息不准确,可能在身份、健康状况、性取向以及形象方面存在较大认识偏差。有学者主张,婚姻缔结应当排除对重大误解的适用。除非虚假形象与感情破裂这二者难以区分,若当事人对虚假形象等基本情况负有告知义务而未告知,则可以构成欺诈。[③] 因为我国《民法典》规定的婚姻缔结的欺诈事由具有限定性,所以,若将未告知虚假形象等基本情况的行为认定为欺诈,明显有失妥当。从维护婚姻自由的角度出发,如果一方对婚姻的缔结有实质决定意义的事项产生误解,以至于其若真正了解对方真实情况就不会达成结婚合意,且该错误认识的形成并非另一方的故意隐瞒或虚假陈述所致,那么,可以参照适用总则编的重大误解规范,对婚姻予以撤销。但是,一方在缔结婚姻时对另一方的财产状况、社会关系等的错误认识并不影响婚姻的效力。

第三,一方故意隐瞒或者虚假陈述与婚姻的缔结有重大利害关系的信息,致使相对方陷入错误认识而结婚,可以参照适用欺诈的相关规定。欺诈的相关规定强调行为人存在隐瞒真实信息或故意陈述虚假信息的行为,并

---

① 参见许中缘:《论意思表示瑕疵的共同法律行为——以社团决议撤销为研究视角》,载《中国法学》2013 年第 6 期。

② 参见田韶华:《民法典编纂中身份行为的体系化建构》,载《法学》2018 年第 5 期。

③ 参见李昊、王文娜:《婚姻缔结行为的效力瑕疵——兼评民法典婚姻家庭编草案的相关规定》,载《法学研究》2019 年第 4 期。

引起表意人的错误认识。然而,在任何一项真实的交易中都包含信息传递的问题,法律对在不同交易场合所传递的信息的完整性或真实性的标准的界定可能存在差异,[①]因此,并不存在一般意义上的信息告知义务。在规范目的上,《民法典》第1053条并非为了体现国家对一方患有重大疾病的婚姻的管制,而是为了保护受欺诈的另一方的缔结婚姻的自由。[②] 一方故意隐瞒或者虚假陈述与婚姻的缔结有重大利害关系的信息,致使相对方陷入错误认识而结婚的,是对相对方婚姻自由的严重侵害,与一方故意不告知“患有重大疾病”相比,在价值评价上非常类似。以“性取向”为例,尽管中国精神病学会2001年颁布的《中国精神障碍分类与诊断标准》(第3版)已经不再将同性恋界定为心理异常的病态,因而超出了《民法典》第1053条规定的“患有重大疾病”的规定范围,但是,性取向是婚姻缔结的重要内容,对夫妻共同生活具有极其重大的影响。因此,受害人可以参照适用总则编的欺诈规范,请求人民法院对婚姻予以撤销,无过错方有权请求相对方承担损害赔偿责任。

第四,第三人欺诈的相关规则同样具有参照适用的可能性。从文义上看,婚姻缔结中的胁迫(《民法典》第1052条)包括相对人胁迫与第三人胁迫,因此,因第三人胁迫而缔结的婚姻无须参照适用总则编中关于第三人胁迫情形下法律行为之效力的规定。然而,婚姻缔结中的欺诈无法涵盖第三人欺诈。相对于胁迫,欺诈对私法自治的危害较小,立法上通常对第三人欺诈的受害人撤销权设置限制性条件。[③] 如果在缔结婚姻时存在第三人欺诈(如医生故意出具虚假健康证明),相对人知道或者应当知道欺诈事实,则可以参照适用总则编的第三人欺诈规范。如果持有虚假健康证明的一方为善意,则另一方可以参照适用总则编的重大误解规范。

《民法典》婚姻家庭编并未规定收养协议与收养解除协议意思表示瑕疵的效力规则。收养应当遵循最有利于被收养人的原则。收养协议在参照适用《民法典》总则编的相关规定时,应当保护未成年人的利益。概言之,纯粹身份关系协议体现了家庭法的固有伦理特征,具有保障意思自治、维护身份

① 参见许德风:《合同自由与分配正义》,载《中外法学》2020年第4期。

② 参见夏吟兰、龙翼飞等:《中国民法典释评:婚姻家庭编》,中国人民大学出版社2020年版,第83页。

③ 参见薛军:《第三人欺诈与第三人胁迫》,载《法学研究》2011年第1期。

关系和谐以及保护未成年人利益最大化的价值目标。这符合身份关系协议“可以根据其性质参照适用”民法典合同编的客观目的,是被引用的合同编和总则编法条变通适用与否的重要判断标准。

六、身份财产协议对《民法典》合同编的准用

(一)合同和法律行为效力规范的准用

身份财产协议包括财产性内容,如财产权的取得与消灭、给付义务的产生与消灭等。在缔约阶段,身份财产协议可准用《民法典》合同编的“要约—承诺”规则与缔约过失责任规范。结合《民法典》第 464 条第 2 款和第 508 条,身份财产协议对于合同和法律行为效力规范的参照适用主要包括三个方面:

一是身份财产协议对法律行为部分无效与整体无效规则的准用。身份财产混合协议的内容可以部分归属于身份协议,部分归属于财产协议。在通常情形下,身份关系的发生或解除是协议中的财产条款发生效力的前提。如果婚姻的缔结或解除无效,则相应的财产分配以及子女抚养等条款均无效。但是,如果财产协议的某一部分无效,并不会影响身份关系的产生或者解除,即使当事人有产生或解除身份关系的意愿。《民法典》第 156 条规定,“民事法律行为部分无效,不影响其他部分效力的,其他部分仍然有效”。通常认为,法律行为是否部分有效,需要根据当事人的意思进行判断,具体涉及对缔约目的、具体需求状况、个案的特殊背景等因素的利益权衡,还需要考虑无效部分在交易中的重要性,例如,一方当事人因预想到无效部分的有效存在而在交易条件上作出重大让步。[①] 然而,由于身份财产混合协议中的婚姻、收养登记具有极强的公示效力,所以,即使该协议的财产条款与身份关系具有很密切的联系甚至相互依存,婚姻和收养关系亦不因之而无效。法官可以对无效部分进行适当变更,双方当事人对此表示接受,以维持整个法律行为的效力。[②] 对于身份财产关联协议(如意定监护协议、遗赠扶养协议)的部分条款无效,倘若整个协议对于当事人而言具有重要的现实价值,

---

① 参见陈甦主编:《民法总则评注》(下册),法律出版社 2017 年版,第 1104 页。

② 参见黄忠:《法律行为部分无效的处理规则研究》,载《当代法学》2010 年第 3 期。

以至于当事人本来就会将无效部分作为可以独立实施的法律行为，那么，应当承认法律行为的其余部分内容的效力。①

法律行为部分无效不仅可以适用于法律行为部分自始无效的情形，而且可以适用于法律行为因撤销而被视为部分自始无效的情形。然而，只有当法律行为未被撤销的部分不受被撤销部分的影响而仍然有效时，部分撤销的表示亦即法律行为仅部分无效的表示才能发生效力。② 例如，在离婚协议中，夫妻约定将夫妻一方的个人财产给予另一方，或者约定将夫妻共同财产或个人财产给予具有抚养关系的子女等。从形式上看，此类财产给予具有“无偿赠与财产”的属性，而赠与合同的重要特征是赠与人在财产权利转移之前享有任意撤销权。如果夫妻财产给予行为是为履行法定义务，或者属于具有对价的约定义务范畴，则财产给予一方显然不得撤销。相反，如果夫妻财产给予行为属于无对价的约定义务，则可以构成赠与。③ 然而，因为离婚合意、子女抚养、夫妻共同财产分割、债务承担、法定扶养义务的履行与“无偿赠与财产条款”之间具有密切的联系，所以，对于财产给予条款是否可以被撤销，需要考察理性的夫妻是否在夫妻财产给予约定义务被撤销的情况下仍然愿意缔结离婚协议，解散夫妻共同体，并权衡夫妻之间的利益关系，尤其是权衡夫妻财产给予约定义务是否会实质性地影响夫妻共同体的解除。例如，若配偶一方为达成离婚合意而在夫妻财产给予约定义务上作出重大让步，则表明夫妻财产给予条款不得被撤销。

二是身份财产协议对通谋虚伪表示规则的准用。身份财产协议可以参照适用欺诈、胁迫和重大误解规范，而参照适用通谋虚伪表示规则的典型身份财产协议是“虚假离婚协议”。为了逃避债务、获得购房购车资格以及多享受福利补贴等特定目的，某些夫妻会“通谋”解除婚姻关系，对财产分配、子女抚养等达成一致协议并完成离婚登记程序，待特定目的达成之后复婚。婚姻解除协议包含了婚姻登记机构的形式审查、登记的公示公信效力以及

---

① 参见[德]卡尔·拉伦茨：《德国民法通论》(下册)，王晓晔等译，法律出版社2003年版，第632－633页。

② 参见[德]维尔纳·弗卢梅：《法律行为论》，迟颖译，法律出版社2013年版，第691页。

③ 参见肖峰、田源主编：《婚姻家庭纠纷裁判思路与裁判规则》，法律出版社2017年版，第233页。

诚实信用原则等因素,所以这决定了“虚假离婚”应该引发离婚的法律后果。[①] 依据我国现行法规定,对已经发生法律效力的解除婚姻关系的判决书和调解书,不得申请再审,这有利于维护离婚效力的确定性和既判力,能够避免违反一夫一妻制原则。[②] 然而,我国司法实践通常采取区分身份协议与财产协议的隔离技术,肯定前者的效力,否定后者的效力。主要理由在于,财产处置的内容违反公平原则和诚实信用原则,未体现夫妻双方的真实意思或者损害债权人的利益。为此,法院通常会对夫妻之间的财产依法进行重新分配。[③] 我国《民法典》第 1077 条设置了 30 日的离婚冷静期,这不仅增加了夫妻双方实施“虚假离婚”的时间成本,也为夫或妻撤回虚假离婚协议申请提供了机会。“虚假离婚”中的婚姻解除协议应当排除对总则编通谋虚伪表示规则的准用,但是,财产协议与子女抚养协议等协议应当结合其性质准用通谋虚伪表示规则。具体而言,其一,财产协议与子女抚养协议等协议无效。第三人(债权人)可以主张夫妻双方的财产关系状态如同未离婚时的财产关系状态,有权提起第三人执行异议之诉。其二,法官可以适用法定的夫妻财产制对夫妻之间的财产进行分配。其三,对子女的抚养应当依法进行,并适用最有利于未成年子女的原则。

三是身份财产协议对显失公平规则的准用。如前所述,纯粹身份关系协议因不具有经济交换属性,故不能参照适用显失公平规则。因有偿的身份财产关联协议(如意定监护协议、遗赠扶养协议)的给付请求权可以通过金钱得到衡量,故法官可以准用显失公平规则。然而,对于身份财产混合协议是否可以准用显失公平规则,最高人民法院原则上持否定态度。最高人民法院《关于适用〈中华人民共和国婚姻法〉若干问题的解释(二)》(已失效,以下简称《婚姻法解释二》)第 9 条规定,夫妻双方订立财产分割协议时存在欺诈、胁迫等情形的,当事人可以请求变更或者撤销该财产分割协议。因为离婚财产分割协议兼有财产与情感因素,所以,倘若夫妻一方急欲离婚而在夫妻共同财产问题上作出重大让步甚至“净身出户”,那么,尽管离婚财

---

① 参见高憬宏主编:《审判案例研究》(第 3 卷),法律出版社 2015 年版,第 31 – 32 页。

② 参见丁慧:《身份行为效力判定的法律基准——在身份法理念和身份法规范之间》,载《法学杂志》2015 年第 2 期。

③ 参见蔡立东、刘国栋:《司法逻辑下的“假离婚”》,载《国家检察官学院学报》2017 年第 5 期。

产分割协议中的财产权利严重失衡，亦不宜简单地从权利义务对等的角度认定显失公平。[①] 但是，如果一方身处危困状态，选择自由几近丧失，另一方配偶明知这一状况而加以利用并提出苛刻的财产处分条件，则可以准用《民法典》总则编的显失公平规则，并结合婚姻状况、一方有无过错、子女抚养以及保护婚姻中弱势一方等因素，通过个案调整协议，保障结果的公平。[②] 当事人请求撤销财产分割协议的除斥期间及其起算点，可以准用《民法典》第152条第1款。

（二）合同履行规则的准用

合同履行规则的准用包括对合同履行的原则（《民法典》第509条）、合同内容的解释规则（《民法典》第510条、第511条）、合同给付的货币规则（《民法典》第514条）、第三人代为清偿规则（《民法典》第524条）以及合同的协议变更规则（《民法典》第543条）等规范的准用。但是，关于合同履行规则是否可以准用于身份财产协议，仍有下列问题需要进一步澄清：

一是身份财产协议如何准用抗辩权规范的问题。双务合同的抗辩权包括同时履行抗辩权、先履行抗辩权以及不安抗辩权。双务合同的抗辩权以债权人与债务人各自的给付义务存在功能上的牵连性为基础，即当事人之间的给付义务、对待给付义务具有对价性，亦即互为因果，相互报偿，且彼此牵连，[③]典型如买卖、互易、建设工程合同等。身份财产协议对于抗辩权规范应以以下方式准用：第一，对于离婚协议、婚内财产分割协议等身份财产混合协议而言，尽管当事人通常均负有给付义务且对应的请求权彼此依赖，但是，无论是在当事人各自的财产给付义务之间，还是在一方的财产给付义务与另一方的同意离婚、子女抚养等之间，均不具有对价性。夫妻“忠诚协议”、夫妻“空床费协议”以夫妻互相忠实的权利义务与同居的权利义务为前提，抗辩权与请求权相对，但是，夫妻忠实义务与同居义务对应的请求权具

---

① 参见最高人民法院民事审判第一庭编著：《最高人民法院婚姻法司法解释（二）的理解与适用》，人民法院出版社2015年版，第129页。

② 参见景春兰、袁善仪：《“净身出户”协议的效力探讨及裁判策略》，载《广西民族大学学报（哲学社会科学版）》2018年第5期。

③ Vgl. MinchenerKomm BGB/ Emmerich, 2019, vor s 320, Rn. 14 ff.

有强烈的人身专属性和伦理道德属性,既不得通过法律强制的方式予以履行,亦不具有对价属性。因此,身份财产混合协议不得准用双务合同的抗辩权规范。第二,就身份财产关联协议而言,近亲属之间有偿的意定监护协议的伦理属性很弱,当事人的给付义务与所对应的请求权具有对价关系和牵连性,可以准用抗辩权规范。遗赠扶养协议的特殊性在于扶养人权利和遗赠人权利产生的异时性,遗赠人在生前享有接受扶养的权利,但不负担义务,扶养人须先依约履行扶养义务甚至安葬义务,才能在遗赠人死后取得遗赠请求权。① 遗赠扶养协议中的扶养和遗赠之间不存在条件上的牵连性,亦不具有功能上的牵连性。在遗赠人生前,无论哪一方解除遗赠扶养协议,遗赠义务均非因协议解除而消灭,而是自始未产生。因此,遗赠扶养协议不得准用抗辩权规范。继承协议中的继承遗产、赡养父母等内容并不具有牵连性,亦不得准用抗辩权规范。

二是身份财产协议如何准用利他合同规范的问题。《民法典》第 522 条规定的利他合同规范突破了合同相对性,允许使他人纯获利益的合同对第三人直接产生效力,尊重了通常情形下受益人可以推知的意图,并赋予受益人以拒绝权,从而保障其最终决定权。② 离婚协议中的赠与子女财产条款具有为第三人设定利益的法律构造,可以准用利他合同规范。一方面,夫妻通过离婚协议共同确立为子女设定利益的合意,约定将共同财产或者个人财产赠与子女。另一方面,当父母一方或者双方不履行协议中的约定时,子女可以直接请求父母一方或者双方履行协议的内容。③

三是身份财产协议如何准用情事变更规则的问题。《民法典》第 533 条新增情事变更规则,规定人民法院、仲裁机构结合案件的实际情况根据公平原则变更或者解除合同。在德国法上,情事变更规则在夫妻之间的协作协议中得到广泛适用。④ 婚姻是一种动态的关系,这个过程可能涉及外部环境(如疾病、工作状况、子女的出生等)以及夫妻内部关系(如情感、个性、偏好

---

① 参见缪宇:《遗赠扶养协议中的利益失衡及其矫治》,载《环球法律评论》2020 年第 5 期。

② 参见薛军:《合同涉他效力的逻辑基础和模式选择——兼评〈民法典合同编(草案)〉(二审稿)相关规定》,载《法商研究》2019 年第 3 期。

③ 参见陆青:《离婚协议中的“赠与子女财产”条款研究》,载《法学研究》2018 年第 1 期。

④ 参见[德]迪特尔·施瓦布:《德国家庭法》,王葆莳译,法律出版社 2010 年版,第 74 - 75 页。

等)的变化。即使夫妻之间订立了关于夫妻共同财产、债务以及配偶权、亲权、探望权等方面的协议,但是随着时间的推移,婚姻家庭关系的内部与外部环境可能会发生难以预测的变化。例如,夫妻在缔结身份财产协议时可能会担心议价会被对方视为缺乏信任,这样的心态往往导致夫妻双方通常因不够理性而在缔约时表现得缺乏远见或者过于乐观,从而低估不利条款可能带来的风险,或者忽视为未来变化制定详尽条款的需求。① 如果这些因素导致婚内财产协议、夫妻"忠诚协议"、子女抚养协议的情势已发生重大变更,履行协议对一方当事人显失公平,则可以参照适用合同编的情事变更规则。

四是身份财产协议如何准用代位权与撤销权规则的问题。债权人不得代为行使基于个人信任关系或者以特定身份关系为基础的债权,例如夫妻之间的扶养请求权或者遗赠扶养协议请求权等。② 但是,夫妻之间的离婚财产分割协议在得到履行之前,如果夫或妻的债权人符合代位权的行使要件,则可以准用《民法典》第 535 条规定的代位权规则。身份财产协议的债权人准用《民法典》第 538 条规定的撤销权规则,具体包括两种情形:第一,遗赠扶养协议的遗赠人无偿转让约定财产或放弃约定到期债权,在此情形下,扶养人可以请求法院撤销受扶养人的无偿转让或放弃债权的行为;第二,离婚协议中的夫妻财产给予约定并非赠与,因而应排除赠与人的任意撤销权的适用,但是,当财产价值显著超过必要的法定扶养义务限度并损害财产给予方的债权人的利益时,债权人可以行使撤销权,以避免夫妻通过离婚协议恶意逃避债务。夫或妻对子女的超出必要法定抚养义务的给予行为属于赠与,如果损害夫或妻的债权人的利益,则债权人有权撤销。

(三)合同的救济规则的准用

一是身份财产协议准用合同解除权规则的问题。《民法典》第 563 条第 1 款规定的法定解除权规则可以被准用于身份财产协议。婚内财产协议、遗

---

① 参见[德]凯塔琳娜·博埃勒 - 韦尔基等主编:《欧洲婚姻财产法的未来》,樊丽君等译,法律出版社 2017 年版,第 75 页。

② 参见王洪亮:《债法总论》,北京大学出版社 2016 年版,第 142 - 143 页。

赠扶养协议等继续性合同与一时性合同不同,在长时间的拘束之下,合同的履行高度依赖于当事人间的特别信任关系。[①] 如果当事人之间的信任和善意无以为继,不能期待当事人继续维持合同关系,则可以准用《民法典》第563条第1款,赋予当事人解除合同的权利。例如,扶养义务的履行具有长期性与反复性,扶养人和遗赠人之间的信任是双方达成遗赠扶养协议的基础。如果遗赠人拒绝接受扶养,则扶养人可以行使任意解除权解除遗赠扶养协议,遗赠人应偿还扶养人已支付的供养费用;如果扶养人不履行协议致协议解除,且无正当理由,则不能享有受遗赠的权利,对其支付的供养费用一般不予补偿[最高人民法院《关于贯彻执行〈中华人民共和国继承法〉若干问题的意见》(已失效)第56条]。

二是身份财产协议准用违约责任规则的问题。如果身份财产协议的一方不履行合同义务或者履行合同义务不符合约定,则可以准用《民法典》第577条规定的违约责任。亲属身份权利义务(如忠实义务、同居义务、探望权等)具有伦理道德因素,一方不履行的债务属于《民法典》第580条第1款规定的不适于强制履行的义务。以夫妻"忠诚协议"为例,当夫妻"忠诚协议"的一方违反忠实义务时,其应当向另一方给付一定数额的金钱,或者承受分割共同财产的不利后果。尽管《民法典》第1043条规定"夫妻应当互相忠实,互相尊重,互相关爱",但是,法律不可能以维持婚姻关系为目的而"强制"夫妻相互忠诚。因此,违反忠实义务的法定不利后果只能发生在离婚之时,即在夫妻共有财产分割(《民法典》第1087条)或者离婚损害赔偿诉讼(《民法典》第1091条)中照顾无过错方等。因此,夫妻"忠诚协议"中约定的金钱给付或者分割共同财产必须以婚姻的解除为前提,其实质系夫妻双方就未来离婚之时的过错赔偿标准和计算方法的预先约定。对于夫妻"忠诚协议"约定的金钱给付的具体数额,应结合受害人受伤害的程度、加害人的过错行为、家庭的经济状况以及夫妻共同生活的实际情况等因素予以综合考虑,并可以参照适用《民法典》第585条规定的违约金调整规范,予以适当增加或减少。夫妻"忠诚协议"约定分割共同财产的,无论是协议离婚,还是诉讼离婚,均应当按照约定分割夫妻共同财产,但是,约定可能导致一方

---

① 参见王文军:《论继续性合同的解除》,载《法商研究》2019年第2期。

生活困难而显失公平的除外。[①]

(四)委托合同规则的准用

意定监护协议与委托监护协议通常包括监护人的选择、监护事项的分配、监护关系的设立、监护责任的承担、监护关系的终止等内容。这两类监护协议的主要内容与委托合同的内容比较类似,因此,监护协议的成立、生效、解除或终止等可以参照适用合同编关于委托合同的相关规定。[②] 现代社会监护手段多元化,既包括监护人向被监护人提供替代决策的模式(委托监护),也包括监护人向有能力独立处理与其智力状况相适应的被监护人提供协助决策的模式(意定监护),从而兼顾了被监护人的利益保护和意思自治。[③] 在委托监护协议中,被监护人处于第三人的法律地位,意定监护协议属于附生效条件的合同,只有当监护原因发生时,通常是当被监护人丧失部分或全部民事行为能力时,意定监护协议才生效。由于被监护人的利益在委托监护协议与意定监护协议中处于特殊地位,因此,监护人不享有委托合同中委托人的任意解除权。

七、结论

《民法典》的编纂使长期以来各自分散的民事单行法形成了一个有机的体系化整体,内在体系昭示了社会的核心价值及底线共识,外在体系则确定规范的形式理性和可预测性。[④]《民法典》第 464 条第 2 款为身份关系协议参照适用《民法典》合同编和总则编的规则提供了规范基础,是民法典体系化最为显著的标志之一,构成了妥当协调家庭法与财产法、传统人伦关系与交易关系、婚姻家庭编与合同编乃至总则编之间关系的枢纽。

从法律的发展来看,法典化对法律的塑造力其实有限,法律创新的路径

---

① 参见梅夏英、叶雄彪:《婚姻忠诚协议问题研究》,载《法律适用》2020 年第 3 期。

② 参见陈甦主编:《民法总则评注》(上册),法律出版社 2017 年版,第 237 – 238 页。

③ 参见彭诚信、李贝:《现代监护理念下监护与行为能力关系的重构》,载《法学研究》2019 年第 4 期。

④ 参见谢鸿飞:《中国民法典的生活世界、价值体系与立法表达》,载《清华法学》2014 年第 6 期;方新军:《融贯民法典外在体系和内在体系的编纂技术》,载《法制与社会发展》2019 年第 2 期。

主要取决于法官的法律解释能力,这受制于立法者为法官所预留的解释空间和解释手段。[①]《民法典》第 464 条第 2 款所援引的对象极为抽象和概括,这为司法机关依据身份关系协议的性质准用合同编预留了较为广泛的价值判断空间。法官既要依据身份关系协议的性质引入并发掘合同编和总则编之中被援引法条的规范意旨,亦要论证该规范意旨与婚姻家庭编的原则以及待决身份关系协议的伦理属性不相排斥,以避免《民法典》第 464 条第 2 款规定的“参照适用”条款沦为交易规则过度市场化、身份关系协议工具化的通道。

《民法典》之中的身份关系协议可以分为三种类型:一是纯粹身份关系协议,包括结婚、收养协议与收养解除协议等;二是身份财产混合协议,包含基于身份关系而发生或解除的财产协议(如婚内夫妻财产协议、离婚及财产分割和子女抚养协议、离婚财产补偿协议、离婚给予子女财产协议)与有关身份权利行使和义务承担并附带金钱给付的协议(如夫妻“忠诚协议”)等;三是身份财产关联协议,包括近亲属之间的意定监护协议、协议监护协议、委托监护协议、遗产分割协议、遗赠扶养协议、继承协议等。从纯粹身份关系协议到身份财产混合协议再到身份财产关联协议,协议的伦理属性渐趋减弱而财产属性逐渐增强。当事人之间的伦理属性越强,法官在参照适用时越要考量婚姻家庭编的特殊价值。

① 参见石佳友:《解码法典化:基于比较法的全景式观察》,载《比较法研究》2020 年第 4 期。

情事变更制度在与离婚相关的财产协议中的参照适用*

——以婚前协议为例

夏江皓**

摘　要　基于与离婚相关的财产协议本身具有的特殊性和情事变更制度的规范意旨，在与离婚相关的财产协议中引入情事变更制度十分必要。《民法典》第464条第2款为在与离婚相关的财产协议中参照适用合同编的情事变更制度提供了规范基础。在参照适用情事变更制度时，需要把握与离婚相关的财产协议的家庭伦理属性及该种协议与一般商业交易协议的不同特点，对情事变更法律规则的构成要件和法律效果进行有针对性的法律解释。情事变更制度被参照适用于与离婚相关的财产协议时，主要存在以下值得探讨的事由类型：子女出生、一方因残疾或严重疾病丧失劳动能力、一方经济能力大幅变化。据此可以分别针对协议中的离婚财产分割、家务劳动补偿和经济帮助条款总结出参照适用情事变更制度的可能性。

关键词　情事变更制度　与离婚相关的财产协议　婚前协议　参照适用　类型化

---

* 本文发表于《法制与社会发展》2022年第1期。本文受中国人权研究会部级项目“民法典离婚财产分割和离婚救济制度之价值判断与适用标准”（项目号：CSHRS2020－21YB）的资助。

** 夏江皓，中国政法大学讲师，研究方向：民法、婚姻家庭法。

作为契约严守原则的例外,情事变更制度通过最高人民法院《关于适用〈中华人民共和国合同法〉若干问题的解释(二)》(已失效)第26条被引入我国的规范体系中。《民法典》第533条正式将其纳入我国《民法典》的体系中。情事变更制度适用于一般的合同自无疑问,但其能否被适用于婚姻关系当事人所订立的旨在调整夫妻离婚财产性后果的协议(以下简称与离婚相关的财产协议)这一问题①则不无讨论空间。尽管目前我国学界对此问题的关注较少,②但是,一方面,从实务视角看,在与离婚相关的财产协议可能存续的漫长过程中,特别是当协议订立于婚前或婚后(尚无离婚计划)时,如何保护协议当事人的正当利益成为难点;另一方面,从体系视角看,随着婚姻家庭编进入《民法典》,在诸如与离婚相关的财产协议之类的特殊身份主体之间缔结的协议中能否适用合同编的相关规则,是亟须学界探讨和解决的问题。

针对理论与实务的需求,本文主张在与离婚相关的财产协议中引入情事变更制度,讨论《民法典》合同编的规范在特殊身份主体缔结的协议中的参照适用,以期起到以点带面的作用,探寻《民法典》婚姻家庭编与合同编的交叉与融合之道。这一方面是对传统民法契约理论的丰富和发展,另一方面对司法实践具有实质的指导意义。因在婚前订立的与离婚相关的财产协议(以下简称婚前协议)中引入情事变更制度的情况较为典型,故本文以婚

---

① 本文所述"与离婚相关的财产协议"是指婚姻关系当事人双方订立的、旨在调整夫妻离婚财产性后果的协议。离婚财产性后果包括离婚财产的分割、对一方当事人较多承担家务劳动的补偿以及对离婚后生活困难一方的经济帮助。因此,根据协议的内容,与离婚相关的财产协议可以被分为离婚财产分割协议、家务劳动补偿协议和经济帮助协议;一份与离婚相关的财产协议中也有可能同时包含上述两项或全部内容。根据协议订立的阶段,与离婚相关的财产协议又可以被分为婚前订立的与离婚相关的财产协议、婚后尚无离婚计划时订立的与离婚相关的财产协议和离婚时或婚后准备离婚时订立的与离婚相关的财产协议三种类型。

② 参见康娜:《论我国婚姻协议法律规定之完善》,载《学术交流》2009年第9期;郁光华:《从经济学视角看中国的婚姻法改革》,载《北大法律评论》编辑委员会编:《北大法律评论》(第8卷第2辑),北京大学出版社2007年版,第430-432页。

前协议为主要讨论对象,[①]婚后(尚无离婚计划时)和离婚时订立的协议中对情事变更制度的引入同样可以婚前协议的情况为参考。

本文具体安排如下:首先,基于婚前协议的特殊性论述引入情事变更制度的必要性,同时通过比较法的考察和对我国《民法典》第464条第2款的阐释,论证我国法上在婚前协议中引入情事变更制度的可行性;其次,围绕婚前协议的具体特点,逐一论述如何在婚前协议中理解和解释情事变更制度的各个构成要件和法律效果,并对婚前协议中情事变更的具体事由进行类型化的考量。笔者希冀通过对情事变更制度在婚前协议中的参照适用规则进行梳理和论述,为推进对有关身份关系的协议参照适用《民法典》合同编具体规范的研究略尽绵薄之力。

一、在婚前协议中引入情事变更制度的意义

(一)在婚前协议中引入情事变更制度的必要性

情事变更在法律史上的直接渊源是发展于罗马法复兴前中世纪的情事不变原则。根据该原则,"债对当事人的约束力是有条件的。如果当事人之间的关系基础在最终履行合同义务时发生了本质性的变化,当事人可不再受其合同关系的约束"[②]。诚实信用原则为情事变更制度提供了规范源泉,诚实信用强调互相体谅,要求一方当事人不能仅以实现自己利益为唯一考量依据,而是应适当尊重和顾及他方当事人的利益。[③]

由于婚前协议本身所具有的特点和情事变更制度的规范意旨,情事变

---

① 当事人在婚前订立与离婚相关的财产协议越来越为民众观念所接受。2017年《中国青年报》对1999名受访者进行了一项旨在了解民众对订立婚前协议态度的调查。调查显示,56.4%的受访者认为有必要订立婚前协议,14.4%的受访者认为没有必要,29.3%的受访者认为说不好。参见王品芝:《57.9%受访者表示能接受签署婚前协议》,载中青在线网2017年12月21日,http://news.cyol.com/yuanchuang/2017-12/21/content_16797544.htm,2019年11月13日访问。另外,笔者对新浪微博平台的调查"该不该签婚前协议"进行了统计,截止到2021年12月13日调查共收到3168条评论、30845个点赞。笔者按照点赞人数由高到低对前100条高赞评论进行了统计,结果如下:63.2%的评论认为应当订立婚前协议;22.1%的评论认为不应当订立婚前协议;1.1%的评论认为是否订立婚前协议无所谓。参见《该不该签婚前协议呢》,载微博"河池市三才文化传媒有限公司"2019年11月9日,https://weibo.com/6061323160/IfnGniyr4?type=comment。

② [德]卡斯腾·海尔斯特尔、许德风:《情事变更原则研究》,载《中外法学》2004年第4期。

③ 参见易军:《民法基本原则的意义脉络》,载《法学研究》2018年第6期。

更制度在婚前协议中具有较大的参照适用空间和需求。详言之,婚前协议缔结于婚姻关系开始之前,调整的却是婚姻关系结束后的财产关系。在从婚前到婚后再到离婚的整个婚前协议存续阶段中,作为该协议基础的客观事实发生重大变化的可能性较大,此时如果继续坚持最初的婚前协议,对于一方当事人来说可能是过于苛求的,由此需要借助情事变更制度来对婚前协议进行一定的调整。不断变化的家庭情况与旨在为离婚提供财产安排的婚前协议之间存在紧张关系,在可预测性和灵活性之间找到适当的平衡对婚前协议来说至关重要。① 因此,下文将结合婚前协议的特点来进一步论述在婚前协议中引入合同法上的情事变更制度的必要性。

1. 婚前协议存续时间的长期性

"婚姻是一种持续性的关系,在其他环境中很少存在类似的关系"②,婚姻的持续期间具有动态性,婚前协议的缔结和履行之间有一段不确定的时间维度,这段时间长短不定。基于婚姻生活的持续性和复杂性,通常在达成婚前协议的基础上,双方都需要随着时间的推移根据影响婚前协议的较大变化对婚前协议作出调适。具体来说,在婚前协议存续的过程中,可能涉及外部环境的变化,例如疾病、失业、经济状况变化、子女出生,也可能涉及夫妻个人偏好、个性发展或相互关系的变化。③ 有鉴于此,在婚姻关系存续过程中,订立婚前协议时所依据的特定情况发生变化的可能性较大,因此,引入情事变更制度对双方当事人的权利义务进行调整与平衡也较为迫切。

2. 当事人对婚姻关系的乐观倾向

当事人订立婚前协议的状态和订立普通协议的状态存在较大差别。在普通协议中,协议预设的前提是,协议当事人被推定为自身交易价值的最佳判断者,当事人对自己的期望、行为后果以及后果发生的或然性有充分的考虑。在这些考虑的基础上,理性的当事人可以计算出特定的协议交易是否

---

① See Anne Sanders, *Private Autonomy and Marital Property*, International and Comparative Law Quarterly, Vol. 59, No. 3, p. 599 - 600.

② [美]艾伦·M. 帕克曼:《协议离婚》,载[英]安东尼·W. 丹尼斯、[英]罗伯特·罗森编:《结婚与离婚的法经济学分析》,王世贤译,法律出版社 2005 年版,第 67 - 68 页。

③ 参见[德]Katharina Boele - Woelki、[德]Jens M. Scherpe、[英]Jo Miles 主编:《欧洲婚姻财产法的未来》,樊丽君等译,法律出版社 2017 年版,第 74 - 75 页。

符合其最大利益[①],并且在合理的范围内预见到客观情况可能发生的重大变化。然而,在婚前协议中,情况却大相径庭。即将步入婚姻关系的双方往往对婚姻抱有理想化的期待与预想,他们相信婚姻将顺利地运行下去,任何在婚前或者婚姻关系中对个体权利的斤斤计较都没有必要,甚至可能会破坏彼此之间的亲密情感。尽管订立婚前协议是为将来可能发生的婚姻破裂进行提前的风险控制和安排,但是受制于难以克服的人类自然情感,在订立婚前协议时,当事人并非处于进行一般市场交易时的理性计算的状态之下。由于双方当事人的关系以爱、信任以及亲密情感为显著特征,其对婚前协议的议价可能会被非理性的感情影响,这种状态也被称为"认知失真"或"认知局限"。[②] 正是受到这种认知局限的影响,当事人对婚姻关系及其未来可能的发展趋向可能过于乐观,也担心过多的议价行为会影响双方的感情,因此在签订婚前协议时,对于与婚前协议有关的客观情况,特别是客观情况将来可能发生的变化,当事人可能缺乏必要的慎重考虑与相应的预见能力。

3. 婚前协议可能涉及财产的重要特征

婚前协议可能具有的一个重要特征是涉及的财产范围较广。具体来说,婚前协议可能是对离婚后经济帮助和家务补偿的约定,也可能是对双方婚前或婚后共同财产的分配。对当事人而言,婚前协议不仅可能会涵盖对其离婚前所有财产的处分,而且还可能会辐射到其离婚后的收入。此外,婚前协议中一方的某些财产性给付可能很难体现出明显可计算的"对价"。申言之,婚前协议中的财产性安排背后可能具有复杂的伦理、情感因素考量,也可能涉及子女或其他家庭成员的利益。因此,相较于普通的协议,婚前协议可能给当事人带来更大、更多方面的压力和影响,相应地,如果婚前协议的基础条件发生了变化,而仍然要坚持契约严守原则,可能给当事人带来较大的不利后果。

---

① See Melvin Aron Eisenberg, *The Limits of Cognition and the Limits of Contract*, Stanford Law Review, Vol. 47, No. 2, p. 213 (1995).

② See The Harvard Law Review Association, *Developments in the Law – The Law of Marriage and Family*, Harvard Law Review, Vol. 116, No. 7, p. 2095 – 2096 (2003).

(二)在婚前协议中引入情事变更制度的可行性

论证了在婚前协议中引入情事变更制度的必要性之后,我们需要讨论的一个问题是,目的的正当性能否证成手段的可行性与合理性?换言之,我国在婚前协议中引入合同法规则中的情事变更制度是否可行?接下来,笔者将尝试对这个问题作出回答。

1. 比较法的考察

对于婚前协议因客观情况或环境的变化而需要作出调适的问题,很多法域都通过成文法和判例法的形式构建了一套相对成熟的解决体系。以英国法为例,在著名的 Radmacher v. Granatino 案①后,英国法院对婚前协议的审查一般分为两个阶段:第一个阶段是"程序公正审查",重点是保护当事人的意思自治,审查协议是不是双方在充分了解其含义并在意志自由的状态下缔结的;第二个阶段是"实质公正审查",重点是保护当事人在一定程度上免受其意思自治的不利后果。法院应审查在订立婚前协议时,婚前协议的内容本身是否存在不合理之处,考察随着客观情况的变化,婚前协议的履行是否会带来显失公平的结果。对于第二个阶段的审查,BrianRix 勋爵的经典论述展现了法院在客观情况变化后调整婚前协议以矫正双方当事人利益分配不均的态度:"对婚前协议在履行时的实质审查试图应对夫妻在未来关系中未知且往往也是无法预见的突发事件,夫妻关系的长期性意味着突发事件的发生概率更大,这会让维持婚前协议变得不公平。当事人的情况会随着时间在方式上或在程度上发生变化,而这种情况的变化不能或仅仅是没有被设想过。婚姻持续的时间越长就越有可能出现这种情况……此时法院对婚前协议可执行性的把关就显得十分重要。"②

同时,英国、美国、澳大利亚、瑞典、新西兰等法域都有成文法专门规定婚前协议(或与离婚相关的财产协议)中的情事变更(后文将具体论述)。由此他们无须适用合同法的规则,只需要对情事变更制度在婚前协议中的"移植"进行有针对性的落实和细化,形成婚姻家庭法中的专门规定,尤其是对

---

① See [2010] UKSC42.

② [2009]EWCA Civ 649,[2009] 2 FLR 1181,para. 73.

婚前协议可能适用情事变更制度的具体情形进行类型化的规定。

稍有不同的是德国法,德国存在适用《德国民法典》第242条诚实信用原则的一般条款对婚前协议进行审查的案例,法院特别关注协议签订以后发生的客观情况变化及当事人双方的利益均衡状态,并以此为基础来对协议进行调整。法院倾向于适用该法第242条的一个原因是这一条款具有相当的灵活性,使得法院对协议有更大的自由裁量空间,从而更能保证案件结果的实质公平。① 在德国法上,一般条款在司法裁判中具有强大的生命力,对一般条款的适用在缓解法律的僵化性、发挥裁判者的自由裁量权以及实现个案的公平方面发挥着重要作用。②《德国民法典》第242条具有保障社会伦理评价与公平考量对于法律适用必要的影响功能,它要求任何人都应根据诚实信用原则来行使权利、履行义务,要顾及对方的正当利益,这不仅适用于债务关系,也同样适用于物权法、亲属法和继承法等领域。③ 此外,德国法院也同样适用《德国民法典》第313条(合同交易基础丧失)来变更或解除婚前协议。

2. 我国在婚前协议中引入情事变更制度的合理路径

回到我国语境中,人民法院在司法实践中的自由裁量权相对有限。在缺乏制定法明确规定的情况下,法院行使自由裁量权进行衡平判决的可能性较小。此外,尽管《民法典》第7条规定了诚实信用原则,但是,受制于"不向一般条款逃逸"的法理以及我国当前司法实践的总体水平,诚实信用的原则性规定多作为漏洞填补规则来弥补合同约定和法律规定的空白,而不宜在本可以适用确定的、具体的法律规则的情况下对其进行直接适用。④

因此,在我国,解决婚前协议中客观情况发生重大变化这一问题的可能路径有两条:一是立法论上系统解决的路径,即在《民法典》婚姻家庭编的法

---

① See Anatol Dutta, *Marital Agreements and Private Autonomy in Germany*, in Jens M. Scherpe (ed.), Marital Agreements and Private Autonomy in Comparative Perspective, Hart Publishing, 2012, p. 197.

② 参见任超:《德国民法中的一般条款:内涵界定和历史脉络——以诚实信用条款为例》,载《河北法学》2016年第2期。

③ 参见[德]迪尔克·罗歇尔德斯:《德国债法总论》(第7版),沈小军、张金海译,中国人民大学出版社2014年版,第28页。

④ 参见梁慧星:《民法总论》(第4版),法律出版社2011年版,第45-46页。

律条文中具体规定婚前协议的情事变更制度,列举可能发生的作为婚前协议订立基础的客观情况的重大变化及其法律后果,或者进行一般性、兜底性的规定;二是解释论上权宜解决的路径,即经由解释与论证,在婚前协议中引入《民法典》合同编中已有的情事变更制度。尽管立法论的路径可以更有针对性地解决婚前协议中的问题,但是我们短时间内很难作此种期待。无疑,解释论上的路径是更为现实的做法。就此而言,《民法典》第 464 条第 2 款为此种解释路径提供了正当性基础。

《民法典》第 464 条第 2 款规定:“婚姻、收养、监护等有关身份关系的协议,适用有关该身份关系的法律规定;没有规定的,可以根据其性质参照适用本编规定。”这就为婚姻家庭中有关身份关系的协议引入合同编的具体制度提供了规范基础,展现了立法者有意识的明确授权与价值选择①。该条所称“有关该身份关系的协议”可以进一步被类型化为纯粹身份关系协议和身份财产协议。前者是指婚姻与收养关系产生或消灭的法律事实,包括结婚、收养协议等;后者是指基于身份关系而发生或解除的财产协议、有关身份权利行使和义务承担的协议、近亲属之间的监护协议以及继承协议等,协议伦理性的强弱是其是否参照适用合同编规则的重要判断标准。②

婚前协议是婚姻关系当事人在婚前订立的、旨在调整离婚的财产性后果的协议,在性质上应属于身份财产协议中的基于身份关系而发生或解除的财产协议。其最终调整对象和内容为财产关系的设立、变更和终止,相较于纯粹身份协议,婚前协议的伦理性相对较弱,该协议拟处理的事实与拟引入的合同编规范的构成要件事实相似度更高,由此对合同编规范的参照适用必要性也更强。③ 最高人民法院明确指出,调整身份关系的法律缺乏对有关身份关系协议中财产部分的规定,对于既能引起身份关系变动又能导致财产关系变动的复合型协议,如果完全排斥合同编规则的适用,则可能使其面临无法可依的状况,《民法典》第 464 条第 2 款通过设立参照适用条款的

---

① 参见王泽鉴:《民法学说与判例研究》(第 6 册),北京大学出版社 2009 年版,第 133 页。

② 参见冉克平:《“身份关系协议”准用〈民法典〉合同编的体系化释论》,载《法制与社会发展》2021 年第 4 期。

③ 参见王雷:《论身份关系协议对民法典合同编的参照适用》,载《法学家》2020 年第 1 期。

方式提供了法律适用的合理方案,回应了司法实践的广泛需求。[①] 基于上文对婚前协议特殊性的论述,我们可以看出婚前协议与合同编情事变更制度规范意旨的契合性。因此,对于婚前协议而言,我们应当秉持的态度不是拒绝情事变更制度的引入,而是应当针对婚姻家庭的特殊语境和婚前协议的特点参照适用情事变更的规则。反之,我们如果完全关闭在婚前协议中引入情事变更制度的大门,以所谓的"婚姻家庭的伦理性与特殊性"为理由排斥情事变更,可能会带来事与愿违的后果,婚姻家庭中当事人的合法权益将无法得到有效的保护。

在参照适用时,虽然"同类事物应作相同处理",但是"大同中可有小异",被引入的合同编规范可以根据婚前协议的具体情况被限制或修正,而无须在每一点上都被同样实行。[②]《民法典》第 464 条第 2 款属于概括的参照适用条款,该款规定的有关身份关系的协议的援引对象包括法条的构成要件和法律效果。[③] 由此,在具体参照适用的过程中,一方面,我们要把握被参照适用的合同编情事变更制度的基本思想与立法目的,从而在对婚前协议进行法律评价时明晰究竟何种具体要素具有特殊意义,需要予以特殊对待;另一方面,我们要探索情事变更的构成要件和法律效果在婚前协议中应当具有的特殊解释与适用规则,为情事变更在婚前协议中的参照适用提供法律技术上的细化与支持。

二、情事变更的构成要件在婚前协议中的参照适用

根据我国《民法典》第 533 条的规定,情事变更的构成要件为:(1)作为合同成立之基础的客观情况发生重大变化;(2)情事的变更发生于合同成立后,履行完毕前;(3)情事的变更是当事人在缔结合同时不可预见的;(4)情事变更的事由发生不可归责于当事人;(5)因为情事的变更,坚持原来的合

---

① 参见最高人民法院民法典贯彻实施工作领导小组主编:《中华人民共和国民法典合同编理解与适用》,人民法院出版社 2020 年版,第 26 - 27 页。

② 参见[德]卡尔·拉伦茨:《法学方法论》,黄家镇译,商务印书馆 2020 年版,第 335 页;黄茂荣:《法学方法与现代民法》,中国政法大学出版社 2001 年版,第 308 - 309 页。

③ 参见冉克平:《"身份关系协议"准用〈民法典〉合同编的体系化释论》,载《法制与社会发展》2021 年第 4 期。

同将显失公平。[①] 以下将对情事变更构成要件在婚前协议中的参照适用进行逐一分析和梳理,以探讨在参照适用情事变更的过程中可能存在的法律解释问题。

(一)作为合同成立之基础的客观情况发生重大变化

《民法典》第 533 条将"情事"限定于"合同的基础条件"之中,明确强调作为合同赖以存在的基础或环境的客观情况发生了重要变化。换言之,当事人如果订立合同前预见到了这些情况,就不会订立合同。[②] 当事人在订立婚前协议对离婚后的财产性后果作出安排时,是基于当时的及可预见的客观情况,但在婚前协议存续的过程中,随着情况和环境不断变化,作为婚前协议成立基础的客观情况可能发生重大改变,这些变化会影响婚前协议中当事人之间的利益平衡状态。例如,在王某 1 与王某 2 离婚后财产纠纷案[③]中,二审法院认为:"上诉人已退休,原单位工资不再发放,且上诉人因已进入老龄,无法从事其他劳动额外获取收入,身体也日渐多病,无论是基本生活还是疾病治疗均需要养老金作为保障。为此,双方当初签订协议的客观情况及订立、履行协议的条件和基础均已经发生了重大变化,此时如果仍然继续履行原协议(协议约定王某 1 将原单位工资及养老金给予被上诉人王某 2),对于上诉人明显不公平。"

在域外法中,为了保护婚姻关系当事人的合法权益,基于婚前协议订立后发生的客观情况变化而变更或解除婚前协议的做法也得到了广泛认可。英国 1973 年的《婚姻诉讼法案》第 35 条(2)规定,如果满足以下条件之一,法院可以改变当事人的协议:(a)协议中据以作出财产安排的情况发生了变化或者财产安排被遗漏(包括当事人签订合同时可预见的变化),协议应当被予以变更;(b)协议未包含关于家庭子女的适当财产安排。在英国判例法

---

① 参见最高人民法院民法典贯彻实施工作领导小组主编:《中华人民共和国民法典合同编理解与适用》,人民法院出版社 2020 年版,第 480 – 484 页;韩世远:《合同法总论》(第 4 版),法律出版社 2018 年版,第 504 – 507 页。

② 参见[德]卡斯腾·海尔斯特尔、许德风:《情事变更原则研究》,载《中外法学》2004 年第 4 期。

③ 参见甘肃省天水市中级人民法院民事判决书,(2017)甘 05 民终 685 号。

中，孩子出生、一方财产情况发生重大变化、一方残疾或者出现了订立婚前协议时无法预见的生活方式的提升，都有可能构成这里的重大变化，这些情况的出现使得在婚前达成的相对公平的协议在离婚时变得不再公平。① 英国法律委员会于 2010 年起开展了一项名为婚姻财产协议的立法咨询项目，②该项目中建议的情况变化事由是孩子出生、一方遭受严重疾病、一方失业或商业失败。③ 美国法学会 2002 年颁布的《家庭解散法原则》第 7.05 条(2)要求，如果协议的执行会导致明显不公，则应当拒绝执行协议。具体而言，如果当事人能够证明自协议缔结以来发生了以下情况，则法院应当启动实质审查，即审查执行协议是否会对当事人造成明显的不公平：(1)婚姻关系超过了一定的年限；(2)当事人生育或收养了子女，而他们在缔结协议时没有共同的子女；(3)发生了对当事人或子女有显著影响的变化，但缔结协议时当事人没有预见到这种变化或其影响。其中第 3 点是一般性的兜底条款。法院可依据个案判断是否发生了对当事人订立协议有实质影响的变化，例如一些州考虑到了一方当事人在婚姻期间身体残疾或健康状况恶化。④

在德国法中，婚前协议在得到履行前需要通过法院的履行审查，法院可能会因认为婚前协议的履行会违背《德国民法典》第 242 条的诚实信用条款而拒绝其被履行。"婚后共同生活和双方的设想有所出入或者说发生了当事人没有预见的情形，是适用第 242 条的典型情况。"⑤离婚时继续履行原有的协议如果有悖于一方当事人的正当权益，将被德国法院认为是一种不允

---

① See Mark Harper and Brett Frankle, *An English Practitioner's View on Pre-Nuptial, Post-Nuptial and Separation Agreements*, in Jens M. Scherpe ed., Marital Agreements and Private Autonomy in Comparative Perspective, Hart Publishing, 2012, p. 138.

② See The Law Commission of UK, *Marital Property Agreements—A Consultation Paper* (Consultation Paper No 198), 2011.

③ See Elizabeth Cooke, *The Law Commission's Consultation on Marital Property Agreements*, in Jens M. Scherpe ed., Marital Agreements and Private Autonomy in Comparative Perspective, Hart Publishing, 2012, p. 154.

④ 参见[美]哈里·D. 格劳斯、[美]大卫·D. 梅耶：《美国家庭法精要》，中国政法大学出版社 2010 年版，第 56 页。

⑤ 王葆莳：《德国联邦最高法院典型判例研究：家庭法篇》，法律出版社 2019 年版，第 82－83 页。

许的权利滥用的情形。诚实信用原则的作用就是在尊重当事人的协议自治与在发生变化的家庭中维护当事人的利益之间寻找平衡点。值得关注的是,在上述情况中,《德国民法典》第 313 条的交易基础丧失条款是否具有适用空间？德国法院的回答是肯定的。典型的情况是,夫妻生活水平的发展和他们订立婚前协议时的情况有所不同,离婚时继续履行婚前协议可能会给一方设定不合理的负担。然而,对于在具体案件中究竟应当适用《德国民法典》第 242 条还是第 313 条这一问题,学界和实务界仍然在讨论之中。[①]

上述比较法的经验为我国设定婚前协议中情事变更的具体事由提供了参考依据。与导致商业合同发生情事变更的情况(如通货膨胀、法律变动、行政行为等)不同,对婚前协议来说,这种情事的变化可能是婚姻关系中一方当事人自身人身或财产情况的重大客观变化、子女情况的变化或者其他与婚姻生活密切相关的当事人的生活水平和生活环境的变化。正是这些变化构成了婚姻关系当事人订立婚前协议基础条件的变化。

(二)情事的变更发生于合同成立后履行完毕前

如果构成婚前协议基础的客观情况的重大变化发生于婚前协议订立后、履行完毕前,则符合"情事的变更发生于合同成立后、履行完毕前"这一构成要件。如果变化在婚前协议订立时就已经存在,则不符合该构成要件。以黄某与卢某离婚后财产纠纷案[②]为例,双方签订的《离婚协议书》第 4 条约定:离婚后,从 2014 年至黄某甲退休当年,黄某甲每年支付补偿金 3 万元给卢某;黄某甲退休后,每年支付补偿金 1.2 万元给卢某,直至一方逝世。黄某甲向法院提起诉讼,主张离婚协议约定的补偿金实质上是经济帮助金,支付经济帮助金使其陷入经济困难,且黄某甲投资股票亏损及为儿子找工作、赡养父母导致积蓄所剩无几,故要求解除离婚协议不再继续履行支付帮助金的约定。法院判决认为:由于《离婚协议书》第 4 条明确约定该款项为补偿金,且黄某甲目前的工作状况及收入与签订《离婚协议书》时并无差别,其所

---

① See Anatol Dutta, *Marital Agreements and Private Autonomy in Germany*, in Jens M. Scherpe ed., Marital Agreements and Private Autonomy in Comparative Perspective, Hart Publishing, 2012, p. 184 – 185.

② 参见广东省广州市中级人民法院民事判决书,(2016)粤 01 民终 15812 号。

提及的投资股票亏损及赡养父母等情形在离婚协议签订前就已经存在,故对其该项主张不予支持。

值得一提的相关问题是婚前协议的生效时间,因为婚前协议虽然缔结于婚姻开始前,但是其调整对象是婚姻结束后的财产性关系。有观点认为婚前协议系附生效条件的协议,[①]该观点在最高人民法院《婚姻家庭编解释一》第69条第1款中得到了印证。法律行为的条件是当事人基于自由意志设置的。当事人通过条件来控制法律行为生效或失效时间,以决定法律效果何时实现。一般来说,婚前协议的法律效果服务于离婚,只有在离婚时或离婚后,当事人才会依据婚前协议进行权利主张,因此,当事人在婚前协议中通过意思自治设立条件来控制协议在离婚时(有的特别约定为登记离婚时)生效的做法是具有合理性的。

需要特别注意的是,对婚前协议中"条件"进行界定的关键在于对婚前协议中当事人的意思表示进行解释。如果婚前协议约定的是以"登记离婚"为条件,而当事人进行了离婚诉讼,则应当认为条件不成就,婚前协议确定的不生效力,此时也无参照适用情事变更的必要。如果婚前协议是以"离婚"为条件,即使当事人进行了离婚诉讼,只要"离婚"这一法律事实发生,就应当认为条件成就,婚前协议生效;如果当事人还未离婚,受期待权的保护,当事人仍应受到婚前协议拘束,[②]不能任意反悔,若出现婚前协议成立之基础的客观情况的重大变化,则应参照适用情事变更。

(三)情事的变更是当事人在缔结合同时不可预见的

情事变更要求,如果当事人在订立协议时已经预见到了情事的变化就不会订立协议或者将会以其他内容订立协议。[③] 这里强调的是情事对于协议订立的重要性。"固有的内容问题……是对那些当事人没有预见的、因而

---

① 参见王雷:《婚姻、收养、监护等有关身份关系协议的法律适用问题——〈合同法〉第2条第2款的解释论》,载《广东社会科学》2017年第6期;杜万华、程新文、吴晓芳:《〈关于适用婚姻法若干问题的解释(三)〉的理解与适用》,载《人民司法》2011年第17期。

② 参见朱庆育:《民法总论》(第2版),北京大学出版社2016年版,第132-133页。

③ 参见[德]迪尔克·罗歇尔德斯:《德国债法总论》(第7版),沈小军、张金海译,中国人民大学出版社2014年版,第280页。

没有加以规定的、任意法也没有提供适当规定的风险进行分配。”[①]至于当事人能否预见情事的变化，则应结合个案的实际情况进行判断。[②] 预见的标准应为主观标准，即以遭受不利益一方当事人的实际情况为准。[③] 缔结婚前协议的主体是即将进入婚姻关系的双方，他们受制于特殊的身份。因此，我们有必要对缔结婚前协议的当事人的预见能力进行详细的探讨。

在新制度经济学理论中，“错误的风险评估能力”描述了人们做出决策时对未来发展和风险关注过少的现象。[④] Eisenberg 将这一理论应用于研究长期关系中的法律问题，即基于当事人之间相互信任关系的长期协议，例如婚姻、合伙、雇佣协议等。[⑤] 此类协议特别容易受到有缺陷的风险评估带来的影响。具体来说，在婚前协议的订立中，是否离婚及离婚时间的不确定性、对亲密关系的依赖和对未来的乐观态度、婚姻生活中与婚前协议有关客观情况变化的复杂性与不确定性等因素会影响当事人对未来风险的预估能力。真实的婚姻生活状况决定了，当事人在婚姻关系开始时就试图以某种一劳永逸、一成不变的方法解决所有婚后可能出现的问题十分困难。以婚姻中子女的出生为例，对于夫妻来说，子女出生会给他们的生活带来巨大的影响。“对于一些人而言，婚姻代表了他们关系的一个转变阶段，而对另一些人则不是；然而，即使对于后一部分人来说，子女的出生也一定是他们生活的一个巨大转变。”[⑥]事实上，夫妻即使是预见到了孩子的出生，往往也很难预见到孩子对他们的生活计划和相互关系的影响。[⑦] 在美国的 Gant v.

---

① 参见[德]迪特尔·梅迪库斯：《德国民法总论》，邵建东译，法律出版社2013年版，第656页。

② 参见[德]卡斯腾·海尔斯特尔、许德风：《情事变更原则研究》，载《中外法学》2004年第4期。

③ 参见韩世远：《合同法总论》（第4版），法律出版社2018年版，第506页。

④ See Melvin Aron Eisenberg, *The Theory of Contracts*, in Peter Benson ed. , The Theory of Contract Law, Cambridge University Press, 2001, p. 206.

⑤ See Melvin Aron Eisenberg, *The Limits of Cognition and the Limits of Contract*, Stanford Law Review, Vol. 47, No. 2, p. 211 – 259(1995).

⑥ John Eekelaar, *Evaluating Legal Regulation of Family Behaviour*, International Journal of the Jurisprudence of the Family, Vol. 1, p. 26 – 27.

⑦ See Comments of Principles of the law of Family Dissolution, §7.05(2)(b).

Gant 案[①]中,妻子在婚前协议中放弃了所有的离婚后扶养费请求权,西弗吉尼亚法院指出,如果在缔约和协议执行之间发生了出乎当事人意料的情事变化,比如生下一个或多个子女,法院就不能支持婚前协议的履行。然而,该案中当事人无子女也未发生其他重大变化,因此法院支持了该协议。在德国的一个案例中,夫妻签订协议约定妻子在离婚时放弃扶养费请求权和财产增益补偿请求权,但在协议订立后双方有了共同的孩子,妻子为了照顾有特殊需求的孩子放弃了工作。法院认为,即使当事人预见到了孩子的出生,也难以预见到妻子会放弃工作来照顾孩子。[②] 由此可见,在婚姻生活中,孩子的出生这一事项所具有的特殊性可能会给当事人的预见增加难度。

综上,囿于婚姻关系本身的特殊性、每段婚姻关系的独特性以及在此种关系中人类情感带来的难以避免的认知限制,婚前协议的当事人有必要得到特殊的保护。因此,法院关于可预见性的认定标准在婚前协议中应当根据具体情况适当降低。换言之,在普通的交易背景下,存在着商业共同体已经建立起来的规范,这些规范可以在一定程度上被用以为合同提供确定性,婚前协议则不然。[③] 我们不能期望订立婚前协议的当事人像订立商业合同的当事人一般,根据交易经验和交易惯例非常理性地对与婚前协议有关的各种风险进行判断和评估,而应当结合婚姻当事人的具体情况及其所处的具体环境作判断。

有学者反对降低婚前协议中可预见性的标准,例如在美国的 Simeone v. Simeone 案[④]中,法院认为疾病、子女出生、对配偶依赖程度的变化以及婚姻中可能发生的许多其他事项都不能被视为是不可预见的。如果当事人选择不在婚前协议中对这些事由进行约定,则应当视为他们已经同意承担这些事由发生带来变化的风险。然而,此种观点存在的问题是,它并没有切实地考虑到现实中婚姻关系和婚姻生活的特殊性。正如有观点指出的,我们很

---

① See 329 S. E. 2nd 106, 114 – 16(W. Va. 1985). 转引自王葆莳:《德国联邦最高法院典型判例研究:家庭法篇》,法律出版社 2019 年版,第 76 页。

② See Anne Sanders, *Private Autonomy and Marital Property*, International and Comparative Law Quarterly, Vol. 59, No. 3(Jul. ,2010), p. 596 – 597.

③ See Jonathan Herring, *Relational Autonomy and Family Law*, Springer International Publishing, 2014, p. 40.

④ See 581 A 2d 162 (Pa 1990).

难预测客观情况的变化对婚前协议产生的影响,个人收入可能会增加或减少,工作技能可能获得或失去,当事人履行的家庭义务可能因配偶和子女情况的变化而有所不同……婚姻过程中的变化也许是可以预见的,但变化的具体情况及其带来的影响是不可预见的。由此,婚姻关系中认知的有限性为婚前协议可预见性标准的降低提供了有力的正当性理由。[①]

英国和新西兰在对可预见性的问题的讨论上走得更远。前述英国《婚姻诉讼法案》第35条(2)明确规定,法院变更当事人协议的条件包括据以作出财产安排的情况发生变化,即使这种变化是当事人签订协议时可预见的。此外,英国法律委员会婚姻财产协议立法咨询项目开展的调查显示,公众普遍的态度是:婚姻持续时间越久,婚前协议的重要性就越低,因为发生变化的可能性会越来越大。基于此背景,咨询文件探讨了这样一种观点的可能性,即合格的婚姻协议可能在经过一段时间后或者在特定事件发生后(孩子的出生是一个明显的例子)就停止有效了,这被称为"自动日落条款"。英国法律委员会探讨了这样的事件是否应当使婚姻协议无法执行,即使它是可预见的。[②] 从上述法律规范和英国正在进行的探索中,我们可以发现,部分国家对于客观情况发生变化这一要素的要求已经扩展到了包括可以预见的状况,英国甚至开始探索只需经过特定时间或有特定事件发生即可变更协议的可能性。新西兰的《财产关系法案》第21J(4)(d)也明确要求法院考虑,自协议订立以来的任何变化是否会导致履行协议不公平或不合理,而不论当事人是否预见到了这些变化。

(四)情事变更的事由发生不可归责于当事人

"情事变更的事由发生不可归责于当事人"这一构成要件要求情事变更不为当事人尤其是受不利影响的当事人所能控制。如果情事变更可以由受不利影响的一方当事人控制,则情事的发生表明该当事人具有过错,没有特

---

① See Melvin Aron Eisenberg, *The Limits of Cognition and the Limits of Contract*, Stanford Law Review, Vol. 47, No. 2, p. 254 – 258 (1995).

② See Elizabeth Cooke, *The Law Commission's Consultation on Marital Property Agreements*, in Jens M. Scherpe ed., Marital Agreements and Private Autonomy in Comparative Perspective, Hart Publishing, 2012, p. 154.

殊保护的必要。[①] 在婚前协议中,大多数情况下发生的客观情况变化都与婚前协议的当事人直接相关,而非一般合同语境中的法律政策变动、市场环境改变、战争或自然灾害等与合同当事人本身关联不大的事由。这是由婚前协议的特殊性质和调整范围决定的。婚前协议并非一般市场中的交易协议,而是对当事人婚姻结束后财产性后果的安排,因此可能对婚前协议产生影响更多的是当事人在日常婚姻生活中各方面情况的客观变化。例如上文所列举的孩子出生,一方失业或商业失败,一方残疾或遭受严重疾病,等等。一方面,这些事由在某种程度上可能都与当事人相关,部分事由甚至可能归责于一方或双方当事人;另一方面,即使事由本身的发生可归责于当事人,但事由对离婚财产性后果安排的影响往往不可归责于当事人。这些事由是正常的婚姻生活中常常可能发生的事由,但其与离婚的财产性后果的关系可能是遥远的、未知的。如果法院要求当事人在婚姻存续期间对以上事由都要做到审慎注意,否则就要承担因事由的发生而遭受损失的代价,不仅不现实,而且对当事人来说也不公平。

一个简单的例子是,夫妻签订婚前协议约定离婚时相互放弃《民法典》第 1088 条的家务补偿请求权,因为夫妻双方都从事全职工作,对家务的分配也大致均衡。结婚后的 2 年内,双方都坚持此种家庭分工模式。婚后第三年,双方生育了子女,为了更好地在家照顾子女,女方放弃了工作一心投入家庭,结婚 10 年后双方离婚。在这个例子中,子女出生这一事由似乎“可归责于”双方当事人,但若据此认为子女出生的事由不能导致参照适用情事变更来对婚前协议中关于家务补偿的条款进行调整,则明显不合理。

当我们在婚前协议的场景下探讨情事变更的事由是否可归责于当事人时,可以借助关系契约理论进行说明。关系契约理论强调社会关系在契约中具有关键价值。质言之,当事人之间的互惠利益要在契约中得到平衡和发展。[②] 关系契约理论强调婚姻家庭中当事人的劳动分工和当事人对彼此依赖关系的重要性,家庭中不可避免地需要夫妻进行一定的劳动分工。分

---

① 参见韩世远:《合同法总论》(第 4 版),法律出版社 2018 年版,第 506 页。

② 参见[美]麦克尼尔:《新社会契约论:关于现代契约关系的探讨》,雷喜宁、潘勤译,中国政法大学出版社 2004 年版,第 2 - 8 页。

工的结果往往是一方对家庭事务承担更多的(甚至是全部的)义务,另一方则更多关注职业发展而对家庭事务的付出相对较少。这种分工是夫妻相互依赖关系形成的推动力之一,并且导致了双方对互惠关系、共同责任和利益共同体的普遍期望。在这种情况下,当事人认为彼此的利益和负担是共享的,而不是分开和独立的。这种彼此依赖关系导致的结果是,在婚前协议中,当事人有正当理由希望双方共同承担在一般合同中本应属于一方当事人自己范围内的风险,这是由婚姻关系的特殊性质决定的。① 尽管关系契约理论不乏争议,特别是在其被用于理解夫妻在生活和财产上都完全独立的婚姻中时,但是,这一理论至少可以为我们理解婚前协议的特殊性提供一个有效的视角,即相比一般的商业协议,婚前协议使法院更难认定某种情事的发生是完全可归责于一方当事人而应当由其独立承担不利影响。由此,对于情事变更这一构成要件的解释也应当进行相应的调整。

此外,在婚前协议中,我们对于什么是"可归责于当事人"的认定存在一定的模糊性或者说认定的争议性。例如,夫妻一方或双方对于在婚姻期间生育了子女这一情事是否存在"过错",夫妻一方身体的严重疾病或残疾是否又可归责于当事人自己?在这些情况下,严格按照民法一般理论对情事变更进行解释似乎存在认定和适用上的不适性。

有鉴于此,笔者建议在婚前协议中参照适用情事变更时,对构成要件中"情事变更的事由发生不可归责于当事人"进行目的性限缩解释,将其限于"当事人不能为了使协议参照适用情事变更而故意主动造成情事或放任情事发生"。这样一方面可以与"不可归责于当事人"的规范理念——责任自负——相靠拢;另一方面,也有利于要件的明晰化,克服要件在婚前协议的参照适用中可能具有的"水土不服"的倾向。

(五)因为情事的变更,坚持原来的合同将显失公平

情事变更是对契约严守的例外,法院在适用情事变更时应当保持克制。只有当情事变更使不变的协议继续存在将可能导致与法律和正义无法协调

---

① See Ian Macneil, *The Relational Theory of Contract: Selected Works of Ian Macneil*, David Campbell (ed.), Sweet & Maxwell, 2001, p. 186 – 195.

的结果,并且该结果令人无法承受时,情事变更才能被适用。[①] 我国《民法典》第533条将这一结果要求界定为"对于当事人一方明显不公平的",质言之,情事变更处理的是合同基础丧失后当事人之间的利益均衡问题,如果情事的发生导致继续履行合同将对一方当事人造成利益失衡的结果,此时就需要法院借助情事变更来修正这种失衡的状态。

在将情事变更参照适用于婚前协议时,显失公平的要求在比较法上也十分常见。在美国 Bedrick v. Bedrick 案[②]中,康涅狄格州最高法院明确提及,在决定婚前协议是否可执行时,我们应当考察婚前协议对双方当事人的实质性影响,如果执行婚前协议对一方当事人来说是显失公平的,婚前协议将无法得到执行。《美国家庭解散法原则》第7.05条(3)也将这一构成要件界定为"明显的不公平"。在英国的 Radmacher v. Granatino 案[③]中,英国最高法院表明:"法院应当给予双方当事人自由订立的、建立在充分理解其含义基础上的婚姻协议以效力,除非在履行协议时按照当时的情况,坚持该协议对当事人不公平。"[④]英国法律委员会在关于婚姻财产协议的立法咨询项目中建议对公平性施加更加严格的检验标准,即需要达到"明显不公"或"严重不公"的标准。[⑤]《新西兰财产关系法案》第21J条(1)也提高了情事变更的门槛,修改了之前只需"不公平"的要求,而要求履行婚前协议会导致"严重不公"的后果。在德国,法院在当事人婚姻关系破裂的前提下对婚前协议进行审查时,判断是否存在情事变更的标准是婚前协议的履行对一方当事人来说是不是无法容忍的。[⑥]

尽管法律规范中存在明确表述,但是对于何为显失公平这一问题,仍需要法院在具体案件中结合个案考量,情事的变更是否会导致双方当事人权

---

① 参见[德]迪尔克·罗歇尔德斯:《德国债法总论》(第7版),沈小军、张金海译,中国人民大学出版社2014年版,第280-281页。

② See 17 A.3d 17 (Conn. 2011).

③ See [2010] UKSC 42.

④ Radmacher v. Granatino [2010] UKSC 42, para. 75.

⑤ See Elizabeth Cooke, *The Law Commission's Consultation on Marital Property Agreements*, in Jens M. Scherpe ed., Marital Agreements and Private Autonomy in Comparative Perspective, Hart Publishing, 2012, p. 154.

⑥ 参见王葆莳:《德国联邦最高法院典型判例研究:家庭法篇》,法律出版社2019年版,第82页。

利义务的明显失衡或者显著不相称。在一般商业交易的双务合同中,判断是否存在情事变更的重要标准是等价是否遭到破坏,这里的等价不是指以市场价格为标准的给付与对待给付之间的价值相等,而是双方当事人在合同中所欲求的价值相等。[①] 然而这一标准在婚前协议中的参照适用可能存在一定困难,因为法院有时很难清晰地判断具有亲密身份的当事人缔结的婚前协议约定的离婚财产性安排具有何种等价关系。对此,《美国家庭解散法原则》的相关规定可资借鉴,根据第 7.05 条(3)的规定,法院在判断当事人的婚前协议是否存在明显不公时,应当考虑以下四个因素:(1)执行协议的结果与没有签订协议而采用法定规则的结果之间的差异;(2)对于短期的婚姻,执行协议对要求拒绝执行协议的当事人一方的结果与如果婚姻没有存在过该当事人的情况之间的差异;(3)协议的目的是不是保护或促进第三方的利益(例如前一段婚姻中的子女),该目的现在是否仍然存在以及协议现在是否仍然被认为合理地设计以实现其目的;(4)协议对当事人子女的影响。

三、情事变更在婚前协议中的类型化分析

对情事变更在婚前协议中构成要件的理论探讨最终要落实到司法实践的具体适用中。在前文讨论的基础上,笔者拟选取婚前协议中的几种典型事由,对情事变更在婚前协议中的参照适用进行初步的类型化探讨,以期为法院在司法实践中分析情事变更的构成要件并合理地参照适用情事变更提供一定的参考。(见表 1)

表 1　婚前协议中情事变更的具体类型

情事类型 / 婚前协议约定内容	子女出生	给付方丧失劳动能力	受领方丧失劳动能力	给付方经济能力大幅下降	受领方经济能力大幅下降
分别财产制下离婚财产“分割”	×	×	×	×	×

① 参见[德]迪特尔·梅迪库斯:《德国民法总论》,邵建东译,法律出版社 2013 年版,第 657 页。

续表

<table>
<tr><th>情事类型
婚前协议约定内容</th><th>子女出生</th><th>给付方丧失劳动能力</th><th>受领方丧失劳动能力</th><th>给付方经济能力大幅下降</th><th>受领方经济能力大幅下降</th></tr>
<tr><td>共同财产制下离婚财产分割</td><td>√</td><td colspan="2">○</td><td colspan="2">○</td></tr>
<tr><td>经济帮助</td><td>○</td><td>√</td><td>√</td><td>×</td><td>×</td></tr>
<tr><td>家务劳动补偿</td><td>○</td><td>○</td><td>×</td><td>×</td><td>×</td></tr>
<tr><td colspan="6">说明:√代表很有可能参照适用情事变更;×代表不太可能参照适用情事变更;○代表视具体情况决定。</td></tr>
</table>

(一)分别财产制下的离婚财产"分割"

我国法律中不存在关于离婚时对婚姻关系存续期间双方个人财产进行衡平分割的规定。《民法典》第1087条关于离婚财产分割的规则明确将待分割的财产限定为"夫妻的共同财产",因此严格来说,在分别财产制下,我国法律中并不存在关于离婚财产的分割问题。申言之,立法已经对分别财产制下离婚时的财产处理进行了风险分配。因此,如果当事人根据《民法典》第1065条第1款在婚前协议中约定了婚后采用分别财产制,则表明双方当事人意在选择离婚时财产得到干净切分,互相不负权利义务。同时,这也意味着当事人愿意承担因婚姻生活中客观情况变化带来的风险。故而,无论是子女的出生、当事人劳动能力的丧失还是经济能力的下降,都不能导致离婚时分别财产归属的调整或变化。

(二)共同财产制下的离婚财产分割

如果夫妻双方对婚后财产制没有特别约定,则应适用法定财产制,即婚后所得共同制。双方离婚时依据《民法典》第1087条进行共同财产的分割,当事人可以协商一致对共同财产进行分割;协商不成的,法院按照照顾子女、女方和无过错方权益的原则判决。

首先,如果当事人在婚前协议中对离婚后共同财产的分割进行了约定,而后子女出生,则很有可能参照适用情事变更对婚前协议进行调整。在婚前协议中约定的共同财产分割模式可能是基于双方婚后的家庭分工、对共同财产的贡献以及离婚后双方各自的经济状况进行设定的。如果婚后有子女出生,一方面,相较于没有子女时,一方可能花更多时间和精力投入家庭,则双方的家庭分工发生变化,对共同财产的贡献率也会相应地发生变化;另一方面,离婚后子女与何方当事人共同生活这一事实也可能会影响到共同财产的分割——婚前协议可能没有考虑到离婚后对子女生活的保障和照顾。具体来说,虽然《民法典》第 1085 条规定了非与子女共同生活的父母一方需要支付子女的抚养费,但非与子女共同生活的一方抚养费的支付和与子女共同生活的一方为子女提供的经济、生活保障并不交叉。第一,抚养费一般包括生活费、教育费和医疗费,与对子女总体生活水平的保障有较大差别。例如,在共同财产分配时,与子女共同生活的一方如果分到了房屋,那么对于子女生活的保障而言,这与单纯接受另一方支付的抚养费存在较大差距(特别是在房屋市场价格较高的一、二线城市)。第二,即使非与子女共同生活的一方需要支付抚养费,但与子女共同生活的一方除了向子女提供经济保障外,还需要花费大量时间照顾子女,这可能影响到他(她)工作的时间和效率。因此,在离婚后对共同财产进行分割时,对与子女共同生活的一方提供适当的财产照顾是合理的。在共同财产分割时"照顾子女权益"的法定规则也为子女对财产分割的影响提供了依据。

当然,如果子女的出生没有影响到婚后的家庭分工和双方对共同财产的贡献,或者法院通过婚前协议的约定可以看出双方在订立婚前协议时就已经预见到子女出生及子女出生后对双方家庭分工和财产贡献的影响,并在此基础上进行了共同财产分割的约定,则此时没有参照适用情事变更的余地。

其次,对于一方当事人在婚后劳动能力丧失这一情形对婚前协议中共同财产分割的影响,法院需要结合当事人约定财产分割时的考量因素或想法进行判断。第一种情况是,如果当事人约定共同财产的分割方式主要是基于一方或双方对共同财产的贡献,则一方因丧失劳动能力而无法继续对共同财产的增值做出贡献,那么可以认为此种情事的变化将导致履行婚前协议对另一方来说显失公平。一个典型的例子是,男女双方从事工作的薪酬待遇差距极大,男方收入较高而女方较低,双方订立婚前协议时约定的共同财产分割方式,即建立在此种薪酬比例对共同财产的贡献度的基础之上,约定离婚后男方分得共同财产价值的80%,女方分得20%。如果婚后男方因意外事故丧失劳动能力无法工作,女方一人工作并开始独立贡献共同财产的增值,那么,若双方离婚后仍然履行原来的婚前协议中财产分割的约定,则明显对女方不公,此时应当参照适用情事变更进行相应调整(对男方因为丧失劳动能力的经济帮助另当别论)。第二种情况是,如果当事人约定共同财产的分割方式主要是基于对一方或双方离婚后生活的帮助和保障(夫妻双方的相互扶助在婚姻关系结束后的延伸),那么一方丧失劳动能力导致其离婚后收入能力和生活水平下降,很有可能引发情事变更以对原来共同财产分配的婚前协议进行调整。

然而,如果当事人约定共同财产的分割方式并没有类似于上述特别的考量,申言之,婚后一方劳动能力的丧失对于双方订立婚前协议时约定的财产分割方式并无影响,也就是说,即使双方预见到一方丧失劳动能力仍然会订立婚前协议进行此种财产分割,那么情事变更将不能被参照适用。

最后,表1中给付方和受领方经济能力大幅下降的情形,在离婚共同财产分割中对应着共同财产的价值变化。如果双方约定按比例进行财产分割,共同财产价值的变化自然不影响双方当事人的利益均衡。在这里,法院可能参照适用情事变更的情形是,双方约定离婚后某特定财产(例如双方共同所有的房屋)归一方所有,另一方获得一定数额的金钱,如果在婚姻存续期间房屋价值大幅上涨或下跌,则既有的约定有可能导致对一方当事人严重不公的结果。在此种情况下,关于法院是否能够参照适用情事变更这一问题可能存在争议。否定的观点认为,当事人既然已经在婚前协议中选择了特定财产归一方、另一方获得金钱的分配方式,就说明他们愿意承担特定财产价值变化的风险,质言之,婚前协议已经对风险进行了分配,因此法院不能参照适用情事变更。对此,笔者认为不可一概而论,需要结合个案的具体情况综合分析。囿于婚姻中当事人对亲密关系的依赖和对未来的乐观态度等因素,法院判断当事人在订立婚前协议时预见能力的标准也应有所降低。"约定表明当事人愿意承担特定财产价值变化的风险"并非绝对正确,特别是在婚姻存续期间较长的情况下,法院直接认定另一方当事人签订协议时同意获得固定金额的对价就说明他(她)愿意承担未来几十年婚姻期间共同财产价值变化的风险,可能失之偏颇。

(三)经济帮助

《民法典》第1090条中规定:"离婚时,如果一方生活困难,有负担能力的另一方应当给予适当帮助。"对于这里规定的离婚经济帮助的性质和功能,学界主要有两种解释。第一种解释认为,经济帮助是夫妻之间法定扶养义务在离婚后的继续和延伸,婚姻缔结意味着夫妻双方基于对彼此的相互信任和依赖而将命运结合在一起,婚姻关系的破裂并不消灭他们之间的相互扶助义务。第二种解释认为,经济帮助是基于婚姻关系的解除而派生出来的一种社会道义责任,是对生活困难一方予以经济保障的救助措施,可以减轻国家和社会对困难一方的福利性照顾。立法释义中对此缺乏清晰的界定,似乎第1090条兼具两种功能但又偏向于后者,[①]学界主流观点也赞同后者,[②]因此,在讨论经济帮助时,笔者采第二种解释,将经济帮助作为一种扶弱济贫、帮助困难方的责任。

首先,子女出生事由下的情事变更主要有两种可能的情形。第一,当事人在婚前协议中约定了离婚后一方对另一方给予一定的经济帮助,结婚后子女出生,如果提供经济帮助的一方承担了更多照顾子女的责任,接受经济帮助的一方自然无法主张情事变更;提供经济帮助的一方一般也无法主张情事变更要求减免婚前协议约定的经济帮助,因为他(她)很难论证其更多地照顾子女的行为对于向对方提供经济帮助有直接的影响或联系,除非他(她)因为承担照顾子女的职责而放弃工作,导致自身财产和收入减少,以至于离婚后自己的生活也存在困难,从而不具备提供经济帮助的能力。如果接受经济帮助的一方承担了更多照顾子女的责任,他(她)可能因此放弃了个人发展和工作的机会,由此导致离婚后生活困难,此时他(她)可以主张情事变更要求调整经济帮助。

第二,如果当事人在婚前协议中约定将来离婚后互不给予任何经济帮

---

① 参见黄薇主编:《中华人民共和国民法典婚姻家庭编释义》,法律出版社2020年版,第179-181页。

② 参见余延满:《亲属法原论》,法律出版社2007年版,第358-359页;夏吟兰:《民法分则婚姻家庭编立法研究》,载《中国法学》2017年第3期。

助,但婚后子女出生,一方当事人主张因为子女出生,他(她)因花费了较多时间照顾子女而放弃了职业发展,由此造成离婚后生活困难,继续履行协议将明显对其不公平,要求参照适用情事变更请求对方给予经济帮助。此种主张是否应当得到法院支持?笔者认为对这一问题的答案是肯定的。从婚前协议解释的角度看,虽然双方约定离婚后互不给予经济帮助,但是这种约定只能建立在当事人缔结协议时可能预见到的未来变化的基础上,当事人无法对根本不能预见的风险进行分配;并且,对于经济帮助,法律也没有关于类似分别财产制下离婚财产分割规则的风险分配的规定。因此,如果我们根据上述构成要件部分的论述,把子女的出生及其给当事人生活、事业带来的变化和影响作为不可预见的客观事宜,那么在一方为了照顾子女放弃工作,离婚后基本生活得不到保障的情况下,继续坚持原来不给予经济帮助的婚前协议将明显对当事人产生严重不公的后果。在这里,情事变更就有了参照适用的空间。当然,法院如果从婚前协议中可以解释出当事人已经预见或考虑到了未来子女的出生及这一事件对家庭分工、双方生活事业带来的影响,或者婚前协议已经对此进行了明确约定,就不应参照适用情事变更。

其次,就劳动能力丧失这一情形而言,如果没有特别约定,一般应当认为在婚姻关系存续期间,一方当事人劳动能力的丧失这一极小概率事件属于可预见的范围之外。婚前协议约定特定一方当事人给予另一方一定的经济帮助或者约定双方相互不给予经济帮助,其中并不包括对劳动能力丧失这一风险的分配。因此,如果当事人在婚前协议中约定一方给予另一方一定的经济帮助,但婚后给付方丧失劳动能力,由此导致离婚后其自己生活也存在困难,履行原来的婚前协议将对给付方带来不可承受的负担,那么法院可以参照适用情事变更对婚前协议进行调整。反之,如果婚后受领方丧失劳动能力导致离婚后生活困难加剧,或者婚前协议约定当事人离婚后相互不给予经济帮助,但一方婚后丧失了劳动能力,离婚后无法维持基本生活,坚持婚前协议的约定对当事人来说就是不可被合理期待的,此时遭受不利影响的当事人可以请求法院参照适用情事变更。

再次,我们在讨论经济能力下降对经济帮助的影响时,应该回到立法者对经济帮助的目的和功能的设定初衷。经济帮助是离婚后经济条件较好的一方给予另一方的救助措施,其本旨是一种经济上的保障和照顾。当事人经济能力下降与经济帮助具有直接密切的联系,双方在婚前协议中对离婚后的经济帮助进行提前约定的目的,就在于对以经济能力为基础的经济帮助事项进行明晰与相应的风险分配。当事人经济能力的下降理应在双方缔结经济帮助协议时的预见和考量范围之内。因此,在这种情况下,情事变更一般不宜参照适用。一个典型的例子是,男女双方签订婚前协议,约定离婚后双方互不给予对方任何经济帮助,该条款显而易见的含义是双方明确愿意承担自己经济能力下降的风险而无须对方给予帮助,因此,婚前协议约定排除了法院在将来对情事变更可能的参照适用。当然,鉴于经济帮助的道义性特征,如果给付方因为经济能力下降而造成离婚后自己无法维持当地基本生活水平,此时可能并不需要他(她)继续向对方给予经济帮助,但这种给付豁免并非参照适用情事变更的法律效果。

最后,在判断关于经济帮助的婚前协议是否因情事发生而显失公平时,值得特别一提的是梅迪库斯的观点。他认为,法院在考虑继续履行合同是否显失公平时,还应当考虑当事人约定的给付目的。[①] 在这方面,扶养的目的具有很强的说服力,申言之,如果当事人约定支付金钱旨在维持一方的基本生计,那么即使是比较微小的价值变化对当事人来说也可能是重大的。

(四)家务劳动补偿

《民法典》第1088条规定,“夫妻一方因抚育子女、照料老年人、协助另一方工作等负担较多义务的,离婚时有权向另一方请求补偿,另一方应当给予补偿”,由此肯定婚姻生活中家务劳动的价值。

首先,假设当事人在婚前协议中约定,离婚后一方给予在婚姻生活中从事家务劳动较多的另一方一定数额的家务补偿,抑或当事人在婚前协议中约定双方互不支付家务补偿,而后双方的子女出生。如果子女出生及其带来的对家庭分工的影响不可预见,那么一方因子女出生而额外承担了较多照顾子女的责任,继续履行原来的婚前协议中家务劳动补偿约定将导致其

---

① 参见[德]迪特尔·梅迪库斯:《德国民法总论》,邵建东译,法律出版社2013年版,第658-659页。

付出的劳动价值无法得到认可,对其明显不公,因此法院可以参照适用情事变更。然而,需要注意的是,我们基于家务劳动补偿约定判断子女出生及其家务分工是否属于可预见的范围时需要格外谨慎,因为家务补偿约定本来就是对当事人在家庭中从事家务劳动分工的约定,当事人很有可能在婚前协议中已经对双方从事的家务分工具体事项及其补偿进行了约定。换言之,婚前协议中约定的家务劳动补偿很有可能已经包括了对一方照顾共同子女的补偿,对此需要结合个案具体事实进行判断。

其次,当事人在婚前协议中约定离婚后一方给予从事家务劳动较多的另一方一定数额的家务补偿,一种情况是,婚后约定的给付方劳动能力丧失,在一般情况下,给付方不能主张情事变更的参照适用。这是由于这一事由的发生通常并不导致给付方按照婚前协议约定给付对另一方家务劳动的补偿产生严重不公的效果。相反,在此种情况下,受领方有主张参照适用情事变更的空间,前提是他(她)因为照顾丧失劳动能力的给付方而承担了更多的家务劳动。并且,情事变更也同样能参照适用于这样一种情形,即当事人在婚前协议中约定互不给予对方家务劳动补偿,而后,一方又因对方丧失劳动能力而承担了较多的照顾对方和其他家务劳动的责任。另一种情况是,约定的受领方丧失劳动能力,由此导致的结果是受领方无法按照婚前协议约定继续从事家务劳动,此时当然无法按照婚前协议约定支付其家务补偿。在这种情况下,给付方不履行婚前协议的原因并非情事变更,而仅仅是受领方未按照婚前协议约定的内容履行义务,因此无法得到相应的补偿。

再次,婚前协议约定离婚后一方当事人给予从事家务劳动较多的另一方一定数额的家务劳动补偿,如果家务补偿受领方经济能力大幅下降,一般没有情事变更的参照适用空间。因为这一事由的发生不会对履行家务补偿约定造成任何不公平的效果。如果给付方经济能力大幅下降,通常而言也不应参照适用情事变更,因为继续履行协议不会对其明显不公。家庭劳动分工使夫妻双方更好地利用互补活动的专业化共同促进家庭实际收入最大化,夫妻一方能够全身心地工作创造财富,某种程度上是因为其配偶主持家务,养育子女,为其提供了较好的后备支持。这种在家庭中从事的劳动往往不能转化为直接的经济收入。从事家务劳动的一方还可能因为退出劳动力市场照顾家庭而影响工作能力,在离婚后处于较为不利的境地。“如果承担家庭中的照顾职能是一种我们希望保护的选择,就必须有一个不把承担家庭照顾和劳动作为财产上可能承担不利风险的系统。”[①]对婚姻存续期间较多从事家务劳动的一方进行补偿是对家务劳动价值的肯定,法院要求家务补偿给付方在经济能力下降的背景下继续履行协议,是督促当事人严守契约履行义务和弥补从事家务劳动方在经济上所受的不公平对待的举措,并无不合理和不公平可言。

最后,在婚前协议中参照适用情事变更时,本文需要特别强调和说明的是,情事变更的类型化并非绝对,每种类型的总结都仅仅是一种可能性判断,即此种类型通常情况下是否更可能参照适用情事变更。婚姻家庭案件事实的复杂性和婚前协议可能包含的伦理、情感、经济因素决定了情事变更在婚前协议中的参照适用并非用固定模式就可以一劳永逸地解决问题。法院在个案中判断婚前协议是否能够参照适用情事变更时,必须结合具体的案件事实进行全面分析。第一,情事变更参照适用的关键是对婚前协议中双方当事人的意思表示进行解释,判断婚前协议是否包含对特定情况发生的安排。第二,法院在判断履行婚前协议是否对一方当事人明显不公平而需要参照适用情事变更时,需要结合婚前协议中约定的对价(如果存在对价)、婚姻存续期间的长短、履行婚前协议的结果与婚前没有协议而采用法定规则的结果之间的差异、履行婚前协议对离婚后与子女共同生活一方的影响等情况进行综合考量。

四、情事变更的法律效果在婚前协议中的参照适用

(一)再交涉义务

在法律效果上,《民法典》第 533 条引入了当事人的再交涉义务。设定再交涉义务的理由主要有以下几个方面:第一,遵循合同法上的继续性原理,以减少因合同被直接解除导致的处理复杂法律关系、成本增加等困难;[②]第二,鼓励交易,节约交易成本;第三,通过再交涉达成对既有交易进行变更

---

① Jonathan Herring, *Relational Autonomy and Family Law*, Springer International Publishing, 2014, p.39.

② 参见韩世远:《情事变更若干问题研究》,载《中外法学》2014 年第 3 期。

的新协议,更能尊重当事人意思自治;第四,通过再交涉义务的履行要求当事人进行接触和谈判,强化彼此的合作。[①] 在婚前协议中参照适用情事变更的法律效果时,要求或鼓励受不利影响的当事人与对方就婚前协议的约定进行再次交涉和谈判,双方依诚实信用原则对婚前协议重新进行协商,显然没有上述鼓励交易和减少贸易领域复杂问题的考虑,但对于尊重私法自治和强化当事人的合作无疑具有积极意义。

一方面,婚前协议调整的是当事人离婚后的财产性后果,与当事人特殊的身份关系、婚姻存续期间的亲密情感、家庭分工、夫妻财产模式等密切相关。婚姻家庭生活的特殊性、私密性及封闭性决定了当事人意思自治的重要性,当事人是婚姻关系中各种事项的亲历者、家庭亲密情感的体验者和离婚后财产性后果的承受者。没有任何主体比双方当事人更清楚与婚前协议相关的信息,也没有任何主体比双方当事人更与婚前协议约定的权利义务紧密相关。因此,当围绕婚前协议约定的事由发生了情事变更时,立法要求当事人对婚前协议进行重新磋商和谈判,有助于促使当事人在原婚前协议的基础上结合变更的新情况达成新的协议,从而实现对当事人意思自治的尊重和对当事人自身利益的维护。

另一方面,在现代家庭法的理念中,总体而言,国家对个人婚姻家庭关系呈现"后撤"态度。[②] 这种后撤态度在婚姻关系破裂的背景下体现为国家鼓励当事人在离婚时相互合作,通过友好协商的方式对离婚后的权利义务达成一致。由此通过再交涉义务强化当事人离婚时的合作,既有利于顺利解决纠纷,实现当事人之间的利益平衡,同时也有利于节约公权力的运行成本,实现社会效益的最大化。

在明确了当事人在婚前协议发生情事变更时具有再交涉义务后,我们需要处理的问题是违反再交涉义务的法律后果。依据《民法典》第 533 条的文义,即"受不利影响的当事人可以与对方重新协商",并未对受不利影响的当事人提出再交涉进行强制性要求。如果当事人违反再交涉义务,似乎也

---

① 参见尚连杰:《风险分配视角下情事变更法效果的重塑——对〈民法典〉第 533 条的解读》,载《法制与社会发展》2021 年第 1 期。

② See Sonia Harris - Short & Joanna Miles, *Family Law: Text, Cases and Materials*, Oxford University Press, 2011, p. 12.

无须承担损害赔偿责任,[①]再交涉更多地体现为对当事人重新协商谈判的一种鼓励和倡导。在婚前协议中参照适用情事变更时,笔者赞同此种做法,理由有三:第一,法律规范对当事人离婚后的财产性后果本来就有一套具体的规定,当事人对离婚财产性后果进行意思自治的约定是对既有法定规则的偏离,在发生情事变更导致婚前协议显失公平后,当事人可能希望按照法定规则处理离婚后的财产性后果,而不宜认为当事人具有重新谈判进行再次约定的强制性义务。第二,婚姻家庭案件具有封闭性和复杂性,婚前协议涉及整个婚姻关系存续期间的情况变化以及婚姻结束后的财产安排。在实践中,法院很难认定当事人拒绝谈判或者中途放弃谈判会造成怎样的损失。第三,当事人可能多在离婚时主张情事变更的参照适用以调整婚前协议约定的离婚财产性后果,尽管国家鼓励当事人在离婚时友好合作,但是此时(至少是一部分)当事人可能希望尽快结束婚姻关系,而无法忍受冗长的重新谈判和协商。

(二)变更或解除协议

《民法典》第533条第1款中规定:"在合理期限内协商不成的,当事人可以请求人民法院或者仲裁机构变更或者解除合同。"变更和解除的适用层次是不同的,法院在认定变更或解除协议时应当遵循一定的顺序。按照契约严守的原则,法律优先考虑在最大范围内维持原有的合同关系,以尊重合同订立时当事人的意思,因此如果合同有变更的可能,法院应当首先考虑变更。这里的变更不是当事人通过协商对协议进行的变更,而是当事人请求法院或仲裁机构进行的变更。

一般来说,变更的形式有合同标的数量的增减、价款的增减、标的物的变更、履行方式的变更等。[②] 在婚前协议中,变更的形式可能是调整离婚后婚姻财产的分配方式、经济帮助数额、家务补偿数额以及调整这些财产性给付的给付方式、给付期限等。法院变更合同大致有两种方案:第一种方案是

---

① 同样的观点参见王利明:《情事变更制度若干问题探讨——兼评〈民法典合同编(草案)〉(二审稿)第323条》,载《法商研究》2019年第3期。

② 参见最高人民法院民法典贯彻实施工作领导小组主编:《中华人民共和国民法典合同编理解与适用》,人民法院出版社2020年版,第488页。

回到合同法上的任意性规则。例如,依据《民法典》第510条规定的“按照合同相关条款或者交易习惯”来变更协议。第二种方案是,探寻并尊重当事人在缔结协议时的真实意思表示,在尽量尊重当事人缔结协议时意思表示的前提下,以变化了的境况为基础对协议作变更。比较而言,在对婚前协议的处理中,第二种方案更为妥当。一个明显的理由是,婚前协议并非市场交易,法院很难找到可供参照的一般性交易习惯和市场价格。婚前协议的个体性、交织因素的复杂性决定了探寻当事人意思表示其实是更为可行且合理的做法。因此,法院应当根据诚实信用原则,尽可能地模拟当事人在缔结协议时,如果知道情况发生了某种变化,会有怎样的反应,并基于此对婚前协议进行变更,实现双方权利义务的均衡。

如果变更协议仍然不能消除显失公平的效果,法院就应当考虑解除协议。解除协议的法律后果是双方相互返还原物,原物不存在时则折价补偿,但当事人无须承担损害赔偿的责任。不同于《民法典》第563条规定的当事人行使法定或约定解除权的解除,情事变更本质上是一种免责条款。[①] 情事变更也是对当事人权利义务显著失衡状态所作的必要调整。当事人本身并不当然地享有实体法意义上的合同解除权,当事人仅可以向法院或仲裁机构提出请求,最终协议是否能够被解除以及是否有必要对当事人的权利义务进行调整,应当由法院或仲裁机构审酌判定。[②] 在婚前协议中,法院一般情况下通过变更协议即可达到矫正双方利益严重不均衡的效果。特殊情况下需要解除婚前协议的,则当事人的离婚财产性后果直接适用法定规则。

在变更和解除婚前协议时,法院需要注意,婚前协议旨在调整双方当事人离婚后的财产性后果,可能包括离婚后的财产分割、家务劳动补偿和经济帮助中的一项或几项。各个条款之间可能彼此独立,互不牵涉,也可能相互联系,相互影响,甚至可能互为前提结果,构成一个对离婚财产性后果的“一揽子”解决方案。例如,一方之所以愿意同意某种离婚后的财产分割方案对共同财产适当少分,可能是因为婚前协议中的经济帮助条款对其较为有利

---

① 参见[德]卡斯腾·海尔斯特尔、许德风:《情事变更原则研究》,载《中外法学》2004年第4期。

② 参见黄薇主编:《中华人民共和国民法典合同编释义》,法律出版社2020年版,第161-162页。

(比如双方对所谓“经济帮助”的约定远远超出了维持基本合理生活水平的限度,在一定程度上起到了离婚后扶养的效果)。有的婚前协议则是当事人直接经过综合考虑后将所有离婚财产性后果约定在同一个条款中,而不具体进行区分列举。因此,在婚前协议中参照适用情事变更时,法院应当注意各个条款之间可能存在的牵连性。如果婚前协议的条款之间具有密不可分的联系,法院则应当慎重考虑参照适用情事变更对某一条款单独进行变更或解除,更为恰当的做法是基于条款之间的牵连关系而将婚前协议作为一个整体进行综合考量。

五、结语

与离婚相关的财产协议是静态的,而它所调整的关系是动态的。在婚姻存续的过程中,婚姻关系当事人不可避免地需要根据生活中不断变化的客观情况来调整和发展双方的关系及其相应的权利义务。这些变化可能涉及一方或双方的疾病、失业、经济能力改变或是子女出生,也可能涉及夫妻生活方式或相互关系的发展。这些变化发展很可能意味着一份协议在缔结时完全合理,而在离婚时则会导致明显不公平的结果。情事变更制度的参照适用为修正这种不公平的结果从而保护婚姻关系当事人的合法权益,实现法律的公平正义提供了规范依据。

法典化时代的婚姻家庭法需要通过与司法实践的良性互动来弥合其与社会生活之间的张力,[①]探讨情事变更制度在与离婚相关的财产协议中的参照适用,正是笔者使婚姻家庭法通过体系化的法律解释方法回应实践需求的一次有益尝试。笔者认为,法院既要把握情事变更规则的合理阐释与技术理性,又要重视与离婚相关的财产协议的伦理属性,从而使情事变更制度更好地与婚姻家庭领域的特殊属性相契合。通过情事变更制度的参照适用为婚姻家庭关系中的当事人保护和价值实现提供适当的技术规范,正是在《民法典》体系下对婚姻家庭法理论和实务研究的魅力与意义所在。

---

① 参见李拥军:《当代中国法律对亲属的调整:文本与实践的背反及统合》,载《法制与社会发展》2017 年第 4 期。

功能主义视域下夫妻财产约定的体系释论*

石　雷**

摘　要　《民法典》出台后，实务中夫妻约定房产归一方所有的情形在法律适用上仍有分歧。从概念分析，夫妻财产约定制度应涵摄夫妻赠与。从功能分析，《民法典》第464条第2款和《婚姻家庭编解释一》第32条是对夫妻财产约定制度的增补完善。涉及夫妻财产约定效力判定时，应立足其规范功能，先从《民法典》体系视角审查夫妻财产约定有效与否。判定约定有效成立且与第三人无涉时，优先考虑《民法典》第1065条的适用可能；不能适用时，则按照《民法典》婚姻家庭编基本原则的指引，根据案件事实，结合规范意旨采用区分适用的规则。

关键词　夫妻财产约定　夫妻赠与　法定撤销权　体系解释　功能主义

一、我国《民法典》体系下夫妻财产约定的法律适用分歧

自原《最高人民法院关于适用〈中华人民共和国婚姻法〉若干问题的解释(三)》(以下简称《婚姻法解释三》)第6条明确规定夫妻不动产赠与规则

---

* 本文是重庆市市教委人文社科研究项目(22SKGH016)阶段性成果；西南政法大学校级项目(2021XZNDYB-05)阶段性成果。

** 石雷，法学博士，西南政法大学副教授，硕士生导师，研究方向：家庭法。

后,夫妻财产约定和夫妻赠与的界分一直是学界讨论的热点之一。《民法典》出台后,相较 2001 年《婚姻法》第 19 条,《民法典》第 1065 条的最大变化为将原条文中缔结相关财产约定的主体由“夫妻”修改为“男女双方”,即将夫妻婚前订立的财产协议也纳入了该条的射程,其余内容保持不变。但当夫妻双方约定房产归一方所有时,实务中对于是适用《民法典》第 1065 条还是直接适用赠与合同的规定存在分歧。如在黄某 1、黄某 2 继承纠纷案①中,主要争议焦点之一为再婚配偶黄某某与杭某签订的不动产协议书是否合法有效,若协议有效能否撤销的问题。一审法院在裁判说理中指出,该协议书实质是将其与张某某共有的诉争房产赠与杭某,是赠与合同。二审法院认定该协议合法有效,不存在法定可撤销的情形,一审法院对此的认定并无不当。但在李某 1、李某 2 等继承纠纷案②中,二审法院指出,根据 2001 年《婚姻法》第 19 条的规定,李某 3 将其个人婚前财产权益的一间 60 平方米的房屋赠与陈某的协议书合法有效,并未提出赠与合同的适用问题。两份裁判文书分别径直选择适用了赠与合同规定和 2001 年《婚姻法》第 19 条,③但未分析为何不适用另一法律规范,这反映了实务中对此问题的分歧。在未来适用《民法典》规定时,这种观点上的差异将反映在应适用《民法典》第 1065 条,还是根据《民法典》第 464 条第 2 款转而适用合同编的规定。本文将从对《民法典》第 1065 条的分析展开,必要时论及《民法典》第 464 条第 2 款。

学界对于《民法典》第 1065 条的理解主要有两种观点。第一,持限定选择论的学者认为,《民法典》第 1065 条是关于夫妻约定财产制的规定,其提供了三种类型的夫妻约定财产制供当事人选择,包括分别财产制、一般共同制和限定共同制。④ 超出该范围的财产约定不为法律承认,双方的财产关系

---

① 有意思的是,在此之前的黄某某诉杭某夫妻财产约定纠纷案中,黄某某曾诉至法院要求撤销该不动产协议书。参见福建省泉州市中级人民法院民事判决书,(2020)闽 05 民终 5475 号。

② 参见广东省广州市中级人民法院民事判决书,(2021)粤 01 民终 22644 号。

③ 根据《最高人民法院关于适用〈中华人民共和国民法典〉时间效力的若干规定》,本文查找的这些案例虽发生于《民法典》出台后,但大部分仍适用了 2001 年《婚姻法》和 1999 年《合同法》的规定。

④ 参见余延满:《亲属法原论》,法律出版社 2007 年版,第 286 页;夏吟兰、龙翼飞、曹思婕、姚邢、赫欣:《中国民法典释评:婚姻家庭编》,中国人民大学出版社 2020 年版,第 134 页。

当然适用法定财产制的规定。[①] 对夫妻赠与,适用有关赠与合同的规定。[②] 第二,持自由选择论的学者认为,《民法典》第 1065 条虽是夫妻约定财产制的规定,但并未对当事人订立夫妻财产约定设定前述限制,只要约定的内容符合民事法律行为的一般规定,符合其合法性要件即可。[③] 并主张将其"解释为自由约定式并无任何形式及实质障碍,也与文义相符"。[④] 实务界观点[⑤]也认为,《民法典》第 1065 条有关夫妻约定财产制的规定未限定约定财产制类型,[⑥]主要规定了夫妻财产约定的财产范围、形式和效力等。可见,学界对夫妻不动产赠与是否适用《民法典》第 1065 条的主要争点在于该条是否涵摄此种情形。

二、夫妻财产约定的概念探析

夫妻财产约定概念的厘清离不开我国实证法及其理论研究。与我国财产法不同,受新中国成立初期"宜粗不宜细"的立法原则的影响,我国婚姻法在发展过程中始终强调应便于民众理解,因此整体上规定较粗略,不如财产法精细。对于夫妻财产约定概念的理解也应从此特点出发,以探寻法律规范意旨为要,在制度发展史中寻找夫妻财产约定的合理解释方法。[⑦]

(一)夫妻财产约定为本,夫妻约定财产制为术

我国历史上正式的夫妻财产约定立法来自 1930 年《中华民国民法》亲属编,但新中国成立后,我国法律制度并未承继该亲属编中夫妻约定财产制的规定,致使民国时期的夫妻约定财产制和本文要讨论的夫妻财产约定存

---

① 参见巫昌祯、夏吟兰主编:《婚姻家庭法学》(第 2 版),中国政法大学出版社 2016 年版,第 138 页。

② 参见徐涤宇、张家勇主编:《〈中华人民共和国民法典〉评注》(精要版),中国人民大学出版社 2022 年版,第 1111 页。

③ 参见陈苇主编:《婚姻家庭继承法学》(第 4 版),中国政法大学出版社 2022 年版,第 139 页。

④ 薛宁兰、谢鸿飞主编:《民法典评注:婚姻家庭编》,中国法制出版社 2020 年版,第 248 页。

⑤ 参见最高人民法院民法典贯彻实施工作领导小组主编:《中华人民共和国民法典婚姻家庭编继承编理解与适用》,人民法院出版社 2020 年版,第 171 – 177 页。

⑥ 参见马红梅、王健:《我国夫妻财产制度中的约定财产制》,载《法律适用》2005 年第 6 期。

⑦ 参见梁慧星:《民法解释学》(第 4 版),法律出版社 2015 年版,第 246 页。

在差别。[①] 故民国时期夫妻约定财产制的讨论对象并非本文讨论主题。从新中国法制史看,虽 1950 年《婚姻法》未规定夫妻财产约定,但《中央人民政府法制委员会关于中华人民共和国婚姻法起草经过和起草理由的报告》中指出,“对一切种类的家庭财产问题,都可以用夫妻双方平等的自由自愿的约定方法来解决”[②],只是实践中对夫妻财产进行约定的较少。1980 年《婚姻法》第 13 条第一次规定了夫妻财产约定。[③] 此后,我国学界对夫妻财产约定和夫妻约定财产制两个概念的关系主要存在两种观点。

一种观点认为,夫妻财产约定就是夫妻约定财产制的统一说。这是 20 世纪八九十年代婚姻法学界的主流观点。[④] 要么认为 1980 年《婚姻法》第 13 条规定了夫妻约定财产制,[⑤]要么认为我国法律未明文使用夫妻约定财产制概念,但“明确规定了允许夫妻双方自行约定,这也可以看作是约定财产制的一种形式”[⑥]。很多法学专业教科书中也持这一观点。另一种观点认为,我国夫妻财产约定制度“过于简略,尚未形成明确的夫妻财产约定制”[⑦]。夫妻财产约定除了“包括约定财产制协议外,还存在赠与协议和有限责任公司投资协议”[⑧],也即区分说。进入 21 世纪后,统一说和区分说各有支持者,但观点也出现了分化。统一说认为,2001 年《婚姻法》第 19 条提供了分别财产

---

① 参见比较 1930 年《中华民国民法》亲属编和我国夫妻财产约定制度,较大的不同在于:该亲属编明确要求夫妻财产约定必须登记才能发生对抗第三人的效力,且夫妻须在分别财产制、共同财产制和统一财产制中选择其一为约定财产制。参见杨大文主编:《亲属法》,法律出版社 1997 年版,第 155 页。

② 《中央人民政府法制委员会关于中华人民共和国婚姻法起草经过和起草理由的报告》,1950 年 4 月 14 日。

③ 1980 年《婚姻法》第 13 条规定:“夫妻在婚姻关系存续期间所得的财产,归夫妻共同所有,双方另有约定的除外。夫妻对共同所有的财产,有平等的处理权。”

④ 参见邓宏碧主编:《婚姻家庭继承法学》,成都科技大学出版社 1995 年版,第 184 页;曹诗权主编:《婚姻家庭继承法学》,中国法制出版社 1999 年版,第 219 页;胡平主编:《婚姻家庭继承法论》,重庆大学出版社 2000 年版,第 185 页;李银河、马忆南主编:《婚姻法修改论争》,光明日报出版社 1999 年版,第 328、334、351 页。

⑤ 参见何俊平:《浅谈夫妻约定财产制的有效条件》,载《法学杂志》1986 年第 2 期。

⑥ 程庆红:《论我国夫妻财产制中的“约定财产”》,载《法学》1986 年第 9 期。

⑦ 杨大文主编:《亲属法》,法律出版社 1997 年版,第 156 页。

⑧ 参见范李瑛:《夫妻财产约定的性质及法律适用》,载《烟台大学学报(哲学社会科学版)》2004 年第 2 期。

制、一般共同制和限定共同制三种夫妻财产制供当事人选择。[①] 即使在夫妻赠与争议出现后，统一说支持者仍强调，夫妻赠与是夫妻财产约定的一种特殊类型，本质上仍属于2001年《婚姻法》第19条规定的夫妻约定财产制。[②] 区分说强调，2001年《婚姻法》第19条只提供了三种财产制，故夫妻财产制契约与夫妻财产约定不同，"夫妻约定将一方所有的财产转归双方共有或另一方所有"属于夫妻赠与，不在2001年《婚姻法》第19条的射程内。[③] 这就将关注的重点从夫妻约定财产制和夫妻财产约定转为夫妻财产约定和夫妻赠与的区别。

暂且搁置前述各种争议，先考察夫妻财产约定与夫妻约定财产制这两个概念。从统一说和区分说的争论中，可以发现学者们大都认为1980年《婚姻法》第13条规定的是我国夫妻财产约定制度。《民法典》第1065条来源于1980年《婚姻法》第13条，将这一规定解读为关于夫妻财产约定的规定，应无疑义。夫妻财产约定这一概念就是指男女双方对各自婚前财产以及婚姻存续期间所得财产的占有、使用、收益和处分等权利所做的约定。此外，1950年《中央人民政府法制委员会关于中华人民共和国婚姻法起草经过和起草理由的报告》也说明我国的夫妻财产约定概念从源头上看采用了广义解释，包括夫妻间一切有关夫妻财产的约定。夫妻约定财产制又被称为夫妻财产制契约，指夫妻就双方之间采用何种财产制所订立的契约，具有排除法定财产制适用的效力。[④] "我国夫妻财产制系近代法制改革过程中借鉴外国立法例的产物"。直到1930年，政府才"在立法上确立了夫妻财产制"。[⑤] 夫妻约定财产制这一概念属于舶来品。学理上，约定财产制作为婚姻财产效力制度的重要部分，一直也是婚姻家庭法学研究的重点之一，是我

---

① 参见夏吟兰、何俊萍主编：《婚姻家庭法教程》，中国政法大学出版社2001年版，第142页；蒋月、何丽新编著：《婚姻家庭与继承法》，厦门大学出版社2002年版，第177页。

② 参见裴桦：《也谈夫妻间赠与的法律适用》，载《当代法学》2016年第4期。

③ 参见田韶华：《夫妻间赠与的若干法律问题》，载《法学》2014年第2期。《民法典》出台后，持区分说的学者认为，《民法典》第1065条提供三种财产制模式供当事人选择；婚前或婚姻关系存续期间，男女一方约定给予另一方房产的行为，不属于夫妻财产制契约，而是夫妻赠与。参见李永军主编：《中国民法学》（第4卷），中国民主法制出版社2022年版，第107－109页。类似观点也可参见张力主编：《婚姻家庭继承法学》（第4版），群众出版社2021年版，第105页。

④ 参见余延满：《亲属法原论》，法律出版社2007年版，第287页。

⑤ 王洪：《婚姻家庭法》，法律出版社2003年版，第125页。

国学界重要的制度分析工具。可见,夫妻财产约定与夫妻约定财产制是实证法和理论分析工具的关系。以下,本文将对前文各种观点及其理由展开论述。

(二)夫妻财产约定应采自由选择论

对于我国夫妻约定财产制的内容,如前所述,学界主要存在限定选择论和自由选择论两种观点。细究之,限定选择论采严格文义解释方法,从法条文本出发,将法条文本未规定的情形置于《民法典》第 1065 条调整范围外。自由选择论采目的解释,从功能主义立场论证了自由选择说,认为设立夫妻约定财产制旨在减少夫妻法定财产制的限制,满足当事人意思自治和多样化的财产关系需求。[①]

在法解释方法上,各解释方法不具有一成不变的位阶关系。但在这些解释方法中,文本解释只是解释的开始,划定解释的范围;只有基于对调整目的的认识,才能理解法律文本的意义。[②] 民法解释中,“原则上不允许作出反于法条文义的解释结论”,但若法条文义与立法目的相冲突,或使弱势地位者较之强者遭受更不利之结果时,则为例外。[③] 据此,不能仅凭解释方法的不同直接判断两种解释论的优劣。但就《民法典》第 1065 条的解释而言,理应支持自由选择论。理由有四:一是从目的出发,承前所述,我国夫妻财产约定制度旨在赋权给夫妻双方,认可双方在平等基础上就婚前财产及婚姻存续期间财产达成的约定,没有限制双方的意图。夫妻财产约定制度的发展历程亦可佐证。因此,在文义解释与目的解释出现分歧时,自由选择论更应得到支持。二是从制度史看,我国婚姻法规定不够精细的原因在于我国婚姻法发展过程中始终强调便于为民众理解,这种传统影响了其后续修订。自夫妻财产约定制度进入实证法后,并未专门规定某种财产约定应排除在外,1999 年《合同法》第 2 条也从反面排除了夫妻财产约定适用合同制度的可能。公允而言,在原《婚姻法解释三》出台前,我国也一直将夫妻一方

---

① 参见马忆南:《婚姻法修改中几个争议问题的探讨》,载《中国法学》2001 年第 1 期。

② 参见[德]卡尔·拉伦茨:《法学方法论》,黄家镇译,商务印书馆 2020 年版,第 434 页。

③ 参见梁慧星:《民法解释学》(第 4 版),法律出版社 2015 年版,第 248 页。

无偿赠与另一方财产置于婚姻法框架下处理，也即由夫妻财产约定制度处理。据此，对夫妻财产约定作广义解释符合我国历史传统解释方法和婚姻法的制度特点，符合法律条文立法目的。三是从可以超越文本解释的例外规则看，其中一项重要规则在于对法条解释结果的衡量。若将夫妻财产约定作狭义解释，就在一定程度上限制了男女双方就一方或双方财产达成的协议。在我国社会中，多数夫妻财产约定都对弱势的女方更有利，故对夫妻财产约定制度限制较多，可能导致弱势方女性遭受更不利之结果。四是从司法实践看，司法实践设立的夫妻财产约定纠纷案由[①]以及具体案件中的夫妻财产约定样态多样，社会现实更认可自由选择论。否则，大量的夫妻财产约定将被认定为不属于《民法典》第 1065 条调整的夫妻财产制契约，这违背了立法者的原意。

（三）夫妻财产约定包括夫妻约定财产制

虽然夫妻约定财产制[②]是我们的制度分析工具，但夫妻约定财产制和夫妻财产约定二者并非同一概念。从《民法典》第 1065 条的文义出发，夫妻财产约定不仅包括夫妻财产制契约，而且还包括对夫妻双方或一方财产的相关财产权益所做的其他约定。[③] 简言之，夫妻财产约定属于属概念，夫妻约定财产制是夫妻财产约定之下的种概念，理由如下：首先，从立法目的而言，《民法典》第 1065 条赋予夫妻双方一种宽泛的缔约自由，“既可以概括地约定采用某种夫妻财产制，也可以具体地对某一项夫妻财产进行约定”[④]。因此，将夫妻财产约定和夫妻约定财产制解释为包含和被包含关系，符合立法者本意。其次，从性质特点看，夫妻财产约定的财产范围可大可小种类广

---

① 最高人民法院对夫妻财产约定纠纷案由项下可能囊括的案件解释为“在夫妻关系存续期间，乃至在办理离婚登记时或者离婚登记后”可能发生的因夫妻财产约定的履行和效力引发的纠纷。参见杨万明主编、最高人民法院研究室编著：《最高人民法院新民事案件案由规定理解与适用》，人民法院出版社 2021 年版，第 114 页。

② 这里及以下论述中都采用了夫妻约定财产制的另一种传统说法——夫妻财产制契约。

③ 也有观点认为，广义的夫妻财产约定包括夫妻财产制契约和一般的夫妻财产契约，后者又可细分为夫妻财产确权契约（婚内财产分割协议）、基于婚姻之特殊赠与及普通赠与三类。参见龙翼飞主编：《中国民法典评注：婚姻家庭编》，人民法院出版社 2021 年版，第 104 页。

④ 黄薇主编：《中华人民共和国民法典婚姻家庭编解读》，中国法制出版社 2020 年版，第 126 页。

泛,法律也未限定约定的内容只能是夫妻双方未来生活的财产制安排;夫妻约定财产制主要针对现在以及未来任意一方所得财产所作的事先约定,具有延续性。① 最后,从司法实践看,夫妻财产约定纠纷案由下的相关案例,有关夫妻财产制契约的纠纷并不多见。笔者以"夫妻财产约定 + 无效"为关键词,在北大法宝类案检索平台检索了自《民法典》出台后至2022年12月31日的案例,共检索到36份符合调查目的的二审民事判决书。其中仅有一例②属于夫妻财产制契约其余案例中双方约定的财产均只涉及婚前或婚内部分财产的归属等,大多数都是一次性协议。换言之,如将《民法典》第1065条解释为只包括夫妻约定财产制,将导致真正涉及夫妻约定财产制的案件凤毛麟角,而与夫妻约定财产制无涉的其他夫妻财产约定案件却不能适用文义上最应予以适用的《民法典》第1065条。这明显与司法现实相悖。所以,将夫妻财产约定解释为属概念,夫妻约定财产制为这一概念下的一种类型,更符合中国的司法实践,也能更好关照中国现实。

(四)自由选择论下夫妻财产约定应包括夫妻房产赠与

以上分析说明了我国法上的夫妻财产约定应属于属概念,囊括夫妻财产制契约和夫妻一般财产约定。从立法目的出发,夫妻约定一方无偿让与另一方房产的行为理应属于夫妻一般财产约定。③

学界目前认为,夫妻赠与是《民法典》第1065条之外的单独一类契约的理由主要有二:第一,我国夫妻约定财产制中不包含夫妻赠与这一特殊类型。④ 夫妻赠与与夫妻约定财产制的主要差异表现为功能和目的有别,合同

---

① 参见马忆南:《婚姻法修改中几个争议问题的探讨》,载《中国法学》2001年第1期。

② 参见天津市第一中级人民法院民事判决书,(2021)津01民终632号。

③ 参见许莉:《夫妻房产约定的法律适用——基于我国约定夫妻财产制的考察》,载《浙江工商大学学报》2015年第1期。

④ 参见最高人民法院民事审判第一庭编著:《最高人民法院婚姻法司法解释(三)理解与适用》,人民法院出版社2011年版,第13页;李永军主编:《中国民法学》(第4卷),中国民主法制出版社2022年版,第107-109页;张力主编:《婚姻家庭继承法学》(第4版),群众出版社2021年版,第105页;房绍坤、范李瑛、张洪波编著:《婚姻家庭继承法》(第7版),中国人民大学出版社2021年版,第68页。

标的和性质相异。夫妻财产制契约具有持续性等。[①] 换言之,认为《民法典》第 1065 条不调整夫妻房产赠与的理由之一是该条是夫妻约定财产制的规定,规定了特定的夫妻财产制契约。但如前所述,《民法典》第 1065 条既是关于夫妻财产约定的规定,也是夫妻约定财产制的规定,夫妻财产约定中包括夫妻财产制契约(夫妻约定财产制)和夫妻一般财产约定。[②] 夫妻赠与虽与夫妻财产制契约不同,但夫妻一般财产约定仍有涵摄夫妻赠与的空间,故夫妻赠与仍应属于《民法典》第 1065 条的射程范围。从反面观之,"婚姻协议与书面赠与内容均可以是夫妻间财产无偿让与"[③]。"赠与本身就是一种约定,而财产约定中往往又会带着赠与因素"[④]。已有规则只将夫妻间房产的让与纳入夫妻赠与,这也会引发人们对夫妻间动产的让与是否亦可适用赠与合同的疑问。可见,夫妻赠与与夫妻财产约定的二元解释规则存在逻辑上的不周延之处,不能消除夫妻财产约定法律适用的疑窦。

第二,夫妻之间赠与房产属于不动产权属变动,应依照登记生效原则确认房产转让的效力,且《民法典》第 1065 条未规定将一方财产转让给另一方所有的情形,夫妻之间的财产转让在无偿的情形下就是赠与,当然适用赠与合同的规定。[⑤] 本文认为,婚姻财产规则在《民法典》体系下并未丧失其规则的特殊性。一方面,夫妻财产约定制度大体仍保持不变。另一方面,现有规则一直承认婚姻财产制度的特殊性。比如,在不动产登记问题上,婚后所购得的房产即使登记在一人名下,仍属于夫妻共同财产,法律认可隐名的一方配偶对该房产享有共有权。在约定财产制排除法定财产制问题上,学界也没有争议,存在争议的是夫妻财产约定所生的是债权效力还是物权效力的问题。可见,我国法上承认婚姻财产规则的特殊性,这在调整家庭内部关系

---

① 参见最高人民法院民事审判第一庭编著:《最高人民法院民法典婚姻家庭编司法解释(一)理解与适用》,人民法院出版社 2021 年版,第 304 - 305 页。

② 早前学界的讨论中也承认配偶之间可能发生赠与、买卖、借贷、租赁、合伙等一般性的夫妻财产约定。参见史尚宽:《亲属法论》,中国政法大学出版社 2000 年版,第 341 页。

③ 李侠:《论民法典编纂中我国婚姻协议的立法规制》,载《学术论坛》2018 年第 2 期。

④ 曹薇薇、黎林:《民法典时代夫妻房产赠与纠纷中的司法判决冲突及解决》,载《妇女研究论丛》2021 年第 2 期。

⑤ 参见最高人民法院民事审判第一庭编著:《最高人民法院婚姻法司法解释(三)理解与适用》,人民法院出版社 2011 年版,第 104 页。

方面没有争议。问题在于,涉及外部关系时,是否应按财产法规则统一处理。

在夫妻财产关系中,需要充分考虑夫妻财产行为背后的身份利益。夫妻财产约定中往往隐含了夫妻间的扶养权利义务以及对老年人的赡养或未成年人的抚养之责,这种身份利益表现出长期性、相互性、潜在性。夫妻双方通常不会在财产约定中明示上述身份权利义务,从而展现出夫妻财产行为与一般财产行为无异的假象。故一般情况下夫妻一方将个人财产约定为另一方所有仍属于夫妻财产约定,将夫妻财产约定制度作目的性扩张解释更有利于保护易被忽视的身份利益。从规范构造看,夫妻财产约定从夫妻平等的财产处分权出发,强调夫妻双方人格独立、意思自治,通过对家庭财产的管理处分为维护家庭利益订立夫妻财产约定。一般赠与合同主要体现对个人慷慨精神和扶危济困的崇高品德的肯认。因此,在规则设计上,赠与合同在保护赠与人方面设置了较多规定,如任意撤销权制度等。虽然《民法典》下的赠与合同也肯认器官、血液捐献等新无偿团结行为,[①]但赠与合同规范的是无偿行为,无偿体现了赠与的本质,是赠与的构成要件。夫妻财产约定中的财产管理处分则是从家庭团体利益出发的行为,其更多表现为互利性和整体性。即使我们承认夫妻财产赠与也可能存在不求回报地纯粹增加他人财产的主观意图,但从规范构造看,这只是“行为的动机和实际效果”,“不是行为的构成要件”,并非真正的一般赠与。[②] 所以,不应将夫妻一方无偿让与财产的行为直接归入合同法调整,这将直接损害该行为背后隐藏的身份利益,很可能导致夫妻财产法无法充分实现维护家庭的功能,进而瓦解家庭的内部机制,阻塞缔结家庭的通道。

一言以蔽之,《民法典》第 1065 条夫妻财产约定的射程既包括夫妻约定财产制,也包括夫妻一般财产约定,夫妻赠与属于夫妻一般财产约定的一种,不应将夫妻赠与单独划为一类。

---

① 参见蒋军洲:《〈民法典〉赠与界定之新解:赠与观变迁的视角》,载《广西社会科学》2021 年第 1 期。

② 意大利法上称之为间接赠与,白纶:《〈民法典〉无偿合同规范模式研究——以赠与及间接赠与的法律规制为中心》,载《中国政法大学学报》2020 年第 1 期。

三、自由选择论下夫妻财产约定遭遇的挑战及回应

(一)原《婚姻法解释三》第6条及其后续制度变化带来的挑战

既然夫妻赠与仍在《民法典》第1065条射程之内,那么最近10余年的司法实践和从原《婚姻法解释三》第6条到《民法典》第464条第2款以及《婚姻家庭编解释一》第32条等变化应如何解释?原《婚姻法解释三》第6条强调房产未办理登记过户前,赠与人可以撤销赠与。《民法典》出台后,第464条第2款强调性质相符的身份关系协议在婚姻家庭编未规定时,可以参照合同编予以调整。最高人民法院在《婚姻家庭编解释一》第32条延续了前述立场,将一方房产约定为双方共有也纳入了夫妻赠与,扩大了夫妻赠与概念的内涵。司法解释的规定不断重申夫妻赠与的财产行为性质,进而论证其应参照适用赠与合同的规定。在涉及不动产物权时,应依据《民法典》第209条之规定判断物权变动效力。这一论证思路符合物权公示公信制度以及赠与合同制度的基本法理。因此,论证夫妻财产约定制度涵摄夫妻赠与的前述讨论未必能完全说服这些规定的支持者。从司法实践观察,夫妻财产约定一方房产归另一方所有时并非只关涉家庭成员,还可能关涉第三人的物权及债权。[①] 坚持夫妻财产约定的特殊性可能损及市场交易秩序。这是支持夫妻不动产赠与的财产法分析进路的重要原因。

诚如耶林所言:“生活并非为了概念的目的而存在,概念却要为了生活的目的。不是逻辑被赋予存在的权利,而是生活、社会关系、正义的感觉所要求的东西才有存在的权利——逻辑的必要性和可能性并不是最重要的。”[②]申言之,法律是实现目的的手段,通过提供一致性、一般化的规范化行为预期[③]实现满足社会某种需要的功能,所以对制度的妥适理解不能脱离功能的立场。为回应前述挑战,以下,本文将从功能主义角度展开分析。

---

① 参见广东省汕尾市中级人民法院民事判决书,(2021)粤15民终826号;福建省三明市中级人民法院民事判决书,(2021)闽04民终955号;等等。

② Rudolf von Jhering, *Law as a Means to an End*, The Boston Book Company, 1913, p. 330.

③ 参见[德]尼克拉斯·卢曼:《法社会学》,宾凯、赵春燕译,上海人民出版社2013年版,第100-134页。

(二)夫妻财产约定制度的功能分析

功能主义强调从问题出发,探求制度需要实现的社会功能。社会的发展整体上呈现一个不断复杂化的过程,随着复杂度的增加,制度也因应对复杂问题出现功能分化,进而引发制度变化。

就夫妻财产约定的功能而言,我国夫妻财产约定不具有德国、法国等法域主要夫妻财产制契约的缓和地方法冲突、缓冲、备用等功能[①],其最主要的功能仍是排除法定财产制的适用。历史上,由于旧制度对妻子行为能力的限制,彼时的夫妻财产制契约还有保障妻子财产的功能。梳理《婚姻法解释三》第6条出台时的社会背景,可以发现夫妻财产约定仍有保障妻子财产的功能,但这一功能和保护个人财产的需求发生了冲突。自1998年开始,随着我国房地产市场化改革不断推进,房产价格不断攀升。1993年《最高人民法院关于人民法院审理离婚案件处理夫妻财产分割问题的若干具体意见》中第6条规定的有关一方所有的房产等价值较大的生产资料经过8年可转化为夫妻共同财产的规则"因违反民法理论而在2001年《婚姻法》修正时遭到废弃"[②]。2007年《物权法》出台后,立法加大了对个人物权的保护,民事生活中逐渐有了通过夫妻财产约定确保婚姻中弱势方获得一定财产保障的做法。后由于房价的攀升,房产在人民生活中的重要程度不断加码。在婚姻结束后,夫妻不动产赠与约定的赠与方希望在未办理产权过户登记前保护自己的房产,这对通过多年积蓄购买房产的一般民众而言极其重要。这种需求最终得到了最高人民法院的认可,并在司法解释中得到了回应。可见,原《婚姻法解释三》第6条及其后续制度变化是为了应对房价高企背景下保护个人财产的需求。

这种需求具有一定正当性。用系统论法学解释,合同法体系和婚姻法体系作为两个独立的法律系统存在双重偶联性。[③] 前述赠与财产的行为用婚姻法体系调整的前提是婚姻法中的夫妻财产约定制度涵盖这一行为且合

① 参见林秀雄:《夫妻财产制之研究》,中国政法大学出版社2001年版,第192-202页。

② 贺剑:《论夫妻个人财产的转化规则》,载《法学》2015年第2期。

③ 关于双重偶联性的讨论,参见泮伟江:《法律系统的自我反思:功能分化时代的法理学》,商务印书馆2020年版,第325-337页。

同法中规定排除身份关系协议;用财产法调整则是因为夫妻财产约定未涵盖该行为以及原《婚姻法解释三》第6条等规定。这种解释的相互依赖性的耦合结构,通过在制度变化中不断设置条件,强化了夫妻单方赠与不动产及部分不动产适用合同法的可能,在制度上产生了夫妻赠与不断从夫妻财产约定中抽离区分,重新塑造婚姻法和财产法的新边界的制度效果,以此回应对个人财产的保护需求。

需要重申的是,上述功能分化背后体现了对有产者的保护,可能导致"用个别财产制逐步取代家庭财产制"[①]。个人自由主义思潮对家庭具有较大的破坏力,易导致社会责任的缺失,[②]在结婚上引导更多人选择封建制下的家庭模式,引发结婚利己主义思潮,制造无房青年的结婚障碍。近些年部分地区高企的结婚彩礼某种程度上正是个人主义思潮影响家庭财产制度后所生之恶果。故对于夫妻财产约定的功能分析需要平衡个人主义和团体主义,防止前述《民法典》第464条第2款等规定矫枉过正,将夫妻双方推至经济理性的市场主体地位予以规制,彻底破坏家庭内部的自治机理。

在团体主义视角下,当代的夫妻财产约定主要具有如下规范意旨:

一是维护婚姻家庭团体利益,实现养老育幼职能。作为身份行为之附随行为的夫妻财产约定,本质上旨在维护和加强夫妻团体关系,帮助实现婚姻家庭养老育幼的基本职能,夫妻财产行为的功能由保障妻子财产向保障未成年子女权益、维护家庭存续延展。比较法上,德国法通常不将配偶间的无偿给予认定为赠与,而是认定为"以婚姻为条件的给予"。只有双方明确表示赠与在离婚时仍然有效,才能适用一般财产法赠与制度的规则。在给予的交易基础丧失[③]时,如误认为婚内所生子女系自己的全血缘血亲,此时让与方也可要求返还让与之财产。[④] 易言之,夫妻间的财产互易或单方给予

① 强世功:《司法能动下的中国家庭——从最高法院关于〈婚姻法〉的司法解释谈起》,载《文化纵横》2011年第1期。

② 参见[美]玛丽·安·格伦顿:《权利话语:穷途末路的政治言辞》,周威译,北京大学出版社2006年版,第165页。

③ 我国支持夫妻赠与为特殊赠与的学者中也提出了类似观点,认为一旦婚姻不能存续,那么财产给予的交易基础丧失,赠与方可以撤销赠与。参见叶名怡:《夫妻间房产给予约定的性质与效力》,载《法学》2021年第3期。

④ [德]迪特尔·施瓦布:《德国家庭法》,王葆莳译,法律出版社2022年版,第170-171页。

财产的行为仅在婚姻存续时成立,旨在维护婚姻家庭的稳定。法国法强调因婚姻所生之利益不是赠与,任意一方对婚姻家庭贡献的现时财产都将纳入婚姻福利,[①]为有利于婚姻延续实施的财产给予因抚养子女这一共同任务而不可撤销。这样的制度安排考虑了一方给予的财产对抚养未成年子女的保障功能,旨在扭转因夫妻感情破裂导致未成年子女利益大幅减损的不利局面,保障家庭更好地实现其养老育幼的功能。此外,德国和法国制度中还会考虑夫妻中的财产受让方是否存在过错,婚姻中的严重过错将促成财产让与撤销权的条件成立。[②] 美国共同财产制州在一方给予财产的行为认定上以是否符合夫妻财产转化规则为标准,肯定夫妻双方为维护夫妻团体实施赠与之法律效力。[③] 申言之,夫妻财产约定往往关涉夫妻及子女的身份利益,这些身份利益的集合体就是婚姻家庭的团体利益。

二是平衡婚姻家庭团体利益和家庭成员个人利益。认可夫妻财产自由约定的一个重要理据为遵从个人意愿,这符合民法意思自治基本原则。但夫妻在情感关系中的行为与市场经济中的理性人行为大相径庭。虽然夫妻财产单方让与与一般赠与外观相似,但不应忽视夫妻实施赠与行为的动机,这些复杂的感情动机对主体是否实施行为的影响甚巨,且这些动机又不会像一般市场交易行为那样在合同中被明确提及并标记为赠与所附之条件。为此,德国法发展出夫妻财产约定的审查规则体系:如果协议在订立时就利用夫妻间的特殊情感关系致使一方陷入不利境地,该协议就将因违反善良风俗而被认定为全部或部分无效。[④] 法国法则适用一般赠与的法定撤销权

---

① 参见《法国民法典》第 1527 条第 1 款。其中,婚姻福利指特定财产赠与。参见[法]科琳·雷诺-布拉尹思吉:《法国家庭法精要》,石雷译,法律出版社 2019 版,第 118 页。

② 德国法早前婚姻法第 73 条第 1 款规定,一方对他方的婚前赠与,如仅他方被宣告为有过失者,得撤回之。日本法上,配偶一方与婚姻关联由他方或他方之近亲赠与之财产,其婚姻经撤销时,恶意配偶应负全部返还之责。参见史尚宽:《亲属法论》,中国政法大学出版社 2000 年版,第 279 页。法国法上,一方的通奸行为将导致其丧失婚姻福利。参见 Vincent DELVART, Les conséquences du divorce sur les libéralités entreépoux et les avantages matrimoniaux, http://edoctorale74.univ-lille2.fr,访问时间:2022 年 8 月 1 日。

③ 比如,加利福尼亚州法律改革委员会在 1984 年增加夫妻财产转化的形式要件规定时,就明确指出这一制度改革的目的是"维护家庭团体,减少纷争"。See Law Revision Commission, *Recommendation Relating to Marital Property Presumptions and Transmutation*, 17 CAL. L. REVISION COMM'N REP. 225 (1984).

④ [德]迪特尔·施瓦布:《德国家庭法》,王葆莳译,法律出版社 2022 年版,第 123 页。

规制受赠方的忘恩负义行为。美国共同财产制州明确要求夫妻一方不能滥用夫妻信赖关系并从中谋利，以此规制以夫妻赠与为名骗取他方财产之行为。

三是协调家庭团体维系功能和对债权人的利益保护。现代婚姻家庭法注重个人利益和社会利益的平衡。[①] 夫妻财产约定制度往往涉及家庭团体利益、个人利益与债权人利益的协调问题。比较法上，德国法上夫妻财产协议并未完全排除一般协议规则的适用，德国法明确要求配偶双方的夫妻财产协议不能损害第三人利益。法国法上强调一方以自己个人财产为家庭财产所做贡献不能撤回的制度旨在确保财产关系的稳定性，帮助第三人确定配偶一方的财产，也即保护债权人的合法利益。美国共同财产制州也有类似的制度安排。比如，《加利福尼亚州民法典》第 5110. 710 ~ 5110. 740 条的制度变革就是为保证夫妻财产转化规则不得违背《统一财产转移反欺诈法》，[②]保护债权人利益。

综上，应根据个案综合考虑本制度之功能及其实现。在解释论上，应将我国《民法典》第 464 条第 2 款和《婚姻家庭编解释一》第 32 条等新变化解释为对《民法典》第 1065 条夫妻财产约定制度的增补完善，而不是在夫妻财产约定制度之外的新规则。这为涉夫妻财产约定的区分适用提供了更多制度组合，用改变局部法律结构的方法应对现实世界的复杂性。[③]

（三）功能主义视域下夫妻单方让与财产的区分处理路径

比较前述三项功能，前两项功能本质上为婚姻家庭制度的基本功能，符合《民法典》第 1041 条基本原则之要旨，能够保护夫妻财产行为隐含的身份权利义务关系。在优化生育政策背景下，更应重视这些家庭财产法规则的养老育幼功能。第三项功能则为夫妻财产约定规则的协调功能，旨在平衡家庭与社会的关系。这提示我们应从家庭法体系内部和外部两个维度分析

---

① 胡平主编：《婚姻家庭继承法论》，重庆大学出版社 2000 年版，第 178 页。

② Seavey, K. M, *Formalizing Interspousal Transfers of Real and Personal Property in California*, 30 San Diego Law Review 425 – 452 (1993).

③ 更多法律如何应对社会变化的讨论，参见［德］尼克拉斯・卢曼：《法社会学》，宾凯、赵春燕译，上海人民出版社 2013 年版，第 292 – 300 页。

此问题。对夫妻单方财产让与行为,应从功能主义出发,按照《民法典》婚姻家庭编基本原则的指引,根据个案区分适用不同规则,区分的重点在于夫妻财产约定要实现的功能及其隐含的身份利益。

如纠纷只涉及家庭内部关系,应主要考虑夫妻财产约定的基本功能。维护家庭团体利益是夫妻财产法的主要功能,应结合婚姻存续期间、夫妻双方对家庭的贡献、让与发生缘由等予以判断。考虑到家事法制度规定较粗陋,用赠与合同规则填补《民法典》出台前司法实务者眼中的"夫妻赠与漏洞",在一定程度上有利于打击借婚姻谋利的机会主义思想错误,有利于实现夫妻财产约定平衡婚姻家庭团体利益和个体合法利益之功能。但也不宜直接认定夫妻财产约定规定未包括夫妻单方财产让与,将后者交由合同制度调整。因为这可能忽视夫妻关系的伦理性和财产行为中的身份利益,"抹杀夫妻间的利他性因素"①,进而直接架空《民法典》第1065条,违背夫妻财产法维护婚姻家庭团体利益的功能。若纠纷关涉债权人利益,则应将债权人保护和维护交易秩序作为这一规则的规范意旨之一。若案涉法益涉及制度的多个功能,原则上应将基本功能置于优先位阶,而将协调功能置后。因为"婚姻保护是夫妻财产法的主导思想"②,放弃这一基本功能可能导致夫妻财产法丧失从一般财产法中独立的基础。在厘清制度功能位阶的同时,也应注意,在个案中的价值平衡,并不意味着优先保护基本功能就须放弃对协调功能的保护。当某一方案能兼顾制度多种功能,却只给基本功能带来较小折损时,这种整体收益更大的保护方案就是更佳选择。如夫妻一方利用制度规定损害第三人利益时,当然不应以保护婚姻为由帮助债务人逃债。下文即对此进行详述。

四、我国《民法典》体系下夫妻财产约定的体系解释

因夫妻赠与并非夫妻财产约定之外的单独类型,故夫妻赠与问题应放在夫妻财产约定制度下讨论法律解释的妥适路径。我国《民法典》颁布后,

---

① 丁慧:《夫妻财产关系法律异化和回归之反思》,载《浙江工商大学学报》2013年第4期。

② 贺剑:《夫妻财产法的精神——民法典夫妻共同债务和财产规则释论》,载《法学》2020年第7期。

应跳出以往单行法时代下的碎片化思维，“体系观法，体系找法，体系释法，体系补法”。[①]《民法典》体系下，总则编起统领作用，是婚姻家庭编的基本遵循，[②]其他编则按所涉纠纷与制度性质的融洽性参与对身份行为及其附随行为的调整。所以，应结合《民法典》总则编规定解释夫妻财产约定制度，先审查其有效要件，再审查其效力，在司法适用中应始终将身份关系纳入考量。

(一)结合夫妻财产约定功能审查有效要件

对于夫妻财产约定纠纷，首先需要考虑双方订立夫妻财产约定是否符合一般的民事法律行为有效要件。根据《民法典》第143条规定的民事法律行为有效要件以及第144~151条瑕疵民事法律行为的规定，有效的夫妻财产约定应符合如下要件：一是约定主体须是具有完全民事行为能力的男女双方；二是约定双方意思表示真实自愿；三是内容具有合法性，不违背公序良俗；四是约定应采用书面形式[③]。审查时，应从功能主义出发，选择能够实现家庭制度功能的具体规定。

1. 民事行为能力受限时重点关注家庭利益和个人利益的平衡

若夫妻一方民事行为能力受限时，应在家庭制度、监护制度等基本原则意旨下区分适用民事法律行为的相关规定。对于无行为能力的夫妻一方是否可由其法定代理人代为订立夫妻财产约定的问题[④]，需要判断夫妻财产约定的性质。有观点认为这是身份行为的附随行为[⑤]，还有观点将其归为财产行为，理由是“夫妻财产约定以财产关系的设立、变更或终止为内容，而非导致亲属身份关系的变动”。[⑥] 本文认为，划分财产行为和身份行为的依据确

---

① 王利明：《论〈民法典〉实施中的思维转化——从单行法思维到法典化思维》，载《中国社会科学》2022年第3期。

② 参见夏吟兰：《婚姻家庭编的创新和发展》，载《中国法学》2020年第4期。

③ 诉至法院的夫妻财产约定纠纷大多具备书面形式这一要件。对于部分口头达成的夫妻财产约定，若双方对此无异议，应尊重双方的意思自治。

④ 德国立法例在一定程度上允许代理，参见《德国民法典》第1411条。该条虽认可法定代理人可以为无行为能力的一方配偶订立婚姻合同，但同时增加了家事法庭或监护法庭的监督机制，即需要得到家事法庭或监护法庭的同意。

⑤ 参见史尚宽：《亲属法论》，中国政法大学出版社2000年版，第14－15页；许莉：《夫妻财产归属之法律适用》，载《法学》2007年第12期。

⑥ 冉克平：《夫妻团体法法理与规范》，北京大学出版社2022年版，第173页。

系行为引发的法律效果,但应注意“身份行为可能产生财产效果”[①]。夫妻财产约定以夫妻关系存在为前提,一旦双方当事人丧失夫妻身份,双方订立的就非夫妻财产约定,故将其认定为身份行为的附随行为更为妥适。因此,夫妻财产约定不适用代理,可在离婚诉讼中一并处理双方的财产关系。一方配偶与无行为能力人之父母就夫妻婚姻存续期间的共同财产分割订立的相关协议须由法院在离婚诉讼中按一般民事协议予以审查。若夫妻一方在订立夫妻财产约定时为限制民事行为能力人,则应根据该夫妻财产约定的内容判定。若夫妻财产约定的内容使该方当事人获利或与其智力、精神状况相适应,该约定有效。实务中,若当事人主张订立夫妻财产约定的一方不具有完全民事行为能力,提出主张的当事人须对此承担举证责任。[②] 前述“相对行为能力”规则虽有利于保护限制民事行为能力人的自主权,但在继承案件中则可能因认定夫妻财产约定有效,而给优势方留有侵犯弱势方权益的隐忧。因此,对当下老龄化社会中的老夫少妻或其他老年人婚姻,若一方患有阿尔兹海默症等退行性疾病,应依《民法典》第 35 条背后体现的最有利于弱势成年人的制度精神和第 1041 条基本原则的规定,尽可能采最有利于该弱势方的解释方法,切实维护婚姻家庭,平衡各方利益。[③] 相反,若认定订立夫妻财产约定行为超出了限制行为能力人的能力,则应尽可能保护该弱势方的合法权益,按《民法典》第 145 条之规定获得其父母同意或追认;在父母已离世时,则由法院予以审查。

2. 对意思表示的审查重点关注夫妻双方地位不平等时的利益平衡

在审查男女双方的意思表示时,应考虑家庭的特殊情形及家庭制度的功能解释订立主体的意思表示,严格限制重大误解和显失公平的适用,对违背夫妻财产披露义务的行为可认定构成欺诈。依《民法典》第 146 条之规定,导致夫妻财产约定无效的事由是双方以虚假意思表示实施的行为,殆无

---

① 朱庆育:《民法总论》(第 2 版),北京大学出版社 2016 年版,第 138 页。

② 参见北京市第二中级人民法院民事判决书,(2021)京 02 民终 6856 号。

③ 一般认为,老人有时处于严重的意志薄弱状态,进而导致有显失公平的适用空间。参见武腾:《显失公平规定的解释论构造——基于相关裁判经验的实证考察》,载《法学》2018 年第 1 期。

疑义,如张某、史某某等确认合同无效纠纷案[①]。学界通说认为,导致夫妻财产约定可撤销的事由主要有欺诈、胁迫[②],也有较多观点认为还应包括乘人之危[③]。但《民法典》已不再将乘人之危作为一个独立的可撤销事由,而是将其作为显失公平的原因,整合到显失公平的法律行为中。[④] 那么显失公平是否可作为可撤销事由呢?《民法典》第 147 条中规定的重大误解是否亦然?值得注意的是,《婚姻家庭编解释一》第 70 条第 2 款列举了请求撤销离婚财产分割协议的事由,表述为"欺诈、胁迫等情形"。实务部门认为,这"不是完全排斥"重大误解和显失公平的适用,而是适用时"必须严格限制"。[⑤] 首先,一般不支持以重大误解为由变更或撤销离婚财产分割协议。其次,对显失公平而言,因为双方在订立分割共同财产的协议时难免受情感因素影响,故不宜以经济权利义务对等作为唯一标准。[⑥] "只有在一方利用他方生病、行为能力受限而监护人监护不力或与之程度相当的情况下,迫使其签订达成了明显损害其原配偶合法权益的协议的行为,才能认定为乘人之危。"[⑦]实务界通说认为,协议一方因急于离婚放弃主要或大部分的财产的约定不属于显失公平。上述探讨虽关涉离婚财产分割协议,但夫妻财产约定与离婚财产分割协议具有质上的共通性,都属于身份行为之附随行为。前述理由也可用于论证重大误解和显失公平是否可以作为夫妻财产约定的可撤销

---

① 该案中,男女双方通过假结婚,订立夫妻财产约定转移房产。参见河南省许昌市中级人民法院民事判决书,(2021)豫 10 民终 3615 号。

② 参见房绍坤,范李瑛,张洪波编著:《婚姻家庭继承法》(第 7 版),中国人民大学出版社 2021 年版,第 68 页;夏吟兰主编:《婚姻家庭继承法》(第 3 版),中国政法大学出版社 2021 年版,第 107 页;陈苇主编:《婚姻家庭继承法学》(第 4 版),中国政法大学出版社 2022 年版,第 143 页;张力主编:《婚姻家庭继承法学》(第 4 版),群众出版社 2021 年版,第 105 页。

③ 参见夏吟兰主编:《婚姻家庭继承法》(第 3 版),中国政法大学出版社 2021 年版,第 107 页;陈苇主编:《婚姻家庭继承法学》(第 4 版),中国政法大学出版社 2022 年版,第 143 页;张力主编:《婚姻家庭继承法学》(第 4 版),群众出版社 2021 年版,第 105 页。

④ 谭启平主编:《中国民法学》(第 3 版),法律出版社 2021 年版,第 176 页。

⑤ 最高人民法院民事审判第一庭编著:《最高人民法院民法典婚姻家庭编司法解释(一)理解与适用》,人民法院出版社 2021 年版,第 608 页。

⑥ 参见最高人民法院民一庭:《不宜以显失公平为由支持一方请求撤销登记离婚时的财产分割协议的主张》,载最高人民法院民事审判第一庭编:《民事审判指导与参考》总第 34 集,法律出版社 2008 年版,第 64 页。

⑦ 最高人民法院民事审判第一庭编著:《最高人民法院民法典婚姻家庭编司法解释(一)理解与适用》,人民法院出版社 2021 年版,第 609 页。

事由。

对于重大误解,应注意动机错误的特殊性。实践中应根据案件事实和条文含义综合判断是否适用重大误解。按照《最高人民法院关于适用〈中华人民共和国民法典〉总则编若干问题的解释》第 19 条第 1 款之规定,重大误解的构成条件包括行为人对行为性质、对方当事人、标的物等产生了错误认识,且这一错误认识具有重大性。[①] 夫妻财产约定中发生上述情形的可能性较小,但存在动机错误的可能。如男女双方订立的夫妻财产约定中明确指出,一方无偿让与另一方房产的原因为其生育了子女,后发现该子女与自己无血缘关系的情形。学理上,动机错误不成为效力瑕疵事由,但若动机对于法律行为具有重要意义且关联身份利益,导致表意人意思形成错误,就可以适用与内容错误相同的法律规则。[②] 故在上述例子中,让与方可以依据第 147 条以重大误解为由主张撤销该夫妻财产约定。

显失公平的解释适用应有充分理据,不宜扩大认定因地位不平等导致的所有不公平。鉴于夫妻间的亲密关系,在我国《民法典》体系下,除与乘人之危前述示例相当的情形可被认定为显失公平外,还应考虑是否存在因缺乏判断能力而在订立夫妻财产约定时显失公平的情形,这符合《民法典》第 151 条之本义。如夫妻双方订立夫妻财产约定前后存在严重家庭暴力,导致一方已被另一方精神控制[③],那么由此推导出弱势方已失去判断能力,殆无疑义。此外,原《最高人民法院关于贯彻执行〈中华人民共和国民法通则〉若干问题的意见(试行)》第 72 条中规定的可适用显失公平的相关情形还包括"一方当事人利用优势[④]或者利用对方没有经验"。有观点认为应将这类情形纳入其中。[⑤] 域外司法实践也认为订约时双方地位上的不平等是导致显

---

① 参见贺荣主编:《最高人民法院民法典总则编司法解释理解与适用》,人民法院出版社 2022 年版,第 293 - 310 页。

② 参见朱庆育:《民法总论》(第 2 版),北京大学出版社 2016 年版,第 270 - 271 页。

③ 严重的精神控制甚至可以诱导弱势方自杀。笔者曾深度参与、协助组织最高人民法院中国应用法学研究所指导主办的反家庭暴力法官培训项目。很多法官在参与培训时都认识到家庭暴力的核心是权力与控制。在域外立法例中,经济控制也被视为是家庭暴力的一种形态。参见陈敏:《家庭暴力是暴力而不是纠纷》,载《人民司法》2014 年第 7 期。

④ 有观点认为应以"利用依赖关系"取代"利用优势"。参见武腾:《显失公平规定的解释论构造——基于相关裁判经验的实证考察》,载《法学》2018 年第 1 期。

⑤ 参见杨代雄主编:《袖珍民法典评注》,中国民主法制出版社 2022 年版,第 116 页。

失公平的一个重要事由。比如,在英国最高法院审理的拉德马赫案①中,该院就明确指出,男女双方地位上的悬殊差距将导致所订立的婚前协议明显不公。比如,一方利用其在法律上的优势地位(如一方接受了法律服务,另一方未接受任何法律服务且属于文盲),或是在家庭中的优势地位,隐瞒了财产等重要信息②。法院在尊重当事人缔约自由的同时,可能忽视了婚姻生活及决策中普遍存在的夫妻间地位的不平等。③ 美国共同财产制州大部分也将未充分履行告知义务认定为导致显失公平的事由。④ 西班牙法则将因地位悬殊导致的信息认知上的失衡纳入欺诈。如作为优势方的丈夫在与妻子订立夫妻财产约定时,在利益分割中严重削弱了对方共享婚姻利益的机会,甚至扩大了优势,那么法律推定存在欺诈。对此,丈夫负有证明未实施欺诈的责任,即证明其已充分履行了解释和告知义务,帮助妻子充分理解了订立该财产约定的法律后果。⑤ 从夫妻财产约定制度的基本功能出发,本文认为,认定夫妻财产约定显失公平的事由只能限缩解释为因重疾、残疾、家庭暴力等所生之依赖关系导致一方存在优势地位的情形,不应对一方存在优势地位作扩大解释。考虑到中国家庭中男女不平等的情形仍不在少数,如若将这一事由作扩大解释,很可能激化矛盾,与家庭纠纷宜采用的疗愈性司法观⑥、柔性司法观相悖,也可能导致部分家庭中的弱势方因证明不力失去应有保护,致使制度功能不彰。因此,在一方主张因对方隐瞒重要财产信息导致订立约定不公时,建议借鉴西班牙法中欺诈及举证责任倒置的解释模式。这能更好融入我国现有实证法。我国《民法典》第 1062 条第 2 款明

---

① 除此之外,该判例确立对婚前协议效力的审查标准还包括欺诈(隐瞒重大信息)、胁迫、是否存在情事变更等。参见 *Radmacher v Granatino* [2010] UKSC 42。石雷:《英国现代离婚制度研究》,群众出版社 2015 年版,第 178 页。

② 如房产已被抵押等,隐瞒重要财产也可能构成欺诈。

③ See Sharon Thompson, *Feminist Relational Contract Theory: A New Model for Family Property Agreements*, 45 Journal of Law and Society 617 – 645 (2018).

④ See Jo Carrillo, *Community Property in a Nutshell* (4th ed.), West Academic Publishing, 2018, p. 36.

⑤ See deFuniak and Vaughn, *Principles of Community Property* 2nd ed. in Jo Carrillo, *Community Property in a Nutshell*(4th ed.), West Academic Publishing, 2018, p. 47.

⑥ 参见石雷:《疗愈性法理学视野下的家事审判改革》,载陈苇、陈彬主编:《中国家事审判改革暨家事法修改理论与实务研究》,中国人民公安大学出版社 2018 年版。

确规定了配偶对共同财产的平等处理权,其隐含了夫妻相互间对家庭共同财产的充分告知和披露义务,2022年修订的《妇女权益保障法》第67条第2款[①]亦明确规定了夫妻在离婚诉讼时的财产披露义务,故依《最高人民法院关于适用〈中华人民共和国民法典〉总则编若干问题的解释》第21条的规定,隐瞒家庭财产的重要信息订立夫妻财产约定的违背了前述义务,构成欺诈。[②] 因此,因夫妻地位悬殊导致所立的夫妻财产约定严重不利于弱势方时,推定优势方存在欺诈,由其举证履行了充分的告知和披露义务。采用以上体系解释方法,既坚持了我国诚信友善的社会主义核心价值观,有利于维护夫妻遇事平等协商的优良家风,也能切实保护婚姻中的弱势方,实现制度功能价值。

对于前述导致夫妻财产约定可撤销的事由,依照我国《民法典》第152条之规定,存在撤销权行使期间的问题。因欺诈主张撤销权的,撤销权行使期间为自知道或应当知道撤销事由之日起1年内;因重大误解主张撤销权的,行使期间为自知道或应当知道撤销事由之日起90日内;因胁迫主张撤销权的,自胁迫行为终止之日起1年内可行使撤销权;有明确放弃撤销权行为的,撤销权因此消灭,此无疑义。思考意思表示瑕疵理论下的撤销权,可以发现这一撤销权强调因瑕疵表意人"未能通过意思表示的技术工具实现其意思自决",因此通过设置撤销权行使期间平衡表意人和意思表示受领人间的利益,[③]保护交易安全。但就夫妻财产约定而言,这一行为本质上是夫妻就各自财产或共同财产及其财产权益进行约定。因此,应在《民法典》第1041条基本原则指引下对撤销权行使期间和夫妻财产约定制度的功能做通盘考虑。若案涉法益中更应实现夫妻财产约定制度的基本功能,则第152条第2款撤销权最长期限的规定因其性质上与夫妻财产约定的功能相悖,原则上应不予适用,从而避免优势方借助财产制度保护效率的特点一直欺骗或

---

① 2022年10月30日修订的《妇女权益保障法》第67条第2款明确规定,"离婚诉讼期间,夫妻双方均有向人民法院申报全部夫妻共同财产的义务"。

② 参见郭锋、陈龙业、蒋家棣、刘婷:《〈关于适用民法典总则编若干问题的解释〉的理解与适用》,载《人民司法》2022年第10期。

③ 参见耿林:《论民法总则的撤销期间》,载《华东政法大学学报》2018年第5期。

胁迫弱势方,损害弱势方合法财产利益。①

3. 对公序良俗的解释应纳入夫妻财产法基本功能考量

前述第三个夫妻财产约定有效要件源自我国《民法典》第153条。实践中夫妻财产约定合法性判断并无太多困难,重点需要考虑约定是否违反公序良俗。从《民法典》第1043条观之,违反性道德、家庭伦理和美德的行为都应包括在内。② 比较法上,英国判例法将夫妻财产约定是否损害家庭子女的合法利益也纳入了考量。③ 2014年英国法律委员会起草的《婚姻协议法》草案总结了司法实践的做法:一份符合公共利益的婚姻协议应满足任意一方的生活需要并能保护子女的合法利益。④ 德国法则将婚姻提供的保障纳入公共利益指涉的范围。为此,双方当事人不得约定双方分别承担明显不公平的婚姻责任,尤其是涉及婚姻生活的核心领域,如子女照料抚养、年老和疾病扶养等。同时对放弃职场的家庭主妇提供供养补偿请求权的保障,也即双方不能通过协议的方式予以排除。⑤ 法国法传统上一直将婚姻基本制度视为公共秩序的一部分,因此,其婚姻协议中不能有违反公共秩序或善良风俗的条款,不能违背诸如父母责任承担、夫妻扶养等婚姻基本制度。⑥ 本文认为,从功能主义和我国《民法典》第1041条、第1043条规定出发,在审查夫妻财产约定时,我国应将维护家庭利益、保护弱势方获得扶养权益⑦这些基本功能纳入对公序良俗的解释中,考察夫妻财产约定是否充分保护了身份利益是夫妻财产法的应有之义。一方面,家庭是社会的细胞,维护家庭的利益实际亦属于维护社会公共利益;另一方面,这也符合家事法本身维护婚姻家庭的立法目的。在体系解释中,坚守家事法的功能目的是家事法

---

① 也有观点认为,即使在交易场景下,撤销权的行使期间也应与最长时效期间保持一致。耿林:《论民法总则的撤销期间》,载《华东政法大学学报》2018年第5期。

② 杨代雄主编:《袖珍民法典评注》,中国民主法制出版社2022年版,第124页。

③ *Radmacher v Granatino* [2010] UKSC 42.

④ Paragraph 1(2), Schedule A1, Nuptial Agreements Bill 2014.

⑤ 王葆莳:《德国联邦最高法院典型判例研究:家庭法篇》,法律出版社2019年版,第80-82页。

⑥ Walter Pintens, *Marital Agreements and Private Autonomy in France and Belgium*, in Jens M Scherpe ed., Marital Agreements and Private Autonomy in Comparative Perspective, Hart Publishing 2012, pp. 77, 80.

⑦ 包括夫妻扶养、抚养子女、赡养老人的权益。

有别于其他制度的根本,也是让民众仍能相信婚姻的重要保障。这对于改善我国年轻人结婚意愿下降的现状具有重要的现实意义。

(二)夫妻财产约定的变更和情事变更规则的适用可能

夫妻财产约定有效成立后,如双方同意,自可变更夫妻财产约定。从功能上观察,依《民法典》第 464 条第 2 款的规定,《民法典》第 543 条、第 562 条有可参照适用的空间。实践中也有变更夫妻财产约定的案例,如张某 1、余某离婚后财产纠纷案。[①] 对于订立夫妻财产约定后,改立或新立夫妻财产约定的行为,如前后数份夫妻财产约定针对同一财产作出了相反的意思表示,在后一约定无效力瑕疵时,应视为后一约定废止了前一约定,依照后一约定执行。若订立夫妻财产约定后,夫妻双方协商一致实施了与财产约定冲突的法律行为,冲突的部分视为被废止,其余部分如不受影响,仍应有效。夫妻一方不能仅凭单方意愿废止已生效的夫妻财产约定。若前后数份有效的夫妻财产约定针对不同财产作了约定,且相互并无冲突,则新立夫妻财产约定与已有夫妻财产约定相互独立,并无变更。因我国法在夫妻财产约定和离婚协议的效力上有不同规定,因此,在前有夫妻财产约定,后有分居协议、离婚财产分割协议等多份协议的案件中,需要审慎区分几份不同协议是否各自独立、性质为何,以免引发对夫妻财产约定效力的误判。分居协议订立时,若双方并不是以离婚为目的且涉及夫妻财产,则以将其纳入夫妻财产约定为宜。

值得注意的是,学界已有观点提出,在婚姻存续时间较长时,夫妻财产约定有适用情事变更规则的可能。[②] 这一论断殊值赞同。夫妻财产约定虽系身份行为的附随行为,但若情事变更规则的适用有利于家事法维护婚姻家庭目标的实现,那么二者在性质上就不存在冲突。[③] 德国法上,对夫妻财产约定的审查包括合同效力审查和权利行使审查。权利行使审查的重点在于优势方配偶“在离婚时是否以及在何种程度上……滥用其根据合同获得

---

① 参见贵州省贵阳市中级人民法院民事判决书,(2021)黔 01 民终 1613 号。

② 参见田韶华:《夫妻间赠与的若干法律问题》,载《法学》2014 年第 2 期。

③ 参见石雷:《“优良家风”入法:性质、意涵和适用》,载《西南政法大学学报》2021 年第 2 期。

的权利”。[1] 换言之,对权利行使方面的审查,主要考虑婚姻破裂时,协议的内容是否让一方配偶承担不合理的负担。比如,婚后双方改变了协议中暂时不要子女的决定,生育了子女,女方为照顾子女辞去了工作。申请离婚时女儿7岁,患有精神障碍,需要24小时照护。该协议被认定为遭遇了订立协议时无法预见的情况,法院可酌情予以调整。[2] 英国拉德马赫案也明确了情事变更是影响夫妻财产约定效力的一个重要原因。如订立协议后出现重大变化,那么法院将酌情调整协议内容,因为任意一方缔结协议时都不希望致使一方陷入穷困的绝境。[3] 根据我国《民法典》第464条第2款、第533条的规定,夫妻财产约定订立后,出现了子女出生、一方突然丧失劳动能力或遭遇严重疾病等事由,依照约定执行可能导致显失公平的,一方可据此主张变更或解除该约定。[4]

(三)夫妻财产约定的效力识别

在判定夫妻财产约定有效,无须变更或撤销时,应按该夫妻财产约定所涉法益确定夫妻财产约定制度规范意旨的保护重点。在进行我国《民法典》婚姻家庭编和合同编的法律适用时,既要“尊重个人对自己生活的自治安排”,同时也要“保护家庭弱势成员,维系家庭良善底线”。[5] 如前所述,在与第三人无涉时,夫妻财产约定应首先适用《民法典》第1065条夫妻财产约定制度。但《民法典》第1065条调整的夫妻财产约定包括夫妻财产制契约和夫妻一般财产约定,[6]其中夫妻一般财产约定包括夫妻赠与等。《婚姻家庭

---

① 参见[德]迪特尔·施瓦布:《德国家庭法》,王葆莳译,法律出版社2022年版,第123页。

② 参见王葆莳:《德国联邦最高法院典型判例研究:家庭法篇》,法律出版社2019年版,第82－83页。

③ See Radmacher v Granatino [2010] UKSC 42 at para. 80－81.

④ 受篇幅限制,更多讨论参见夏江皓:《情事变更制度在与离婚相关的财产协议中的参照适用——以婚前协议为例》,载《法制与社会发展》2022年第1期。

⑤ 夏江皓:《家庭法介入家庭关系的界限及其对婚姻家庭编实施的启示》,载《中国法学》2022年第1期。

⑥ 有观点认为,《民法典》第1065条除了调整夫妻约定财产制外,还可以涵盖婚内财产分割协议。但实际上,婚内财产分割协议主要强调对既有的个人财产或共同财产进行分割,其从夫妻财产约定的类型上看,并无独立存在的意义。程啸:《婚内财产分割协议、夫妻财产制契约的效力与不动产物权变动——“唐某诉李某某、唐某乙法定继承纠纷案”评释》,载《暨南学报(哲学社会科学版)》2015年第3期。

编解释一》第 32 条是对夫妻一般财产约定的解释。所以,如案涉夫妻财产赠与适用《民法典》第 1065 条不能实现夫妻财产法的基本功能,且婚姻存续时间很短,则应从功能主义出发,在《民法典》第 1041 条基本原则框架下,根据《民法典》第 464 条第 2 款之指引,合理选择合同编中与家事法相融的制度予以适用,以下详述之。

夫妻一般财产约定中的赠与,可根据该赠与与身份利益的关联性强弱划分为含身份利益的赠与和一般赠与。如果赠与以婚姻的存在或存续为条件,明显带有身份利益,如夫妻扶养或家务劳动补偿等,就可认定为含身份利益的赠与,[①]其仍在《民法典》第 1065 条的射程之内,应适用该条之规定。根据夫妻财产约定的功能,亦可参照适用《民法典》第 658 条任意撤销权的例外条款,保护身份利益。相反,如果赠与未将婚姻的存在或存续作为赠与的条件,与身份利益无涉,则其为一般赠与。由于身份对于此类赠与的影响已经极其微弱,所以对其可按普通合同规则予以调整。判断标准为某种赠与是否在一般的市场理性人之间发生,若是则可以视为一般赠与,若否则该约定应暗含了身份利益。[②] 若夫妻在订立此类约定时,有按《民法典》合同编一般规定调整双方之间财产关系的意图(表现为已明文约定按赠与合同一般规则处理且意思表示真实),[③]且符合夫妻财产约定的有效要件,自应按双方意愿适用法律。此时若涉及不动产,可依《婚姻家庭编解释一》第 32 条之思路,依照《民法典》第 464 条第 2 款参照适用合同编的其他规定。司法实践中,部分当事人存在隐性的"以婚骗财"行为,即在订立夫妻财产约定后离婚,并主张按约定分割他人房产的行为。若双方在订立该约定后,婚姻存续时间较短且无子嗣,则婚姻赠与中所体现的维护家庭基本功能丧失了基础条件。若此时房屋尚未过户,可在《民法典》第 1041 条基本原则及第 1042 条第 1 款禁止借婚姻索取财物等规定的精神指引下,依《婚姻家庭编解释

---

① 参见申晨:《〈民法典〉视野下婚内协议的效力认定》,载《法学评论》2021 年第 6 期。

② 若夫妻财产约定采家事补偿说,更应视为含身份利益的赠与。陈永强:《夫妻财产归属约定的法理明晰及规则适用》,载《中国法学》2022 年第 2 期。

③ 有关行为意图对行为法律后果的影响,参见谢鸿飞:《论创设法律关系的意图:法律介入社会生活的限度》,载《环球法律评论》2012 年第 3 期。英国的判例法认可夫妻可以订立契约,但也强调双方要有受法律规制的意图。参见 Balfour v Balfour [1919] 2 KB 571。

一》第32条支持赠与人撤销赠与的请求。若此时房屋已经过户,如前所述,应参照适用《民法典》第533条,法官可在双方协商无果后,依当事人之请求径直变更或解除约定。

值得注意的是,应对有身份利益的赠与予以适度限制。作为“亲属关系之上的财产法”①,《民法典》第1125条明确规定了受遗赠人存在严重不法行为时将丧失受遗赠权。可见,受赠人因严重不法行为丧失受遗赠权与身份法并无性质上的冲突。据此,在有身份利益的赠与中,如若受赠方存在严重过错行为,诸如与第三人通奸、生育非婚生子女、逃避夫妻扶养义务等,②亦应得出受赠人丧失受赠权的结论。但《民法典》婚姻家庭编对此并未明确规定。《民法典》第663条、第664条则从反面规定了赠与人或其继承人、法定代理人有权撤销赠与,不问房产是否已经办理过户登记。故按照《民法典》第464条第2款,可参照适用上述规则应对此类特殊情形。再观察赠与人的穷困抗辩权之规定,《民法典》第666条实则体现了前述情事变更规则的逻辑,如前所述,亦可参照适用。在无《民法典》第666条规定之情形,但有其他情事变更事由时,自可参照适用《民法典》第533条。在参照适用赠与撤销权制度时,仍应考量夫妻财产约定的基本功能。若确有事实支持一方行使任意撤销权,那么也应在其他制度(如离婚救济制度)中考虑加大对弱势方的保护,平衡各方利益。若双方订立协议时明确表示按一般赠与对待,也应按前述民事法律行为的有效要件审查是否存在破坏婚姻家庭公共秩序、违背公序良俗等情形。

对于纳入《民法典》第1065条射程的夫妻财产约定而言,应区分该约定的对内效力和对外效力。在对内效力上,如夫妻财产约定仅具有债权效力,那该约定便不能顺利排除夫妻间的法定财产制。据此,本文认为,夫妻财产约定在对内效力上应具有物权效力,这是《民法典》第1065条第2款的应有之义。但在对外效力上,应从夫妻财产约定的规范意旨出发,平衡其基本功能和协调功能,区分夫妻财产约定与夫妻法定财产制的差别。由

① 史尚宽:《继承法论》,中国政法大学出版社2000年版,第14页。

② 参见赠与合同的终止一节示例。李永军主编:《中国民法学》(第3卷),中国民主法制出版社2022年版,第373页。

于夫妻法定财产制有婚姻这一公示方式,而我国当下的夫妻财产约定制度并未采纳早前学界建议的登记公示方式,因此,《民法典》第1065条第3款应扩大解释为夫妻财产约定只有在第三人知晓该约定时,始能对第三人发生对抗效力。对这里的第三人应作限缩解释,主要判断标准是是否存在合法有偿的交易关系。据此,如继承纠纷中子女对夫妻财产约定提出效力质疑,因子女与夫妻双方并不存在交易关系,不应视为该款中提及的第三人。

五、余论

夫妻财产约定的法律适用问题,看似源于婚姻家庭法与财产法的冲突,实则生于家庭财富不断增加的当下社会。在社会背景下思考,在功能视域下解答,可以为我们审视夫妻财产约定提供新的思路和视角。抛开规范意旨解释法律很可能陷入法逻辑的形式困局,引发新的纷争。但也应注意目的解释须在法律体系的框架下进行,而非法官对规范目的进行恣意解释。只有将目的解释、体系解释和文义解释有机结合,才能最大程度地在个案中实现公平正义,进而逐步推动中国特色社会主义法治进程。故本文认为我国的夫妻财产约定制度具有独特性,不能简单套用夫妻约定财产制开展理论研究或释法说理。我国《民法典》第464条第2款和《婚姻家庭编解释一》第32条是对夫妻财产约定制度的增补完善。夫妻财产约定纠纷应从功能主义出发,先对夫妻财产约定有效要件进行审查,如该约定有效成立且与第三人无涉,应优先考虑《民法典》第1065条的适用可能。《民法典》第464条第2款规定的"根据其性质"应理解为根据夫妻财产法的功能和性质,以便充分保护夫妻财产约定中的身份利益。在《民法典》第1065条不能适用时,应按照《民法典》婚姻家庭编基本原则的指引,根据案件事实,结合规范意旨采用区分适用的规则,以保护身份利益。

就理论研究而言,从我国《民法典》体系的角度出发,未来学界应在如何建构具有中国特色的民法知识体系上着力,从我国民法的实证法出发,关照本土司法实践。为此,我们既要对域外立法例和司法实践持开放态度,同时更应坚持守正创新,尽可能充分利用已有制度和文化资源解决疑难,避免过于倚重域外制度理念,进而使制度产生脱离实际的异化。《民法典》出台后的夫妻财产约定制度已在《婚姻法》基础上发展为一个复杂的制度体系,未来还可在立法论上进一步讨论是否应增设夫妻财产约定的登记制度等。

第二专题

婚姻中的房产问题

婚姻关系中房产归属与份额的理论重构*

汪　洋**

摘　要　婚姻关系中房产归属与份额的认定应当契合国家治理层面提升结婚率和生育率的价值立场。父母出资的资金归属与子女购房的房产归属完全脱钩,各种类型的父母出资行为都被推定为父母仅针对自己子女一方的赠与。房屋产权登记与夫妻内部房产归属完全脱钩,夫妻共同财产制和物权变动各自产生内部与外部效力。夫妻间赠与房产不直接发生物权效力,但直接产生夫妻内部归属效力,赠与方不享有任意撤销权。登记权利人对共同财产的单独处分属于有权处分,仅当无偿或低价转让的财产超过共同财产一半份额以上才类推适用债权人撤销权救济。夫妻内部房产归属的重要性弱于份额认定,夫妻享有的份额仅与资金来源挂钩,个人财产购房的婚后增值归入个人份额。离婚时若双方均主张房屋所有权、财产状况水平大致相当以及均同意竞价,通过竞价决定房屋所有权归属,否则优先考虑婚前购房首付一方或者出资份额多的一方获得房产,并对另一方价值补偿。

关键词　父母出资　共同财产制　婚姻内部归属　离婚财产分割

* 本文发表于《中德私法研究》(第 22 卷),北京大学出版社 2023 年版。本文为清华大学自主科研计划文科专项(2021THZWJC20)的阶段性成果。

** 汪洋,清华大学法学院长聘副教授,博士生导师。

一、问题现状与成因

夫妻于结婚前后按揭贷款购房,一方或双方父母为全部或部分首付款出资,夫妻婚后共同还贷,成为近 20 年来我国城市房价高企现状下的普遍现象。父母出资的性质和归属如何认定?房屋所有权属于合同订立方、产权登记方、首付款支付方还是还贷方?登记产权人单方处分夫妻共同所有的房屋是否有效?夫妻关系内部如何计算各自份额?离婚时如何确定房产最终归属以及计算补偿价值?上述问题关涉夫妻双方、各自父母以及外部第三人各方权益,从婚姻法时代到民法典时代都是理论研究和司法实践的热点和焦点问题。

1980 年制定《婚姻法》(已失效)以及 2001 年颁布修正案之际,婚姻关系中的房产问题尚未凸显,立法未作明确规定。2003 年最高人民法院颁布《婚姻法解释二》(已失效),第 22 条规定父母为子女购房出资性质的推定规则,[①]第 20 条规定离婚时针对婚内房产的三种处理方式。[②] 经历 21 世纪第一个 10 年房价飙升后,2011 年最高人民法院颁布《婚姻法解释三》,进一步完善了相关规范,第 6 条为夫妻间赠与房产的裁判规则,[③]第 7 条对父母出资行为采取了不同于《婚姻法解释二》第 22 条的处理方案并引发巨大争议,[④]第 11 条规

---

① 参见《婚姻法解释二》第 22 条:当事人结婚前,父母为双方购置房屋出资的,该出资应当认定为对自己子女的个人赠与,但父母明确表示赠与双方的除外。当事人结婚后,父母为双方购置房屋出资的,该出资应当认定为对夫妻双方的赠与,但父母明确表示赠与一方的除外。

② 参见《婚姻法解释二》第 20 条:双方对夫妻共同财产中的房屋价值及归属无法达成协议时,人民法院按以下情形分别处理:(1)双方均主张房屋所有权并且同意竞价取得的,应当准许;(2)一方主张房屋所有权的,由评估机构按市场价格对房屋作出评估,取得房屋所有权的一方应当给予另一方相应的补偿;(3)双方均不主张房屋所有权的,根据当事人的申请拍卖房屋,就所得价款进行分割。

③ 参见《婚姻法解释三》第 6 条:婚前或者婚姻关系存续期间,当事人约定将一方所有的房产赠与另一方,赠与方在赠与房产变更登记之前撤销赠与,另一方请求判令继续履行的,人民法院可以按照《合同法》(已失效)第 186 条的规定处理。

④ 参见《婚姻法解释三》第 7 条:婚后由一方父母出资为子女购买的不动产,产权登记在出资人子女名下的,可按照《婚姻法》第 18 条第 3 项的规定,视为只对自己子女一方的赠与,该不动产应认定为夫妻一方的个人财产。由双方父母出资购买的不动产,产权登记在一方子女名下的,该不动产可认定为双方按照各自父母的出资份额按份共有,但当事人另有约定的除外。

定了夫妻一方擅自处分共同所有的房屋的效力和救济问题,①第 10 条规定了离婚时房产最终归属、分割和补偿问题。②

《民法典》对婚姻关系中的房产纠纷依旧未置一词。最高人民法院系统清理整合前民法典时代的司法解释,于 2020 年年底颁布《婚姻家庭编解释一》,实质变化是删除了《婚姻法解释三》第 7 条,《婚姻家庭编解释一》第 29 条对《婚姻法解释二》第 22 条进行了重新表述,③其他条文内容基本照搬自《婚姻法解释二》和《婚姻法解释三》,仅作些许修改。《婚姻家庭编解释一》架构起民法典时代处理婚姻关系中房产纠纷的外部规则体系:第 29 条规范父母为购房出资的性质认定,第 28 条和第 32 条分别规范夫妻一方对婚外交易相对人以及婚内另一方的房产处分行为,第 76 条和第 78 条共同规范离婚时房产的处理方式、最终归属及补偿数额的计算。

各地高级人民法院近些年来也纷纷颁布各类涉及婚姻关系中的房产纠纷问题的指导意见、审理指南及会议纪要,规范内容相较于《婚姻法解释二》和《婚姻法解释三》更为具体庞杂。例如江苏省高级人民法院仅仅针对父母为子女出全资购置不动产,就事无巨细地区分了五种情形分别认定赠与对象及房产归属。④ 上海市、河南省、广东省、江苏省等地高级人民法院对于婚内按揭房的归属问题,采用产权登记人、产权登记时间、婚前婚后付款时间、

---

① 参见《婚姻法解释三》第 11 条:一方未经另一方同意出售夫妻共同共有的房屋,第三人善意购买、支付合理对价并办理产权登记手续,另一方主张追回该房屋的,人民法院不予支持。夫妻一方擅自处分共同共有的房屋造成另一方损失,离婚时另一方请求赔偿损失的,人民法院应予支持。

② 参见《婚姻法解释三》第 10 条:夫妻一方婚前签订不动产买卖合同,以个人财产支付首付款并在银行贷款,婚后用夫妻共同财产还贷,不动产登记于首付款支付方名下的,离婚时该不动产由双方协议处理。依前款规定不能达成协议的,人民法院可以判决该不动产归产权登记一方,尚未归还的贷款为产权登记一方的个人债务。双方婚后共同还贷支付的款项及其相对应财产增值部分,离婚时应根据《婚姻法》第 39 条第 1 款规定的原则,由产权登记一方对另一方进行补偿。

③ 参见《婚姻家庭编解释一》第 29 条:当事人结婚前,父母为双方购置房屋出资的,该出资应当认定为对自己子女个人的赠与,但父母明确表示赠与双方的除外。当事人结婚后,父母为双方购置房屋出资的,依照约定处理;没有约定或者约定不明确的,按照《民法典》第 1062 条第 1 款第 4 项规定的原则处理。

④ 参见江苏省高级人民法院民事审判第一庭《家事纠纷案件审理指南(婚姻家庭部分)》。

资金来源及其比例等截然不同的判定标准,①源殊派异,无所适从。笔者整理了各地规范和司法实务中涉及婚内房产归属与份额的影响因素以及具体情形,列表如下(见表 1):

表 1　婚内房产归属与份额的影响因素和具体情形

<table>
<tr><th>序号</th><th>影响因素</th><th colspan="7">具体情形</th></tr>
<tr><td>1</td><td>合同订立时间</td><td colspan="3">婚前</td><td colspan="4">婚后</td></tr>
<tr><td>2</td><td>房产登记时间</td><td colspan="3">婚前</td><td colspan="4">婚后</td></tr>
<tr><td>3</td><td>产权登记方</td><td colspan="2">夫</td><td colspan="3">妻</td><td colspan="2">双方</td></tr>
<tr><td>4</td><td>首付出资方</td><td>夫父母</td><td>妻父母</td><td>双方父母</td><td>夫</td><td colspan="2">妻</td><td>双方</td></tr>
<tr><td>5</td><td>偿还贷款方</td><td colspan="2">夫</td><td colspan="3">妻</td><td colspan="2">双方</td></tr>
<tr><td>6</td><td>婚内房产性质</td><td colspan="2">夫个人财产</td><td colspan="3">妻个人财产</td><td colspan="2">夫妻共同财产</td></tr>
</table>

影响因素大致有五类,每类又细化为几种情形,例如购房合同在婚前还是婚后订立,房产登记在婚前还是婚后,产权登记在丈夫、妻子还是夫妻双方名下,首付款是丈夫的父母、妻子的父母、双方父母还是丈夫、妻子或夫妻双方出资,由丈夫、妻子还是夫妻双方还贷。五类影响因素共计 15 种情形,在复杂的生活实践中随机组合的具体场景在理论上多达 216 种。个案裁判时需要首先定位到具体场景,然后选择适配对应的规范内容。各条规范撷取的影响因素和具体情形不尽相同。《婚姻法解释二》第 22 条通过区分购置房屋时间为婚前、婚后以及首付出资方推定赠与相对方;《婚姻法解释三》第 7 条根据出资方以及产权登记方认定赠与相对方和房产归属;《婚姻法解释三》第 10 条糅合了合同订立时间、首付出资方、还贷方、产权登记方等影响因素,规范复杂性陡增。

这种立法模式存在严重问题:首先,规范内容覆盖的影响因素及具体情形并不周延,“头痛医头、脚痛医脚”的短视做法催生出更多场景下的法律漏洞。例如《婚姻法解释三》第 7 条第 1 款仅适用于父母全额出资为子女购买

① 参见上海市高级人民法院《关于适用最高人民法院婚姻法司法解释(二)若干问题的解答(一)》、河南省高级人民法院民事审判第一庭《关于当前民事审判若干问题的指导意见》、广东省高级人民法院《关于审理婚姻纠纷案件若干问题的指导意见》(已失效)、江苏省高级人民法院《关于适用〈中华人民共和国婚姻法〉及司法解释若干问题的讨论纪要》。

不动产且登记于自己子女名下的情形,未涵盖一方父母婚前全资购房、婚后登记在夫妻双方名下的情形,导致不同裁判观点的争议。[①] 其次,由于不同规范撷取的影响因素和具体情形不一致,优先适用哪一类影响因素并不明朗,极容易催生法律评价矛盾,直接导致裁判观点无法统一的混乱现状。最后,司法解释欠缺整体视角下解决婚姻关系中房产纠纷的理论构架,具体条文各自陷入、迷失在首付出资、婚前婚后等过于具体和零碎化的细节中,多项法律行为和法律关系被无益地纠缠、混同一处,该脱钩的不脱钩,未能清晰展示出论证逻辑和路径。遗憾的是,上述问题在《婚姻家庭编解释一》中未有丝毫改善迹象。

本文尝试区分、拆解婚内房产纠纷涉及的多项法律行为和法律关系,使之相互脱钩但不区隔,便于厘清各自效力及法域维度,探究前列各影响因素和具体情形分别附丽并作用于哪项法律行为和法律关系,哪些影响因素和具体情形是冗余无意义的,在此基础上重构解决婚内房产纠纷的逻辑链条和理论框架。文章结构和分析思路如下:首先,表明法教义学论证的价值立场,应从国家治理层面消除婚姻房产规范中抑制结婚率的制度性因素(第二部分);其次,阐释父母为子女购房出资的行为性质与出资归属,使父母出资与房产归属脱钩(第三部分);再次,区分物权与婚姻两个维度的归属概念,使房屋产权登记与婚姻内部房产归属脱钩(第四部分);复次,厘清影响婚姻内部房产归属及其具体份额的影响因素,房产份额仅仅与资金来源挂钩(第五部分);最后,明确离婚时房产的处理方式、最终归属以及补偿数额计算规则(第六部分)。

二、价值立场:国家治理视角下的婚姻、人口与住房问题

婚姻关系中的房产问题之所以引发社会关注和热议,与近 20 年来我国婚姻状况、人口状况以及住房问题的急剧变化休戚相关。婚姻状况的变化

---

① 参见最高人民法院民事审判第一庭编:《民事审判指导与参考》2013 年第 4 辑(总第 56 辑),人民法院出版社 2014 年版,第 226 页;杜万华、程新文、吴晓芳:《〈关于适用婚姻法若干问题的解释(三)〉的理解与适用》,载《人民司法》2011 年第 17 期。

主要体现为结婚率下降和离婚率上升。数据显示,①2013 年至 2020 年,我国结婚登记对数从历史高点 1346.93 万对下滑至 814.33 万对,粗结婚率由 9.9‰ 降至 5.8‰,初结婚人数从 2385.96 万人降至 1228.60 万人。与此相反,1985 年至 2020 年,离婚登记对数从 45.79 万对攀升至 433.90 万对,粗离婚率由0.44‰增至 3.09‰。

婚姻状况关联着人口问题。20 世纪七八十年代的计划生育政策导致出生率持续下滑,80 后、90 后和 00 后人口数量分别为 2.19 亿、1.88 亿和 1.47 亿,适婚年龄人口不断减少。2015 年年末全面放开二孩政策实施,2016 年出生人口升至 1786 万人,但 2019 年就降到 1465 万人,2020 年进一步滑落到 1200 万人。出生率从 1979 年 17.8‰降至 2020 年 8.50‰,首次跌破 1%,创下 1978 年来新低。考虑到出生人口中"二孩"占比自 2017 年开始基本保持在 50% 上下,人口形势业已相当严峻。人口问题关联着社会老龄化等结构性问题。2020 年劳动年龄人口总量仍在下跌,60 周岁及以上人口占总人口的比例上升至 18.70%。社会老龄化趋势影响显著,养老负担严重拖累国家财政、制约经济活力。

住房领域从 1998 年商品房市场化开始,我国城镇住房制度改革全面停止了福利性的住房分配,改为住房分配货币化,住房问题成为最受关切的民生问题之一。各地城市房价大幅上涨,1998 年至 2020 年,全国新建商品住宅均价从 1854 元/平方米上涨至 9980 元/平方米。2020 年 35 个大中城市住宅商品房平均销售价格为 15192 元/平方米。2004 年至 2018 年,全国个人购房贷款余额从 1.6 万亿元增至 25.8 万亿元,增长 15.1 倍,占居民贷款余额比例 50% 以上,2018 年高达 54%。房贷收入比(个人购房贷款余额/可支配收入)从16.2% 增至 47.6%,年轻人面临买婚房、还房贷的双重压力。由于房价畸高、工作与结婚之初经济收入有限,年轻人无力独立购房,于是父

① 本文所列所有数据来自国家统计局编:《中国统计年鉴 2021》,载国家统计局网,http://www.stats.gov.cn/sj/ndsj/2021/indexch.htm;任泽平:《中国婚姻报告 2021》,载微信公众号"泽平宏观"2021 年 10 月 27 日,https://mp.weixin.qq.com/s/2DtAqp3UNxpPOJiAs1H4aw;田进:《中国 2020 年人口出生率为 8.50‰创有统计以来新低》,载凤凰网 2021 年 5 月 11 日,https://news.ifeng.com/c/869gamJi57f;易居研究院:《2020 年全国 50 城房价收入比报告》,载中房网 2021 年 3 月 30 日,http://m.fangchan.com/data/13/2021-03-30/6782505295425114376.html。

母花费毕生积蓄甚至举债为子女购房成为普遍现象。另外,房产构成家庭核心财产之后,高离婚率给人们带来财产层面的失控感和不安全感,[①]引发大量离婚时针对父母出资或夫妻双方按揭购房的纠纷。房产纠纷推高了离婚成本,彰显了现行婚姻制度均平夫妻双方财产和经济差距的强效力,对部分潜在适婚人群的结婚意愿起到吓阻作用,成为导致结婚率下滑的元凶之一,连锁促成出生率的下跌以及人口老龄化趋势加剧。

因此,婚姻关系中的房产问题不单纯是法教义学层面的法律适用和解释路径选择问题,应当在国家治理视角下通过立法决断提供解决方案。在价值立场层面,除了维护传统民法意思自治原则与婚姻家庭法婚姻保护价值,还应当契合我国的家庭及人口政策,即通过保障父母出资利益、适度限缩夫妻共同财产范围等正向激励机制,确保以夫妻财产制为代表的婚姻制度不会成为抑制结婚率和生育率的负面因素,助力维持社会经济正常发展所需的劳动力规模。上述价值立场构成本文于法教义学层面分析论证的前见。

三、父母为子女购房出资的性质与归属

(一)父母出资与房产归属脱钩

《婚姻法解释三》第 7 条第 1 款将父母赠与意图与产权登记挂钩,产权登记在一方名下的,推定为对出资人子女一方的赠与;同时将产权登记与房产归属的认定挂钩,产权登记在一方名下的,认定为该方的个人财产。第 2 款又反过来弱化了产权登记的效力,在双方父母皆为购房出资的场景下,注重出资的构成,将房产归属认定为以出资份额按份共有。该条虽便于司法认定以及统一裁量尺度,但在教义学和价值伦理层面皆遭受学界诟病。[②]《婚姻家庭编解释一》保留了《婚姻法解释二》第 22 条的同时删除了《婚姻法解释三》第 7 条,为区分"父母出资的归属"与"子女所购房产的归属"提供了

---

① 参见金眉:《婚姻家庭立法的同一性原理:以婚姻家庭理念、形态与财产法律结构为中心》,载《法学研究》2017 年第 4 期。

② 参见薛宁兰、谢鸿飞主编:《民法典评注:婚姻家庭编》,中国法制出版社 2020 年版,第 188 - 192 页。

解释空间。

父母出资虽然为子女购房提供了金钱资助,但出资事实不应成为决定子女所购房产归属以及共有关系性质的依据。[①] 父母把钱给子女的出资行为以及子女拿着父母给的钱买房的购房行为属于两项独立的法律行为,应当分别认定其性质和所涉财物的归属。《婚姻法解释二》已经意识到这一区分,官方释义将《婚姻法解释二》"要解决的对象目标确定为父母为子女购置房屋的出资问题,而不再是房屋"[②]。

父母出资与房产归属脱钩的步骤是,第一步,解决父母出资的归属,出资属于子女一方还是夫妻双方,涉及将父母出资的意思表示解释为赠与或借贷,合同相对方是子女一方或夫妻双方;还涉及法定财产制中夫妻共同财产与个人财产的边界。[③] 这一步完成之后,父母的出资转变为子女的个人财产或夫妻共同财产。第二步,解决子女所购房产的归属和份额,该步骤仍需考虑购房资金来源,但仅限于夫妻共同财产或某一方个人财产两个来源,不再溯源至双方父母的出资。

如果父母以子女名义购房,子女才是购房合同的买方,仍应区分出资归属与房屋归属;如果父母以自己名义全款购房,随后过户到自己子女或夫妻双方名下,赠与的客体是房产而非出资,依本文结论,推定为对自己子女的赠与,成为子女个人财产;如果父母以自己名义按揭贷款购房并支付首付款,随后过户到自己子女或夫妻双方名下,赠与的客体也是房产而非首付款,推定为对自己子女的赠与,若由夫妻共同还贷,在婚姻内部关系中再行计算个人所有及共同所有的份额。

(二)父母出资行为的性质:借贷抑或赠与

现实生活中,由于父母与子女不和或者子女离婚时父母希望保全自己

---

① 参见王丽:《婚后父母为子女出资购房的夫妻财产性质认定——兼评〈婚姻法司法解释二〉第二十二条与〈婚姻法司法解释三〉第七条之适用》,载《中国律师》2019 年第 3 期。

② 最高人民法院民事审判第一庭编著:《最高人民法院婚姻法司法解释(二)理解与适用》(第 2 版),人民法院出版社 2015 年版,第 238 - 245 页。

③ 参见于程远:《论离婚时对父母出资所购房产的分割》,中国政法大学民商经济法学院学术成长沙龙第 20 期,2021 年 11 月 9 日。

的购房出资等,父母会主张请求返还购房出资款,理由是出资的基础法律关系为借贷而非赠与。对出资行为的性质认定应当尊重当事人的意思自治,这是《婚姻家庭编解释一》第 29 条在《婚姻法解释二》第 22 条基础上增加"依照约定处理"的用意所在。《婚姻家庭编解释一》第 29 条第 1 款并未排除父母出资被认定为借贷的可能性,并非针对赠与或是借贷的推定规则,该条隐含的适用前提恰恰是出资行为业已被认定为赠与。《民法典》与《婚姻家庭编解释一》尚未解决的难题是,在出资性质没有约定或者约定不明确时,推定为借贷还是赠与? 表面上涉及父母意思表示的解释问题,实质上仍是政策决断和价值判断问题。

基于父母子女间密切的人身关系和中国传统家庭文化的影响,实践中父母出资时一般不会与子女签署正式书面的赠与或借贷合同,离婚时对是否存在口头合同及其内容往往成为争议焦点。[①] 最高人民法院的立场是推定为赠与,如果子女主张赠与而父母主张借贷,或者离婚时子女一方主张是借贷从而构成夫妻共同债务,对借贷关系是否成立需严格遵循"谁主张,谁举证"原则,理由是主张借贷关系的一方比主张赠与关系的一方更接近且更容易保留证据,[②]将出资为借贷的证明责任分配给父母比将出资为赠与的证明责任分配给子女更符合证明责任分配原则。[③] 有的法院因为无法排除倒签借据的可能性,以产权登记作为优势证据否定借据的效力。[④] 最高人民法院强调,在相关证据的认定和采信上,应适用《最高人民法院关于适用〈中华人民共和国民事诉讼法〉的解释》(以下简称《民事诉讼法解释》)第 105 条,运用逻辑推理和日常生活经验法则,对证据有无证明力和证明力大小进行判断,准确认定法律关系的性质。

推定为赠与的实质性理由是,父母子女间的亲缘关系决定了赠与的可

---

① 参见郑学林、刘敏、王丹:《〈关于适用民法典婚姻家庭编的解释(一)〉若干重点问题的理解与适用》,载《人民司法》2021 年第 13 期。

② 参见最高人民法院民事审判第一庭编著:《最高人民法院民法典婚姻家庭编司法解释(一)理解与适用》,人民法院出版社 2021 年版,第 283 - 288 页。

③ 参见最高人民法院民事审判第一庭编著:《民事审判前沿》(第 1 辑),人民法院出版社 2014 年版,第 241 - 244 页。

④ 参见薛宁兰、谢鸿飞主编:《民法典评注:婚姻家庭编》,中国法制出版社 2020 年版,第 188 - 192 页。

能性高于借贷。[①] 从中国现实国情看,子女刚参加工作缺乏经济能力,无力独自负担买房费用,父母基于对子女的亲情,往往自愿出资为子女购置房屋。从日常生活经验看,大多数父母出资的目的是希望改善子女的居住条件,而非日后收回这笔出资。[②] 从传统观念的延续看,传统家庭历来选择子女结婚作为两代之间"分家"传递家业的契机,将分家实践表述成赠与虽然别扭,后果上并无太大差别,[③]若表述为借贷则与分家观念完全相悖。

推定为借贷的实质性理由是,一方面,父母对成年子女原则上不负担抚养义务,对子女购房当然没有法定出资义务;另一方面,鉴于父母将多年积攒的全部或大部分养老积蓄用于子女购房,若子女对父母不尽赡养义务且出资被视为赠与,现实中父母可能会陷入"人财两空"的困境。[④] 为了在制度层面避免上述风险,不妨推定为借贷,保留父母的出资返还请求权。若子女仅为一人且不考虑时效,父母对子女享有的借款债权最终经由子女继承导致的债权人与债务人身份混同而消灭,保障父母权益的同时并不影响子女的实际权益。有裁判观点支持将父母出资推定为以帮助为目的的临时性资金出借,子女负有偿还义务。[⑤] 有观点从举证责任角度展开,认为赠与是无偿、单务的法律行为,对受赠人而言纯获利益,而对于赠与人影响极大,因此举证责任由主张赠与的一方承担,不能依据父母子女关系自然推定为赠与。[⑥]

采取何种推定规则,很大程度取决于合同相对方是子女一方还是夫妻双方,即出资资金归属于谁。出资性质认定与资金归属两个问题环环相扣,如果推定为父母仅赠与自己子女,则在房产内部份额取决于资金来源的结

---

① 参见最高人民法院民事审判第一庭编著:《最高人民法院民法典婚姻家庭编司法解释(一)理解与适用》,人民法院出版社 2021 年版,第 283 - 288 页。

② 参见郑学林、刘敏、王丹:《〈关于适用民法典婚姻家庭编的解释(一)〉若干重点问题的理解与适用》,载《人民司法》2021 年第 13 期。

③ 参见赵晓力:《中国家庭资本主义化的号角》,载《文化纵横》2011 年第 1 期。

④ 参见王丽:《婚后父母为子女出资购房的夫妻财产性质认定——兼评〈婚姻法司法解释三〉第二十二条与〈婚姻法司法解释三〉第七条之适用》,载《中国律师》2019 年第 3 期。

⑤ 参见豆晓红:《婚后子女购房父母出资性质的认定——四川高院裁定余某、毛某诉黄某、余某莎民间借贷纠纷》,载《人民法院报》2018 年 6 月 14 日,第 6 版。

⑥ 参见张振华:《〈民法典〉视阈下婚后父母出资购房性质研究》,载《中共郑州市委党校学报》2021 年第 3 期。

论下,父母的出资不会因离婚而被另一方攫取,这一结果反过来会最大程度减少将出资认定为赠与的顾虑,没有必要认定为借贷。鉴于本文结论是推定为仅对自己子女出资,因此视为赠与不会导致对父母不公的社会效果,还可避免借贷引发的返还关系,降低规范适用的复杂度。

(三)父母出资资金的归属:赠与子女一方抑或夫妻双方

《婚姻法解释二》第22条根据夫妻财产制规则,以结婚时间采取截然相反的推定规则。双方结婚前,父母出资推定为对自己子女的赠与;结婚后推定为对夫妻双方的赠与,成为夫妻共同财产。[①]《婚姻法解释三》第7条采取将赠与一方还是双方的意思推定与产权登记主体挂钩的思路。实践中许多父母倾尽毕生积蓄为子女购房,透支日后的养老费用,又不想因为离婚导致子女丧失财产,于是父母通过登记一方名字这种含蓄的方式表示赠与一方的意思。[②] 最高人民法院认为,《物权法》(已失效)已经实施多年,普通民众对不动产登记的意义有了较为充分的认识,将不动产登记在自己子女名下认定为父母将出资赠与自己子女,符合当事人本意。[③] 如果一方父母出资却将房产登记在子女配偶一方名下,除非有明确约定或证明父母仅向子女配偶一方赠与,按照日常经验法则仍应认定为赠与夫妻双方。[④]

《婚姻法解释三》第7条被删除意味着意思推定与产权登记脱钩,且双方父母出资时房产不再为按份共有。官方删除理由是按份共有与家庭伦理性特征不相符,也与《民法典》第1062条"在没有明确表示赠与一方的情况下,应当归夫妻共同所有"的规定相冲突。依据《民法典》第308条的规定,在双方没有明确约定的情况下,基于家庭关系的特殊属性,亦不宜认定为按

① 参见最高人民法院民事审判第一庭编著:《最高人民法院婚姻法司法解释(二)的理解与适用》,人民法院出版社2015年版,第238-245页;刘银春:《解读〈关于适用中华人民共和国婚姻法若干问题的解释(二)〉》,载杜万华主编:《解读最高人民法院司法解释、指导性案例·民事卷》,人民法院出版社2016年版,第159页。

② 参见薛宁兰、谢鸿飞主编:《民法典评注:婚姻家庭编》,中国法制出版社2020年版,第188-192页。

③ 参见最高人民法院民事审判第一庭编著:《最高人民法院婚姻法司法解释(三)理解与适用》,人民法院出版社2011年版,第28页。

④ 参见吴晓芳:《〈婚姻法〉司法解释(三)适用中的疑难问题探析》,载《法律适用》2014年第1期。

份共有。[①] 理论上,不动产登记簿的推定效力是对权利人和权利内容的推定,而非对导致物权变动的意思表示内容的推定,后者属于负担行为的任务。因此产权登记本身无法推出登记权利人通过何种途径获得房产,更无法推导意图赠与一方还是双方。[②] 实践中,购房环节包含诸多复杂情形,因为政策、贷款等原因,房产登记在一人名下同夫妻内部对房产归属的意思可能并不一致,更无法通过登记推定父母的意思,[③]删除《婚姻法解释三》第 7 条具有合理性。

《婚姻家庭编解释一》第 29 条回到《婚姻法解释二》第 22 条的传统立场。推定规则是否具有实质合理性,需要从三个方面依次验证。首先,是否符合现实社会中父母出资时的真实意愿;其次,是否有利于保障出资方父母因预支养老费用而换取的期待利益;最后,依据出资时间采取截然相反的推定规则的理由是否成立。

首先,须探究父母出资时的真实意愿。父母的真实意愿为何重要?因为法定财产制下有必要区分交换所得和非交换所得。基于买卖、租赁等自愿有偿交易以及侵权、不当得利等非自愿行为的交换所得均具有对价性,相对方的意思和利益止于交换,并不关心作为对价的财产在所有权移转之后是否成为夫妻共同财产;即便相对方关心财产内部归属并与夫妻一方作出约定,基于合同相对性也只能约束交易双方,[④]无法约束交易方的配偶,换而言之不能对抗法定财产制的效力。但在基于赠与、继承的无偿所得关系中,赠与财产的归属对基于身份关系或个人情感而作出的赠与行为具有决定性影响,赠与人通常不希望所赠财产由第三人分享。[⑤] 即便是同居共财的传统中国大家庭也区分劳动所得与无偿所得,家族中某人“白白”从别人那儿得

① 参见郑学林、刘敏、王丹:《〈关于适用民法典婚姻家庭编的解释(一)〉若干重点问题的理解与适用》,载《人民司法》2021 年第 13 期。

② 参见王丽:《婚后父母为子女出资购房的夫妻财产性质认定——兼评〈婚姻法司法解释二〉第二十二条与〈婚姻法司法解释三〉第七条之适用》,载《中国律师》2019 年第 3 期。

③ 参见康娜:《论婚后父母出资为子女购房的产权归属及离婚分割》,载《浙江工商大学学报》2015 年第 1 期。

④ 参见贺剑:《夫妻财产法的精神——民法典夫妻共同债务和财产规则释论》,载《法学》2020 年第 7 期。

⑤ 参见张振华:《民法典视阈下婚后父母出资购房性质研究》,载《中共郑州市委党校学报》2021 年第 3 期。

到的东西属于他的特有财产。[①] 因此,无偿所得的归属可转化为对赠与人真实意思的解释问题,关系到赠与人同夫妻双方的情感及利益关联、赠与的具体场景等社会生活事实。

父母为子女购房出资的主要目的是满足子女的婚姻生活所需,出资时父母都希望子女婚姻幸福稳定,不愿设想子女婚姻解体的可能。为了避免引起儿媳或女婿的不快和误会,父母一般不愿意明确出资性质和出资对象,也不会与子女签署书面协议,国人相对隐晦的行事风格导致事后父母通常无法提供明确赠与子女一方的证据。为此《婚姻法解释三》第 7 条才把房产登记在自己子女名下的含蓄方式推定为父母只对自己子女赠与的意思。血亲与姻亲的天然差异,决定了为自己子女提供婚后居住条件,才是促使父母出资的本意。[②] 鉴于子女在未来可能面临的离婚风险,无论是婚前还是婚后,父母大额出资的真实意思表示都是对自己子女一方的赠与,属于子女的个人财产。如果一概将出资认定为父母为对夫妻双方的赠与,势必违背父母为子女购房出资的初衷,缺乏社会认同。[③] 法律本质是不保护不劳而获的,因子女离婚而承担包括养老费用在内的家庭财产流失一半的严重后果,绝大多数出资的父母会无法接受。于是在实践中出现伪造债务、虚假诉讼甚至父母与自己子女倒签赠与合同种种乱象,体现了父母希望在子女离婚时保住自己毕生辛苦积蓄的财产的诉求。[④]

其次,须探究父母出资后养老等期待利益的保护。父母为子女购房出资凝结着浓厚的伦理和亲情因素,既是家庭财产基于血亲关系传续的需要,也是子女更好履行赡养义务的物质保障。父母为子女结婚购房往往预支了未来的养老费用,甚至向亲朋好友举债,出资很大程度上蕴含着对子女未来履行赡养义务的期待。《老年人权益保障法》第 14 条第 3 款规定,“赡养人

① 参见[日]滋贺秀三:《中国家族法原理》,张建国、李力译,商务印书馆 2013 年版,第 519、551 页。

② 参见最高人民法院民事审判第一庭编著:《最高人民法院民法典婚姻家庭编司法解释(一)理解与适用》,人民法院出版社 2021 年版,第 283 – 288 页。

③ 参见张振华:《民法典视阈下婚后父母出资购房性质研究》,载《中共郑州市委党校学报》2021 年第 3 期。

④ 参见吴晓芳:《〈婚姻法〉司法解释(三)适用中的疑难问题探析》,载《法律适用》2014 年第 1 期。

的配偶应当协助赡养人履行赡养义务”。在当前闪婚、闪离现象增多和老龄化问题加剧的背景下,一旦夫妻离婚,原配偶连“协助”赡养义务都没有了,[①]从《婚姻法解释三》公开征求意见反馈的情况来看,上述现象已经引起父母的普遍担忧。[②] 法院系统从社会效果出发,明确提出离婚诉讼中不仅要保护婚姻双方当事人利益,也要保护双方老人的合法权益。[③] 因此,从保护父母养老等期待利益的角度出发,不宜将父母出资认定为对夫妻双方的赠与。

最后,须探究以结婚时点为区分标准是否合理。夫妻关系不同于“一时性”债之关系的交易行为,结婚这一法律行为生效,仅仅意味着一段可能漫长的婚姻存续关系的开始。各方行为都围绕于服务婚姻生活这一“继续性”关系而展开,结婚的具体时点反而不具备重要性和敏感性。父母于子女“新婚之际”出资购房便可满足子女婚姻生活的居住需求,“新婚之际”体现为结婚登记前后的整块时间段而非某个特殊时点,实际出资在这一时点之前或之后具有偶然性,也完全不影响出资目的实现。传统社会同样存在类似观念,父母赠与女儿的嫁资未必在出嫁时交付,待出嫁后经过一段时间,确定夫妇和睦之后再交付的也不少。[④] 因此,《婚姻家庭编解释一》第29条的区分标准是一种没有实质合理性的形式逻辑推演,父母婚前或婚后出资都仅视为对自己子女的赠与。同理,房产登记时间以及登记方也具有偶然性,例如实践中常见因开发商的原因导致购房人未能于婚前取得房屋产权证书。[⑤] 因此,《婚姻法解释三》第7条没有留存必要。

---

① 参见吴晓芳:《〈婚姻法〉司法解释(三)适用中的疑难问题探析》,载《法律适用》2014年第1期。

② 参见《最高人民法院民一庭负责人就〈关于适用中华人民共和国婚姻法若干问题的解释(三)〉答记者问》,载杜万华主编:《解读最高人民法院司法解释、指导性案例·民事卷》,人民法院出版社2016年版,第190页。

③ 参见《把握总基调,找准结合点,最大限度发挥民事审判在促进经济稳中求进和社会和谐稳定中的积极作用——在全国高级法院民一庭庭长座谈会上的讲话》,载最高人民法院民事审判第一庭编:《民事审判指导与参考》2012年第1辑(总第49辑),人民法院出版社2012年版,第7页。

④ 参见[日]滋贺秀三:《中国家族法原理》,张建国、李力译,商务印书馆2013年版,第519页、第451页。

⑤ 参见《准确适用婚姻法维护婚姻当事人的合法权益——最高人民法院民一庭庭长杜万华就〈最高人民法院关于适用中华人民共和国婚姻法若干问题的解释(三)〉答记者问》,载最高人民法院民事审判第一庭编著:《最高人民法院婚姻法司法解释(三)理解与适用》,人民法院出版社2011年版,第12-13页。

综上所述,父母为子女购房出资的理想规则是,无论出资发生在婚前还是婚后、部分还是全额、一方还是双方,都推定为对自己子女的赠与,成为自己子女的个人财产。通过保障父母出资利益不因子女离婚而受损,打消父母的担心,有利于将父母的意图统一推定为赠与而非借贷,同时避免了赠与夫妻双方前提下迂回适用赠与所附条件不成就、所附义务未履行、因主观交易基础丧失的情事变更主张酌情返还①等救济手段,简化规范体系的复杂性。解释论层面为了达到赠与自己子女的法律效果,对《民法典》界定个人财产的第1063条第3项"遗嘱或赠与合同中确定只归一方的财产"中"确定"一词,宜作扩大解释。

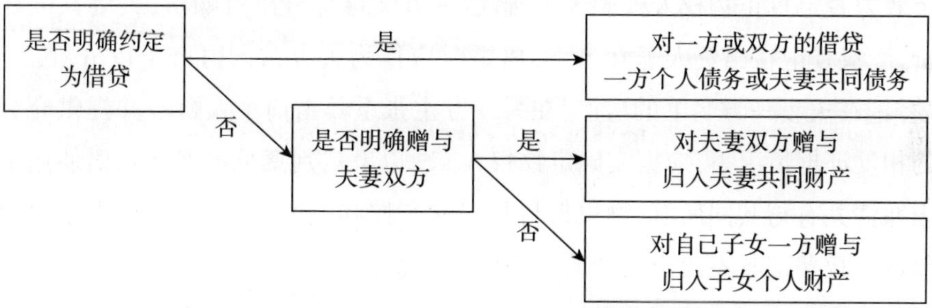

图1　父母出资行为的性质认定与资金归属

四、房屋产权登记与婚姻内部房产归属脱钩

(一)房产归属应区分物权与婚姻两个维度

产生公示效力的产权登记与无须公示的结婚登记之间的关系长期困扰着夫妻财产法研究,依据"物权方案",婚姻关系直接发生财产物权归属层面的效力,由此法定财产制对物权公示系统构成极大挑战,不动产登记簿的绝对公信力随着已婚人士取得物权比重的增加而大范围失灵。② 与之相反,"潜在共有方案"与"债权方案"认为财产归属应当区分物权与婚姻两个维度。物权维度上以房产登记状态为准,婚姻关系中任何财产的物权变动仍

① 参见于程远:《论离婚时对父母出资所购房产的分割》,中国政法大学民商经济法学院学术成长沙龙第20期,2021年11月6日。

② 参见冉克平:《夫妻财产制度的双重结构及其体系化释论》,载《中国法学》2020年第6期。

应遵循物权法规则;婚姻维度上财产属于一方个人财产还是夫妻共同财产,仅依据法定财产制在夫妻内部发生效力,不波及婚姻关系之外的交易第三人,[①]以实现交易安全与婚姻保护两全。换而言之,共同财产制限于夫妻关系,对外依照物权公示原则实行分别财产制。

很多裁判意见已经开始区分物权和婚姻两个维度,“因房屋权属发生争议,在确认房屋产权所有人时,应以查明的出资购房事实为依据,而不应以房屋权属登记为准”[②]。“家庭成员在家庭共同生活关系存续期间共同创造、共同所得财产,虽登记在一人名下,仍应属家庭成员共同共有。”[③]“登记在户主名下家庭共有财产,家庭成员请求确认共有权的,法院不应依物权登记推定效力否定真正物权人权利。”[④]“婚后一方父母部分出资购房,夫妻共同还贷,产权登记在出资人子女名下,离婚时应作为夫妻共同财产予以分割。”[⑤]“登记在夫妻一方名下的房产,在另一方主张系其婚前个人财产并提供充分的相反证据情况下,应据实确定物权人。”[⑥]以上裁判意见虽然在术语使用上未厘清共有与共同所有、物权人与共同财产权利人之间的差异,至少不再仅仅以产权登记状态决定财产的婚内归属状态。

另有司法观点从区分登记权利人与真实权利人角度着手,“不动产登记簿作为不动产物权公示手段所具有的公信力,主要是针对不特定的第三人而言,但不适用于登记名义人与真实权利人之间的关系,他们之间的关系仍按照实事求是的原则处理。双方婚姻存续期间购买的公改房属于夫妻共同共有,虽然翁某为登记名义人,但在花某举证证明该房产为双方婚姻存续期

---

① 参见贺剑:《夫妻财产法的精神——民法典夫妻共同债务和财产规则释论》,载《法学》2020年第7期;另见贺剑:《论婚姻法回归民法的基本思路——以法定夫妻财产制为重点》,载《中外法学》2014年第6期。

② 国家法官学院、中国人民大学法学院编:《中国审判案例要览》(2011年民事审判案例卷),中国人民大学出版社2013年版,第431页。

③ 最高人民法院、中国应用法学研究所编著:《人民法院案例选·月版》2009年第5辑(总第5辑),中国法制出版社2009年版,第41页。

④ 最高人民法院审判监督庭编:《审判监督指导》2015年第4辑(总第54辑),人民法院出版社2016年版,第163页。

⑤ 最高人民法院民事审判第一庭编:《民事审判指导与参考》2013年第2辑(总第54辑),人民法院出版社2013年版,第240页。

⑥ 最高人民法院中国应用法学研究所编:《人民法院案例选》2014年第3辑(总第89辑),人民法院出版社2015年版,第124页。

间购买的情况下,应认定真实权利人为花某和翁某。人民法院在离婚析产确认夫妻共同财产范围时,即可直接进行确权认定,同时对该财产予以分割。”①这一观点被《关于适用〈中华人民共和国物权法〉若干问题的解释(一)》(已失效)(以下简称《物释一》)第2条采纳。②

“真实权利状态与登记状态不一致”的制度根源在于不动产登记仅具有权利推定效力,是对证明责任的分配,而登记的权属状态并不总是与真实物权状态相一致。法院可以根据当事人提交的证据推翻登记物权状态,确认不动产物权的真实权属。但是需要特别强调,不动产登记的权利状态是物权法层面的物权状态,“真实权利状态”与“不动产登记簿的记载”相对应,指的也是与登记相对应的物权状态。③ 换而言之,《物释一》第2条处理的是不动产物权权属争议,并非婚姻家庭层面的财产内部归属争议,不能把“真实权利人”理解为夫妻财产制下的权利主体,上述司法观点对此有混淆之嫌。

夫妻之间也存在适用《物释一》第2条的场景,例如夫妻共同出资签订房屋买卖合同,约定房产仅登记在夫或妻一方名下,但排除婚内赠与的意思。此时登记物权人是夫或妻一方,而物权层面的真实权利人是夫妻双方,婚姻家庭层面该房产也属于夫妻共同财产。该场景下真实物权人被界定为夫妻双方,并非因为夫妻共同财产制的效力,而是因为房屋买卖合同加上夫妻之间的约定。

(二)例证:夫妻间赠与房产的效力认定

区分两个维度的观念还体现在夫妻之间赠与房产的效力设定上。《婚姻家庭编解释一》第32条在《婚姻法解释三》第6条基础上增加了实践中更

---

① 本刊研究组:《人民法院能否在民事诉讼中直接判决已登记的个人房屋为夫妻共同财产?》,载《人民司法》2013年第19期。

② 参见《物释一》第2条:当事人有证据证明不动产登记簿的记载与真实权利状态不符、其为该不动产物权的真实权利人,请求确认其享有物权的,应予支持。

③ 参见司伟:《论不动产登记与权属确认——兼论对〈物权法司法解释一〉第2条的理解》,载《法律适用》2016年第5期。

普遍的将部分房产份额赠与另一方的“加名”情形,[1]并且明确了赠与合同章任意撤销权并未将夫妻间赠与排除在外,契合很多裁判观点。[2] 物权归属层面,第32条贯彻不动产登记公示公信原则,夫妻间赠与房产不直接发生物权效力,房产权属的变化需通过登记体现。[3] 加名之后,受赠方离婚时对房产有权主张相应份额。[4]

夫妻赠与直接套用赠与合同任意撤销权饱受争议。有学者建议新设夫妻特殊赠与制度。赠与方通常希望赠与配偶的财产仍为双方共同财产而非配偶的个人财产,真实意思表示与普通赠与明显有别。内部效力层面,赠与方在给付前不享有任意撤销权;给付后短期内若因受赠方重大过错导致离婚,赠与方可行使法定撤销权;若无过错的受赠方提出离婚,赠与方可通过情事变更请求全部或部分返还赠与房产。[5] 外部效力层面,无差别适用合同法与物权法相关规范,房产变更登记完成前,受赠方不得对抗第三人。即便完成变更登记,赠与方的债权人仍然可以行使债权人撤销权以保全债权。

笔者认为,在认定夫妻间赠与不直接发生物权效力之后,需要进一步探究夫妻间赠与是否直接产生婚姻维度的内部归属效力。《民法典》第658条第1款规定“赠与人在赠与财产的权利转移之前可以撤销赠与”,“权利转移”是否包括在夫妻关系内部由一方个人财产转变为夫妻共同财产?鉴于赠与的物权效力仅针对夫妻关系之外的第三人,因此夫妻关系内部的权利转移及归属效力与外部公示方式无关,夫妻间赠与合意达成,内部归属层面直接发生效力,权利视为已经转移为夫妻共同财产,不存在适用赠与人任意撤销权的空间。

---

① 参见《婚姻家庭编解释一》第32条:婚前或者婚姻关系存续期间,当事人约定将一方所有的房产赠与另一方或者共有,赠与方在赠与房产变更登记之前撤销赠与,另一方请求判令继续履行的,人民法院可以按照《民法典》第658条的规定处理。

② 参见最高人民法院民事审判第一庭编:《民事审判指导与参考》2016年第1辑(总第65辑),人民法院出版社2016年版,第251页。

③ 参见最高人民法院民事审判第一庭编著:《最高人民法院民法典婚姻家庭编司法解释(一)理解与适用》,人民法院出版社2021年版,第303页。

④ 参见金某诉殷某建离婚纠纷案,上海市第二中级人民法院(2008)沪二中民一(民)终字第3010号民事判决书。

⑤ 参见叶名怡:《夫妻间房产给予约定的性质与效力》,载《法学》2021年第3期;姚邢、龙翼飞:《〈民法典〉关于夫妻间财产协议的法律适用》,载《法律适用》2021年第2期。

若夫妻双方将共同所有房屋的产权登记在未成年子女名下,离婚时不能仅仅按照产权登记情况将房屋一概认定为未成年人的财产,还应审查夫妻双方的真实意思表示。如果真实意思确实是将房屋赠与未成年子女,离婚时该房屋为未成年子女的财产,由直接抚养未成年子女的一方暂时管理;反之,将该房屋作为夫妻共同财产处理比较适宜。①

(三)产权登记方处分夫妻共同所有房屋的效力及其救济

在区分婚姻财产内外归属效力的大前提下,"潜在共有方案"于内部关系中考虑夫妻对于某项婚内财产取得及其增值的实质贡献,判定某项财产是否属于夫妻共有。为了避免夫妻财产关系的复杂化危害交易安全,这种共有只有在离婚或者夫妻一方死亡时才显在化为物权法层面的共同共有,用以清算分割。② 但潜在共有一旦转变为物权法层面的共有,仍会产生外部效力从而波及第三人。比如夫妻一方尚未完成的对共同财产的有权处分会降格为无权处分,夫妻一方个人债务的普通债权人无法对抗配偶在离婚时针对共有财产的分割请求权。③

与之相对,"债权方案"下夫妻共同财产任何情况下都不会转变为共有,仅在夫妻间产生债之关系,从而最大限度抑制共同财产对婚姻关系外部产生的影响。术语选择上,立法者也有意识地区分了物权与婚姻两个维度。《民法典》第1062条并未照搬物权编第八章"共有"相关概念,而是保留了《婚姻法》中"夫妻的共同财产""夫妻共同所有"的表述。《婚姻家庭编解释一》第28条更是主动将《婚姻法解释三》第11条"夫妻共同共有的房屋"修改为"夫妻共同所有的房屋"。

"债权方案"以登记状态推定物权归属并产生公信力,登记权利人的单独处分行为在物权法层面是有权处分,即便处分客体为夫妻共同财产,在有偿交易场景下,共同财产仅发生形态上的变化,共同财产整体并未受损,配

---

① 参见最高人民法院民事审判第一庭编:《民事审判指导与参考》(总第43集),法律出版社2011年版,第237页。

② 参见龙俊:《夫妻共同财产的潜在共有》,载《法学研究》2017年第4期。

③ 参见贺剑:《夫妻财产法的精神——民法典夫妻共同债务和财产规则释论》,载《法学》2020年第7期。

偶利益无须救济,[①]因而没有必要限制登记权利人一方对共同财产的单独处分,最大限度地保障交易安全。《婚姻家庭编解释一》第 28 条第 1 款可以容纳三种情形:[②]第一种情形,登记权利人为夫妻双方时,其中一方与第三人买卖房屋;第二种情形,登记权利人仅为夫妻一方时,配偶与第三人买卖房屋;第三种情形,登记权利人仅为夫妻一方时,登记权利人与第三人买卖房屋。[③]该款只适用于第一种情形和第二种情形下的无权处分,符合要件时通过善意取得保障交易安全;而第三种情形为有权处分,外部效力无须配偶同意以及第三人善意等要件,应当从第 28 条第 1 款的适用范围中剔除,或者将该款中"善意"解释为对登记的信赖,第三人无须进一步核实登记事项与婚姻状况。有的裁判观点作了正确表述,[④]有的裁判观点混淆了三种情形下无权处分与有权处分的区分。[⑤]

"潜在共有方案"对此提出"基于婚姻关系的财产处分限制",无论夫妻某方是否有权处分,只要该处分可能导致婚姻生活无法正常延续,例如将婚姻家庭唯一住所转让给第三人,无论该房产是否属于共同财产、登记权利人是哪一方,都必须得到配偶同意或追认,以限制该处分行为效力,阻却第三人取得房屋,达到优先保护配偶利益和维持正常家庭生活的需要。[⑥] 有学者提出"婚姻住宅"概念,当住宅作为家庭住所,无论所有权人是谁,对住宅的

---

① 参见贺剑:《夫妻财产法的精神——民法典夫妻共同债务和财产规则释论》,载《法学》2020 年第 7 期。

② 参见《婚姻家庭编解释一》第 28 条第 1 款:一方未经另一方同意出售夫妻共同所有的房屋,第三人善意购买、支付合理对价并已办理不动产登记,另一方主张追回该房屋的,人民法院不予支持。

③ 参见最高人民法院民事审判第一庭编著:《最高人民法院民法典婚姻家庭编司法解释(一)理解与适用》,人民法院出版社 2021 年版,第 265 页。

④ 夫妻一方处分登记在自己名下夫妻共同房产,相对人基于对不动产登记信赖而交易,其交易安全应受公信力保护。参见国家法官学院、中国人民大学法学院编:《中国审判案例要览》(2007 年民事审判案例卷),中国人民大学出版社、人民法院出版社 2008 年版,第 1 页。

⑤ 夫妻一方将登记在自己名下的夫妻共有房产单方处分给第三人并办理过户手续,构成表见代理的,买卖协议有效。夫妻一方处分其名下房产,他人有理由相信系夫妻共同意思表示的,另一方不得以不同意或不知道为由主张无效。参见国家法官学院、中国人民大学法学院编:《中国审判案例要览》(2007 年民事审判案例卷),中国人民大学出版社、人民法院出版社 2008 年版,第 469 页。

⑥ 参见黄诗怡:《婚前按揭房的所有权归属及其离婚时的分割》,载《东南大学学报(哲学社会科学版)》2019 年第 S1 期;龙俊:《夫妻共同财产的潜在共有》,载《法学研究》2017 年第 4 期。

处分都要避免配偶陷入无房居住的困境。[①] 但是在有偿交易下，一方处分房产的对价是相应价值的货币或者其他财产，仅仅导致共同财产形态发生变化，通常不会威胁到婚姻生活的正常维系，没有必要以共同财产制为由限制登记权利人的处分权。最高人民法院进一步认为，对用于家庭生活的房屋作出例外规定在实践中很难操作，如果第三人耗尽财产仍无法取得房屋，却放任配偶以家庭生活用房为由追回别墅、公寓等豪华住宅，明显与社会一般观念不符。特殊情形下保护配偶生存的居住权，可以通过民事执行程序中对唯一住房不予执行来实现。[②]

真正的疑难问题在于，当登记权利人无偿或低价转让夫妻共同财产，对其配偶利益如何救济？有的裁判观点简单粗暴地认定无偿处分行为无效。[③] "潜在共有方案"基于婚姻关系的财产处分限制固然可以作为救济理由，但在我国实证法中并无这一概念，且其背后逻辑仍然属于试图以婚姻家庭层面的价值影响物权层面的处分效力。"债权方案"则利用财产法规则解决这一难题，《婚姻家庭编解释一》第 28 条第 2 款[④]的适用前提包含有权处分和无权处分夫妻共同财产的各种情形，无须考虑财产的物权登记状态。配偶受到的损失除了离婚时请求另一方损害赔偿，还可以通过主张另一方不分或少分共同财产而得到救济，并且不会影响交易相对方利益。因为夫妻财产制预设夫妻双方对共同财产各自享有一半的潜在份额，所以不超过一半份额的小额赠与或低价转让原则上都有效，只有当赠与或低价转让的财产价值超过共同财产一半份额以上时，会实质性危及配偶的利益，配偶可类推

---

① 参见田韶华：《婚姻住宅上非产权方配偶利益的法律保护——兼评〈婚姻法司法解释（三）〉中的涉房条款》，载《法学》2011 年第 12 期。

② 参见《最高人民法院民一庭负责人就〈关于适用中华人民共和国婚姻法若干问题的解释（三）〉答记者问》，载杜万华主编：《解读最高人民法院司法解释、指导性案例 · 民事卷》，人民法院出版社 2016 年版，第 190 - 191 页；最高人民法院民事审判第一庭编著：《最高人民法院民法典婚姻家庭编司法解释（一）理解与适用》，人民法院出版社 2021 年版，第 278 页。

③ 参见金某诉冯某霞、李某放夫妻财产约定纠纷案，河南省洛阳市涧西区人民法院（2003）涧民一初字第 604 号民事判决书。

④ 参见《婚姻家庭编解释一》第 28 条第 2 款：夫妻一方擅自处分共同所有的房屋造成另一方损失，离婚时另一方请求赔偿损失的，人民法院应予支持。

适用合同法债权人撤销权制度,[1]撤销相应的赠与或低价转让行为。相比较无偿或低价取得财产的相对方,优先保护利益严重受损的配偶具有实质正当性。

五、婚姻关系内部房产的归属与份额

(一)婚姻关系内部房产的份额计算比归属认定更重要

房产在婚姻关系内部的归属与物权法层面的归属无关,因此内部归属与作为负担行为的房屋买卖合同以及作为处分行为的产权变更登记都完全脱钩。购房合同由哪方在婚前或婚后订立、变更登记于婚前或婚后、登记权利人是哪方,这些影响因素都与内部归属无关。对于婚姻内部房产的归属认定以及份额计算,唯一的影响因素是资金来源。

有学者质疑以资金来源精确界定房产归属是资本主义对中国家庭的入侵,"在房产上按照资本主义意识形态建立个人所有制,基本就等于在家庭中建立资本主义式的个人财产制"[2]。事实上资金来源不意味着个人所有,鉴于婚姻存续期间的还贷都被推定为共同还贷,并且共同还贷所占份额及其增值都认定为夫妻共同所有,这一结果已经体现了共同财产制下的婚姻保护与家庭伦理观念;而且计算房产份额在婚姻存续期间没有实际用处,其功能旨在平衡离婚之际双方的利益。离婚意味着婚姻共同体濒临解体,因此份额计算与家庭保护无关,与离婚时对弱势一方的保护有关。

房产出资大致分为两种情形:第一种为夫妻一方全额出资购买房产,既包括一次性全额支付房价,也包括全额首付并以个人财产还贷。依照"不转化规则"或"代位规则",房产在夫妻内部属于买方个人财产,离婚时不涉及分割问题。第二种为夫妻双方出资购房,依据资金来源进一步分为三类场景:其一,一方用个人财产于婚前或婚后支付首付,婚后双方共同还贷;其二,双方用各自的个人财产于婚前或婚后共同支付首付,婚后共同还贷;其三,双方婚后用共同财产支付首付并还贷。理论上还存在婚后双方以各自

---

① 参见贺剑:《夫妻财产法的精神——民法典夫妻共同债务和财产规则释论》,载《法学》2020年第7期。

② 赵晓力:《中国家庭资本主义化的号角》,载《文化纵横》2011年第1期。

的个人财产共同还贷,但以婚后收入还贷通常推定为共同还贷,以个人财产共同还贷甚为罕见,无须赘述。

上述三类场景下,购房资金来源包含一方或双方的个人财产以及夫妻共同财产,房屋实质上成为个人财产与夫妻共同财产的混合体。[①] 有观点认为,应当对比婚后共同还贷与婚前首付及还贷的金额比例,如果共同还贷金额在房产总价款中占比很大[②]或者超过一方婚前首付及还贷额,房产应被认定为夫妻共同财产。[③] 笔者认为,笼统地将房产认定为个人所有或共同所有,既不可能亦无意义,重要的并非房产归属,而是精确地计算夫妻各自的份额(见图2)。《婚姻家庭编解释一》第78条第1款也未聚焦于房产在夫妻内部的归属,仅授权双方离婚时协议解决。[④] 若达不成协议,第2款前部分只是规定法院"可以"而非"应当"判决该不动产归登记一方,留下自由裁量空间的同时,将重点转移到第2款后部分份额认定与补偿问题。

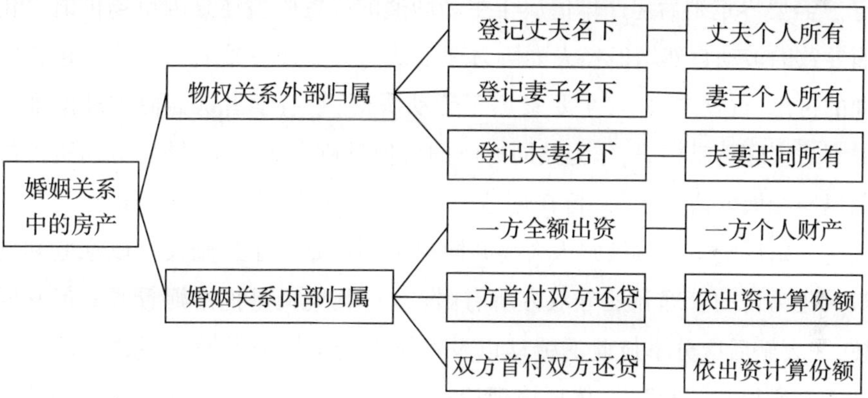

图2　物权关系与婚姻关系两个维度的房产归属

---

① 参见最高人民法院民事审判第一庭编著:《最高人民法院民法典婚姻家庭编司法解释(一)理解与适用》,人民法院出版社2021年版,第664-669页。

② 参见蒋月:《论夫妻一方婚前借款购置不动产的利益归属——对"〈婚姻法〉司法解释(三)征求意见稿"第11条的商榷》,载《西南政法大学学报》2011年第2期。

③ 参见张晓远:《论婚前按揭房屋的产权归属与分割——以〈民法典婚姻家庭编司法解释(一)〉第78条为中心》,载《西南民族大学学报(人文社会科学版)》2021年第5期。

④ 参见《婚姻家庭编解释一》第78条第1款:夫妻一方婚前签订不动产买卖合同,以个人财产支付首付款并在银行贷款,婚后用夫妻共同财产还贷,不动产登记于首付款支付方名下的,离婚时该不动产由双方协议处理。

(二)房产份额与资金来源挂钩

房产份额取决于资金来源,具体包括丈夫的个人财产、妻子的个人财产以及夫妻共同财产三处来源,表现为首付款和按揭还贷两种形式。婚后共同支付的首付款和还贷部分及其增值,被归入夫妻共同所有的份额。何为“共同还贷”需结合法定财产制理解,即便夫妻一方婚后以自己的工资收入还贷也被视为共同还贷,因为婚姻关系存续期间双方所得工资、奖金及劳务报酬都属于夫妻共同财产,否认共同还贷的一方须承担举证责任。[①] 对夫妻关系中收入弱势一方的保护,通过共同还贷的认定得到充分体现。

一方个人财产在婚前或婚后支付的首付和贷款被归入个人所有的份额。争议是个人财产支付的首付和贷款在婚后的增值部分,归入个人所有还是共同所有?依据《婚姻家庭编解释一》第 25 条第 1 项与第 26 条的规定,[②]需要界定婚后房产增值属于主动增值的投资收益还是因市场价值变化而导致的被动自然增值?夫妻协力理论认为夫妻一方婚后财产所得包含配偶的付出、贡献或协力,主要聚焦于劳动所得。[③] 有学者认为协力理论推定夫妻对家庭贡献相等,作为共同财产的价值基础令人质疑,婚后劳动所得的归属与配偶的协力无关,旨在创造适当的行为激励从而有利于家庭利益最大化。婚后资本所得被归入夫妻共同财产同样是为了鼓励夫妻以家庭利益最大化为目的管理和处分双方所有财产。[④] 其要义是把婚姻看成命运共同体,夫妻婚后应分享彼此的劳动以及经济上的幸运或不幸,主张“婚后劳动和运气所得共同制”。[⑤] 依据该理论,个人财产支付的首付和贷款在婚后的增值应被归入夫妻共同所有的份额。

---

① 参见最高人民法院民事审判第一庭编:《民事审判指导与参考》2014 年第 4 辑(总第 60 辑),人民法院出版社 2015 年版,第 257 页。

② 参见《婚姻家庭编解释一》第 25 条第 1 项:婚姻关系存续期间,一方以个人财产投资取得的收益属于应当归共同所有的财产。《婚姻家庭编解释一》第 26 条规定:“夫妻一方个人财产在婚后产生的收益,除孳息和自然增值外,应认定为夫妻共同财产。”

③ 参见薛宁兰、许莉:《我国夫妻财产制立法若干问题探讨》,载《法学论坛》2011 年第 2 期。

④ 参见贺剑:《夫妻财产法的精神——民法典夫妻共同债务和财产规则释论》,载《法学》2020 年第 7 期。

⑤ 参见贺剑:《夫妻个人财产的婚后增值归属——兼论我国婚后所得共同制的精神》,载《法学家》2015 年第 4 期。

有裁判观点认为一方婚后用个人财产购买房屋,离婚时该房屋及其增值都属于个人财产。[①] 另有裁判观点区分是否为投资性购房,如果用个人财产购房的用途为安置父母,属于非经营性购房,自然增值不属于生产经营性收益和夫妻共同财产。[②] 但并非为了家居需要而购买商铺,则被认定为投资行为,[③]优先适用《婚姻家庭编解释一》第 25 条,并对《婚姻家庭编解释一》第 78 条的"不动产"限缩解释。[④] 部分学者也认为婚后房产增值主要是基于通货膨胀、市场行情等因素,婚后共同还贷行为纵然为取得完整的房产作出积极贡献,但性质仅仅是协助购房一方偿还银行贷款这一合同债务的履行行为,与房价上涨没有直接因果关系。[⑤]

分歧实质仍在于夫妻法定财产制下共同财产的范围,而范围大小归根结底取决于价值判断而非逻辑推演。依夫妻协力理论,如果宽泛认定共同还贷时已经考虑到夫妻家务劳动价值等贡献因素,那么认定个人财产婚后增值性质时为何要重复计算另一方的协力和贡献?依婚姻命运共同体理念,将个人财产婚后增值作为共同财产提高了离婚的经济成本,有可能维护婚姻稳定。[⑥] 但是提高离婚成本若通过强化法定财产制对夫妻财产状况"均贫富"来实现,可能降低潜在高收入群体的结婚意愿。当婚姻预期存续期限不长时,具有财产优势的一方必然不愿意为了短期婚姻付出巨额财产代价。[⑦] 如果将个人财产婚后增值仍然界定为个人财产,适度限缩夫妻共同财产的范围,使夫妻财产制"均贫富"的效力不波及婚前个人财产,或许有利于正向激励结婚率的提升,并间接影响生育率。

---

① 参见最高人民法院民事审判第一庭编:《民事审判指导与参考》2013 年第 4 辑(总第 56 辑),人民法院出版社 2014 年版,第 118 页。

② 参见《陈某芝诉赵某理离婚后财产纠纷案》,载最高人民法院民事审判第一庭:《民事审判指导与参考》2013 年第 1 辑(总第 53 辑),人民法院出版社 2013 年版,第 142 页。

③ 参见李某甲与李某乙离婚纠纷案,江西省宜春市中级人民法院(2013)宜中民一终字第 157 号民事判决书。

④ 参见薛宁兰、谢鸿飞主编:《民法典评注:婚姻家庭编》,中国法制出版社 2020 年版,第 201 - 202 页。

⑤ 参见张晓远:《论婚前按揭房屋的产权归属与分割——以〈民法典婚姻家庭编司法解释(一)〉第 78 条为中心》,载《西南民族大学学报(人文社会科学版)》2021 年第 5 期。

⑥ 参见贺剑:《夫妻个人财产的婚后增值归属——兼论我国婚后所得共同制的精神》,载《法学家》2015 年第 4 期。

⑦ 参见冉克平:《夫妻财产制度的双重结构及其体系化释论》,载《中国法学》2020 年第 6 期。

六、离婚时房产归属及补偿数额计算

(一)离婚时房产归属的确定

离婚时对婚姻财产进行清算,需要确定房产的最终归属。《婚姻家庭编解释一》第 76 条改自《婚姻法解释二》第 20 条,列举了三种处理方式:双方均主张房屋所有权并且同意竞价取得,竞价取得;只有一方主张房屋所有权的,由评估机构按市场价格对房屋作出评估,取得房屋所有权的一方应当给予另一方相应的补偿;双方均不主张房屋所有权的,根据当事人申请拍卖、变卖房屋,就所得价款进行分割。该条排除了离婚后双方按份共有房产的处理方式。最高人民法院认为,按份共有并不能解决双方离婚后实际面临的居住问题,在当事人明显失去共有基础时,强行判决按份共有只可能造成新的矛盾。[①] 北京法院第 17 号参阅案例却认为,若离婚双方只有一套共有住房、均主张所有权但均无力补偿对方时,法院应当判决双方按份共有房产,并结合当事人生活需要、房屋结构等因素就房屋使用问题作出处理。[②] 若强行拍卖、变卖房产后分割价款,双方都损失了未来房产继续增值的可能收益,不符合双方真实意思和利益。

离婚时房产最终归属哪方,实质意义在于,其一,获得产权一方享受离婚以后房产未来增值收益,同时承担房产未来贬值风险;其二,依据《婚姻家庭编解释一》第 78 条第 2 款"尚未归还的贷款为不动产登记一方的个人债务"的规定,承担继续还贷义务。[③] 原则上,由购房决策方承受房产未来增值或贬值更符合意思自治下的风险归责原则,支付婚前购房首付一方优先获

---

① 参见本书研究组:《离婚诉讼的当事人只有一套性质为夫妻共同财产的房屋居住,又均无能力补偿对方,法院能否判令双方离婚后对该房屋各占二分之一产权》,载最高人民法院民事审判第一庭编:《民事审判指导与参考》2012 年第 4 辑(总第 52 辑),人民法院出版社 2013 年版,第 248 页。

② 参见高某诉罗某离婚纠纷案,北京市第一中级人民法院(2012)一中民终字第 12203 号民事判决书。

③ 参见重庆市高级人民法院《关于当前民事审判若干法律问题的指导意见》第 30 条中规定:"婚姻存续期间夫妻一方或双方按揭贷款购买的商品房,一般应当认定为夫妻共同财产,双方另有约定或者以一方婚前个人财产购买的除外。诉讼中不需将贷款银行列为第三人,可采取协商或者竞价的方式确定房屋归属,但应明确分得房屋的一方承担偿还按揭贷款义务。"

得房产。[①] 另外关于房款中双方出资所占比例,出资份额多的一方优先获得房产。如果共同还贷款项远远高于一方支付的首付,或者购房一方因经济状况不具备继续还贷能力,而另一方有还贷能力,为了避免案涉房屋被银行行使抵押权,法院认为也可以判决房屋归非购房一方所有,由其承担继续还款义务并向对方补偿。[②]

在一方支付首付以及双方出资份额悬殊两种情形下,可否适用《婚姻家庭编解释一》第 76 条第 1 项的竞价规则决定房产最终归属?竞价规则的实质是由偏好该财产的人最终取得产权以达到物尽其用。双方均主张产权时并非自动适用竞价规则,法院还应遵循照顾子女、女方和无过错方权益的原则,存在将房屋判给直接抚养子女的一方、女方或无过错方的可能。最高人民法院认为,适用竞价的前提还包括双方财产水平大致相当以及均同意采取竞价方式,[③]否则财产弱势一方无力在竞价过程中反映自己的真实偏好价格,竞价是不充分的。强势一方以不充分的竞价价格为基础给予补偿,另一方损失了充分的补偿收益以及可能的未来增值收益。若双方未达成竞价合意,则优先考虑支付婚前购房首付一方或者出资份额多的一方获得房产。在一方首付、双方还贷的典型场景下,通常支付首付方所占份额更多。

(二)未获房产一方补偿数额的计算

依据《婚姻家庭编解释一》第 78 条第 2 款的规定,需要对未获得产权一方进行补偿。离婚分割房产涉及多方权益,既要保护个人婚前财产部分对应的权益,又要厘清"双方婚后共同还贷支付的款项及其相对应财产增值部分",还要契合"照顾子女、女方和无过错方权益的原则",同时不能损害作为债权人的银行的合法利益。因此个案中不能把明晰财产关系与分割共同财

---

① 参见王某坤诉庄某芝离婚纠纷案,山东省日照市中级人民法院(2012)日民一终字第 104 号民事判决书。

② 参见最高人民法院民事审判第一庭编著:《最高人民法院民法典婚姻家庭编司法解释(一)理解与适用》,人民法院出版社 2021 年版,第 664 页。

③ 参见最高人民法院民事审判第一庭编著:《最高人民法院民法典婚姻家庭编司法解释(一)理解与适用》,人民法院出版社 2021 年版,第 653 页。

产两者等同,[①]分割共同财产并不以计算的补偿数额为绝对标准,法官可根据实际情况行使自由裁量权。[②]

共同还贷的补偿数额有多套计算公式,江苏高院《家事纠纷案件审理指南(婚姻家庭部分)》分为两步计算。第一步,不动产升值率 = 离婚时不动产价格 ÷ 不动产成本 × 100%,不动产成本 = 购置时不动产价格 + 共同已还贷利息 + 其他费用。其他费用指购房的必要支出,如印花税、契税、营业税、评估费等,但不包括公共维修基金和物业费,后者产生的基础并非交易,而是不动产长期使用中产生的费用。第二步,补偿数额 = 夫妻共同还贷部分 × 不动产升值率 ÷ 2。[③] 最高人民法院民一庭的计算公式为:补偿数额 = 房屋现值 × [已共同还贷部分 ÷ (房屋本金价格 + 所需偿还的利息费用 + 其他费用) × 100%] ÷ 2。两套公式只是计算参照物不同,第一套以房屋增值为比率计算共同还贷部分的增值,第二套以共同还贷部分所占比率计算该不动产中归属共同财产的部分。[④]

鉴于离婚时贷款可能尚未清偿完毕,只能将夫妻共同偿还的利息计入不动产成本,不能将未来尚未还贷的利息都纳入成本,否则未获得产权一方未分享后续可能的升值收益,却要现实承担因计入所有利息导致补偿额降低的不利后果。另外如果一方婚前支付首付,且购房后经过一段时间才结婚,不动产升值率应以结婚时而非购置时的不动产价格作为计算依据,因为房产的婚前增值属于首付方个人财产,[⑤]这种情况下需要将计算公式修正为:补偿数额 = 夫妻共同还贷部分 × [离婚时不动产价格 ÷ (结婚时不动产

---

① 参见杜万华:《在全国高级法院民一庭庭长座谈会上的总结讲话》,载最高人民法院民事审判第一庭编:《民事审判指导与参考》2012 年第 1 辑(总第 49 辑),人民法院出版社 2012 年版,第 15 页。

② 参见最高人民法院民事审判第一庭编:《民事审判指导与参考》2016 年第 1 辑(总第 65 辑),人民法院出版社 2016 年版,第 164 页。

③ 参见最高人民法院民事审判第一庭编:《民事审判指导与参考》2016 年第 1 辑(总第 65 辑),人民法院出版社 2016 年版,第 164 页。

④ 参见薛宁兰、谢鸿飞主编:《民法典评注:婚姻家庭编》,中国法制出版社 2020 年版,第 201 – 202 页;张晓远:《论婚前按揭房屋的产权归属与分割——以〈民法典婚姻家庭编司法解释(一)〉第 78 条为中心》,载《西南民族大学学报(人文社会科学版)》2021 年第 5 期。

⑤ 参见最高人民法院民事审判第一庭编著:《最高人民法院民法典婚姻家庭编司法解释(一)理解与适用》,人民法院出版社 2021 年版,第 283 – 288 页。

价格＋共同已还贷利息＋其他费用）×100%］÷2。

一方婚前支付首付，双方共同还贷的情况下，若离婚时房屋贬值该如何处理？其一，支付首付方独立作出购房决策，由决策方承担贬值风险更符合风险归责；其二，双方婚后收入属于共同财产，无论用哪方收入还贷都属于共同还贷，因此非决策方共同还贷行为具有被动性；其三，房产增值或贬值是动态过程，离婚时贬值不意味着未来没有升值空间，获得产权一方只要不在贬值期间抛售房屋，实际利益并未蒙受损失；其四，配偶因另一方婚前已购房，可能导致在婚姻存续期间错过独资购房的时机。① 考虑上述因素，离婚时补偿另一方共同还贷数额的一半比较合理。

七、结论

婚姻关系中房产归属与份额的认定并非单纯的法教义学问题，无法回避国家治理视角下的立法决断。价值立场除了维护意思自治以及婚姻保护，还应当契合家庭与人口政策，通过保障父母出资利益以及适度限缩夫妻共同财产范围等正向激励机制，确保婚姻制度不会成为抑制结婚率和生育率的负面因素。

父母出资的资金归属与子女购房的房产归属完全脱钩。出资性质与资金归属环环相扣，各种出资方式都被推定为父母仅针对自己子女的赠与，更符合父母真实意愿、有利于保障父母养老利益、避免认定为借贷引发后续的返还关系。父母实际出资时间具有偶然性且不影响出资目的，《婚姻家庭编解释一》第 29 条与《婚姻法解释三》第 7 条采用的影响因素都不具有合理性。

产权登记与夫妻内部房产归属完全脱钩。夫妻内部财产归属与外部物权归属关系依夫妻财产制和物权变动规则各自发生内外效力，兼顾婚姻保护与交易安全。《物释一》第 2 条处理物权权属争议，并非夫妻内部财产归属争议，不能把“真实权利人”理解为夫妻财产制下的权利主体。夫妻间赠与不直接发生物权效力，但直接发生夫妻内部归属效力，赠与方不享有任意

---

① 参见杜万华、程新文、吴晓芳：《〈关于适用婚姻法若干问题的解释（三）〉的理解与适用》，载《人民司法》2011 年第 17 期。

撤销权,《婚姻家庭编解释一》第 32 条规定不妥当。"债权方案"下离婚时共同财产未转变为共同共有,仅在夫妻之间产生债权。登记权利人对共同财产的单独处分在财产法上是有权处分,有偿交易场景下共同财产仅发生形态变化,无须救济。《婚姻家庭编解释一》第 28 条第 1 款的适用范围应剔除有权处分情形,第 2 款适用范围包含有权处分和无权处分各种情形,登记权利人无偿或低价转让共同财产时,通过损害赔偿以及离婚时少分或不分共同财产予以救济,仅当赠与或低价转让的财产价值超过共同财产一半份额时,配偶可类推债权人撤销权制度救济。

夫妻内部房产归属与份额计算的唯一重要影响因素是资金来源。当购房资金包含个人财产与共同财产时,笼统认定房产归属没有意义,应当精确计算夫妻各自份额。婚后共同支付的首付款、贷款及其增值归入夫妻共同所有,对共同还贷作宽泛认定。一方个人财产支付的首付、贷款以及婚后增值部分归入个人所有。

《婚姻家庭编解释一》第 76 条排除了离婚后双方按份共有房屋,不妥当。最终获得产权一方继续还贷且承受房产未来增值收益或贬值风险。竞价规则的适用前提是双方均主张产权、财产状况水平大致相当以及达成竞价合意,且不与照顾子女、女方和无过错方权益原则相抵触。不能通过竞价决定房产归属时,优先考虑婚前支付购房首付一方或者出资份额多的一方获得房产,并对另一方价值补偿。

论父母为子女出资购房的赠与性质

李洪祥　陈　凤*

摘　要　父母为子女出资购房的纠纷情况复杂,在司法裁判中,同案不同判的现象常见。因此,有必要结合学界和实务界对此问题的讨论,在《民法典》《婚姻家庭编解释一》规定的框架下,明确界定在没有特别约定的情况下,父母为子女出资购房的性质推定为赠与,同时,结合我国具体国情,以诚信为核心适用《民法典》婚姻家庭编、合同编关于赠与的规则,以达至公平和统一裁判尺度的目的。

关键词　父母为子女出资购房　法律推定　赠与关系　赠与规则展开　裁判尺度

受中国传统家庭伦理观念的影响,父母为经济能力相对薄弱的子女出资购房的现象非常普遍。由于传统婚姻家庭生活关系的不断改变、夫妻自我意识和权利意识的不断加强,父母为子女出资购房在夫妻离婚时容易发生纠纷。《民法典》婚姻家庭编及《婚姻家庭编解释一》,在一定程度上为解决此类纠纷提供了基本裁判依据。但是,父母为子女出资购房的现实情况

* 李洪祥,吉林大学法学院教授、博士生导师,中国法学会婚姻家庭法学研究会副会长,研究方向:民法学、婚姻家庭法学;陈凤,吉林大学法学院2021级民商法学博士研究生,研究方向:民法学,婚姻家庭法学。

错综复杂,各地人民法院在实际裁判过程中仍然常常出现同案不同判现象,其问题根源在于父母为子女出资购房的定性问题仍未明确。为子女出资购房行为的定性是解决这类纠纷的一个最重要的节点,若这个节点不明晰,司法裁判中的同案异判现象不会鲜见。目前,父母为子女出资购房所形成的法律关系的定位,主要有两种基本理论,分别为借贷说和赠与说。对此,有必要深入探讨此问题,为公平解决夫妻双方及其父母的财产权利纠纷提供基本理论依据。

一、借贷说的不足:将父母为子女出资购房推定为借贷的合理性与适法性均存质疑

司法实践中经常会采用借贷说。部分人民法院在审判实际中为了平衡各方利益,往往在出资不明时认定父母的出资行为是借贷行为,认为双方形成借贷关系。[①] 借贷说主张界定成借贷关系,子女即负有等价偿还借款的义务,可以在客观上达到保护出资父母一方财产权的法律效果。然而,以借贷说作为父母为子女出资购房定性的解释进路是否具有实质意义上的合理性?答案是否定的,借贷说与《民法典》婚姻家庭编以及相关司法解释规定不一致,不具有适法性。同时,借贷说存在价值取向和价值判断上的偏离,不能以牺牲子女配偶利益和否定婚姻关系为代价保护出资父母的利益,不具有合理性。具体来讲,有以下五个方面:

第一,借贷说的底层逻辑无法作为解决父母为子女出资购房纠纷的适用准则。借贷说的底层逻辑是以财产来源作为判断父母出资归属的依据,在该逻辑下,财产从出资父母处来,出资父母为原所有权人,那么理应回到出资父母处。此规则完全符合财产法逻辑下的市场理性,但却有违中国传统家事习惯和社会常理观念,忽视了婚姻家庭财产关系的身份属性。父母为子女出资购房而产生的权属纠纷问题属于夫妻财产关系领域,具有身

① 关于父母为子女买房的出资是借贷还是赠与,各地人民法院裁决结果不尽相同,在绝大多数案件中,法院确认其为借贷关系,仅个别法院认定为赠与。参见蒋月编著:《中华人民共和国婚姻法评注·夫妻关系》,厦门大学出版社2021年版,第252页。认定父母为子女出资为借贷行为的案例较多,如四川省高级人民法院(2017)川民申4120号民事裁定书、辽宁省沈阳市中级人民法院(2019)辽01民终10996号民事判决书。

份属性。因此,应当更多地以“家庭伦理人”视角,去综合考量婚姻家庭、身份属性,而非以“市场理性人”角度仅去关注财产的来源及其转移问题。

第二,借贷说不符合借贷合同成立的基本要件。有学者指出,在出资父母没有明确赠与意思表示时,若其与子女独立生活,认定为借款关系更为合理,否则是对当事人自由意志的任意歪曲。[①] 借贷是一项民事法律行为,借贷民事法律关系成立并生效的一个重要条件就是借贷双方当事人意思表示自由、真实并达成借贷合意。然而出资父母在出资时往往没有借贷的主观意思,也没有明确的借贷意思表示,双方并没有达成借贷关系的合意,不具备成立借贷关系的意思表示要件。

第三,父母权益保护理论无法作为适用借贷说的合理依据。如果出资父母在出资之时即明确出资为借贷,子女配偶有权选择拒绝借贷也有权选择向他人借贷。出资父母出资时应当明确而未明确,在子女与其配偶婚姻关系破裂后出资被认定为借贷并要求其偿还,会使子女配偶“被负债”,以子女配偶利益受损为代价保护出资父母权益的做法实有不妥。也有学者指出出资父母出资目的是帮助子女渡过经济困窘期,出资并不是其法定养育义务,而且成年子女对父母有赡养义务,因而定性为借贷更为合理。[②] 诚然,出资父母为子女出资购房不是其法定义务,但是出资父母没有出资的法定义务并不能够直接推断出出资为借贷,亦不能够成为适用借贷说的法理依据和正当性理由,赠与说同样不要求赠与方与受赠方之间存在法定义务。出资父母赠与子女出资虽非系法定义务,但更符合道义选择、更符合基本事实。同时,《民法典》第 1067 条确实规定了成年子女的赡养义务,《老年人权益保障法》第 14 条第 3 款也规定了子女配偶的协助赡养义务。但是,成年子女赡养义务的履行方式为《老年人权益保障法》第 14 条第 1 款、第 16 条等,并非通过将出资父母未明确的出资定性为借贷的方式履行赡养义务。父母为子女出资购房的定性问题与父母出资是否具有法定义务之间不存在实质

---

① 参见尚晨光主编:《婚姻法司法解释(二)法理与适用》,中国法制出版社 2004 年版,第 78 页。

② 参见朱宁宁:《立法完善出资性质认定规则维护家庭稳定》,载《法治日报》2022 年 9 月 13 日,第 6 版。

意义上的关联性,不能混为一谈。

第四,借贷说与诚实信用基本原则相悖。诚实信用原则要求禁止矛盾行为,破坏相对人的正当信赖并致其受有损害。[①] 出资父母在出资时并未明确提出出资为借款,在子女与子女配偶婚姻关系存续期间不提起诉讼,在子女与子女配偶婚姻关系破裂时却否认出资为赠与的基本事实转而提起诉讼,要求归还"借款",此种行为有违诚实信用原则之嫌较为明显。

第五,借贷说不利于婚姻安全和婚姻家庭的保护。子女与其配偶婚姻关系破裂后,出资父母为维护己方子女利益很有可能与之串通合谋损害子女配偶利益,"丈夫联手婆婆追讨百万元房款"的事件可能会层出不穷。[②] 正如刘某塔、黄某华与被告刘某河、李某民间借贷纠纷案中,刘某河单方后补借条被采信,认定成了借贷关系。[③] 此判决不当地牺牲了子女配偶的利益,出资父母"名利双收",既得"里子"又得"面子"。长此以往,会降低子女配偶对婚姻及家庭的信任程度,不利于夫妻关系和谐长远发展,这与《民法典》婚姻家庭编的立法价值不符。

总之,试图通过借贷说路径去强行解释以保护出资父母利益,只具有形式合理性不具有实质合理性。

二、赠与说的采纳:将父母为子女出资购房推定为赠与的合法性与合理性

从动态的财产法律关系视角分析,父母为子女出资购房为一项民事法律行为,探究其意思表示的真意到底为何,可能存在借贷、代持、赠与等不同答案。为探究真实答案,应当采取作为立法技术的"法律推定"去推断父母出资行为的内心真意。对此,赠与说更具有合法性与合理性,即在婚后父母

---

① 参见王泽鉴:《民法总则》,北京大学出版社 2015 年版,第 533 页。

② 参见章程:《丈夫为独占房产,联手婆婆追讨百万元房款,法院这样判》,载百家号"广州日报"2022 年 8 月 26 日,https://baijiahao.baidu.com/s? id=1742228748662696945&wfr=spider&for=pc。

③ 在原告刘某塔、黄某华与被告刘某河、李某民间借贷纠纷案中,北京市高级人民法院再审判决书中就强调以平衡双方利益为出发点,基于公平理念考量,采信了刘某河的"单方后补借条",认定双方当事人成立借贷关系而不是赠与关系,参见北京市高级人民法院民事裁定书,(2019)京民申2635 号。

为子女出资购房未明确做出出资为何种性质的意思表示或者约定出资的性质不明时,宜推定出资行为的性质为赠与行为。

(一)将父母为子女出资购房推定为赠与性质的合法性

推定赠与关系于法有据,符合《民法典》第1062条、第1063条以及《婚姻家庭编解释一》第29条的规定。

1. 底层逻辑梳理:父母为子女出资购房定性的立法回应

赠与说的法理与法定夫妻共同财产制适用的法理一致。在法定夫妻共同财产制下,在婚姻关系存续期间夫妻双方既要共享利益,也要共担责任,这意味着婚后所得在无特殊规定的情况下应当由夫妻双方共同所有。《民法典》婚姻家庭编第1062条、第1063条在继受2001年《婚姻法》(已失效)第17条、第18条基础上,规定我国夫妻财产关系为法定夫妻共同财产和个人特有财产,其中《民法典》婚姻家庭编第1062条第1款第4项规定明确了除本法第1063条第3项规定外,受赠的财产为夫妻共同财产。夫妻财产关系是指以配偶身份为前提而派生出来的财产权利和义务,具有直接经济内容,[①]夫妻财产关系的变化需要依附于夫妻人身关系。共同财产制的特质,乃是以道义的理想主义为基础,同时兼顾实际的婚姻生活。[②] 法定夫妻共同财产制的背后逻辑是基于夫妻身份关系而非"贡献理论",前者与维护婚姻关系持续和稳定的立法导向一致,能够引导婚姻双方当事人在尊重个体人格独立的前提下,以婚姻家庭为重,彼此互帮互助,维护婚姻关系持续稳定。夫妻在婚后所得财产区分父母给付时适用的法理应当与我国夫妻共同财产制所适用的法理具有一致性、与婚姻关系的形成基础具有协调性。申言之,夫妻共同财产制基于夫妻紧密的身份关系,内在地要求在婚姻关系存续期间所得"财产"的范围在没有赠与人特别明示的情形下,应当包括夫妻双方或者单方从父母处受赠的房产。

---

① 参见蒋月编著:《中华人民共和国婚姻法评注·夫妻关系》,厦门大学出版社2021年版,第3页。

② 参见余延满:《亲属法原论》,法律出版社2007年版,第266页。

2. 历史演进:父母为子女出资购房定性的司法回应

最高人民法院前后出台的三部婚姻法司法解释均有涉及父母为子女出资购房性质和产权归属问题,三部司法解释规定的推定规则各有不同,但均对赠与说予以肯定。

第一,《婚姻法解释二》的不周延,以赠与说为基础,以婚姻缔结时间作为推定产权归属的考量因素。《婚姻法解释二》第22条采纳赠与说观点,规定了父母为子女出资购房行为的性质应当推定是赠与而非借贷,此时解释对象针对的是出资款。同时,在未明确表示赠与对象时,父母为子女出资购房产权归属的考量因素为婚姻缔结时间,赠与发生在婚前的,推定“出资”的赠与对象为自己子女一方;赠与发生在婚后的,推定为赠与夫妻双方。然而,由于我国特殊的历史文化传统因素的影响,出资父母在出资时往往不愿意明示真实赠与对象,导致赠与的外观意思表示与内心真实意思可能存在不一致。根据《婚姻法解释二》确定的司法裁判规则,如果推定出资父母购房款是赠与子女及子女配偶的,则可能会违背出资父母的出资真意,在“闪婚闪离”“借婚姻诈骗”等场域下,无法保护出资父母的合法利益,《婚姻法解释二》尚不能称为完全周延。

第二,《婚姻法解释三》的贡献,以赠与说为基础,尝试探究出资父母默示的意思表示。《婚姻法解释三》第7条在赠与说的基础之上,将解释对象转向父母出资所购房屋产权的归属。《婚姻法解释三》第7条试图通过对父母出资购买的房屋归属问题作进一步解释来补救《婚姻法解释二》第22条确定的推定规则可能违背出资父母真意的问题。《婚姻法解释三》分为两款,分别以不动产物权变动规则和按份共有理论为依据,希望通过运用财产法规则使父母为子女出资购房的产权归属问题的解决达到公平和效率。①然而《婚姻法解释三》第7条自出台以来在理论界和实务界备受争议,根据产权登记主体的差异以及出资情况推定房屋的产权归属主体的规定受到一

① 参见李洪祥:《亲属法规则财产法化趋向论》,载《求是学刊》2016年第4期。

定质疑[①]。《婚姻法解释三》第7条第1款细化父母为子女出资所购房屋的产权主体推定规则,通过房屋产权登记簿的外观登记权利人推定赠与人实施赠与行为的默示意思表示。然而,不动产权利证书的登记权人并不一定总是赠与人的真意,二者也不总是具有事实上的因果关系,当二者不一致时,此种推断方式可能会使司法工作者产生误判。因此,将产权登记主体与赠与人的真意相关联的推定规则存在逻辑上的不周延,应予摒弃。

第三,《婚姻家庭编解释一》的补充和完善,以赠与说为基础,强调尊重出资父母明示的意思表示。《婚姻家庭编解释一》整合了《婚姻法解释二》以及《婚姻法解释三》等司法解释的规定,关于父母为子女出资购房的性质和产权归属问题规定在第29条,继续采纳赠与说的观点。其中,第2款增加了尊重当事人意思自治的表述,补充完善了《婚姻法解释二》第22条第2款的规定,明确当事人可以事先约定出资性质以及产权归属,并依约定处理纠纷问题。《民法典》婚姻家庭编以及本条第2款的规定完全尊重了出资父母表达真实意愿的权利,并未在事实上剥夺出资父母的权利。若出资父母出于祝福子女婚姻幸福、博取美名等原因,不愿意捅破是赠与或者借贷这层“窗户纸”,不在合同中事先约定,应当明示出资是赠与还是借贷而未明示,那么出资父母就应当预见其未明示出资行为可能产生的不利己的法效果,立法重视保护出资父母(赠与人)的合法利益无可厚非,但是该保护应当是有限度的。出资父母(赠与人)在子女婚后出资时应作出明确意思表示而不表示,就等于放弃了明示的权利,希望保持行为的模糊性,而法律规制又明确了这种模糊的法律后果,这对于净化婚姻家庭伦理是有益的。

综上,三部婚姻法司法解释无论是针对出资父母的出资款抑或房屋,均

① 《婚姻法解释三》自出台以来争议不断,不同学者各抒己见:反对的学者如强世功学者批评市场经济中的弱肉强食逻辑被引入到婚姻家庭法,最终摧毁的无疑是家庭本身。参见强世功:《司法能动下的中国家庭——从最高法院关于〈婚姻法〉的司法解释谈起》,载《文化纵横》2011年第1期;艾佳慧学者从审判公平角度对该解释第7条展开批评,认为这种“一刀切”的司法解释很可能既不公平又很难实现婚姻法保护妇女儿童权益的立法目标。参见艾佳慧:《要“一刀切”的司法解释还是要类型化的判例制度——对〈婚姻法《解释三》〉第7条的批评》,载《法学》2012年第1期。相比之下,赞成的学者如李拥军学者认为该解释第7条值得肯定,因为其不是一味地坚持婚姻法中夫妻共同财产制原则,而是兼顾到了中国人固有的习惯和既有的民间伦理。参见李拥军:《当代中国法律对亲属的调整:文本与实践的背反及统合》,载《法制与社会发展》2017年第4期。

采用了赠与说的观点,差别仅在于推定出资父母意思表示的解释不同,赠与说具有适法性。诚然,《婚姻家庭编解释一》第29条保留《婚姻法解释二》第22条第2款的规定后,在实际适用过程中,仍然会存在父母为子女出资购房的性质及产权归属纠纷等难以解决的问题,法官在实际裁判中在面临子女配偶与出资父母二者权益保护的"两难"抉择时,依旧缺乏足够坚实的裁判依据。

(二)将父母为子女出资购房推定为赠与性质的合理性

《民法典》婚姻家庭编及司法解释均采取将父母为子女出资购房性质推定为赠与关系的观点。从《民法典》婚姻家庭编立法价值、赠与说适用的法理基础以及我国现实国情角度分析,将父母为子女出资购房的性质推定为赠与关系具有合理性,是应然选择。具体来讲有以下三点原因:

1. 立法价值选择:婚姻家庭利益和个人利益保护

"不知法之义而正法之数者,虽博,临事必乱。"解决父母为子女出资购房的定性问题不能局限于规范条文,更要结合《民法典》婚姻家庭编的立法价值选择去综合考量。不同于《民法典》其他各编具有鲜明的财产法色彩,婚姻家庭编具有鲜明的人身法属性。其一,婚姻家庭编的调整对象具有家庭伦理性和情感性。与财产法关系可由行为人依法创设有所不同,亲属身份关系的本质是以人伦秩序为基础,而人伦秩序在法律对其规范之前便已经存在,具有事实先在的性质。[①] 正如黑格尔强调要将婚姻界定为具有法的意义上的伦理性的爱并反对将婚姻单纯地视为民事契约一样,[②]家庭领域的伦理性是使《民法典》婚姻家庭编相对独立于《民法典》其他各编的重要因素之一。家庭领域的伦理性、情感性使家庭领域的财产关系不能仅考虑财产法上的得失,在一定程度上,不利后果的承担对净化婚姻家庭伦理是有好处的。其二,婚姻家庭编的立法价值具有独特性。根据《民法典》第1077条规定的婚姻冷静期、第1092条婚内析产等制度的规定,不难推断出我国是以稳定婚姻家庭关系为核心价值引导婚姻家庭立法的。在处理父母为子女出资

---

① 参见余延满:《亲属法原论》,法律出版社2007年版,第45页。

② 参见[德]黑格尔:《法哲学原理》,范扬、张企泰译,商务印书馆1961年版,第201页。

购房的定性和产权归属问题时,必须强调要在保障婚姻自由的前提下适当地增加离婚成本,降低离婚率,维持婚姻关系的持续和稳定。《民法典》婚姻家庭编的立法价值在实现过程中,不可避免地要讨论夫妻个人财产保护与婚姻家庭共同财产保护的关系。随着社会经济发展,婚姻关系当事人的个体经济独立意识增强,但也不能因此而忽略婚姻家庭整体。如《瑞士民法典》的编纂采用了"个人主义"价值取向,但也同时注重婚姻家庭的整体利益,该法典第二编亲属法下单设家庭共同体(Familiengemeinschaft)一章,该章下设三节分别为帮助义务、家长权、家庭的财产。在婚姻家庭领域适度保护婚姻一方当事人利益无可厚非,但是若彻底贯彻独立自由与"利己"的经济理性,不仅不能保护个体的财产权益,反而可能造成个体权利的滥用,"损人不利己"。[①] 正如史尚宽先生所言,亲属法的个人主义色彩较为淡薄,其常常考虑的是婚姻家庭整体的利害祸福。[②] 现阶段,从婚姻家庭的使命、家庭社会功能的兴衰和社会实际需要来看,《民法典》婚姻家庭编立法是在兼具尊重夫妻个体的前提下,采取保护婚姻家庭关系和谐稳定的立法价值取向。[③] 将婚姻家庭编的立法价值运用到解决父母为子女出资购房的性质界定和产权归属问题上,一方面,要尊重夫妻个体价值,精细厘定夫妻各方的财产权利,改变法定夫妻财产制的相关法律规范长期以来因过于偏重道德伦理价值而导致理性化不足的问题。[④] 另一方面,应明确夫妻结婚的目的是要组建一个和谐、稳定、美满的幸福家庭而非获得个人利益最大化,要充分考虑夫妻、家庭的价值,不能仅考虑物质计算,否则可能会使婚姻家庭沦为物质计算的工具,导致家庭财产走向资本化、货币化。[⑤]

---

① 参见杨大文:《略论婚姻财产关系法律调整的价值取向——由婚姻法司法解释(三)引起的社会反响谈起》,载《中华女子学院学报》2011 年第 6 期;参见李洪祥:《夫妻共同债务制度》,社会科学文献出版社·集刊分社 2021 年版,第 209 页。

② 参见史尚宽先生认为亲属法以夫妻、亲子等超越个人的结合团体为规制对象,常考虑全体的利害祸福,故个人主义色彩较为稀薄。参见史尚宽:《亲属法论》,中国政法大学出版社 2000 年版,第 5 页。

③ 参见李洪祥:《论我国民法典立法之亲属法体系构建的价值取向》,载《社会科学战线》2012 年第 12 期。

④ 参见冉克平:《夫妻团体财产与个人财产的法理构造》,载《法制与社会发展》2019 年第 5 期。

⑤ 参见曹贤信:《亲属法的伦理性及其限度研究》,群众出版社 2012 年版,第 6 页。

综上考虑,赠与说符合婚姻法的立法价值选择。首先,将父母为子女出资购房行为推定为赠与,有利于维护婚姻关系的和谐稳定,与《民法典》婚姻家庭编的立法价值一致,更为注重人身属性、婚姻家庭领域的伦理属性。其次,在婚姻家庭领域内,个体独立自由是完全具有正当性的,但是该自由是有边界的,否则不利于婚姻家庭关系和谐稳定的立法价值的实现。因而将父母出资购房认定为借贷必须有前提条件,即借贷双方需要存在明确的借贷合意,如果双方没有达成借贷合意,宜推定成立赠与关系。

2. 婚姻关系的本质:夫妻身份关系

身份法和财产法两者之间的关系并非泾渭分明,在婚姻家庭领域两者的交叉融合关系更为突出。"夫妇者,本非骨肉之亲,而配合以后,苦乐与共,休戚相关,遂为终身不可离之伴侣。[①]"男女缔结婚姻形成配偶,也称夫妻,是共同生活的伴侣,更是一种身份关系。夫妻财产法规则的设定必须考虑其自身存在的特性——不可忽视的身份性。[②] 夫妻个人处于夫妻身份关系之中,夫妻财产又处于家庭伦理关系之中,其性质、功能和运行制度规则不同于普通的财产关系。[③] 夫妻共同共有财产与纯经济团体如合伙企业、公司等的财产相比具有显著差别:夫妻形成的基础是人身关系,但是纯经济团体则是建立在财产关系之上,其性质会随着财产关系的变化产生相应改变。夫妻关系不能等同于合伙关系,夫妻财产也不能等同于合伙财产,夫妻债务同样不能等同于合伙债务。[④] 随着社会经济发展,我国传统的家庭同居共财制被夫妻财产制取代,夫妻关系的内部特点为夫妻一方在保持利己思想的同时还会去考虑夫妻共同体成员的精神状态或物质利益[⑤]。夫妻双方对所得财产形成以人身关系为基础的共同共有关系,财产关系随着身份关系的变化而改变。

---

① 高平叔编:《蔡元培全集》(第 2 卷),中华书局 1984 年版,第 201 页。

② 随着多元价值观的强力渗透,我国传统家庭伦理文化受到前所未有的挑战。因此,必须要防止婚姻家庭法进一步向一般财产法趋同,需要给予夫妻身份关系以足够的关注。参见李拥军:《我们期待着属于中国的家庭法》,载《法制与社会发展》2019 年第 4 期。

③ 参见童列春:《身份权研究》,法律出版社 2018 年版,第 256 页。

④ 参见李洪祥:《〈民法典〉夫妻共同债务构成法理基础论》,载《政法论丛》2021 年第 1 期。

⑤ 参见金眉:《婚姻家庭立法的同一性原理——以婚姻家庭理念、形态与财产法律结构为中心》,载《法学研究》2017 年第 4 期。

从婚姻关系的本质来看,父母为子女出资购房同样宜推定为赠与。赠与说是以夫妻人身关系为判断标准的,[①]夫妻财产关系的形成依附于夫妻人身关系,原则上,婚姻关系存续期间所得财产因夫妻人身关系的存在而理应归夫妻共有。赠与说适用的法理与我国夫妻共同财产制所适用的法理一致,将父母为子女出资购房的性质推定为赠与具有合理性。

3. 现实国情:代际传承的历史文化传统

赠与说符合我国现实国情和普通民众的习惯做法。在我国,民众的意识中一直存在着"生存繁衍原则"[②],在该原则之下,牺牲自己成全后代是极为正常的。基于此,一个不可否认的社会现实就是出资父母在出资时内心的真实意思,往往是出于血缘亲情乃至代际传承,自愿出资为子女购置房产用以改善子女生活居住条件、减轻生活压力。在这个过程中,出资父母(赠与人)与受赠人之间不存在对价性,符合赠与的非利己性特点。同时,出资父母在出资时往往不持有要求子女及子女配偶偿还的主观意思,符合赠与的无偿性特点。

三、附负担赠与说的排除:附条件或者附义务赠与情形有违婚姻自由原则

赠与说虽然在法理上符合了婚姻法的立法价值、契合了夫妻人身和财产关系的实质要求,但是在适用到司法裁判过程中仍然会产生一系列问题亟待解决。譬如,无法将赠与双方当事人的人身情感纠葛纳入其调整范围,因而司法实践中会出现下述情形:出资父母将几十年攒下的积蓄为子女出资购房,最后却因子女婚姻关系破裂而被分割,更是有一部分投机取巧者假借婚姻之名攫取利益,使出资父母苦不堪言,甚至生活陷入困境,这显然与婚姻立法的初衷背道而驰。对于上述问题的解决方式,司法实践中采取的借贷说与法理相背离,进而部分学者尝试从法学理论角度探求解决方案,如将父母为子女出资购房行为定性为赠与的亚类型——附负担赠与(包括附

---

① 判断夫妻共同财产性质的标准具有多样性,譬如以财产的形成时间为标准,以财产是否具有特定人身性质为标准,以财产来源为标准,以财产用途为标准以及以夫妻身份关系为标准。参见李洪祥:《我国民法典立法之亲属法体系研究》,中国法制出版社 2014 年版,第 169 页。

② 李银河、陈俊杰:《个人本位、家本位与生育观念》,载《社会学研究》1993 年第 2 期。

条件赠与、附义务赠与)。[①] 然而,父母为子女出资购房的行为是无负担的无偿赠与,附条件赠与说与附义务赠与说都是违反婚姻自由价值的,不具有适法性,应当排除。

(一)附条件赠与说的排除

赠与可以附生效或失效条件,将附条件赠与说运用到解决父母为子女出资购房纠纷中是一个有益探索,这一点值得肯定。然而,问题焦点在于附条件赠与所附条件是"保持子女婚姻幸福持续"该条件是否具有法律上的正当性还有待斟酌。父母为子女出资购房一般都是以子女的根本利益为出发点,将购房款赠与给子女及其配偶也是为了保证己方子女婚姻幸福、家庭幸福。若是子女与其配偶的婚姻关系不再持续,那么与之对应的是出资父母就会主张撤销赠与。然而,附条件赠与所附条件必须具有适法性,"保持子女婚姻幸福持续"条件的实质为"不离婚",违反了法律强制性规定。我国强调要保障婚姻自由,任何人不得以直接或间接方式妨碍结婚自由或离婚自由,以"不离婚"作为赠与附的条件可能会不当地限制婚姻自由,与《民法典》婚姻家庭编的发展方向相背离。此外,在附条件赠与中,如果条件的发生只依赖于(行为)参与者一方的自由决定,则可称该条件为"任意条件"(Potestativbedingung)。[②] 当前,各国婚姻家庭立法都倡导离婚自由,我国也不例外。离婚的原因由过错主义转向破裂主义,离婚变得容易的同时,意味着赠与方与其子女串通就可以达到损害子女配偶合法权益的目的。

综上,附条件赠与理论虽然不失为解决赠与说弊端的一个有益探索,但是因所附条件的性质不具有适法性而导致附条件赠与无效,应予排除。

(二)附义务赠与说的排除

父母为子女出资购房可以定性为《民法典》第 661 条附义务赠与,所附

---

① 参见四川省江油市人民法院(2013)江油民初字第 3855 号民事判决书、河南省洛阳市洛龙区人民法院(2018)豫 0311 民初 2744 号民事判决书、北京市昌平区人民法院(2018)京 0114 民初 18467 号民事判决书、大连高新技术产业园区人民法院(2021)辽 0293 民初 2667 号民事判决书、辽阳县人民法院(2021)辽 1021 民初 677 号民事裁定书。

② 参见[德]卡尔·拉伦茨:《德国民法通论》,王晓晔、邵建东等译,法律出版社 2003 年版,第 686 页。

义务一般应当是子女及其配偶的积极赡养义务。[①] 然而,附义务赠与说存在以下问题,首先,附义务赠与说存在与附条件赠与说同样的问题,即因不当地干涉婚姻当事人的婚姻自主权而无效。其次,附义务赠与说不具有实操性。附义务赠与所附义务的履行方式、履行时间难以判定,换言之,附义务赠与关系中所附义务到底该如何界定以及如何认定受赠人未履行或未全面履行义务?子女及其配偶履行积极赡养义务可能并不仅体现在父母年老体弱的时候,在日常生活中子女及其配偶可能同样会履行积极赡养义务,并不一定要等到出资父母年迈体弱。在日常经济生活中,子女及其配偶对出资父母在经济供养、生活照料上都是履行不同方式的赡养义务,这些义务的履行会导致子女及其配偶共同财产的减少。同时,子女及其配偶付出时间、精力、情感同样是一种赡养。

所以,赠与附义务说的观点虽然具有可取之处,但是不具有司法实践意义上的可行性,所附义务又因不具有适法性而无效,应当排除。

四、以推定赠与为基础的裁判规则的展开

鉴于借贷说、附条件和附义务赠与说在尝试解决父母为子女出资购房纠纷的不适法性,笔者建议,在司法裁判中,直接适用《民法典》婚姻家庭编第 1062 条、第 1063 条,《婚姻家庭编解释一》第 29 条的规定,以及合同编第 657 条至第 666 条赠与合同规定。人民法院应当在出资父母无明确的意思表示时,推定父母为子女出资购房的性质为赠与。同时,允许当事人提供反证推翻赠与推定,在当事人未能举出反证或者反证不足以推翻赠与推定时,才能以推定的赠与作为裁判根据。父母为子女出资购房纠纷属于家庭财产权属的变动,往往涉及身份正义的实现和家庭不当行为的矫正,此功能扎根于传统文化,体现了民众朴素正义观,司法要给予尊重。基于此,以赠与说为基础的裁判规则应当在尊重赠与诚信原则的同时,考虑适用赠与效力规则、赠与撤销规则以及虚伪表示规则。

---

① 参见云南省玉溪市中级人民法院(2020)云 04 民终 99 号民事判决书、广西壮族自治区梧州市中级人民法院(2021)桂 04 民终 118 号民事判决书、河北省张家口市中级人民法院(2021)冀 07 民终 756 号民事判决书。

(一)赠与诚信原则

诚实信用原则作为民法基本原则规定在《民法典》总则编第 7 条,诚实信用原则属于强行性规范,赠与双方当事人不得通过约定方式排除或规避该原则的适用。① 诚信是我们这个时代最重要的合同问题。② 将诚实信用原则具体应用到解决父母为子女出资购房纠纷中,是指赠与关系一经成立并生效,便对赠与双方当事人产生法律上的约束力,禁止矛盾行为,任何一方不可以出尔反尔随意撤销或改变。出资父母(赠与人)需要遵守赠与诚信原则,恪守承诺,按照出资本意履行赠与义务,切实保护受赠方因赠与关系而产生的信赖利益。违背赠与诚信原则的赠与人,需要承担相应的不利后果。遵守诚实信用原则是成熟的合同法所必须追求的目标。③ 如砖瓦之于高楼大厦,婚姻家庭领域的诚信问题事关中国社会诚信体系建设,必须予以重视。④

(二)赠与效力规则

婚后父母为子女出资购房的,依照《婚姻家庭编解释一》第 29 条第 2 款确定的规则处理。有约定的,尊重当事人的意思自治,按照约定处理。没有约定的,推定为成立赠与合同关系,受赠子女与其配偶对受赠财产共有。赠与合同关系具有严格的法律约束力,在除具有救灾、扶贫等公益、道德义务性质或者经过公证的赠与合同为实践性合同以外,一般是诺成性合同。若无其他效力瑕疵,因父母为子女出资购房形成的赠与合同自父母与子女及子女配偶达成赠与合意时成立,赠与合同成立并生效以后,非经法定情形不得撤销。

---

① 参见杨立新:《民法总则》,法律出版社 2013 年版,第 111 页。

② See Woo Pei Yee, *Protecting Parties'Reasonable Expectations*: *A General Principle of Good Faith*, 1 OXFORD U. COMMW. L. J. 195 (2001).

③ See *The Role of Good Faith and Fair Dealing in Contract Law*: *A Hair – Shirt Philosophy*, 6 DENNING L. J. 131 (1991), p. 131.

④ 诚实信用原则关乎一个时代、一个国家、一个法律系统对人性的基本认识和基本态度。参见郑强:《合同法诚实信用原则研究:帝王条款的法理阐释》,法律出版社 2000 年版,第 2 页。

(三)赠与撤销规则

赠与具有无偿性。父母为子女出资购房可能出于多种原因,但是法律无论赠与人出于何种动机,只要契约内容是无偿的,就认定为赠与。[①] 赠与的无偿性使赠与人的利益保护被放在了突出位置,根据《民法典》第 658 条和第 663 条的规定,赠与人享有两种撤销权,一为任意撤销权,二为法定撤销权。我国采用的是"契约 + 非要式 + 任意撤销权"构建赠与合同的效力模式,赠与人不仅有法定撤销权而且有特定条件下的任意撤销权。[②]

第一,任意撤销权。在赠与合同未履行前,因受赠人不享有效力完整的债权,赠与人可以任意撤销;在赠与合同履行完毕后,受赠人取得了所有权,此时赠与人不再享有任意撤销权,只享有法定撤销权。当前,各国均着重强调对赠与方的利益保护,因为不附负担赠与合同的受赠人是纯获利益的,赠与方财产减少,受赠方财产消极增加。加强对赠与人的利益保护无可厚非,但是并不意味着可以忽略受赠人的利益。受赠人在赠与关系中享有期待利益、信赖利益以及对赠与标的的权利。[③] 为保护受赠人的利益,赠与人在行使任意撤销权时需要有一定的限制,即父母为子女出资购房与子女及其配偶形成赠与合同关系且在赠与财产发生转移诸如办理不动产登记等情况下,不得任意撤销。

第二,法定撤销权。法定撤销权源于罗马法,由优士丁尼创设。法定撤销权规定在《民法典》第 663 条,当受赠人有"忘恩负义"行为时,赠与人即可行使法定撤销权,撤销赠与。由于《民法典》婚姻家庭编及《婚姻家庭编解释一》持有的观点都是婚后父母的赠与,推定受赠对象为子女及子女配偶双方。作为受赠对象的子女及子女配偶如果实施了《民法典》第 663 条中规定

---

① 参见[日]我妻荣:《我妻荣民法讲义:债权各论》(中卷一),徐进、李又又译,中国法制出版社 2008 年版,第 3 页。

② 关于赠与效力模式的构建,我国采用了"契约 + 非要式 + 任意撤销权"的模式,而法国、德国采取的是"要式 + 例外的要物"的模式。参见李永军:《"契约 + 非要式 + 任意撤销权":赠与的理论模式与规范分析》,载《中国法学》2018 年第 4 期;张谷:《民法典合同编若干问题漫谈》,载《法治研究》2019 年第 1 期。

③ 参见白纶:《〈民法典〉无偿合同规范模式研究——以赠与及间接赠与的法律规制为中心》,载《中国政法大学学报》2020 年第 1 期。

的法定情形时,出资父母即可基于法定撤销权主张撤销赠与。

(四)虚伪表示规则

虚伪表示规则可以分为两类,一为真意保留(亦称单方虚伪表示),二为通谋虚伪表示。具体到父母为子女出资购房纠纷中,有如下理解:其一,赠与人真意保留,是指表意符号客观上具备效果意义,但表意人赋予表意符号的意义却是“不应该发生此种法律效果”(赠与人的内心真意与外在意思表示不一致),[①]如出资父母出于博取美名、祝福子女与其配偶婚姻幸福等原因而作出的有所保留的意思表示(动机不在考虑之内)。《民法典》对于真意保留的效力未作专门规定,仅在第 146 条规定了通谋虚伪表示无效。借鉴域外法,真意保留的效力判定可因受赠人是否明知而有所差别:当受赠人知道赠与人内心真意的,则表意符号欠缺法效果意义,赠与合同不生效,受赠人不知赠与人内心真意的,表意符号具备法效果意义,赠与人的意思表示具有可归责性,为保护受赠人信赖,[②]赠与合同生效。其二,通谋虚伪表示是指赠与人出于各种原因与受赠人达成合意,对外声称双方形成赠与关系,但对内双方当事人均明知不是赠与,赠与合同无效。[③] 真意保留与通谋虚伪表示规则反映到父母为子女出资购房纠纷中,最大的区别在于出资父母(赠与人)与子女及子女配偶(受赠人)是否达成虚伪合意。概言之,出资父母在出资时明知欠缺与子女及配偶达成赠与关系的效果意思而做出赠与决定时,双方能否形成赠与关系关键要看受赠子女及其配偶是否明知,若受赠子女及其配偶明知出资真意,则按真意发生效力,否则按照外观表示意思发生效力。

五、结语

国之本在家。婚姻家庭的稳定持续是国家和社会稳定发展的前提和基础。夫妻、家庭关系中最重要的一项就是夫妻财产制度,在夫妻财产制度中,

---

① 参见杨代雄:《法律行为论》,北京大学出版社 2021 年版,第 266、267 页。

② 参见[日]山本敬三:《民法讲义Ⅰ:总则》,解亘译,北京大学出版社 2004 年版,第 103 页。

③ 通谋虚伪表示无效,此规定有利于表意人而不利于受领人是合理的,因为该意思表示是受领人与表意人通谋,因此受领人是不值得保护的,参见[德]汉斯·布洛克斯、[德]沃尔夫·迪特里希·瓦尔克:《德国民法总论》(第 33 版),张艳译,中国人民大学出版社 2014 年版,第 242 页。

争议较大也是产生纠纷最多的一个问题就是父母为子女出资购房的性质问题。关于婚后父母为子女出资购房的性质,最高人民法院的司法解释已有比较明确的规定,从静态的财产关系观察就是赠与关系;如果从动态的财产关系观察,父母出资是一种法律行为,若探究意思表示的真意,可能有不同的解,借贷、代持、赠与等。对此,法律和司法解释没有具体规范,需要采取作为立法技术的"法律推定"来明确。在父母为子女婚后出资,房产已经购置完成,登记在子女名下并且没有约定出资性质或者约定出资性质不明时,不宜推定父母出资为借贷,借贷是双方都有权利义务的行为,等于子女配偶在不知情的情况下就承担了义务,于法不合。附负担赠与由于违反婚姻自由原则也是不能成立的。因此,将父母为子女出资购房性质推定为赠与更加符合法律、法理,当然也符合社会生活事实。至于推定为赠与可能产生的利益失衡问题应当通过其他途径解决,而不是通过改变行为的性质来实现。同时,解决父母为子女出资购房的裁判规则是赠与规则,赠与规则必须强调以诚信为核心,从而为各级人民法院进行司法判决提供一个更为合理的裁判思路,充分发挥法律定分止争作用,进一步维护夫妻财产权益,维护家庭稳定、社会和谐。

父母为子女婚后购房出资性质认定中的法律问题

田韶华　元　泉*

摘　要　在父母为子女婚后购房出资性质的认定中，司法实践存在解决路径上的误用以及忽视性质认定中的利益融合状态的问题。在《婚姻家庭编解释一》第29条第2款适用过程中应准确把握该规范的适用前提，即其仅适用于父母为子女婚后购房出资赠与性质明确但赠与对象不明的情形，将其作为赠与之法律推定规范有失妥当。在父母意思表示不明的情形下，需回归意思表示解释制度对父母的意思予以认定。在意思表示解释过程中要基于家庭的整体性作出利益衡量，根据父母出资的目的将出资认定为特殊赠与或借贷。在将父母出资认定为特殊赠与的情形下，于子女离婚时，有情事变更规则适用的余地。而在将父母出资认定为借贷的情形下，则在所购房屋系夫妻共同房屋时，该笔债务应认定为夫妻共同债务。

关键词　利益衡量　意思表示解释　特殊赠与　借贷　情事变更规则

* 田韶华，河北经贸大学法学院教授；元泉，河北经贸大学2020级民商法专业硕士研究生。

在房价高涨的背景下，子女婚后有购房需求，父母往往会进行出资，但在对出资的性质未予明确的情形下，纠纷便随之产生。为解决此问题，最高人民法院在《民法典》生效前曾先后制定最高人民法院《婚姻法解释二》第22条第2款[①]及最高人民法院《婚姻法解释三》第7条[②]予以规范。《民法典》生效后，前述规定被废止，取而代之的，是最高人民法院《婚姻家庭编解释一》第29条第2款[③]。但从实践来看，上述规定并没有为解决此类问题提供明确的指引，反而引起了司法适用上的分歧。因家庭关系复杂，购房出资金额较大，认定结果究竟为赠与还是借贷对家庭关系当事人利益影响甚大，能否有一个平衡各方利益的方法实有探讨必要。因此本文在考察司法实践的基础上，挖掘实践中的分歧，综述理论观点，剖析父母为子女婚后购房出资中当事人的利益所至，以意思表示解释制度为解决路径，以期能够为相关司法实践提供参考。

一、父母为子女婚后购房出资性质认定中的实务及理论分歧

（一）实务分歧

从司法实践来看，在当事人未对父母为子女婚后购房出资的性质予以明确时，就该行为的性质的认定目前主要有两种不同的观点（这不仅体现在《民法典》实施前，也体现在《民法典》实施后）：一是认定为借贷[④]；二是认定为赠与[⑤]。其中的分歧主要体现在规范适用以及举证责任分配等方面。

就规范适用而言，两种观点的分歧十分明显。具言之，《民法典》生效

---

① 《婚姻法解释二》第22条第2款规定："当事人结婚后，父母为双方购置房屋出资的，该出资应当认定为对夫妻双方的赠与，但父母明确表示赠与一方的除外。"

② 《婚姻法解释三》第7条第1款规定："婚后由一方父母出资为子女购买的不动产，产权登记在出资人子女名下的，可按照婚姻法第十八条第（三）项的规定，视为只对自己子女一方的赠与，该不动产应认定为夫妻一方的个人财产。"

③ 《民法典婚姻家庭编解释一》第29条第2款规定："当事人结婚后，父母为双方购置房屋出资的，依照约定处理；没有约定或者约定不明确的，按照民法典第一千零六十二条第一款第四项规定的原则处理。"

④ 参见北京市高级人民法院（2019）京民申2635号民事裁定书；江苏省宝应县人民法院（2021）苏1023民初885号民事判决书等。

⑤ 参见安徽省高级人民法院（2019）皖民申2255号民事裁定书；天津市第二中级人民法院（2021）津02民终5257号民事判决书等。

前,在“赠与”观点下,《婚姻法解释二》第22条第2款被作为将父母出资推定为赠与的裁判依据。而“借贷”观点下的理解正相反,其认为上述规定仅适用于父母有赠与的意思但赠与对象不确定的情形,并不适用于父母意思表示不明的情形。《民法典》生效后,对于《婚姻家庭编解释一》第29条第2款的理解,同样存在上述分歧。

就举证责任分配而言,在“赠与”观点下,根据一般的举证责任分配原则——谁主张,谁举证,由出资方,即父母承担举证责任,举证不能时,承担不利后果。而在“借贷”观点下则根据最高人民法院《关于审理民间借贷案件适用法律若干问题的规定》第16条①及《民事诉讼法解释》第109条②的规定,原告仅进行初步举证即可,然后将举证责任转移至被告方,而被告方(主张存在赠与关系一方)对于赠与则承担较高的证明责任。

(二)理论争议

在父母意思表示不明的情形下,学界关于父母为子女婚后购房出资性质的认定主要有以下三种观点:

一是赠与说。认为父母出资系基于亲情自愿为子女购房出资的赠与行为。至于原因,有的学者认为从社会常理出发,父母将资金借给子女买房的概率远远低于父母将资金赠与子女买房的概率。③ 有的学者认为将出资认定为对夫妻双方的赠与,能够起到对女方在婚姻前期家庭事业上投入的大量特定资产的保护。④ 在法律适用上,该观点认为《婚姻法解释二》第22条第2款中的“应当认定”,系在父母意思表示不明的情形下,从社会常理出

---

① 参见最高人民法院《关于审理民间借贷案件适用法律若干问题的规定》第16条规定:“原告仅依据金融机构的转账凭证提起民间借贷诉讼,被告抗辩转账系偿还双方之前借款或者其他债务的,被告应当对其主张提供证据证明。被告提供相应证据证明其主张后,原告仍应就借贷关系的成立承担举证责任。”

② 《民事诉讼法解释》第109条规定:“当事人对欺诈、胁迫、恶意串通事实的证明,以及对口头遗嘱或者赠与事实的证明,人民法院确信该待证事实存在的可能性能够排除合理怀疑的,应当认定该事实存在。”

③ 参见吴晓芳:《〈婚姻法〉司法解释(三)适用中的疑难问题探析》,载《法律适用》2014年第1期。

④ 参见艾佳慧:《要“一刀切”的司法解释还是要类型化的判例制度——对〈婚姻法《解释三》〉第7条的批评》,载《法学》2012年第1期。

发,推定为赠与。①

二是借贷说。认为父母为子女婚后购房出资应认定为借贷。其理由主要是认为父母并没有为子女婚后购房出资的道义及法律义务。考虑对父母利益的保护,应当认定为借贷,而不能推定为赠与。否则不但是对当事人自由意志的任意歪曲,也不利于保护父母的合法利益。② 在法律适用上,该观点认为《婚姻法解释二》第22条解决的是赠与对象不明的问题,而非出资性质问题,故不能作为认定出资性质的依据。

三是家庭共享说,该观点立足于"同居共财"的家产制中的共享理念,认为将父母为子女购房出资行为理解为"赠与"是对延续至今的"同居共财"的家产制中传递家业做法的误解。③ 其中往往会忽视老人基于该财产享有的受赡养的权利。因为"赠与"强调的仅是一种金钱关系,而家产制所涉代际关系、兄弟关系均有对赡养老人的要求,这种要求在"赠与"中难以体现。④ 同理,认定为借贷也会忽视对已经融入家庭的子女配偶利益的保护。

上述观点对解决"父母出资性质"认定的困境进行了有益的探索,各有其合理性,但同时都存在一定的不周延之处。第一种观点看到了子女配偶利益保护的必要性,但忽视了对出资父母利益的保护。第二种观点考虑到对出资父母利益保护的必要性,但忽视了对子女配偶利益的保护。第三种观点在"同居共财"的理念下能够均衡考虑各方利益,但在"家产制式微"的制度背景下,其利益融合的理念如何嵌入民法典制度中值得思考。就此而言,对于父母为子女购房出资性质的认定尚需从法理层面予以剖析。

二、父母为子女婚后购房出资性质认定中的法理梳理

在笔者看来,实务和理论争议的焦点主要涉及三个问题:一是《婚姻家庭编解释一》第29条第2款是否为赠与之法律推定规则;二是出资性质的认

---

① 参见上海市高级人民法院《关于适用最高人民法院婚姻法司法解释(二)若干问题的解答(一)》第五个问题的答案。

② 参见尚晨光主编:《婚姻法司法解释(二)法理与适用》,中国法制出版社2004年版,第78页。

③ 参见赵晓力:《中国家庭资本主义化的号角》,载《文化纵横》2011年第1期。

④ 参见林辉煌:《家产制与中国家庭法律的社会适应——一种"实践的法律社会学"分析》,载《法制与社会发展》2012年第4期。

定系法律问题还是事实问题;三是在出资性质的认定中的利益平衡。下文将对此分别展开分析。

(一)《婚姻家庭编解释一》第 29 条第 2 款是否为赠与之法律推定

如前所述,从法律规范的角度而言,赠与说与借贷说的主要争议点在于《婚姻家庭编解释一》第 29 条第 2 款是否能构成父母出资之赠与性质的法律推定,笔者对此持反对观点。

首先,从规范内容来看,《婚姻家庭编解释一》第 29 条对《婚姻法解释二》第 22 条进行整体保留局部修改,具体表现为将“当事人结婚后,父母为双方购置房屋出资的,该出资应当认定为对夫妻双方的赠与,但父母明确表示赠与一方的除外”改为“当事人结婚后,父母为双方购置房屋出资的,依照约定处理;没有约定或者约定不明确的,按照民法典第一千零六十二条第一款第四项规定的原则处理”。其中,在文义上由“应当……”转变为“依照约定处理……”已经否定了法律推定的构成。

其次,从体系解释的角度来看,《婚姻家庭编解释一》第 29 条第 1 款规定“当事人结婚前,父母为双方购置房屋出资的,该出资应当认定为对自己子女个人的赠与,但父母明确表示赠与双方的除外”。由此可见,其解决的是在父母为子女婚前购房出资能够认定为赠与的情况下,赠与对象的问题。从第 2 款的内容来看其与第 1 款在规则表述上保持了一致,按照体系解释,对其解决的问题也应当作相同理解,即“依照约定”与“没有约定或者约定不明确的”中的“约定”所涉内容应是关于“赠与对象”的约定。此外,从第 2 款所指向的《民法典》第 1062 条第 1 款第 4 项来看,其解决的是在赠与性质明确的情形下,赠与财产的归属问题,而并非出资性质的问题。

最后,从目的解释角度来看,将上述第 29 条第 2 款理解为“法律推定赠与”不合乎民法的私法自治的要求。按照私法自治的要求,每个人都可以依其意思作出行为并同时对自己行为负责,自主决定与自负其责是自由意志的一大根本原则。[①] 行为性质不明及行为所指向的对象不明都会影响到行为人所欲实现的法律行为的效力,而让行为人承担与其意思相悖的法律后

---

① 参见王利明:《民法总则研究》,中国人民大学出版社 2018 年版,第 105 页。

果则与私法自治的目的不符。在出资父母没有赠与意思的情形下推定其有赠与的意思,显然有违出资父母的意思自治。

综上所述,着眼于立法变化,并结合体系解释和目的解释,应当认为《婚姻家庭编解释一》第29条第2款的适用前提为赠与性质明确,但赠与对象不明,非为法律对赠与的推定。而在对出资的性质各方存在争议的情况下,应当将法律关系的性质作为争议焦点进行审理,根据查明的案件事实,准确认定双方的法律关系,不能仅依据上述第29条当然地认为是赠与。①

(二)出资性质的认定:事实问题还是法律问题

事实问题和法律问题是诉讼中的两个基本问题。事实问题系需要通过证据认定,关乎案件真相的问题,法律问题则是在将法律规范用于案件事实予以裁判过程中关乎法律适用的问题。从法院案件审理中可以发现,该类案件中的争议焦点为"父母出资性质的认定",即出资行为究竟为借贷行为还是赠与行为,而将该焦点问题作为事实问题还是法律问题进行处置会产生不同的后果。如果认为属于事实问题,那么当事人需依据实体法律规范提出诉讼请求以及确定证明责任的负担。② 主张借贷关系的当事人需根据《民法典》第667条就作为事实的"借款"进行举证,倘无法就借款事实进行证明使法官形成心证,由此产生的不利结果当然必须由当事人承担。③ 如果认为该问题属于法律问题,则"非属应依当事人提出之证据加以证明的事项,而单纯地属于法院之权衡与判断的事项"。④

对于父母出资性质的认定实属对于合同本质的判断,对此,罗森贝克指出,如果被告对根据借贷提出返还财物之诉提出异议,主张是赠与,在"事实理解无争议"的情况下,当事人对他们之间存在合同关系的法律特征发生争

① 参见郑学林、刘敏、王丹:《〈关于适用民法典婚姻家庭编的解释(一)〉若干重点问题的理解与适用》,载《人民司法》2021年第13期。

② 参见胡学军:《中国式举证责任制度的内在逻辑——以最高人民法院指导案例为中心的分析》,载《法学家》2018年第5期。

③ 参见[日]中村英郎:《新民事诉讼法讲义》,陈刚、林剑锋、郭美松译,法律出版社2001年版,第203页。

④ 参见黄茂荣:《法学方法与现代民法》,法律出版社2007年版,第296页。

议,法官不得以提出法律概念主张加以敷衍,并作出证据调查的决定。[①] 也就是说,合同本质的判断是一个法律问题,法官不得因对法律存有疑问而通过事实问题的解决办法进行处理。而当明确出资性质认定属于法律问题后,举证责任分配与证明责任适用上的问题也转而得到解决。在裁判程序启动后,法院需依法对于父母出资的性质予以认定,这实际上是对父母出资意思表示的解释,而认为解释结果对其不利的当事人必须向法院表明另一种观点是正确的,在有争议的情况下必须对此加以证明。在司法实践中,有的法院以证据不足为由作出驳回诉讼请求的判决。[②] 有的法院通过分配举证上不利后果,作出"认定为借贷"或"认定为赠与"的判决。[③] 这两类判决均属于法官在证据不足的情况下,以事实不清作出的证明责任裁判。而忽视实体法,未从拟适用的实体法规范出发,会导致证明责任的适用伴有前提性错误。

(三)出资性质认定中的利益平衡

上述理论争议绕不开父母与子女配偶的利益冲突。由于无论是父母的利益还是子女配偶的利益均有其合理性,从稳定婚姻家庭,实现家庭正义出发,法律应努力实现二者利益的平衡,而不应将一方利益绝对置于另一方利益之上。但梳理前述裁判结果可以发现,裁判结果——要么认定为借贷以保护父母方利益,要么是认定为赠与以保护配偶方利益,从而形成二元对立。笔者认为形成如此二元对立的原因有二。

一是现行立法和司法实践仅着眼于当事人的个体利益,而忽视从家庭整体出发解决利益冲突。虽然直系姻亲是最为亲近的姻亲关系,在民间习惯上也是互为家庭成员,但现行立法并未将其作为家庭成员对待,相应地,彼此之间也无相应权利义务的规定,这使得父母与子女的配偶看似并无利益关涉。同时,结合姻亲关系因离婚而当然终止的通说观点,似乎司法实践中形成父母与子女配偶利益二元对立为应然结果。

---

① 参见[德]莱奥·罗森贝克:《证明责任论》,庄敬华译,中国法制出版社2018年版,第339页。

② 参见山东省济南市中级人民法院民事判决书,(2018)鲁01民终5088号。

③ 参见四川省绵阳市中级人民法院民事判决书,(2020)川07民终3422号。

二是刚性路径压缩了法官在出资性质认定中的利益平衡的空间。当法官将《婚姻家庭编解释一》第29条第2款认定为法律赠与推定予以适用,则并无法官进行法律评价的空间。倘若将性质认定作为事实问题,当事人需对借贷事实进行举证,抑或通过举证责任转换,由被告就赠与事实举证,在结果上只区分能完成证明责任与不能完成证明责任,对事实问题的解决也无法官利益平衡的空间。由此观之,路径的刚性致使法官在实践中极少进行利益平衡。

三、父母为子女婚后购房出资性质认定的路径:意思表示解释

(一)意思表示解释路径运用的正当性

基于前文分析,笔者认为,法律行为的核心,即意思表示,应在行为性质认定中扮演重要角色,进而应适用意思表示解释制度对父母出资的性质予以认定,其法律依据即《民法典》第142条第1款。意思表示解释路径的正当性可以从以下三个方面予以证成。

首先,父母出资性质认定问题属于意思表示解释制度发挥作用的领域。“解释”的原因系对“无生命字符”理解的多义性。① 而这种理解多义性又是不可避免的。因为这种多义性根源于语言乃一种不断变化着的、具有适应能力的、常常充满歧义的表达工具。② 意思表示解释制度恰是解决意思表示歧义的重要工具。其任务之一即明确表示行为的意义。在父母未明确表示出资为赠与还是借贷时,恰恰需要通过意思表示解释来明确其出资行为的性质。

其次,意思表示解释制度的运用源自逻辑上的要求。“意思表示解释位于事实认定与制定法适用之间的中间位置。”③具言之,行为性质的探析属于法律问题,探析过程需要法官进行思维活动以解释之,其间一方面要从事实中发掘意思表示在法律上具有重要性的含义,另一方面要从制定法中寻找

---

① 参见[德]维尔纳·弗卢梅:《法律行为论》,迟颖译,法律出版社2013年版,第342页。

② 参见[德]卡尔·拉伦茨:《德国民法通论》(下册),王晓晔、邵建东等译,法律出版社2003年版,第337页。

③ [德]卡尔·拉伦茨:《法律行为解释之方法——兼论意思表示理论》,范雪飞、吴训祥译,法律出版社2018年版,第58页。

法律后果的效力基础。可见意思表示解释制度的居中地位是一种逻辑要求。而在此过程中,法官需要考虑诚实信用原则、习惯、个别化情事及行为的目的等多要素,这给法官得出公平的结论一个很大的发挥空间。

最后,意思表示解释能够回应父母为子女出资行为的特殊性。因父母的出资行为受制于家庭关系,该行为天然具有家庭法属性。当纠纷内容涉及父母子女关系、夫妻关系及姻亲关系时,解决纠纷时须将伦理性、团体性纳入其中,倘纯粹以追求财产利益为目的,并以个人主义为价值取向来把握行为性质,则明显悖于该行为的属性。而意思表示解释制度要求考虑"行为的性质和目的",这使得其适用能够兼顾婚姻家庭法的特殊价值。

(二)父母为子女婚后购房出资之意思表示解释的价值取向

家庭关系是一种非功利目的的关系,其上的财产关系也非纯粹出于直接的经济目的。[①] 一旦裁判中忽视家庭关系中的特性,则极易滑入极端个人主义家庭观中,助长家庭建设中"算经济账"的不良风气。就此而言,对于父母出资性质的解释应当立足于"父母为子女婚后购房出资行为"的特殊性,即将基于家庭关系"伦理性""团体性"的考量纳入解释的过程。正如在案件审理中如果仅立足于当事人的具体利益,就会因民事主体双方地位平等,陷入当事人的具体利益的细微衡量之中,在利益取舍上产生"保护谁的利益可以或不保护谁也可以"的境地。[②] 而当立足于"家庭"这一利益整体时就会发现子女配偶与父母基于家庭的付出在利益上有较深的融合。这在相关法律规范中也得到了体现。例如,《民法典》中虽未规定夫或妻对配偶一方父母的赡养义务,但其第 1129 条规定丧偶儿媳对公婆,丧偶女婿对岳父母,尽了主要赡养义务的,作为第一顺序继承人。此处法律对丧偶儿媳女婿继承地位的肯定,恰反映了法律对基于家庭形成的利益融合状况的认识。这一点也与经济学对家庭中普遍存在的利他主义的分析保持了一致,即家庭中的

---

① 参见马忆南:《〈婚姻法解释三〉的价值困境》,载《中国社会科学报》2011 年 8 月 30 日,第 11 版。

② 参见梁上上:《利益衡量论》,法律出版社 2016 年版,第 119 - 123 页。

利他付出行为能够引致家庭成员更多的利他付出行为。[①] 正如父母的利他投入会引致子女配偶对家庭付出,子女配偶利他行为也会引致父母的利他投入。一旦子女离婚或者处于离婚状态中,父母会因利他投入无法形成正态影响而终止利他投入,或者基于未来家庭考虑尝试收回利他投入。就此而言,法律基于家庭的整体性作出利益衡量无疑是正确的。

在基于家庭的整体性作出利益衡量的价值取向之下,对于父母出资意思表示的解释显然不能仅考虑子女配偶,同时也应考虑父母。或有论者,认为依《民法典》第 142 条第 1 款,有相对人的意思表示解释的目标为"确定意思表示的含义",这意味着在解释时应当着眼于相对人的理解,即应侧重于考虑作为受领人的子女配偶的信赖利益。本文认为这一认识过于偏颇。虽然该条体现出表示主义的倾向,但在适用时不能完全立足于表示主义。在比较法上,德国学界和实务界主张对于需受领的意思表示内容,应当从受领人在意思表示到达之时所具备的理解可能性这个角度来予以确定,不应仅仅考虑受领人理解时所考虑的情事,他也必须作出努力,去识别表意人意思表示的意义。[②] 我国学者也强调解释有相对人的意思表示亦应顾及表意人[③],要在权衡表意人和受领人的利益基础上,作出相应的合理安排。[④] 上述理解对父母为子女婚后购房出资之意思表示解释具有借鉴意义。因为父母为子女婚后购房出资不明的原因一方面体现在中国"家庭含蓄"的文化中,即父母与子女的关系是一种"尽在不言中"的关系。另一方面中国的家庭关系有涉财敏感的特点,"谈钱伤感情",父母方生怕因为言明出资行为性质而造成"排外""不和"的家庭氛围,而子女配偶同样也会受该文化的影响,不会在父母出资时去确认该出资性质。因此,在特定的文化背景下,不能将意思表示不明的风险完全归于表意人,而应立足于双方的理解可能性。

---

① 参见[美]加里·斯坦利·贝克尔:《家庭论》,王献生、王宇译,商务印书馆 2005 年版,第 346 页。

② 参见[德]迪特尔·梅迪库斯:《德国民法总论》,邵建东译,法律出版社 2001 年版,第 239 页;[德]卡尔·拉伦茨:《德国民法通论》(下册),王晓晔、邵建东等译,法律出版社 2003 年版,第 461 页;[德]维尔纳·弗卢梅:《法律行为论》,迟颖译,法律出版社 2013 年版,第 364 - 365 页。

③ 参见崔建远:《意思表示的解释规则论》,载《法学家》2016 年第 5 期。

④ 参见朱晓喆:《意思表示的解释标准——〈民法总则〉第 142 条评释》,载《法治研究》2017 年第 3 期。

(三)意思表示解释路径下父母为子女婚后购房出资性质的认定及法律后果

如前所述,在父母意思表示不明时,应当通过意思表示解释制度对父母的意思予以释明。解释的对象则是针对父母的意思表示。而在父母以默示方式作出意思表示的情形中,默示作为一种间接表达,对其内容经推断始能确定意思表示。而对于"间接表达的内容"的判断,需依据对行为人合乎逻辑的和正当的思维方式或行为方式的假定,从他的表述或行为中推断出其意思。① 于此情形,《民法典》第142条第1款所确定的意思表示解释规则仍有适用的余地。根据该条,对父母为子女婚后购房出资之意思表示解释,需要考虑"所使用的词句""相关条款""行为的性质""行为目的""习惯""诚实信用原则"等因素。其中最为重要的是父母出资的目的。

在实践中,父母出资的目的是多样的,有的是为了保障子女婚后基本生活,有的是为了改善子女婚后生活条件或为孙子女、外孙子女上学提供便利。出资目的不同,对其性质的界定也应当有所不同。一方面,在房价高企的背景下,子女自立家庭往往不是一件容易的事情,尤其表现为子女结婚时所面临的巨大的物质压力。在中国传统文化中,重家庭重人伦的表现更为突出。因此,虽然父母没有为子女购房出资的义务,但在父母为帮助子女成家立业而出资购房的情形中,根据习惯及家庭伦理将父母的意思原则上解释为赠与是符合情理的。但必须强调的是,此种赠与并非普通赠与,而是以对子女婚姻的持续存在为基础,是一种特殊赠与。另一方面,为了改善子女婚后生活条件或基于孙子女、外孙子女上学的住房需求提供出资非属满足子女婚后基本生活之必要出资,超出父母所能付出之必要限度,于此处肯定出资系赠与则会打破亲属法价值取向中利益平衡的状态,而将父母的意思解释为借贷更为合理。

值得说明的是,实践中不乏父母与子女事后补签欠条的现象,对于此种补签欠条的证明力,法院认定不尽一致,将父母出资认定为赠与的裁判均否

---

① 参见[德]卡尔·拉伦茨:《德国民法通论》(下册),王晓晔、邵建东等译,法律出版社2003年版,第487页。

认补签借条的证明效力,至于理由,或者认为借条为子女与父母在离婚前补写,未有子女配偶签字,不能认定存在借款事实①,或者认为事后补写借条不符合常理,明显不符合民间借贷法律关系的特征②等。而将父母的出资认定为借贷的裁判则一般肯定补签借条的证明效力,至于理由,或者认为子女向父母借款而不出具借条在现实生活中较为普遍,结合中国社会传统习俗考虑,父母出资时未要求被告出具借条符合当时情境和情理,不能因案涉借条系事后出具就否定借款的事实③,或者认为案涉借条对于案件的处理并没有决定性的证明作用,即使是事后出具,也不影响借贷关系认定的事实④或借贷合意的认定⑤等。笔者认为补签欠条仅是意思表示解释资料的一部分,并不能决定出资性质。因为补签欠条存在出资父母与子女串通而为的可能性,而在此种情形下,诚如法谚云"任何人不能基于不法行为得利",对于违背自然法思想之伪造证据之事实,无肯定其证明力之必要,否则不仅有违法律的公平正义,也会造成当事人间利益不平衡的状态。故不能仅凭补签之欠条当然认定借贷关系的存在。

四、父母为子女婚后购房出资性质明确情形下相关纠纷的处理

在将父母为子女购房出资认定为借贷或赠与的情形下,对于父母所提出的返还出资的诉求如何处理,仍需结合民法理论和相关法律规范予以进一步探讨。

(一)父母出资为赠与时相关纠纷的处理

1. 赠与对象的认定

在父母出资被认定为赠与时,首先需要解决的问题是该出资系是对自己子女的赠与,还是对夫妻双方的赠与。依据《婚姻家庭编解释一》第 29 条第 2 款,以及《民法典》第 1062 条和第 1063 条的规定,在没有约定或约定不

---

① 参见上海市第一中级人民法院民事判决书,(2020)沪 01 民终 12737 号。
② 参见辽宁省沈阳市中级人民法院民事判决书,(2019)辽 01 民终 11319 号。
③ 参见江西省南昌市中级人民法院民事判决书,(2020)赣 01 民终 2618 号。
④ 参见重庆市第一中级人民法院民事判决书,(2020)渝 01 民终 3716 号。
⑤ 参见上海市第二中级人民法院民事判决书,(2020)沪 02 民终 1036 号。

明的情形下,赠与的财产只有在能够“确定”只归自己子女时才能认定为其一方的个人财产,反之则属于夫妻共同共有。该规定符合亲属法伦理性与团体性的特质。因为父母在出资时往往希望夫妻双方和睦、安定,而不希望夫妻间因财产陷入纷争。问题在于如何判断“确定”只归自己子女。对此,主要有以下两种观点:一是以出资额度结合不动产登记来判断父母是否具有明确的赠与一方的意思。如认为在父母出全资,且登记在自己子女的名下的情形下,应认定为是父母将出资确定赠与给自己子女一方的意思表示。[①] 二是认为《民法典》第 1063 条中所谓“确定”是意思表示解释的对象,首要因素在于探求父母的真意。[②]

对于观点一笔者认为其过于侧重对出资父母利益的保护,而忽视了赠与者与子女配偶将来很长时间的利益融合。虽该观点回应了民众的担忧,即作为出资人的父母,担心因子女离婚导致家庭财产流失一半,[③]但必须注意该观点属于出资方父母矛盾心理的一个侧面,另一侧面是对子女婚姻关系美好安定,家庭和谐美满的期盼。对于这种矛盾心理不是制度上片面上强调对一方的保护就能够消解的,必须有与父母利益输入以及安全退出相对应的合理机制落实。观点二注意到了意思表示解释规则的重要性,值得赞同。其要求运用意思表示解释规则综合各解释要素进行作业。在无法确定为赠与自己子女的情形下,应当推定为是对夫妻双方的赠与。

2. 情事变更规则之适用

在将父母为子女婚后购房出资认定为系对夫妻双方赠与的情形下,于子女离婚时,父母是否有权请求返还出资?对于普通赠与而言,除非存在法定撤销权的情形,一般不会支持赠与人的此种诉请。然而,如前所述,父母出资之赠与并非普通赠与,而是以子女婚姻的持续存在为基础的特殊赠与,于父母在对子女婚姻美满的期待及家庭利益的融合下出资后婚姻破裂时,父母拿出大额资金且无法满足自身期待及享受融合利益的期许,严守赠与

---

① 参见郑学林、刘敏、王丹:《〈关于适用民法典婚姻家庭编的解释(一)〉若干重点问题的理解与适用》,载《人民司法》2021 年第 13 期。

② 参见龙俊:《夫妻共同财产的潜在共有》,载《法学研究》2017 年第 4 期。

③ 参见最高人民法院民事审判第一庭编著:《最高人民法院婚姻法司法解释(三)理解与适用》,人民法院出版社 2011 年版,第 117 页。

合同难谓公平。在此情形下应结合赠与基础丧失规则调和各方利益,此时便有情事变更规则适用的余地。①

关于情事变更规则,《民法典》第533条有着明确的规定,即合同成立后,合同的基础条件发生了当事人在订立合同时无法预见的、不属于商业风险的重大变化,继续履行合同对于当事人一方明显不公平的,受不利影响的当事人可以与对方重新协商;在合理期限内协商不成的,当事人可以请求人民法院或者仲裁机构变更或者解除合同。此项规则在其他国家和地区的民事立法中均有所体现。德国司法实践中即将该制度运用于解决父母给予已婚子女财产纠纷的案件中。如德国联邦最高法院认为,父母为子女婚后购买土地并建造房屋的出资性质属于赠与,赠与的基础是父母在给予时设想接受赠与的儿媳和儿子的婚姻持续存在,从而自己的子女可以从赠与中持续获益,当婚姻破裂之后,此种获益状态就会终止,即构成交易基础丧失,那么父母方就可以根据交易基础丧失规则要求返还赠与。② 上述做法值得借鉴,即在将父母的出资认定为对夫妻双方赠与的情形下,于子女婚姻破裂时,应认为赠与的基础丧失,出资的父母可以依情事变更规则要求子女及其配偶返还受赠的出资。虽然理论上一般认为情事变更规则适用于合同签订后履行前的阶段,但在解释上,也可以将合同履行后基础丧失的情形也纳入《民法典》第533条的规范范畴。至于返还的数额,应当根据出资方父母或其在婚姻当中的获益情形予以判断。而子女或父母的获益与婚姻存续期间有着密切的关系。婚姻存续时间越长,家庭利益的融合度就越高,返还的数额也就越少;反之,则应加大返还的数额。就此而言,返还数额可以随婚姻存续期间进行动态变化。

(二)父母出资为借贷时相关纠纷的处理

在父母为子女婚后购房出资为借贷情形下,父母有权要求子女及其配偶返还出资。问题在于此项借贷究竟为夫妻个人债务还是共同债务?对

---

① 参见杨晋玲:《试论赠与基础丧失规则在我国婚姻法中的设立——以婚姻法司法解释(三)第七条第一款为例》,载《中华女子学院学报》2014年第2期。

② 参见王葆莳:《德国联邦最高法院典型判例研究:家庭法篇》,法律出版社2019年版,第101-108页。

此,最高人民法院在一则案例中指出,在出资父母与子女间成立民间借贷关系,而父母出资所购房屋系夫妻共同财产的情形下,子女的配偶作为房屋的共同共有人,应对因购买房屋而产生的夫妻共同借款债务承担偿还责任。[①] 笔者对此表示赞同。虽然父母为子女婚后购房出资的性质可能为借贷,但对于该出资所购房屋的所有权归属而言,依据《民法典》第 1062 条的规定,在夫妻没有另有约定的情形下,应为夫妻共同财产。即使子女的配偶对该债务并不知悉,因该共同财产所产生的债务亦应被认定系用于夫妻共同生活,从而依《民法典》第 1064 条第 2 款应当认定为夫妻共同债务,并由夫妻双方共同偿还。但夫妻离婚时各自应偿还的比例,应综合房屋的分割以及各方偿债能力等多种因素予以判定。

① 参见最高人民法院民事裁定书,(2021)最高法民申 5306 号。

离婚当事人约定的“赠与子女财产”条款研究*

雷春红**

摘　要　当事人离婚时约定将共同财产赠与子女，法学界关于此类“赠与子女财产”条款的性质存在不同的观点。此类约定虽然具有赠与的性质，但不宜适用《民法典》关于赠与合同的规定，故确定为“特殊赠与”。对此，依据《民法典》总则编的诸项原理和规定即可证成。定性为向第三人给付合同或为第三人利益合同的观点，以及定性为身份法上的“离婚财产清算协议”的观点，都因类推适用合同法相关制度而过于牵强，存在偏差。“赠与子女财产”条款属于“特殊赠与”，对双方当事人具有法律约束力，一方或双方当事人均不能任意撤销。受赠子女有权请求父母履行赠与义务，此项权利属于债权请求权，受时效制度的限制。对于不动产的赠与，在办理产权变更登记前，外部债权人申请强制执行的，在符合特定要件的情形下，受赠子女有权提起执行异议之诉排除强制执行，以实现利益的平衡。

关键词　特殊赠与　不可撤销　债权请求权　利益平衡

---

*　本文发表于《法治研究》2022 年第 6 期。

**　雷春红，浙江工业大学之江学院法律系副教授，研究方向：婚姻家庭继承法学。

一、问题的提出

典型案例:刘某(男)与张某婚后育有一子小刘,刘某单位分房时,刘某夫妇与单位签订了购买经济适用房的合同。2009 年 6 月 28 日,产权证尚未办妥,刘某与张某因感情不和登记离婚。离婚协议书中约定,张某的 50% 房产份额赠与小刘(7 周岁),归小刘所有。2009 年 7 月,刘某单位通知可以申领产权证了,根据该市购房政策,小刘是未成年人,不能登记在其名下,且须购房合同当事人共同申领。2009 年 8 月 26 日,刘某与张某复婚,领取了不动产产权证,证书载明二人共同共有。然而,刘某与张某的关系日益恶化长期分居,先后三次在法院进行离婚诉讼。2020 年,第三次诉讼离婚时,双方都同意离婚,但就房产(市价 1000 万元)的分割产生分歧。刘某认为,张某已于 2009 年 6 月 28 日登记离婚时将自己的房产份额赠与儿子小刘,故无权分割房产。张某则提交了一份 2020 年 10 月小刘(18 周岁)与其达成的,小刘将 50% 房产份额赠与张某的协议,主张自己有权分得 50% 的房产份额。

本案中,如果没有小刘与张某的赠与协议,张某是否无权分割房产?2009 年 8 月 26 日,刘某与张某复婚后领取不动产权证,记载为二人共同共有,张某撤销赠与的行为是否无效?就算张某撤销赠与的原因是城市购房政策,她应在小刘 18 周岁时兑现承诺,配合办理过户登记。但是在 2020 年 10 月小刘成年时,父母离婚,小刘认为 2009 年 8 月,张某"撤销"赠与没有侵犯自己的权利,与张某达成赠与协议,确保张某取得 50% 的产权份额。法院最终判决,刘某与张某离婚,二人共有(不写明共同共有还是按份共有)诉争房产,对半分割,刘某取得房屋产权,补偿张某 500 万元。二人均未上诉,判决已生效。

这是笔者亲办案件,虽然案情特殊,但并非绝无仅有。受某些城市房屋限购政策的影响,不少离婚当事人的房产纠纷已无法在现在法律框架下得到合理的解释和圆满的处理。本案再次说明了离婚当事人约定"赠与子女财产"情形的复杂性,虽然法学界和司法审判已有较多的探讨,但未形成一致的意见,判决理由各异。《民法典》颁布后,有必要就现行相关法律规定作进一步研讨,以求法理的建构和制度的统一。

当事人离婚时,协议将夫妻共同财产赠与子女主要有两种情况:一是登记离婚时,双方在离婚协议书中约定父母一方或双方将财产赠与子女;二是在法院诉讼离婚时,经法院调解制作离婚调解书,写明父母一方或双方将财产赠与子女。当事人约定的“赠与子女财产”条款在执行过程中出现的问题主要有:第一,赠与人能否撤销赠与?包括一方撤销赠与和双方共同撤销赠与两种情形。第二,受赠子女是否有权请求父母履行义务,交付财产或办理产权变更登记?第三,父母离婚时赠与子女财产的约定旨在逃避债务的,债权人能否撤销?第四,赠与子女的不动产尚未过户,债权人就该不动产申请强制执行的,子女是否有权提起执行异议之诉,排除强制执行?为解决上述问题,首先应确定离婚当事人约定的“赠与子女财产”条款的性质。

二、“赠与子女财产”条款定性的各种观点与评析

(一)定性为赠与的观点与评析

定性为赠与的观点,又可分为一般赠与、可撤销和特殊赠与、不可撤销两种。

1. 定性为一般赠与、可撤销

早期司法审判的观点认为,此类条款属于一般赠与,在没有办理产权过户登记前,赠与人享有撤销权。[①] 离婚当事人任意撤销赠与有失法律的公正、公平,该观点已为现在裁判实践所摒弃。

2. 定性为特殊赠与、不可撤销

此观点认为,离婚当事人约定的“赠与子女财产”条款属于特殊赠与,赠与人不能随意撤销,至于不能撤销的理由观点各异,分别评析如下:

(1)定性为具有一定道德义务性质的赠与不准确。有观点认为,离婚协议中的赠与与父母对子女的抚养义务及其他附随义务紧密相连,具有一定的道德义务性质,赠与人任意行使撤销权将有可能导致子女利益发生不道德的减损。根据《合同法》(已失效)第186条[②]的规定,道德义务性质的赠与

---

① 参见张翊雯:《离婚协议中的赠与条款撤销问题探析》,载《人民法院报》2008年10月28日,第6版。

② 《民法典》第660条第1款规定:“经过公证的赠与合同或者依法不得撤销的具有救灾、扶贫、助残等公益、道德义务性质的赠与合同,赠与人不交付赠与财产的,受赠人可以请求交付。”

合同,赠与人在赠与财产的权利转移之前不享有任意撤销权,故离婚当事人不能撤销赠与。[①] 司法实践中,较多民事判决书的理由持此观点,例如,(2017)川 2021 民初 1811 号民事判决书[②]、(2018)川 17 民终 1524 号民事判决书[③]、(2019)川 01 民终 6431 号民事判决书[④]等。

然而,如何界定道德义务?史尚宽先生认为:"所谓道德上义务,不应狭义的解释,迫于人类连带责任感之给与,亦应解释在内。所谓报酬的(谢礼的)赠与或相互的赠与,于礼俗认为必要之范围内,应解释为道德上义务之履行。"[⑤]也就是说,道德义务是法定义务以外的,主要受伦理道德、民俗人情、社会舆论等约束的义务,不具有法律强制执行力。父母是否赠与子女财产取决于其本人的意愿,同时也受父母经济能力、财产多寡等因素的影响,但这绝不属于社会民众普遍认可的道义或民俗,更不能作为其"义务",否则将助长"啃老"的不良风气,无故地增加父母的负担,反而成为"不道义"之举。

(2)认定为一种目的性赠与的立论依据不充分。有观点主张,男女双方基于离婚事由将夫妻共同财产处分给子女的行为,可认定是一种有目的的赠与行为。在双方婚姻关系事实上因离婚协议得以解除且离婚协议的其他内容均已履行的情况下,应认为赠与财产的目的已经实现,故该赠与条款依法不能随意撤销。[⑥] 司法实践中,此观点为不少法院判决理由所采用,例如,(2018)渝 04 民终 129 号民事判决书[⑦];(2011)浙绍民终字第 343 号民事判决书[⑧];(2018)晋 0105 民初 3226 号民事判决书[⑨]等。

笔者认为,目的性赠与的立论依据不充分,离婚当事人将财产赠与子女的动机和目的复杂多样,并非只是为了避免过多的争端以迅速达成离婚协

---

① 参见宋宗宇、何贞斌、李霄敏:《离婚协议中赠与撤销权的限制及其裁判路径》,载《西南民族大学学报(人文社科版)》2016 年第 2 期。

② 参见四川省安岳县人民法院民事判决书,(2017)川 2021 民初 1811 号。

③ 参见四川省达州市中级人民法院民事判决书,(2018)川 17 民终 1524 号。

④ 参见四川省成都市中级人民法院民事判决书,(2019)川 01 民终 6431 号。

⑤ 史尚宽:《债法各论》,中国政法大学出版社 2000 年版,第 123 页。

⑥ 参见李静:《离婚协议中的赠与能否撤销》,载《人民司法》2010 年第 22 期。

⑦ 参见重庆市第四中级人民法院民事判决书,(2018)渝 04 民终 129 号。

⑧ 参见浙江省绍兴市中级人民法院民事判决书,(2011)浙绍民终字第 343 号。

⑨ 参见山西省太原市小店区人民法院民事判决书,(2018)晋 0105 民初 3226 号。

议,也有为了子女利益的考虑,包括确保财产不至于在父母一方组建新家庭后被他人取得、弥补离婚给子女带来的感情创伤、满足子女经济上的需求、对直接抚养子女一方提供经济帮助等。双方当事人已经就离婚达成一致,赠与子女财产只是妥善处理共同财产的一种方案。而且,离婚是主法律行为,子女的抚养、共同财产的分割、债务的清偿等是因离婚引起的法律后果,所以将赠与子女财产认定为为了实现离婚目的,颠倒了赠与子女财产与离婚的因果关系,逻辑上不成立。

(3)视为一种附协议离婚条件的赠与行为存在逻辑问题。有观点认为,当事人在民政部门登记离婚时,双方基于离婚事由将夫妻共同财产处分给子女的行为,可视为一种附协议离婚条件的赠与行为,在双方婚姻关系已经解除的前提下,基于诚信原则,也不能允许任意撤销赠与。[①] 此定性与目的性赠与有相同之处,都是为了能顺利、迅速地办理离婚登记,将夫妻共同财产赠与子女,以相互妥协。登记离婚后,离婚协议生效具有法律约束力,任何一方不得任意撤销。但是,如前所述,离婚是主法律行为,财产分割与处理是离婚的法律后果。而且,离婚父母赠与子女财产的目的、动机并不只是为了快速实现离婚,也有为子女利益的考虑。因此,定性为附协议离婚条件的赠与行为同样存在颠倒赠与子女财产与离婚的因果关系的逻辑问题。

(4)类推适用经过公证的赠与合同规定不严谨。有观点认为,对于未移转登记的股权和其他财产,因离婚协议离婚当事人已经进行离婚登记,可视作对其中对子女的财产赠与经过公证不得任意撤销。[②] 笔者认为,如此类推适用不严谨,存在定性的错误。赠与合同的公证是对赠与人与受赠人就赠与达成一致的真实意思表示加以公证。按照《关于深化公证工作改革的方案》的有关规定,改制的公证处应成为执行国家公证职能、自主开展业务、独立承担责任、按市场规律和自律机制运行的公益性、非营利的事业法人。《公证法》第6条规定:“公证机构是依法设立,不以营利为目的,依法独立行使公证职能、承担民事责任的证明机构。”虽然法律没有明确规定公证行为

① 参见吴晓芳:《〈婚姻法〉司法解释(三)适用中的疑难问题探析》,载《法律适用》2014年第1期。

② 参见姚玉玲:《离婚协议中涉他行为的性质及法律适用》,载《知识经济》2013年第6期。

的性质,法学界的观点不一,但根据上述规定,不能得出公证行为是公法行为的结论。而民政部门颁发离婚证,是对离婚当事人就解除婚姻关系,子女抚养和财产分割等离婚协议书的行政确认,属于行政行为。离婚调解书是法院经过调解,使离婚当事人就解除婚姻关系、子女抚养、财产分割等达成一致,由法院确认其具有终局法律效力和强制执行力,是一项司法行为。此二者均对离婚当事人具有很强的法律拘束力,没有必要采"举轻以明重"的民法解释方法,类推适用经过公证的赠与合同不能任意撤销的法律规定,这反而降低了离婚协议书、离婚调解书的法律效力,造成定性的错误。有法官提出,经法院确认的房产赠与,其效力等同于或高于经过公证的房产赠与合同,原则上是不能予以撤销的。①

然而,有学者持不同意见,认为,虽然离婚协议经过公权力机关的备案,或许可以用来说明离婚协议中的财产约定与公证文书一样具有法律上的执行力,却与赠与人能否撤销赠与没有直接的关系。② 笔者认为此意见不恰当。正因为离婚协议书、离婚调解书经过公权力机关的确认和备案,具有公示公信力和强制执行力,不能由当事人任意撤销。最高人民法院《婚姻家庭编解释一》第70条规定:"夫妻双方协议离婚后就财产分割问题反悔,请求撤销财产分割协议的,人民法院应当受理。人民法院审理后,未发现订立财产分割协议时存在欺诈、胁迫等情形的,应当依法驳回当事人的诉讼请求。"因此,赠与子女财产类推适用经过公证的赠与合同不得任意撤销的规定,不妥之处在于定性的错误,而与赠与人能否撤销赠与无关。

(二)定性为解除婚姻关系的条件存在偏差

司法审判中,有法院将双方当事人在协议离婚时处分财产的行为认定为是否解除婚姻关系的条件。③ 与此类似的条件结构法律规范可见《婚姻家庭编解释一》第69条第1款的规定:"当事人达成的以协议离婚或者到人民

---

① 参见吴晓芳:《〈婚姻法〉司法解释(三)适用中的疑难问题探析》,载《法律适用》2014年第1期。

② 参见陆青:《离婚协议中的"赠与子女财产"条款研究》,载《法学研究》2018年第1期。

③ 参见肖峰、田源主编:《婚姻家庭纠纷裁判思路与裁判规则》,法律出版社2017年版,第233页。

法院调解离婚为条件的财产以及债务处理协议，如果双方离婚未成，一方在离婚诉讼中反悔的，人民法院应当认定该财产以及债务处理协议没有生效，并根据实际情况依照民法典第一千零八十七条和第一千零八十九条的规定判决。”

附条件法律行为中的“条件”，是指决定民事法律行为的效力产生和消灭的未来的不确定的事实。在附条件的民事法律行为中，条件具有限制法律行为效力的作用，但条件必须具备的要求之一是不确定的事实。[①]《婚姻家庭编解释一》第69条第1款中“协议离婚或者到人民法院调解离婚”属于将来不确定是否发生的事实，表明双方当事人是否要走到离婚这一步或能否合意离婚尚且不确定，符合“条件”的要求。但离婚父母关于“赠与子女财产”的条款却不符合条件必须是不确定的要求。因为，登记离婚或法院调解离婚后，“赠与子女财产”条款即发生法律效力，双方必须履行，这是确定发生的事实。而且，《民法典》第158条规定：“民事法律行为可以附条件，但是根据其性质不得附条件的除外。”离婚因其身份法律行为的性质而不能附加任何条件，将“赠与子女财产”条款定性为解除婚姻关系的条件，违反了婚姻自由原则。故此定性不免存在偏差，以偏概全。

（三）定性为向第三人给付合同/为第三人利益合同过于牵强

有观点认为，离婚协议约定夫妻一方或双方财产归属子女，应视为夫妻一方或双方允诺向第三人给付，属于向第三人给付的合同或者为第三人利益的合同。[②] 为第三人利益合同，是指订约当事人并非为了自己设定权利，而是为第三人的利益订立合同，合同将对第三人发生效力。[③] 对此，《民法典》第522条予以规定。将离婚协议中“赠与子女财产”条款定性为为第三人利益合同，解决了当事人不能任意撤销赠与的难题，但是笔者不赞同此观点，理由如下：

---

① 参见王利明、杨立新等：《民法学》（第6版），法律出版社2020年版，第225页。

② 参见常淑静、赵军蒙：《离婚协议中房产赠与条款的性质及效力》，载《山东审判》2011年第4期。

③ 参见王利明、杨立新等：《民法学》（第6版），法律出版社2020年版，第572页。

1. 赠与子女财产是离婚当事人处分自己的财产份额,不是对债权人或第三人履行给付义务

根据《民法典》第229条的规定,因人民法院的法律文书导致物权设立、变更、转让或者消灭的,自法律文书生效时发生效力。法院的离婚调解书一经送达即发生法律效力,解除夫妻关系,分割共同财产。所以,“赠与子女财产”的约定是当事人将自己的财产份额赠与子女,是对自己离婚后分割所得财产份额的处分。而依据《民法典》第522条关于第三人利益合同的规定并不能准确解释赠与子女财产,因为赠与不是离婚当事人一方向对方承诺负有向第三人(子女)履行给付财产份额的债务,而是离婚当事人处分自己的财产份额。

2. 离婚当事人之间不具有对价关系

为第三人利益合同中,债权人支付价款,债务人按照约定向第三人提供相当价值的货物或服务,双方形成对价关系。但在离婚当事人之间并不存在对价关系,尤其婚姻关系解除后相互间不再负有法定的扶养、照顾等义务。有观点认为,离婚当事人间具有补偿关系,这属于债权债务关系,即一方将向另一方支付的财产归并款或应归另一方所有的财产直接向第三人(子女)给付,折抵另一方应向第三人(子女)支付的抚养费或其他债务。①然而,给付财产与支付抚养费的性质完全不同,前者是基于约定产生的财产法上的义务;后者是身份法上的法定义务,给付抚养费的数额无法用财产的价值折抵。更何况,诸多离婚当事人约定将财产赠与子女的同时,还约定给付抚养费的方式、抚养费的数额等,这与赠与子女财产的价值大小无关。此外,离婚当事人赠与子女的财产难以现实地转换为每月、每日因抚养所需的经济供给,尤其是不动产的赠与,不少城市购房政策限定:18周岁以下的未成年人不能办理过户登记。因此,离婚当事人赠与第三人(子女)财产以折抵其向第三人(子女)支付抚养费或其他债务的观点不成立。

---

① 参见龚明辉、赵文清:《离婚协议中第三人利益条款法律效力研究》,载《法律适用》2009年第4期。

3. 无法解决获利第三人(子女)是否有权向债务人(父母)主张履行债务的难题

因为根据《民法典》第522条第2款的规定,只有在法律规定或者当事人约定第三人可以直接请求债务人向其履行债务,第三人未在合理期限内明确拒绝,债务人未向第三人履行债务或者履行债务不符合约定的,第三人可以请求债务人承担违约责任,要求其实际履行。保险、信托等法律制度的宗旨是为第三人设定对债务人的受益请求权,即使债权人与债务人没有约定,法律也推定向第三人作出允诺,第三人取得对债务人的请求权。但是,登记离婚、法院调解离婚不属于法律规定的情形,也不能如同保险、信托等适用上述法律推定。一般情况下,离婚当事人只写“赠与子女财产”,不写“子女可以直接请求父母向其交付财产或办理产权变更登记”,父母一方在离婚后不履行赠与义务,作为获利第三人的子女只能依赖父母另一方提起诉讼,要求对方履行赠与承诺。如果父母另一方死亡,权利主张成为不可能。此情况属于向第三人给付合同中的“经由指令而为给付”合同,子女无请求权[①],如此显然削弱了离婚协议书、离婚调解书的法律效力。

(四)定性为身份法上的“离婚财产清算协议”欠缺说服力

所谓清算,是指法人终止前,应当对其财产进行清理,对债权债务关系进行了结的行为。之所以要求法人及时清算,主要是为了保护债权人利益,并使法人能够及时终止,退出市场。[②]《民法典》第70条第1款、第73条和第107条对法人、非法人组织清算作了规定。可见,“清算”一词有其特定的含义和适用范围,它是法人和非法人组织终止前必须履行的法定义务,清算程序是法人和非法人组织退出市场的必经程序。

有观点认为,如果把夫妻关系理解为一种身份法意义上的继续性合同,可以借鉴合同解除后果(清算关系说)的理念,把离婚协议中的财产处理部分(包括给与子女财产)界定为“离婚财产清算协议”的范畴,并纳入婚姻关

---

① 参见许莉:《离婚协议效力探析》,载《华东政法大学学报》2011年第1期。

② 参见王利明、杨立新等:《民法学》(第6版),法律出版社2020年版,第114页。

系解除后的清算关系中予以综合考量,以此来解释所谓的离婚协议的整体性。[①] 借用财产法上的“清算”一词界定离婚协议的财产处理内容,并在其上加“身份法上的”限定词,是否妥当?值得商榷。此观点亦表示,不同于一般意义上的合同解除,婚姻关系解除(离婚)下的清算关系显然更为复杂,除了夫妻共同财产、债务的分割,还应把子女抚养、探视,对配偶一方的经济补偿、经济帮助甚至过错损害赔偿的种种安排都纳入离婚清算关系的范畴作整体考量。[②] 对此,笔者不敢苟同。“清算”一词是财产法上的特定概念,现实生活中,人们使用“清算”一词时亦有算清相互间的财产、债务,从此互不相欠、“一了百了”的意味,将其用在身份法上未免过于“冰冷”。离婚后的子女抚养、探视,对配偶的经济补偿、经济帮助甚至损害赔偿的种种安排都是“有温度的”,是基于父母子女间无法割舍的亲情、配偶间的感情纠葛做出的安排。借鉴合同解除后果(清算关系说)的理念,在身份法上使用“清算”一词不妥当。即使在继承法上,被继承人去世后,各继承人继承、分割遗产,内容可能包括被继承人生前债务的清偿、去世后公司企业的经营等复杂的财产关系,亲情、感情纠葛的意味较弱,但也不宜使用“清算”一词。因为,“离婚的法律后果”“被继承人去世产生继承法律后果”已足以概括,在身份法上借用“清算”一词是财产法制度在婚姻家庭领域的过度扩张,并不能真正起到弥补现行婚姻家庭财产法律制度不足的作用。

关于为何将“赠与子女财产”条款纳入此种复杂的清算关系中予以考量?此观点提出,离婚当事人约定“赠与子女财产”条款虽名为“赠与”,实则缺乏真正的赠与意思,更应理解为是父母(或其一方)从保障子女未来生活需要的角度出发,对抚养义务所作出的具体履行方式的安排。[③] 该论断并不准确。无论离婚当事人将财产赠与子女出于何种考虑,动机有多么复杂,都不能改变父母将财产无偿赠与子女,由子女所有的目的和性质。许多协议离婚或法院调解离婚的案件案情相对简单,仅是一处房产赠与子女,没有其他财产分割、债务清偿、经济补偿等。对子女的抚养达成一致,这又如何能

---

① 参见陆青:《离婚协议中的“赠与子女财产”条款研究》,载《法学研究》2018 年第 1 期。

② 参见陆青:《离婚协议中的“赠与子女财产”条款研究》,载《法学研究》2018 年第 1 期。

③ 参见陆青:《离婚协议中的“赠与子女财产”条款研究》,载《法学研究》2018 年第 1 期。

定性为“一揽子”“清算”方案呢？而且，清算程序是法人、非法人组织终止前必经的法定程序，但离婚并不要求当事人必须分割夫妻共同财产，给予对方经济补偿。综上，笔者认为，定性为身份法上的“离婚财产清算协议”理由不充分，欠缺说服力。

（五）区分不同情况、不同处理随意性过大

定性为身份法上的“离婚财产清算协议”观点认为，因涉及多方利益之平衡，在具体法律适用规则上，须综合考察三重维度：在夫妻关系维度，属于离婚财产清算协议；在父母与子女关系上，属于为第三人利益合同；在债权人角度，债权人能否对“赠与子女财产”条款行使撤销权，应区分不同情形考虑。[①] 有法官认为，在登记离婚情况下，“赠与子女财产”条款可视为一种附协议离婚条件的赠与行为，不得任意撤销；在法院调解离婚情况下，生效的调解书与判决书具有同等的强制效力，双方当事人必须履行，无权撤销。[②]

区分不同情况不同处理具有考虑全面、灵活性强的优点，但是，就法学原理定性而言，不够严谨、随意性过大，无益于解决司法实践中“同案异判”的难题，有可能损害立法与司法的统一。

三、定性为“特殊赠与”之证成

离婚当事人约定“赠与子女财产”条款在执行中出现的问题，再次从微观层面提示了我国婚姻家庭财产法规则的“窘况”，诸多制度上的“空白”“缺漏”已无法满足社会生活的需要。就本文的论题而言，上述各种观点固然具有其合理性，但都存在某些值得质疑和推敲之处，其共同的症结是，在现行婚姻家庭制度没有规定的情况下，推定适用合同法的规则。由于身份法与合同法的性质和情况迥异，“将就”地推定、解释必定出现各种各样的“纰漏”。笔者主张，离婚当事人约定的“赠与子女财产”条款属于特殊赠与，具

---

① 参见陆青：《离婚协议中的“赠与子女财产”条款研究》，载《法学研究》2018 年第 1 期。

② 参见吴晓芳：《〈婚姻法〉司法解释（三）适用中的疑难问题探析》，载《法律适用》2014 年第 1 期。

有赠与的性质,但不能适用《民法典》关于赠与合同的规定,理由如下。

(一)赠与是离婚当事人对各自财产份额的处分行为

离婚意味着夫妻财产共同共有的基础丧失,夫妻任何一方都有权要求分割共同财产,一般情况下是平均分配。离婚当事人约定一方的50%财产份额赠与子女,是对自己财产份额的处分;约定共同财产赠与子女,则是对各自享有份额的处分,虽然是共同财产整体赠与,但不影响当事人分别处分自己财产份额的性质。这是定性为赠与的基础依据。

(二)定性首先应以《民法典》总则编的相关规定为依据

《民法典》设独立的婚姻家庭编,实现了婚姻家庭法在民法典形式意义上的"回归"。婚姻家庭法的特殊性决定了其在民法典中的相对独立性,但婚姻家庭法的特殊性只是相对于财产法而言,并非相对于民法而言。[①] 离婚协议是解除配偶身份关系的协议,包含身份法与财产法两部分内容。债法对家庭法在立法和司法层面的影响都与日俱增,但将家庭法整体融入债法是否妥当,仍有进一步探讨的余地。[②] 因此,在《民法典》"总—分"结构体系下,当婚姻家庭编没有规定时,首先应适用的是《民法典》总则编的相关规定,而不是财产法具体制度。即使考虑参照适用财产法的具体制度,也要考究制度间是否契合、适用结果是否违反民法和婚姻家庭法的基本原则,如果不契合或违反则排除适用,进而考虑增设和完善婚姻家庭财产法律制度的特定性规定。

基于上文的论证,各种参照适用合同制度的观点都论证了"赠与子女财产"条款不得任意撤销,否则有违诚信原则,助长当事人离婚后再恶意占有财产,损害子女利益,但在法律原理和制度契合方面却存在欠缺。笔者主张,以《民法典》总则编的相关理论和制度为依据,将离婚当事人关于"赠与子女财产"的约定定性为特殊赠与。

---

① 参见雷春红:《婚姻家庭法的地位研究》,法律出版社2012年版,第223页。

② 参见刘征峰:《论民法教义体系与家庭法的对立与融合:现代家庭法的谱系生成》,法律出版社2018年版,夏吟兰教授所作序第1-2页。

(三)以《民法典》总则编相关规定为依据定性的具体阐析

1. 离婚父母关于“赠与子女财产”的约定就是代理子女接受赠与的意思表示

有观点认为,赠与是双方法律行为,子女没有接受赠与的意思表示,故赠与合同不成立,子女无权请求履行赠与义务。① 对此,应分两种情况:

其一,子女是不具有完全民事行为能力人,包括未成年人和不能辨认或不能完全辨认自己行为的成年人。一般情况下,父母是其法定代理人,父母合意离婚时约定将财产赠与子女,即是代理子女作出同意接受赠与的意思表示。如果作为子女法定代理人的父母拒绝接受赠与,又怎么会作出“赠与子女财产”的约定?这是不言自明的逻辑常理,无须法律的推定。

特殊情形下,父母一方或双方不是子女的法定代理人,则由子女的监护人作出接受或拒绝接受赠与的意思表示。根据《民法典》第35条的规定,监护人应当按照最有利于被监护人的原则履行监护职责。监护人如果拒绝接受没有负担的赠与,则可认定为损害被监护人(子女)的利益,应承担相应的赔偿责任,严重者撤销其监护人资格。

其二,子女是完全民事行为能力人。父母离婚时,子女已成年具有完全民事行为能力,则由子女自行作出是否接受赠与的意思表示。在开篇的典型案例中,即使认定张某撤销赠与无效,但小刘成年时与张某达成赠与协议,表明小刘放弃接受赠与,张某有权分割诉争房产。

2. 接受赠与的意思表示可采明示或默示形式作出

《民法典》第140条第1款规定:“行为人可以明示或者默示作出意思表示。”行为人通过口头或书面表达的方式作出意思表示的,是明示形式;行为人没有明确表示,但可以根据法律规定推知的,是默示形式。由于父母子女是最亲近的人,是否接受赠与的意思表示大多不采书面形式。而且,此约定属于家庭内部事务,具有很强的私密性,除了书面形式之外,口头表达接受赠与的明示形式与接受赠与的默示形式在证据规则的适用上,没有实质区

---

① 参见陈敏、杨惠玲:《离婚协议中房产归属条款相关法律问题探析》,载《法律适用》2014年第7期。

别。子女请求父母履行赠与财产的承诺,足以表明其有接受赠与的意思,至于是否曾经表示过,不应对子女苛以严格的证明责任。实际上,口头表示接受赠与,如谢谢、嗯、好等,或者默示方式,如点头等客观上已无法证明,但不能因此推定成年子女或子女的监护人拒绝接受父母给予的没有任何负担的财产赠与。

3. 采意思表示的解释方法可"迎刃而解"

离婚当事人约定的"赠与子女财产"条款是离婚协议或离婚调解书的一部分,是诸多学者论证该条款不得任意撤销的主要理由之一。例如,有观点认为,离婚协议中的房产赠与条款与整个离婚协议是一个整体,不能单独行使任意撤销权。[①] 有观点认为:"不能脱离离婚协议的'整体'来看待离婚协议中的'赠与条款'这个'部分',离婚协议作为一个整体,其标的具有不可分性,这是《民法总则》第 142 条第 1 款[②]意思表示体系解释方法和'行为的性质和目的'解释方法在身份关系协议领域的具体运用。"[③]笔者赞同此观点。

意思表示的体系解释,又称整体解释,在运用此方法时,需要将各种意思表示的资料综合考虑,从整体出发准确地理解意思表示条款的真实含义。《民法典》第 142 条规定要求结合相关条款进行解释,可以认为确立了整体解释原则。[④] 离婚当事人赠与子女财产的约定与解除婚姻关系、子女抚养、财产分割、债务清偿、离婚救济等内容构成一个整体,这是达成共识的,但缺少从《民法典》总则编规定的高度阐释,进而陷入适用合同法规则的"误区"。司法审判中,2015 年 12 月 4 日,最高人民法院公布"用公开促公正 建设核心价值"主题教育活动婚姻家庭纠纷典型案例,其中于某某诉高某某离婚后财产纠纷案的典型意义是:"本案中双方争议的焦点是在离婚协议中约定将夫妻共同共有的房产赠与未成年子女,离婚后一方在赠与房产变更登记之前是否有权予以撤销。在离婚协议中双方将共同财产赠与未成年子女的约

---

① 参见吴晓芳:《〈婚姻法〉司法解释(三)适用中的疑难问题探析》,载《法律适用》2014 年第 1 期。

② 《民法典》第 142 条第 1 款规定:"有相对人的意思表示的解释,应当按照所使用的词句,结合相关条款、行为的性质和目的、习惯以及诚信原则,确定意思表示的含义。"

③ 王雷:《论身份关系协议对民法典合同编的参照适用》,载《法学家》2020 年第 1 期。

④ 参见王利明、杨立新等:《民法学》(第 6 版),法律出版社 2020 年版,第 203 页。

定与解除婚姻关系、子女抚养、共同财产分割、共同债务清偿、离婚损害赔偿等内容互为前提、互为结果，构成了一个整体，是‘一揽子’的解决方案。如果允许一方反悔，那么男女双方离婚协议的‘整体性’将被破坏。在婚姻关系已经解除且不可逆的情况下如果允许当事人对于财产部分反悔将助长先离婚再恶意占有财产之有违诚实信用的行为，也不利于保护未成年子女的权益。因此，在离婚后一方欲根据《合同法》第一百八十六条第一款之规定单方撤销赠与时亦应取得双方合意，在未征得作为共同共有人的另一方同意的情况下，无权单方撤销赠与。”①该案对统一离婚当事人不能单方撤销赠与的司法裁判起了典型示范作用，其理由就是离婚协议的内容是一个整体，“赠与子女财产”条款是其中的一部分，不能割裂出来予以撤销。但不足之处是，该案的典型意义仅限于不能单方撤销的情形，“在未征得作为共同共有人的另一方同意的情况下，无权单方撤销赠与”的措辞表明，如果双方当事人在离婚后共同撤销是准许的。这就没有考虑到受赠人子女的利益保护，即使双方合意撤销，也存在先离婚再恶意占有财产的情况。而且，离婚导致夫妻共同共有的基础丧失，财产变为男女双方按份共有，双方合意撤销赠与，也是对各自享有的财产份额的处分，仍采“共同共有人的另一方”的提法不准确。

所谓目的解释，是指在对意思表示进行解释时，应当根据当事人从事该民事行为所追求的目的，对有争议的意思表示进行解释。《民法典》第 142 条要求从行为的性质和目的进行解释，这实际上也确立了目的解释规则。②将“赠与子女财产”定性为目的性特殊赠与的观点，可以说是运用此方法作出的解释。然而，实际生活中，离婚当事人约定财产赠与子女的目的、原因复杂多样，单一地将目的确定为解除婚姻关系不够全面。一方面，因离婚协议或离婚调解书生效，离婚目的达到，当事人不能任意撤销赠与；另一方面，当事人须为了实现除离婚以外的其他目的，主要是为了子女的利益，而履行具有法律拘束力的约定，不得任意撤销赠与。

---

① 《最高人民法院 12 月 4 日公布婚姻家庭纠纷典型案例》，载中华人民共和国最高人民法院网 2015 年 12 月 4 日，https://www.court.gov.cn/zixun-xiangqing-16211.html。

② 参见王利明、杨立新等：《民法学》（第 6 版），法律出版社 2020 年版，第 203 页。

4.赠与人因特定事由可依据《民法典》总则编的规定撤销或变更赠与条款

依据《民法典》关于民事法律行为效力的规定,一方基于重大误解、受欺诈、胁迫实施的民事法律行为或民事法律行为成立时就显失公平的,受损害方有权请求人民法院或仲裁机构撤销。实践中,一方当事人以子女并非自己亲生为由请求法院撤销"赠与子女财产"条款,而另一方明知的,可认定为受欺诈,其有权撤销赠与。如果双方当事人作此约定时都不知道子女并非亲生,则可能构成重大误解,无过错方有权撤销赠与。

当事人离婚后经济状况显著恶化,难以维系基本生活的,如果要求父母在履行法定抚养义务之外仍履行赠与财产义务,有失公平,也不近人情。但这不属于民事法律行为效力规定的可撤销事由,司法实践中,法官可根据公平原则和公序良俗原则,减轻或免除赠与财产的给付义务。

有的当事人以子女不履行赡养义务为由,主张撤销赠与。由于"赠与子女财产"条款属于生效离婚协议或离婚调解书的一部分,除非双方当事人约定了附加赡养条件的赠与,否则不能以此为由撤销赠与。父母可另行起诉子女,要求其履行赡养义务。

(四)符合社会民众的传统观念和朴素情感

夫妻二人曾经共同打拼积蓄的财产,在离婚后被对方带走一半,总归不甘心。尤其在一方父母在购房时也有出资的情况下,对方带走的还有自己父母投入的半辈子积蓄。出于财产利益损失过大的顾虑,许多夫妻选择"隐忍"。但是,孩子是共同的,无论如何,血脉亲情都无法割舍,所以,离婚时将财产赠与子女是妥善的解决方案。这符合中国"家产不外流"的传统观念,是普通民众舐犊情深朴素情感的表达。其他的让步,例如:偿还债务、支付抚养费等方面的妥协,都离不开子女利益的考虑。因此,将离婚时当事人约定的"赠与子女财产"条款定性为"赠与",名实相符。正因这一缘故,此赠与具有特殊性,不同于一般财产赠与,不宜适用《民法典》关于赠与合同的规定。

综上所述,依据《民法典》总则编的基本规定,从符合中国传统观念角度,得以论证"赠与子女财产"条款的赠与性质。由于该条款是父母在协议离婚时的约定,具有特殊性,既是离婚当事人相互间的承诺,也是对子女赠与财产的承诺,是一项负担行为。登记离婚、法院调解离婚是公法行为,离婚协议、离婚调解书一经生效即具有法律拘束力,父母一方或双方均不得任意撤销赠与,受赠子女因此取得请求父母履行赠与义务的权利。

四、子女行使履行赠与义务的请求权受时效制度的限制

离婚当事人关于"赠与子女财产"的约定不能直接引起物权变动,子女向父母主张履行赠与义务的请求权是债权请求权,受诉讼时效制度的限制;申请法院强制执行的,受执行期间规定的限制。

(一)依据离婚协议请求履行赠与义务受诉讼时效的限制

离婚协议写明交付财产或办理过户登记时间的,从该时间段届满之日起算诉讼时效;未写明交付财产或办理过户登记时间的,受赠子女可以随时主张履行,但应当给予必要的准备时间。受某些城市房屋限购政策的影响,年满 18 周岁的成年人才能办理不动产产权登记的,受赠子女可以在满 18 周岁后随时主张履行,但应当给予必要的准备时间。

(二)依据离婚调解书、生效判决书请求履行赠与义务,受申请执行期间规定的限制

离婚调解书是法院制作的法律文书,一经送达即生效,具有强制执行力。但是,当事人不能依据离婚协议直接申请法院强制执行,因履行离婚协议发生争议的,须先向人民法院起诉。离婚协议中写明,父或母一方将财产赠与子女(不具有完全民事行为能力)但并不实际履行的,另一方有权代理子女起诉。父母共同赠与子女(不具有完全民事行为能力)但双方都没有实际履行的,任何一方都有权代理子女起诉要求对方履行。父母双方都没有起诉的,并不是协商一致有权撤销赠与,而是代理子女放弃权利主张。如果父或母一方去世的,不履行赠与义务的另一方作为监护人实际上侵害了子女的财产利益,根据《民法典》第 34 条第 3 款的规定,应当承担法律责任。其他依法具有监护资格的人或组织,有权代理该子女向法院起诉。成年子女向父母主张履行赠与义务未果,有权以自己的名义提起诉讼。法院经审

理后判决赠与人履行赠与义务的,该项判决具有强制执行力。

最高人民法院《关于人民法院执行工作若干问题的规定(试行)》第 18 条第 1 款第 2 项规定,申请执行人是生效法律文书确定的权利人或其继承人、权利承受人。据此,受赠子女作为生效法律文书确定的权利人,有权申请法院强制执行。《民事诉讼法》第 246 条第 1 款规定:“申请执行的期间为二年。申请执行时效的中止、中断,适用法律有关诉讼时效中止、中断的规定。”据此,子女不具有完全民事行为能力的,父或母一方需及时代理其申请强制执行;成年子女则自行申请强制执行。父或母自己也可以作为申请人,在法定的执行期间二年内申请强制执行,否则子女接受赠与的权利不再得到法律的保护。

五、受赠子女与外部债权人的权利冲突与平衡

此处的“外部债权人”,是指离婚当事人一方或双方的债权人,“外部”是相对于离婚父母与子女间“内部”赠与关系而言。受赠子女与外部债权人的权利冲突与平衡主要有以下几种情形。

(一)外部债权人撤销权的行使与限制

根据《民法典》第 538 条的规定,债务人以无偿转让财产等方式无偿处分财产权益,影响债权人的债权实现的,债权人可以请求人民法院撤销债务人的行为。债权人行使撤销权的重要条件之一是债务人具有逃避债务的主观恶意。离婚当事人“赠与子女财产”的约定是否具有逃避债务的主观恶意较难认定,若一方欠下巨额债务,为了逃避债务,离婚时承诺将财产赠与子女,而另一方并不知情,这不宜认定双方当事人恶意串通损害债权人利益。为此,可从客观方面,根据债务的形成时间与离婚时间的先后顺序判断。

1. 债务形成时间早于离婚时间的

债务形成后,债务人在离婚时承诺将财产赠与子女,其逃避债务的目的明显,即使财产已经交付或办理产权变更登记,债权人亦有权撤销赠与。当然,这会损害子女的权益,故有观点认为,当“赠与”涉及子女抚养义务履行的约定时,不宜撤销。如果父母给付子女的财产价值超出必要的法定抚养

费支出限度的,可允许撤销。[①] 笔者认为,如果债务人离婚时与对方约定,将赠与子女财产作为支付抚养费的方式,属于债务人的具有人身性质的法定义务,债权人不得撤销。但是,现实中极少有这种情形,赠与财产的价值都远远高于法定抚养费数额,且二者性质不同、实现方式不同,无法计算折抵。将债务人是否支付抚养费以及抚养费数额多少作为撤销权行使的限制没有必要,徒增审判实务的复杂性。即使债务人不离婚,将财产赠与子女,影响了债权人债权的实现,债权人亦可行使撤销权,不必考虑其中是否包含债务人支付抚养费的内容。为了保护子女的合法权益,在执行时,根据《民事诉讼法》第250条和第251条的规定,应当保留被执行人及其所扶养家属的生活必需费用。

2. 债务形成时间晚于离婚时间的

债务形成于离婚之后,当事人离婚时赠与子女财产的约定不能认定为有逃避债务的主观恶意。离婚后产生的债务属于个人债务,由债务人的个人财产偿还。债务人将离婚分割所得的个人财产按约定赠与子女,已完成交付或办理了产权变更登记的,债权人无权撤销。但未交付或办理产权变更登记的,债权人能否主张撤销?笔者赞同不能撤销的观点,即合同关系成立在前履行在后的,不得将该履行行为作为诈害行为而主张撤销。[②] 基于生效的“赠与子女财产”条款,债务人对已赠与子女的财产不再享有自由处分权,包括不能用于清偿其在离婚后欠下的个人债务。即使履行赠与义务使债务人名下的财产明显减少,债权人亦不能撤销,因为债务人在债务形成之前已对该项财产作了法律上的处分,交付财产或办理产权变更登记的履行行为不应认定具有恶意逃债的目的。

(二)受赠子女在特定情况下有权对抗外部债权人申请的强制执行

“赠与子女财产”条款生效后,尚未办理产权变更登记前,外部债权人申请法院强制执行赠与人(债务人)名下的不动产,受赠子女是否有权提起案外人执行异议之诉,排除强制执行?对此,也可以区分债务形成时间与离婚

---

① 参见陆青:《离婚协议中的“赠与子女财产”条款研究》,载《法学研究》2018年第1期。

② 参见崔建远:《债法总论》,法律出版社2013年版,第149页。

时间先后判断。

1. 债务形成时间早于离婚时间的

如前所述,债务人离婚时将财产赠与子女,减少了自己的责任财产,逃避债务的目的明显,故受赠子女无权排除法院的强制执行。

2. 债务形成时间晚于离婚时间的

此情形下,债务人赠与子女财产并无明显的逃避债务的恶意,受赠子女有权提起案外人执行异议之诉。但是,受赠人履行赠与义务的债权请求权与申请执行人的债权请求权,何者优先实现?根据《民事诉讼法解释》第310条的规定,案外人就执行标的享有足以排除强制执行的民事权益的,判决不得执行该执行标的。同时,最高人民法院《办理执行异议和复议案件若干问题的规定》第28条、第29条规定了房产买受人的债权可排除强制执行。受赠子女请求父母履行交付财产或办理过户登记的请求权性质与之相同,可谓交付型债权请求权或取得型债权请求权。最高人民法院执行法官提出:"从实际权利人的角度考量,如果其(约定所有权人)已经实际占有使用房屋,且房屋产权登记正在办理变更或者对于未办理房屋产权变更登记没有过错,则其距离完整的法律意义的所有权人仅有一步之遥,其享有的权利的性质为物权期待权,对其应当优先于普通金钱债权人予以保护。"①司法实践中,最高人民法院在关某、王某再审审查与审判监督民事裁定书[(2019)最高法民申6088号]中认为,夫妻离婚时约定归一方的房产,特定情况下可对抗另一方债权人对房产的执行。该案的特定情况可归纳为:(1)邵某欠王某的债务发生在邵某与关某离婚后,可判断二人离婚协议书中约定房产归关某所有,并无恶意串通逃避债务的主观故意。(2)离婚协议书还约定,房产在双方的子女邵某某18周岁后归邵某某所有,因邵某某未满18周岁且出国留学,故未办理过户登记,邵某和关某对没有办理过户登记没有过错。(3)该房屋由邵某负责出租,租金用于邵某某的生活学习使用,符合家庭伦理及善良风俗。

据此,笔者认为,受赠子女有权排除外部债权人申请的强制执行,但需

① 王毓莹:《离婚协议关于房屋产权的约定能否对抗申请执行人》,载《人民法院报》2017年11月22日,第7版。

符合以下要件:申请执行的债权是在赠与人离婚后形成的无担保的普通金钱债权或无偿取得的债权;受赠子女或其法定代理人对没有及时办理产权变更登记没有过错;受赠子女已经合法占有、使用或收益诉争财产。当然,“在约定所有权人执行异议之诉的要件审查中,应注意松紧适度,维持各方利益平衡”①。

(三)离婚当事人转让房产情形下,受赠子女与外部债权人(受让人)的利益平衡

离婚当事人不履行约定的赠与条款,将名下的房产转卖或赠与他人,可视为撤销赠与。如前所述,离婚当事人一方或双方不能任意撤销赠与,但是,双方共同将名下的房产出售或赠与他人,意味着任何一方都不会代理子女(不具有完全民事行为能力)向另一方主张权利,视为放弃赠与财产,该房产由受让人或其他受赠人取得。离婚当事人不能以曾约定有“赠与子女财产”条款为由,拒绝配合办理过户登记,否则需对受让人承担违约责任。受赠子女是成年人的,有权以自己的名义撤销房屋转让合同或房屋赠与合同。如果受让人不知情,支付了合理对价,并且办理了过户登记,可根据善意取得制度取得房屋的所有权,受赠子女只能请求父母赔偿损失。

六、结语

我国居民家庭财富迅速增长,离婚产生的子女抚养、财产分割、离婚救济等问题越加复杂。目前,尚欠缺完整的婚姻家庭财产制度体系,当事人离婚时约定将财产赠与子女在适用中产生诸多问题,类推适用合同法相关制度,包括一般赠与合同、向第三人给付合同、为第三人利益合同、离婚财产清算协议等均存在不同程度的缺陷。从《民法典》“总—分”结构而言,婚姻家庭编没有规定的,应适用《民法典》总则编的相关规定。适用总则编的法定代理、监护、意思表示的形式和意思表示的解释等制度,可以论证协议离婚中“赠与子女财产”条款属于特殊赠与。笔者不赞同进一步具体地界定其“特殊”之处,因为定性为具有一定道德义务性质的赠与、目的性赠与、附协

① 叶名怡:《离婚房产权属约定对强制执行的排除力》,载《法学》2020年第4期。

议离婚条件的赠与、类推适用经过公证的赠与等存在不够严谨和准确、逻辑颠倒等问题。

从离婚法律后果看,此条款是离婚协议或离婚调解书的一部分,一经生效即具有法律拘束力,当事人不能任意撤销,子女因此享有要求父母履行赠与义务的请求权,且在特定条件下,有权排除外部债权人申请的强制执行。

此论题的阐述和研讨,从具体、微观层面说明了我国构建完整的婚姻家庭法律制度体系已迫在眉睫。

第三专题

家庭关系新论

个体—家庭离合关系的法律呈现与应对[*]

邓　丽[**]

摘　要　作为21世纪初私法自治范式的集中体现和典型代表，我国《民法典》对婚姻家庭关系的规范和形塑折射出当代压缩现代性背景下个体—家庭关系所呈现的动态特点、性别特质和开放特性：个体与家庭、个体与其他家庭成员之间的关系在家庭生命周期的各个阶段不断调整和变幻，不同性别的成员之间存在现实的权益冲突，涉"外"权益纠葛以及来自公权力的干预和监督使得婚姻家庭自治体系融入更多的市场交易和社会保护元素。《民法典》视域下的个体—家庭关系，突破了家庭一体观的局限，同时显现出家庭本位观的危机，喻示着以个体本位为基础的家庭治理新路径：家庭成员的姓名权、人身自由权等回归民事权利体系，婚姻家庭对不法行为、伤害行为所具有的屏障效应正在逐步清除；家庭成员在婚姻家庭共同财产中的权益和责任更加明确，积极财产可以析分，消极财产可以划界，非物质贡献可以补偿。《民法典》所宣示的"婚姻家庭受国家保护"，具有多重解释意蕴，一方面指向私法中的婚姻家庭权益，另一方面导向社会保障和社会福利范畴中的

* 本文主体内容曾发表于《河北师范大学学报(哲学社会科学版)》2021年第5期。本文系国家社会科学基金项目"新时代妇女权益保障立法的体系观与发展观研究"(项目号20BFX185)的阶段性研究成果。

** 邓丽，中国社会科学院法学研究所副研究员，性别与法律研究中心副秘书长，研究方向：婚姻家庭法、妇女儿童保护法。

家庭友好政策,由此贯通整个家事法域。

关键词 《民法典》 个体—家庭关系 现代性 性别平等

从历史上看,家庭是唯一幸存的原生性联合体,[①]也是“最自然的、对于单一的人和国家都最重要的结合关系”[②]。千百年来,家庭围绕着生育、生产、消费、教育、文化等职能而运行,“处于相互关系中的个人,他们既再生产这种相互关系,又新生产这种相互关系……他们在这个过程中更新他们所创造的财富世界,同样地也更新他们自己”[③]。由此形成的个体—家庭关系意蕴丰富:从主体层面来讲,它包括个体成员与其他家庭成员的关系(个人与他者的关系),也包括个体成员与家庭共同体的关系(个人与团体的关系);从关系层面来看,它包括主体之间的一致/融合关系,也包括主体之间的分离/博弈关系。凡此种种,我们可概括为个体—家庭之间的离合关系。

在我国现阶段,经济社会发展呈现出压缩现代性的特点,以此为背景的个体—家庭关系面临严峻的“去家庭化”和规避风险的“个体化”挑战。2020年5月出台的《民法典》以“社会生活百科全书”之丰富、全面与权威通过“婚姻家庭”编进一步梳理和形塑了新时代的个体—家庭关系,一方面肯认婚姻家庭中的个体权利,另一方面明确宣示“婚姻家庭受国家保护”,法理意蕴深长,制度启示深远。

① 在社会的演进中,“曾经强大的原生性联合体开始衰退并且部分衰亡了。只有由居住在同一个屋檐下的至亲血缘所组成的住户共同体——最为狭义的家庭——还以顽强的生命力维持到今天”。参见[奥]尤根·埃利希:《法律社会学基本原理》(一),叶名怡、袁震译,九州出版社 2007 年版,第 55-56 页。

② [德]威廉·冯·洪堡:《论国家的作用》,林荣远、冯兴元译,中国社会科学出版社 1998 年版,第 44 页。

③ 中共中央马克思恩格斯列宁斯大林著作编译局译:《马克思恩格斯全集》[第 46 卷(下册)],人民出版社 1980 年版,第 226 页。

一、个体—家庭关系的现代性背景

(一)现代性的概念

从语词上来说,大约自19世纪中叶起有了现代的名词化表达。① “现代性”(modernity)是对现代、现代社会之特征的阐述和总结,涉及历史时代的分期、新的社会结构特征等,黑格尔首次使这一概念脱离历史学范畴而上升为哲学问题,并提出现代性的原则是主体性,主体性意味着“自由”和“反思”,其内涵主要包括四个方面:个人(个体)主义;批判的权利;行为自由;以把握自我意识为理念的唯心主义哲学。②

而“现代化”(modernization)则是20世纪50年代开始广泛使用的概念,当时主要用来概括从农业社会向工业社会转型中出现的种种变化,“诸如:资本的积累和资源的利用;生产力的发展和劳动生产率的提高;政治权力的集中和民族认同的塑造;政治参与权、城市生活方式、正规学校教育的普及;价值和规范的世俗化;等等”。③ 现代化的内涵和指向较为确定,而现代性却是横贯多个领域的概念,如果将两者放在同一范畴作比较,大致可以认为,“现代性”逐渐被广泛地运用于表述那些在技术、政治、经济和社会发展诸方面处于最先进水平的国家所共有的特征,“现代化”则是指社会获得上述特征的过程。④

从动态发展的角度来说,人类社会总是不断趋向更高的现代性,所以现代化进程也持续不断。在此意义上,现代性与现代化两个概念如影随形,在某些情境下几乎具有同等的含义。不过近年来我国学者对现代性的关注越

---

① 参见[德]于尔根·哈贝马斯:《现代性的哲学话语》,曹卫东等译,译林出版社2004年版,第10页。

② 黑格尔起初把现代当作一个历史概念加以使用,认为1500年前后发生的三件大事即新大陆的发现、文艺复兴和宗教改革构成现代与中世纪之间的时代分水岭。韦伯认为,作为新的社会发展模式,现代社会的首要特征在于目的理性的经济行为和管理行为的制度化。参见[德]于尔根·哈贝马斯:《现代性的哲学话语》,曹卫东等译,译林出版社2004年版,第19–21页。

③ [德]于尔根·哈贝马斯:《现代性的哲学话语》,曹卫东等译,译林出版社2004年版,第2页。

④ 参见[美]C.E.布莱克:《现代化的动力》,段小光译,四川人民出版社1988年版,第9、10页。

来越多,一方面是因为中国经过跨越式的快速发展已正式步入现代社会,理论界需要对现代社会的特性、问题和趋势进行阶段性的总结和概括;另一方面是因为当前以乌尔里希·贝克为代表的一众社会学家在现代性研究中取得了新的突破和进展,提出了第二次现代性、自反性现代化等前沿观点。

贝克认为,“如果说简单(或正统)现代化归根到底意味着由工业社会形态对传统社会形态首先进行抽离,接着进行重新嵌合,那么自反性现代化意味着由另一种现代性对工业社会形态首先进行抽离,接着进行重新嵌合”①。这里的“简单(正统)现代化”是指从农业社会到工业社会的现代化,它给人类社会带来了第一次现代性,与之相对的“另一种现代性”即从工业社会到信息社会的进程中发生的第二次现代性。社会学家就自反性现代化发出诸多预警:工业化社会道路上所产生的影响和威胁暗中累积,最终破坏现代社会的根基;如果缺乏反思和调整,现代社会便会对抗其自身模式的基础和极限。② 总之,第二次现代性迎来的是风险社会。

(二)人口与家庭发展的现代性

现代性对人口转型和家庭发展均产生重大影响。在西欧和北美,第一次现代性社会结构的形成伴随着从高生育率—高死亡率平衡向低生育率—低死亡率平衡的不可逆变迁,然后生育率保持在替代水平上下。较低的婴儿死亡率和成人死亡率使得生活愈加稳定和可预期,标准化的生命历程开始出现,婚姻持续时间延长且保持稳定,家庭延续着男主外女主内的性别分工。经过 50 年左右的稳定期之后,第二次现代性带来人口的第二次转型,即生育率再次下降跌至次替代水平。这次人口转型伴随着离婚率上升和同居比率增加,个体取代家庭成为社会的基本单位,而且以性别为基础的劳动分

---

① [德]乌尔里希·贝克、[英]安东尼·吉登斯、[英]斯科特·拉什:《自反性现代化:现代社会秩序中的政治、传统与美学》,赵文书译,商务印书馆 2014 年版,第 5 页。

② 贝克描述道:“现代社会凭借其内在活力暗中削弱着阶级、阶层、职业、性别角色、核心家庭、工厂和商业部门在社会中的形成,当然也削弱着自然的技术经济进步的先决条件和连续形态。”贝克警告说:“只要现代社会不发生变化、不对其自身的影响进行反思并我行我素地继续执行同一种政策,那么现代社会便会对抗其自身模式的基础和极限。”参见[德]乌尔里希·贝克:《再造政治:自反性现代化理论初探》,载[德]乌尔里希·贝克、[英]安东尼·吉登斯、[英]斯科特·拉什:《自反性现代化现代社会秩序中的政治、传统与美学》,赵文书译,商务印书馆 2014 年版,第 6、11 页。

工被削弱，女性就业率上升，出现了“去主妇化”现象。①

与现代性前驱西欧及北美相比，包括中国在内的亚洲国家在现代性转型中呈现出独特的样态——“压缩现代性”，即在短时间内连续跨越现代性的不同阶段，第一次现代性和第二次现代性处于一种“追赶”状态。人口转型是重要表征：包括中国在内的亚洲多数国家，在现代化进程中生育率持续下降，几乎没有稳定期；如果操作性地将生育率下降至替代水平以下视为第二次生育率下降，中国经历第一次生育率下降大约比欧美晚50年，第二次生育率下降则大约晚20年。在家庭领域，虽然抵制离婚和再婚的文化传统较强，第二次人口转型期间也出现离婚率上升、初婚年龄提高、不婚比例增多的现象。②

在欧美范式中，家庭现代性的特点被归纳为家庭小型化、核心化和亲属关系削弱。家庭现代性理论强调个人主义价值观念与夫妇式家庭制度间的适应性，以及核心家庭制度与工业化之间的适应性。但20世纪60年代以后，由于后发展国家出现家庭变迁多样化的态势，家庭现代性理论经过反思和修正，逐步肯认家庭变迁存在多种路径和复杂多样模式的可能性，同时研究重心也从家庭结构转移到家庭关系范畴，认为家庭关系的转变而非家庭形式才是判定家庭变迁的主要内容。③

有学者对中国社会转型中人口与家庭的双重变迁进行了回顾与考察，通过对1982～2010年历次人口普查数据的分析指出，当代家庭虽然在形式上表现为“核心化”（家庭规模缩减），却在功能上呈现出“网络化”（家庭功能依赖亲属网络）的特点。④ 可资印证的是，《中国家庭发展报告2015》数据

---

① 参见［日］落合惠美子：《亚洲现代性中的“亲密和公共领域的重建”：家庭主义及其超越》，薛亚利译，刘汶蓉校，载上海社会科学院家庭研究中心编：《中国家庭研究》（第7卷），上海社会科学院出版社2012年版，第3－5页。

② 参见［日］落合惠美子：《亚洲现代性中的“亲密和公共领域的重建”：家庭主义及其超越》，薛亚利译，刘汶蓉校，载上海社会科学院家庭研究中心编：《中国家庭研究》（第7卷），上海社会科学院出版社2012年版，第7－9页。

③ 参见唐灿：《家庭现代化理论及其发展的回顾与评述》，载《社会学研究》2010年第3期。

④ 参见彭希哲、胡湛：《当代中国家庭变迁与家庭政策重构》，载《中国社会科学》2015年第12期。

显示:家庭规模小型化,家庭类型多样化;[①]流动家庭与留守家庭成为常态家庭模式;[②]儿童养育相当大的程度上依赖隔辈尊亲;[③]不能完全自理的老年人主要依靠配偶和子女的照料,社会化养老照料的比重较低,超过 1/4 不能完全自理的老年人缺乏照料。[④]

由此可见,我国当前社会发展具有典型的压缩现代性的特点,正在经历时间和空间双重维度上的浓缩式变迁。在这个过程中,家庭超负荷地承载了多项功能,充满风险。当此之际,如果国家大力倡导和依赖家庭的社会支持功能,却没有实质性的扶持,无疑会加剧家庭所承受的心理和功能困境,给个人的家庭生活和家庭关系带来负担和风险,从而导致去家庭化和规避风险的个体化。所谓去家庭化是指个人通过有意识地控制家庭生活的有效范围和持续时间来尽力减轻社会再生产的家庭负担,规避风险的个体化则是指个人为了减小现代生活中与家庭有关的社会风险而延长或重回个体生活阶段。[⑤] 去家庭化最典型的表现是离婚,规避风险的个体化最典型的表现是不婚。两种抉择都涉及对个体—家庭关系的认知和接纳,反过来,制度性的个体—家庭关系亦深刻地影响民众对婚姻家庭事务的研判和立场。于此而言,个体—家庭关系的法律设计与法律呈现应作为一国家庭发展战略中重要且积极能动的变量予以把握。

---

① 具体来说,2 ~3 人家庭成为家庭类型主体,核心家庭占六成以上。单人家庭、空巢家庭、单亲家庭、同居家庭,以及流动家庭、留守家庭等家庭形态不断涌现。参见国家卫生计生委家庭司编著:《中国家庭发展报告 2015》,中国人口出版社 2015 年版,第 159 页。

② 在流动家庭中,二人户中夫妻(含同居伴侣)共同流动的、三人户中夫妻携子女共同流动的均占八成以上,与此相伴而生的农村留守家庭也成为重要的家庭形态。参见国家卫生计生委家庭司编著:《中国家庭发展报告 2015》,中国人口出版社 2015 年版,第 160 页。

③ 在 0 ~5 岁儿童日常生活照料和教育中,祖父母照料占比 32.4%、教育占比 23%,外祖父母照料占比 5.6%、教育占比 3.7%,隔辈尊亲合计照料占比 38%、教育占比 26.7%。参见国家卫生计生委家庭司编著:《中国家庭发展报告 2015》,中国人口出版社 2015 年版,第 45 页。

④ 参见国家卫生计生委家庭司编著:《中国家庭发展报告 2015》,中国人口出版社 2015 年版,第 57 页。

⑤ 参见[韩]张景燮:《无个体主义的个体化:东亚社会的压缩现代性和令人困惑的家庭危机》,刘汶蓉译,载上海社会科学院家庭研究中心编:《中国家庭研究》(第 7 卷),上海社会科学院出版社 2012 年版,第 22 页。

二、民法典视域下的个体—家庭离合关系

个体—家庭关系向来被视为一种自发形成的内部秩序，较少受到来自后来居上的另一联合体——国家的强制性干预。工业化时代以来，公共活动与私人活动领域的分离更是使家庭推向封闭化和私密化，古典自由理论认为："国家不仅应该放宽管束，而且国家根本不应该插手婚姻这种事情，并且在更大程度上把婚姻这种事情完全听任个人和由他们订立的形形色色的契约去自由随意处置，不管这是一般的契约也好，还是各种契约的变化形式也好，国家都以免开尊口为好。"[①]然而，随着数百年来全球范围内经济与社会现代化进程的深入，人类生活场域的公私划分面临着结构性的调整，"(市民社会的扩展)在宏观层面跨越了国家边界，在微观层面穿透了家庭之墙"[②]。古典的、封闭自治的家庭关系越来越多地暴露在法律视野之下，调整家庭关系、涉足家庭事务的法律规范越来越庞杂，逐渐形成规模化、体系化的法律部门。

对于这一法律部门，我国法学界有多种指称，或详尽列举为"婚姻家庭法"，或简约概括为"婚姻法"，或认同沿用大陆法系的"亲属法"，或主张衔接英美法系的"家庭法"。通常而言，主要法律文件所冠之名在各种称谓中最具竞争力和影响力，有鉴于此，过去以《婚姻法》(已失效)为基础构建的"婚姻法"主流称谓或将由于《民法典》"婚姻家庭"编渐渐失去其主导地位。

在《民法典》"婚姻家庭"编规范体系中，不同主体的权益共同存在、互为表里，彼此博弈又相互融合，个体权益与其他家庭成员的权益以及整个家庭的利益时而分离时而合一。一旦个体成员之间的权益冲突无法调和以致共同体关系破裂，则家庭面临解体，其成员通过主张权利、分割利益、分担损失等对共同体关系进行全面清算。下面首先依家庭生命周期对个体与家庭之间的关系进行动态分析，继而从性别分析角度对个体婚姻家庭权益进行性

---

① [德]威廉·冯·洪堡：《论国家的作用》，林荣远、冯兴元译，中国社会科学出版社 1998 年版，第 47 页。

② [日]落合惠美子：《亚洲现代性中的"亲密和公共领域的重建"：家庭主义及其超越》，薛亚利译，刘汶蓉校，载上海社会科学院家庭研究中心编：《中国家庭研究》(第 7 卷)，上海社会科学院出版社 2012 年版，第 6 页。

别评估,最后在涉“外”权益冲突情境下辨析法律立场。

(一)家庭生命周期视角

缔结婚姻、组建家庭是家庭生命周期的始端,然而有些个体自始便被“放逐”在家庭之外。现代以来,法律通过规定适婚年龄、结婚条件、禁婚情形以及婚姻无效情形等阻止以下主体进入婚姻:未达到一定生理年龄的人;患有特定疾病的人(倘若结婚会损害他人权益或社会公共利益);彼此具有特定亲属关系的人(倘若结婚于生育健康后代不利或有害伦理道德)等。基于这些法律规定,某些个体无法通过婚姻制度达致其所期待的具有法律意义的亲密关系,这是个体与作为抽象联合机制的家庭之间呈分离或拒斥关系的一个重要样态。我国《民法典》“婚姻家庭”编将《婚姻法》(已失效)第 7 条和第 10 条规定的“患有医学上认为不应当结婚的疾病”从禁婚规定和无效婚姻事由中删除,代之以第 1053 条规定患有重大疾病未如实告知构成可撤销事由,体现出减少不当干预、促成婚姻缔结的积极立场,亦使个体被拒斥于婚姻之外的情事进一步减少。

婚姻家庭存续期间,个体权益保留其固有的独立不可侵犯的内容,同时衍生出互相成就互相制约的内容。从传统文化来说,我国社会结构历来强调家庭本位,但现代以来,与工业化生产方式相适应的个人本位无往不至,在制度建构和社会观念上均已确立了其基础性地位。现代民法肯认自然人和法人为独立主体,依法享有自治自主的权利,并承担相应的法律责任。由此衍生出两个问题:其一,婚姻家庭关系内外,个体固有的自然人权益有无不同?其二,婚姻家庭共同体不具有法律主体资格,则该共同体在法律上的存在必然体现为其成员个体权益的集合,那么各成员权益之间是何关系?

民法所规定的自然人权利体系来自现代社会生活需求,体现现代文明基本价值,不容亵渎不容侵犯。因此,个体固有的自然人权益尤其是人身权益并不因其进入婚姻家庭而遭减损。婚姻家庭法律规范对个体人身权利的规定应视为以民事权利体系为基础进行的强调和细化,《民法典》“婚姻家庭”编除在第 1055 条、第 1056 条中保留《婚姻法》(已失效)规定的夫妻享有姓名权、人身自由权等之外,更是以其体系化效应大幅提升个体权益在婚姻家庭中的独立性和完整性:首先,《民法典》的体系编排使得婚姻家庭成员首先被视为独立的“自然人”主体,由此享有完整、充分的各项民事权益;当婚姻家庭成员所享有的民事权益与婚姻家庭义务或责任形成冲突时,依据“合同”编第464条第2款和“人格权”编第1001条的规定,相关合同法律规范和人格权保护法律规范都有适用的可能与余地,这是对婚姻家庭成员的独立、平等民事主体地位的另一重认可。

但也要看到,婚姻家庭作为一个共同体虽无独立私法主体资格,它却是广泛存在、功能强大的联合体,为维持其同财共居的存在样态需要有共同的资源也必须处理共同的事务,这就产生家庭财产共有、家庭事务合意、家庭事务代理的制度需求。如果以公司性质作类比,婚姻家庭共同体兼具“人合”与“资合”的属性。因此在婚姻家庭共同体中,个体权益必然与其他家庭成员权益产生关联、交集和博弈,尤以夫妻之间最为典型:①对于共有财产,夫与妻享有不区分份额的共同共有权,他们必须协同一致以共同管理、使用和处分共有财产,此时他们的个体财产权益是混合无界的。②对于家庭事务,夫妻必须力图就未成年子女姓氏、住所选定等家庭生活事项达成合意,同时在日常家事所需范畴内享有并彼此肯认代理权,从而形成一致的对外意思表示并共同承担相应的法律后果,这时他们就家庭事务行使参与权和决策权所作出的意思表示必须融合。③涉及人身结合,夫妻之间的权益必须互相成就,如以夫妻同居义务和夫妻忠实义务为主要内容的配偶权的实现,又如生育权的实现。这是《民法典》“婚姻家庭”编所要着力规范和调整的内容。

当个体权益偏离家庭轨道,或者个人意愿与其他家庭成员意愿发生冲突而又无法协商一致,法律理应为之提供解决路径。但是对于婚姻家庭这种高度黏合的共同体而言,任何外部机制的作为空间都是非常有限的。法律能够动用的制度资源唯有两种:通过强制性规范划定权利边界;允许共同体解体。对于涉及财产的争议,法律往往采用前一种路径加以解决;对于涉及人身的争议,比如配偶权与个体的性自主权的冲突或生育权与女性的身体健康权的冲突,基于人身不可强制的法治原则,法律对这类争议往往是无所作为的,只能向当事人提供后一种选择。

一旦婚姻家庭面临解体,成员个体权益间形成竞争对立关系,个体—家庭关系两相分离的态势更加明显。不过要特别注意的是,对于育有子女的家庭而言,家庭利益并非随着家庭本身的解体而消失殆尽,而是转化为亲子权益继续存在。依照现行家事法体系,个体权益冲突可通过未成年人抚养权裁决、离婚财产分割制度(实则是夫妻财产制的延伸)和离婚救济制度(包括离婚损害赔偿、家务劳动补偿和经济帮助机制)等解决。然而现实中,激烈的个体权益冲突可能导致诚信丧失,个体成员通过伪造财产约定或与第三人通谋伪造债务意图获利的情形时有发生,法律如果对此估量不足,未能通过有效机制予以鉴别和惩治,可能导致法律适用出现严重不公后果,甚至引发整个社会的关注和批评。但无论是批评者还是决策者,都应认识到,校正这一制度缺陷决不能止步于治标式的规则修改,而应反思法律规范背后对个体——家庭关系的呆板印象和理论预设。

(二)性别分析视角

深入考察家庭中个体——个体关系是全面认识个体——家庭关系的重要内容。宏观视野下,婚姻家庭中最大个体差异显然是性别差异,性别分析视角的价值和意义不言而喻。

首先需要肯认的是,中华人民共和国成立后,我国婚姻法即一以贯之地确立并发展了两性平等理念,目前在立法层面已完全摒弃了性别歧视的有色眼镜,有效地避免了对不同性别的区别对待。《民法典》"婚姻家庭"编第 1041 条第 2 款继续申明"男女平等"原则,第 1055 条再次强调"夫妻在婚姻家庭中地位平等"。

从具体规范来看,法律在规定夫和妻在婚姻家庭中的人身权益和财产权益时也是一视同仁:对于人身权益,《民法典》"婚姻家庭"编第 1056 ~ 1058 条规定夫和妻享有同等的姓名权、人身自由权等,也同等地享有和承担亲子权责。在学理上,婚姻法相关规定还可引申出夫妻忠实义务、夫妻同居义务以及夫妻家事代理权等,这些方面也毫无性别偏颇,一概将女性与男性等量齐观。对于财产权益,《民法典》"婚姻家庭"编第 1062 条、第 1063 条、第 1065 条关于夫妻约定财产制和夫妻法定财产制的规定,以及第 1059 条和第 1061 条关于扶养义务和继承权利等,对于夫与妻、子与女等均一视同仁,不因其性别而区别对待。《民法典》"婚姻家庭"编新增第 1060 条、第 1064 条规定夫妻日常家事代理及夫妻共同债务,莫不是时时处处"夫妻""子女"

并论。所以说,在立法层面,女性的法律地位是非常坚实可靠的。

但从法律适用层面来看,女性在婚姻家庭中的权益仍处于不确定、不稳定、不均衡的状态,以下分而述之。

1. 人身权益

人身权益可进一步划分为人格权益和身体权益(包括生育权益)。在城市地区的婚姻家庭中男女两性的人格权益现状差异不大,女性在实现自己的姓名权、住所决定权、人身自由权等方面,基本不会遭遇到性别歧视方面的阻挠和障碍。若干年前女性村民以妻女之谓行名的现象,现在已极为少见。①

不过在决定子女姓氏的问题上,那些单方决意让子女随母姓的女性需要面对我国家庭传统、姓名文化乃至登记程序上的多重压力,尤其是尚与子女生父处于婚姻关系中的母亲,很可能需要承受婚姻关系不稳定的巨大压力。在由此引发的争讼中,法院根据具体案情所作出的判决有支持母亲的,也有支持父亲的,但总体上均倾向于认为户籍、出生证明在记载子女姓名方面具有公信力,要作更改须父母协商一致方可实施。② 该立场使得反传统的女性在与丈夫存在歧见甚至争端的情形下,较难改变子女随父姓的现状。但需要申明的是,《民法典》摒弃了过往在婚姻家庭法中规定"子女可以随父姓,可以随母姓"[《婚姻法》(已失效)第 22 条]的做法,仅在其中保留关于养子女姓氏的具体规定(《民法典》第 1112 条),且在"人格权"编中一并规定,"自然人享有姓名权……"(《民法典》第 1012 条);"任何组织或者个人不得以干涉、盗用、假冒等方式侵害他人的姓名权或者名称权"(《民法典》第 1014 条);"自然人应当随父姓或者母姓……"(《民法典》第 1015 条)。这表明,子女的姓名权首先被视为其作为自然人独立享有的权利,即便是父母也不得干涉,但子女身份对其姓氏的选择范围有所限定,在此意义上,父姓或

① 关于女性姓名权的发展变迁,参见金昱彤:《转型中的无助者——社会支持视野下的西北乡村贫困女性》,载《甘肃联合大学学报(社会科学版)》2010 年第 3 期;高敏:《河北省 S 村夫妻家庭权力的差异研究》,河北大学 2015 年硕士学位论文,第 16 页。

② 参见任江、张小余:《子女姓名决定、变更权的实证分析与启示——实证主义路径下的我国首部民法立法解释评析》,载《河北法学》2015 年第 11 期。

母姓具有同等地位和效用。就此而言,随着未成年人参与权的推进,[①]子女姓氏的决定权将逐步回归至其权利本体,但由于父权文化的惯性,母亲姓氏的影响力尚远远不及父亲姓氏。

在《民法典》体系下,女性享有与男性平等的生命权、健康权等权益,但当前反家暴的形势仍然相当严峻。家庭暴力对女性的人身权益构成较大威胁,无论是在城市还是在乡村,无论是知识女性还是普通农妇,都有可能在家庭暴力笼罩的阴影下,无奈地承受着暴力带来的伤害。根据《第三期中国妇女社会地位调查主要数据报告》,在整个婚姻生活中曾遭受过配偶侮辱谩骂、殴打、限制人身自由、经济控制、强迫性生活等不同形式家庭暴力的女性占 24.7%,其中,明确表示遭受过配偶殴打的比例为 5.5%,农村和城镇分别为 7.8% 和 3.1%。[②] 基于对民事主体法律权益的尊重和保护,家庭暴力从来都是侵犯家庭成员人身权益的违法犯罪行为,理应适用综合法律体系予以惩治和预防。2016 年 3 月 1 日起,《反家庭暴力法》开始实施,旨在为反对家庭暴力提供更加有力更加有效的法律机制。有民间机构自此开始监测反家暴法实施状况并逐年发布报告,据其统计,自反家暴法实施至 2019 年 12 月止,3 年余间仅被报道的涉家暴命案就至少有 942 起,致死 1214 人(包括被祸及的邻居和路人),其中女性(含女童)至少 920 人,占比 76%。[③]

关于生育权纠纷的司法实践表明,女性在生育事项上的决定权优于其配偶。我国的生育权纠纷表现形态与西方国家有所不同:在英美国家,涌现出的生育权纠纷大多是女性怀孕而男性拒绝做父亲引起的争议,而在我国,先后出现的几例生育权纠纷都是男方要求女方生育子女而女方拒绝做母亲引起的争端。对于此类案件,我国立法文本与司法指引高度一致,《妇女权

---

① 《未成年人保护法》(2020 年修订)第 3 条规定,"国家保障未成年人的生存权、发展权、受保护权、参与权等权利"。其后第 4 条、第 19 条、第 102 条规定"听取未成年人的意见",第 22 条、第 24 条规定"听取有表达意愿能力未成年人的意见",可谓保障未成年人参与权的鲜明体现。

② 该报告由全国妇联和国家统计局于 2011 年 10 月 21 日联合发布。参见中国网,http://www.china.com.cn/zhibo/zhuanti/ch-xinwen/2011-10/21/content_23687810.htm,2021 年 5 月 30 日访问。

③ 为平妇女权益机构:《〈中华人民共和国反家庭暴力法〉实施四周年监测报告》,载为平妇女权益机构 2020 年 4 月 29 日,http://www.equality-beijing.org/editor/attached/file/20200704/20200704133754_7100.pdf。

益保障法》第32条明确规定:"妇女依法享有生育子女的权利,也有不生育子女的自由。"最高人民法院发布的《婚姻法解释三》(已失效)第9条确认:"夫以妻擅自中止妊娠侵犯其生育权为由请求损害赔偿的,人民法院不予支持。"《民法典》颁布后,前引司法解释文件废止,但前引规则在替代性解释文件最高人民法院《婚姻家庭编解释一》第23条中得以保留。

2. 财产权益

婚姻家庭内的财产权益主要包括扶养权益、继承权益和财产份额。关于扶养权益,虽然有未成年子女在母亲的支持下向父亲索要抚养费的案件,但女方于婚姻关系存续期间要求男方对自己承担扶养义务的案件并不多见,这究竟是因为女方的扶养权益受到较好的维护,还是因为子女的抚养问题掩盖了母亲的财务困境还有待考证。关于继承权益纠纷的裁断,大多取决于婚姻关系的效力认定,一旦认定婚姻关系有效,女方的继承权益应会获得有力的支持和保护。这说明,女性在家庭中的财产权益能够获得一般性的满足。

但在更进一步的层次上,女性权益可能由于对财产的直接贡献不足而居于不利处境。比如在夫妻财产权益冲突方面,笔者关注到两个突出现象:(1)同类案件或相似案件的检索和比对表明,司法实务部门对于夫妻共同财产的分割越来越倾向于考虑双方各自的贡献和其他具体情况,灵活机动地确定各方份额,而不拘泥于共有财产均等分割的传统做法,典型如体育明星所获奖金。[①] (2)作为司法裁判一度倚赖的重要表征和规范指引,《婚姻法解释三》在处理房产问题时,主要从财产权属的法律表达和财产来源的事实脉络两个方面互为观照,引发公众热议。其中女性阵营较多的负面评价从一个侧面反映出女性获取资产的整体水平仍显著低于男性。《第三期中国妇女社会地位调查主要数据报告》证实了这一判断:据调查,城镇和农村在业女性的年均劳动收入分别为男性的67.3%和56.0%;包括与配偶联名的在

---

① 对于体育明星所获奖金,20世纪90年代的相关案件只做了模棱两可的处理,甚至最高人民法院不同机构、不同部门的立场和观点都会存在分歧,但是到21世纪初,各级司法机关对此已具有高度共识:夫妻一方因在体育竞技活动中的出色表现所获得的物质奖励以及随之而来的社会收益,应视为夫妻共同财产,但在具体分配时,应综合考虑夫妻双方在这些收益中的贡献而定。具体分析参见邓丽:《夫妻共同财产分割理念的否定之否定》,载《中国律师》2010年第7期。

内,女性有房产的比例为37.9%,男性为67.1%。[①]

再者,女性在扶养中承担照护责任作出的非物质贡献尚未获得充分的评估与肯认。《中国家庭发展报告2015》显示:家庭内存在传统性别分工,女性大多承担更多家庭责任,平均每天做家务3小时20分钟,而男性则为1小时51分钟;就0~5岁儿童日常生活照料和教育而言,母亲为主要承担者,其照料占比47.6%、教育占比54%,父母共同照料占比7.5%、共同教育占比11.7%,其他由祖父母、外祖父母承担。[②] 显然两性承担的育儿照护严重失衡,父亲参与明显不足。《民法典》第1088条放宽了家务劳动补偿制度的适用范围,去除原来仅适用于实行分别财产制的夫妻这一限定性条件,使得离婚时"因抚育子女、照料老年人、协助另一方工作等负担较多义务的"夫妻一方有权向另一方请求补偿,但仍无助于解决婚姻关系存续期间家务及照护负担不均衡的现实。

(三)涉"外"权益冲突视角

除了家庭内部关系,法律还需应对另一重权益冲突:当第三人涉入家庭成员权益之争,优先保护何者为宜?长期以来,我国规范体系倾向于将家庭视为利益统一的联合体,优先保护第三人利益。但正如前文所述,个体——家庭关系时离时合,一旦当事人受利益驱动形成共谋,现实颠覆预设,法律或规则适用就会陷入进退失据的困境。

家庭成员向第三人举债是最典型的第三人涉入家庭财产关系的情形。共同举债的法律效果很明确,即共同清偿。而单方举债则不然,此时存在外部视角之家庭利益统一与内部视角之个体利益分化的冲突。对此类债务究属个人债务还是共同债务的定性,集中体现出法律的"家庭观"以及法律在家庭成员利益与第三方利益之间的权衡。

在夫妻共同债务问题上,《民法典》"婚姻家庭"编第1064条几乎完整吸纳最高人民法院《关于审理涉及夫妻债务纠纷案件适用法律有关问题的解

---

① 参见第三期中国妇女社会地位调查课题组:《第三期中国妇女社会地位调查主要数据报告》,载《妇女研究论丛》2011年第6期。

② 国家卫生计生委家庭司编著:《中国家庭发展报告2015》,中国人口出版社2015年版,第45、68页。

释》(已失效)(以下简称《夫妻债务纠纷法律解释》)的内容,将三类婚姻存续期间的负债认定为夫妻共同债务:其一,夫妻双方共同签名或者夫妻一方事后追认等共同意思表示所负的债务(可简要概括为共同意思表示负债);其二,夫妻一方在婚姻关系存续期间以个人名义为家庭日常生活需要所负的债务(可简要概括为日常家事负债);其三,夫妻一方在婚姻关系存续期间以个人名义超出家庭日常生活需要所负的债务,债权人能够证明该债务用于夫妻共同生活、共同生产经营或者基于夫妻双方共同意思表示(将基于夫妻双方共同意思表示的负债合并至第一类,则此类夫妻共同债务可简要概括为共同生活或共同生产经营的负债)。

第 1064 条的来路甚为曲折,1980 年制定、2001 年修正的《婚姻法》(已失效)第 41 条规定:"离婚时,原为夫妻共同生活所负的债务,应当共同偿还……"这是一种"于整体中框定部分"的规范路径。但是,2003 年最高人民法院《婚姻法解释二》(已失效)第 24 条在理解和适用法律时使用了不够严谨且有扩大化倾向的表述,规定"债权人就婚姻关系存续期间夫妻一方以个人名义所负债务主张权利的,应当按夫妻共同债务处理。但夫妻一方能够证明债权人与债务人明确约定为个人债务,或者能够证明属于婚姻法第十九条第三款规定情形的除外"。由此,夫妻共同债务的司法实践转向"于整体中排除部分"的裁判路径,最终酿成社会影响广泛的"二十四条争议"。为平息此争议,《最高人民法院关于适用〈中华人民共和国婚姻法〉若干问题的解释(二)的补充规定》(已失效)将三种情形——明确约定为个人债务、虚构债务、因违法犯罪活动负债——排除在夫妻共同债务之外,但实则这三种情形即使不落公文亦可根据法理予以排除,对该规则本身并无增益。在此背景下,《夫妻债务纠纷法律解释》出台,明确三种夫妻共同债务类型,重新回到"于整体中框定部分"的规范路径,"二十四条争议"方告终结。《民法典》第 1064 条吸纳该解释规则,确立起较为清晰的夫妻共同债务认定规则,但并未继续深入全面规范夫妻共同债务的清偿问题,这在后民法典时代应当特别加以关注和研讨。

在上述历程中,2003 年《婚姻法解释二》第 24 条之法律思维与社会现实的激烈冲突揭示出:个体——家庭关系好似一个立体多面、富于变幻的魔方,如果相关法律规则只是选择了这个立方体的一个静态侧面作为其逻辑基础,而忽视或者排斥了其他的可能性,则一旦现实中的个体——家庭关系背离婚姻共同体的先验预设,法律规则的适用会产生始料不及的后果。诚信尽失的婚姻当事人与第三方通谋,伪造虚假债务,利用第24条损害另一方权益,被欺骗、敲诈和损害的当事人几乎无以对抗,重压之下遂另辟蹊径通过立法游说将第24条修改。

由是观之,法律的"家庭观"必须与中国现代性背景下的个体——家庭离合(时离时合)关系相一致。夫妻债务方面另外两条司法解释规则正是因为顺应于此而保持了相对稳定:其一,第三人知道夫妻实行分别财产制的(夫妻一方举证),其对一方所享有的债权由该方财产清偿。[①] 其二,一方婚前个人债务用于婚后家庭共同生活的(债权人举证),双方承担清偿责任。[②] 前一规则获《民法典》第1065条第3款的沿袭,后一规则在《婚姻家庭编解释一》第33条中继续沿用。

三、新时代个体——家庭关系的重塑与家事法的贯通

《民法典》"婚姻家庭"编在体系编排和规范内容上接纳和体现了个体——家庭离合关系观,即婚姻家庭是由不同主体依照法律规定的条件和程序构建的联合体,其内部关系具有如下特点:(1)个体——家庭关系是动态的,在不同的家庭生命周期呈现为不同状态,或相互拒斥,或相互融合,或相互竞争;(2)个体——家庭关系存在性别立场,这种性别立场与婚姻家庭领域普遍存在的性别分工、性别地位存在相关性,但更加直接地受到特定婚姻家庭中不同主体利益需求及博弈能力的影响;(3)个体——家庭关系的基本权利边界及利益格局(人身权益、财产权益等)或依法律规定或依法律约定,而其协调及运行则时时依赖个体成员的商议、合意和决策,在此意义上,它既是公共的又是隐秘的,既是法定的又是自发的。

《民法典》"婚姻家庭"编的家庭观折射出传统家庭观的没落,显现出家庭本位观的危机,并最终突破家庭一体观的局限,致力于以个体本位为基础

---

① 最高人民法院《关于适用〈中华人民共和国婚姻法〉若干问题的解释(一)》(已失效)第18条,与《婚姻法》(已失效)第19条第3款一脉相承。

② 《婚姻法解释二》第23条。

的家庭治理新路径:家庭成员的姓名权、人身自由权等回归民事权利体系,婚姻家庭对不法行为、伤害行为所具有的屏障效应正在逐步清除;家庭成员在婚姻家庭共同财产中的权益和责任更加明确,积极财产可以析分,消极财产可以划界,非物质贡献可以补偿。

同时,《民法典》上承《宪法》于“婚姻家庭”编第1041条第1款郑重宣示“婚姻家庭受国家保护”,一方面指向私法中的婚姻家庭权益,另一方面导向社会保障和社会福利范畴中的家庭友好政策,以多重解释意蕴开辟出家庭发展观的法治面向。在领域法视野下,《民法典》的这一宏愿应通过超越私法范畴、横贯实体法和程序法的家事法体系建构来实现。

(一)传统家庭观的没落

1. 家庭一体观的局限

在人类历史上,基于血缘和两性结合而形成的联合体历经氏族、宗族、家族和家庭多种形式的变迁,其中从家族到家庭的转变是近现代以来引人瞩目的关键环节。在工业时代以前,家族共同体的特征是“在严格的孝敬关系的基础上,紧密团结,对外一致,对内实行共产制和消费共有制”①。这使得它对外呈现为高度统一的利益共同体。

但实际上,联合体的统一从来都是个体利益纽带下的平衡:联合体中所有成员在联合体生活中的利益、他们适当运用联合体内起作用的每一种力量的过程中的利益、他们在安置每一个联合体成员至其能提供最佳服务的位置过程中的利益、在按照整体需要分配给他权利和义务过程中的利益,这些利益与个人对自己生活的热情、对自己个性的坚持、对自己利益的追求构成了一种平衡。②

当家庭规模因适应工业生产对流动劳动力的需求而逐渐缩小,家族共同体转变为由父母和孩子组成的核心家庭,它同时丧失了大部分生产职能(仅在特殊情形下如家庭作坊、家族企业等保留),渐渐成为单纯的消费和文

---

① [德]韦伯:《经济与社会》,杭聪编译,北京出版社2008年版,第76页。

② 参见[奥]尤根·埃利希:《法律社会学基本原理》(一),叶名怡、袁震译,九州出版社2007年版,第179页。

化共同体,这就使得基于生产职能而产生的利益纽带缺失,个体与家庭的关系趋于松散。不仅如此,从整个社会层面来说,现代性造就了“制度化的个体主义”,即在现代社会中个人在很多层面都不得不面临以下挑战:个人可能,也必须在曾经的家庭、部落、宗教、地缘和阶层纽带之外,过自己独立的生活;个人必须在国家、就业市场、官僚体制等设定的新规则和指导下这样做。①

2. 家庭本位观的危机

除了外在的社会因素改变家庭一体模式,个体也可能在利益驱导下放弃家庭本位理念,即珍视家庭价值、遵守家庭伦理、捍卫家庭关系等。前文所述夫妻一方与第三人串通、伪造虚假债务损害另一方家庭成员合法权益即是例证。政策性离婚②则是家庭成员共谋弄法以获取额外利益的又一情形:夫妻通过假离婚等非常规方式来规避公共管控,以获取其在婚姻状态下无法企及的政策红利,这种情形下婚姻连同赋予其合法性的婚姻法律制度皆沦为工具。如近年来某些地区出台了住房限购政策,购房者为规避契税支出、减少购房首付款,卖房者为减少个人所得税,不惜办理离婚手续,使婚姻俨然成为市场交易的一个环节。据称除了购房,其他诸如报销采暖费、获得拆迁补偿以及便利孩子择校入学等都有可能成为政策性离婚的诱因。这种“政策性离婚”的普及率令人吃惊,以至于其在伦理道德上的缺失并没有引起太多的非议,当事者对之漠然,好事者热心推广,评论者予以体谅。③ 此类离婚事件及其社会反响折射出多方面的社会问题:现代婚姻关系的脆弱、传统家庭观念的消解、公共管控政策与现实资源需求的冲突等。这些问题无一不是家庭本位观面临危机的体现。

---

① 帕森斯(Talcott Parsons)语,转引自[韩]张景燮:《无个体主义的个体化:东亚社会的压缩现代性和令人困惑的家庭危机》,刘汶蓉译,载上海社会科学院家庭研究中心编:《中国家庭研究》(第7卷),上海社会科学院出版社 2012 年版,第 23 页。

② “政策性离婚”是近年来我国婚姻家庭领域出现的一种值得关注和研究的现象,互联网“360百科”将该词条解释为“夫妻通过假离婚等非常规方式来规避政策,以达到避税、获取优惠房贷利率等目的”。参见 360 百科,http://baike.so.com/doc/5351335.html,2021 年 7 月 11 日访问。

③ 参见舟子:《避免“政策性离婚”应始于扩大共识》,载《中国妇女报》2013 年 3 月 17 日,第 A4 版。

（二）新的家庭治理观与家庭发展观

1. 私法：确立个人本位下的家庭治理观

面对家庭一体观的局限、家庭本位观的危机，制度层面首先要做的就是厘清现代社会个体——家庭关系的本相。毕竟，就其本质而言，国家法仅仅是在追随社会的发展。当社会无法战胜“新细胞”时，它必须在旧结构中尽可能好地接纳它，必须为新的关系创设新的法律命题。[①] 家庭秩序是社会秩序的重要组成部分，使家庭内在秩序融入国家法律规范，正是家庭法的使命所在。正如同罗马人家庭与法兰克人家庭的一般秩序并非罗马法或法兰克法的创造，而是直接产生于在这些家庭中生活之人的特性和需要，现代家庭法秩序也并非主要由法条凭空创造，而是源于现代家庭成员的需要，并将按照这些需要不断变化和发展。[②]

当传统的家庭一体观被现代个体——家庭离合关系所取代，作为制度预设前提的家庭本位观亦必须调整为个人本位下的家庭治理观。这一新模式肯认现代性造就的个体化甚至个体主义，强调家庭是其个体成员共同参与治理的联合体。家庭治理以法律划定的个体权利边界为基础，以家庭成员协商共治为核心，依循法律提供的自治规范体系，构建平等和睦的家庭关系。

以前述夫妻债务认定为例，裁判家庭成员与第三人权益冲突，不应以家庭统一体的呆板印象为基础，作倾斜保护的武断抉择，而应审度个案中的家庭关系特点与家庭生活需求，对举债主体及时间、债务标的及价值、债务清偿约定及安排等进行综合考量从而认定某桩婚姻或某个家庭中某方主体单方举债是否属于共同债务。同时，可以通过婚姻（家庭）财产约定的登记机制增强婚姻家庭成员财产边界的透明度，与此同时增强其对抗第三人“善意”之抗辩的法律效力。

德国法学家警醒地意识到婚姻与第三人之间存在冲突、婚姻内部关系

---

① 参见［奥］尤根·埃利希：《法律社会学基本原理》（一），叶名怡、袁震译，九州出版社 2007 年版，第 331 页。

② 参见［奥］尤根·埃利希：《法律社会学基本原理》（三），叶名怡、袁震译，九州出版社 2007 年版，第 869 页。

存在冲突,因此对《德国民法典》有关规范(第 1356 条、第 1357 条)的把握非常注意个体与家庭的边界:如明确配偶的职业和工作原则上处于家庭领域之外,属于各自的私人领域,只能基于抚养义务和体谅义务间接地与家庭发生联系;又如肯认从根本上决定或改变家庭及其成员生活状况的交易必须由婚姻双方共同决定,以防止配偶一方在这些事务上通过和第三人的合同对另一方进行突袭。[①]《德国民法典》还设立夫妻财产状况登记机制(第 1558 ~ 1563 条),夫妻排除或改变法定财产制、限制或排除家事代理权等都可以申请登记,从而对第三方产生公示效力。关于家庭自治与国家干预的边界,有一例足以说明德国法对个体权益与公众认知的尊重:1990 年 10 月 3 日两德统一时规定以财产增益共有制为法定财产制,但允许配偶双方在两年内向法院作出声明,继续保留原先的财产制。[②]

反观我国法定婚姻财产制,从 1980 年《婚姻法》(已失效)到 1993 年最高人民法院发布的《关于人民法院审理离婚案件处理财产分割问题的若干具体意见》(已失效),再到 2001 年修正《婚姻法》(已失效)及后来最高人民法院发布的三个司法解释,其规范体系经历了多次变迁,某些规则发生了根本性的变化,例如婚前财产的权属。在这个过程中,立法、执法、司法诸环节均未释明民众的选择权,于是中国家庭的财产权益格局在悄无声息中发生巨变,除非当事人有高度的法律自觉运用约定财产机制固化自己的权益。这反映出我们在立法层面和现实层面尚缺乏家庭治理意识,有待在以后的法治建设中不断普及和增进。

2. 超越私法:构建家庭支持和家庭福利体系

重塑个体——家庭关系的另一个路径,是超越私法范畴构建家庭支持和福利体系。自 2011 年十七届中共中央政治局第二十八次集体学习中提出要"建立健全家庭发展政策,切实促进家庭和谐幸福",我国家庭发展观的施

① 参见[德]迪特尔·施瓦布:《德国家庭法》,王葆莳译,法律出版社 2010 年版,第 26、71、90 页。

② 参见《德国民法施行法》第 4 条。转引自[德]迪特尔·施瓦布:《德国家庭法》,王葆莳译,法律出版社 2010 年版,第 117 页。

政理念逐步确立。这一理念与西方国家的家庭政策思想[①]是两相契合的，其共同目标都在于由婚姻家庭的稳定和发展促进整个社会的稳定和发展。

家庭政策主要体现在税收制度和福利制度方面。从福利国家的经验来看，税收优惠是家庭福利的重要组成部分。[②] 相对而言，我国税收制度对家庭效应关注不够，对家庭福利的支持也比较缺乏。婚姻家庭在税收体制上的利益诉求，主要表现为婚姻家庭支出所享受的税收优惠政策。当代婚姻家庭所承担的主要经济职能表现为三个方面，即抚幼、养老和扶病，由于我国当前社会保障水平远远不敷所需，主要是家庭为其成员承担最坚实的保障责任，婚姻家庭支出享有税收减免优惠具有毋庸置疑的正当性。从量能课税的原则出发，纳税人的家庭抚养、扶养和赡养义务应优先于其纳税义务，个体生存保障的支出应当在家庭所得总额中减除。我国目前正在推进相关税收优惠改革：根据《个人所得税专项附加扣除暂行办法》，2019 年 1 月 1 日起，子女教育、继续教育、大病医疗、住房贷款利息或住房租金、赡养老人等一定额度的支出可在计税中予以扣除。未来在核算扣除额度的科学性和充分性方面，仍有相当大的提升空间。

在社会福利领域，当前应着重从女性就业保护和育儿成本分担两个方面加大家庭支持力度，减少家庭内部协作的性别不公，真正使可持续发展、可协同治理的家庭成为健康、坚实的社会细胞。首先，在新的人口政策[③]基础上应及时跟进相关奖励和扶助政策，使家庭决策与社会需求协调一致，家庭利益与社会利益融合共生。其次，完善女性就业保护政策，优化生育保险、女职工孕产期的权益保护、托幼社会服务等，并落实和推动男职工的陪

---

① 狭义的家庭政策（family policy）是指以家庭或家庭成员为对象，旨在促进家庭发展和提高家庭福利的政策，广义的家庭政策还包括没有明确的家庭目标但对家庭产生影响的政策。20 世纪 20 年代前后，欧洲出现了家庭政策的思想，主要表现在人口政策和对部分家庭收入支持上，倾向于维护大家庭结构。随着福利国家的形成和发展，男性养家女性持家的家庭范式成为福利供给制度的预设前提。但是到了 20 世纪 70 年代，由于失业率攀升且婚姻家庭的稳定性下降，以家庭为主要渠道的福利供给模式遭遇挑战，福利国家在探索多元福利供给渠道的同时也着力支持和巩固家庭结构的稳定性，在这种背景下家庭政策成为国际上关注的热点问题。

② 参见王军平：《OECD 国家家庭税收优惠政策实践与启示》，载《税务与经济》2012 年第 6 期。

③ 2021 年 6 月 26 日，中共中央、国务院《关于优化生育政策促进人口长期均衡发展的决定》发布，提出优化生育政策，实施一对夫妻可以生育三个子女政策及配套支持措施。

产假、育儿假等权益,在制度层面强力倡导和支持父亲角色和父亲担当。最后,还应立足我国具体国情和传统文化,通过社区服务和市场服务为家庭养老、家庭照顾提供便利切实的帮助和支持。总之,在中国大步迈向现代性的进程中,家庭始终是经济发展和社会进步的基础和后盾,并因此承受着巨大的压力和张力,善用制度工具动员社会资源为家庭、家庭成员提供服务和支持,有助于平衡和建设良好家庭关系,促进家庭发展和治理,使家庭建设和社会建设相互借力、相得益彰。

(三)家事法的贯通

就领域法视角而言,一个不同于传统法律部门划分、跨越公私法律界别的家事法体系已轮廓初现。家事法概念首见于我国法学文献,始于20世纪90年代初对英国Family Law的引介。在当时的语境下,对家事法的界定主要以人身法为参照。就此而言,一方面,家事法的概念比人身法狭窄之处在于"国籍、居住权、出生和死亡登记以及姓名等问题都不在它的范畴";另一方面,家事法的概念比人身法宽泛之处在于"除去父母和子女的法规外,家事法还包括儿童福利法",也包括"对受丈夫暴力虐待的妇女提供补偿保护"的有关立法。[①] 至于家事法的作用,有英国学者将其分为三个方面:"一是当家庭解体时,为调整家庭关系而提供机制和法则;二是向个人提供免受家庭迫害的保护;三是维护家庭关系的持续。"[②]显然,这三个方面都是围绕家庭关系的维系、调整和解除而展开的。联系当日时势,所谓家庭对个人的"迫害"应是指家庭暴力,这一"惊人之语"凸显出一个常常被忽略的现实,即负面的个体——家庭关系是客观存在的。

时至今日,家事法的概念应用益广,以之冠名的学术刊物有之、研究专著有之、大型论坛有之,[③]虽无雷霆之势,却也蔚然成风。在学科研究越来越

---

① 参见宋雷:《英国家事法》,载《现代法学》1993年第2期。

② [英]约翰·伊凯拉尔:《论家事法和社会政策》。转引自宋雷:《英国家事法》,载《现代法学》1993年第2期。

③ 以"家事法"命名的学术刊物如中国法学会婚姻家庭法学研究会主办刊物《家事法研究》,研究专著如杨立新所著《家事法》(法律出版社2013年版),大型论坛如婚姻法学界和实务界联合举办的年度"婚姻家事法实务论坛"。

具象越来越精细的背景下，家事法这一概念反其道而行之，它恰恰是讲求大视野大格局，力图将所有调整婚姻家庭关系、规制婚姻家庭事务的法律规范——无论是实体法律规范还是程序法律规范，亦不论是公法规范还是私法规范抑或新兴的社会法规范——尽皆囊括其中，以此构建系统的、建设性的婚姻家庭法律体系。

四、结语

势头正健的家事法研究横贯实体法和程序法，超越传统私法范畴的家庭部门法，主张综合运用包括法律法规、公共政策在内的多种调整手段应对现代性背景下的家庭制度需求。其中的主体规范仍是传统私法领域的婚姻家庭法律规范，即《民法典》“婚姻家庭”编规范体系，这是由个体之独立自主人格、家庭之隐秘私域属性决定的。在《民法典》体系中，个体——家庭关系呈现出时而疏离时而融合的动态、不同性别角色相互补充相互博弈的样态以及法律规范框架与私人自治空间各守其界的状态。新时代的个体——家庭关系已突破固化的家庭一体观并挑战传统的家庭本位观，当此之际家事法应及时调整为个人本位下的家庭治理模式，并通过构建家庭支持和家庭福利体系避免激烈的压缩现代性给我国社会带来的去家庭化和过度个体化风险。

家事法视野之下，2022 年修订的《妇女权益保障法》以现代个体——家庭离合关系和个体本位的家庭发展观为基础，坚守性别平等和性别友好的价值理念，一方面去除家庭作为组织体对成员权益的遮蔽，明确妇女人格权益不因缔结婚姻而减损，妇女家庭财产权益应予彰显和保护；另一方面倡导家庭事务分担，发展家庭支持与福利体系，促进家庭可持续发展。

夫妻分居期间扶养义务的减损逻辑

李　琦　曹贤信*

摘　要　对于夫妻分居前后承担扶养义务有无差异，法律没有差别对待。分居期间扶养义务是否应然承担，学界有维持说、取消说和减损说。前两种观点不可取，后一种观点有待加强伦理正当性论证。这种伦理正当性实现于夫妻主客观伦理共同体的交互过程中。夫妻双方以别体主义为前提，主观伦理共同体在婚姻关系正常过程（分居前）中必然会实现互利价值；而在分居期间则不必然，分享利益的感情基础已然或正在衰退，使得夫妻扶养义务在顺应伦理共同体向个体化的转化过程中出现减损甚至取消可能。客观伦理共同体的历史传承使命与人权保障义务要求夫妻双方相互负责，即使分居也要维持扶养义务的履行，至少保障对方的基本生活。基于主客观伦理共同体的交互作用，夫妻分居期间的扶养义务应然减损至基本生活保障程度，夫妻一方或双方均能在这种最低限度的共识中获得道德自由。因此，立法上应明确夫妻"分居权"及此期间的权利义务自主权，且规定基本生活保障的扶养底限及期限，而司法上应以实际生活的扶养需要为依据裁判此类纠纷。

关键词　夫妻分居　扶养义务　伦理共同体　道德自由

* 李琦，赣南师范大学2021级法律硕士研究生，研究方向：民商法；曹贤信，赣南师范大学法律系教授，研究方向：民法、家事法。

最早的分居制度是西欧中世纪教会法禁止离婚背景下的产物，即使其后很多国家因准予离婚曾一度取消分居制度，却又在不久之后恢复。[①] 我国不曾有针对夫妻分居这一特殊婚姻状态的专门制度。近代立法以例外规定形式在法定同居义务外确认夫妻的分居权利。[②] 中华人民共和国首次在法律中出现分居一词，是最高人民法院1989年11月29日颁布的《关于人民法院审理离婚案件如何认定夫妻感情确已破裂的若干具体意见》（已失效），将分居确定为离婚条件之一。[③] 2001年修正的《婚姻法》（已失效）及2021年施行的《民法典》沿用分居的此种法律用途，即作为离婚的前置理由之一。

我国法律没有规定夫妻拥有同居权利或者负担同居义务，但实际上含有夫妻同居权利和义务的立法精神。[④] 夫妻一方因工作、学习、健康等原因暂时分居的，不视为违背同居义务。[⑤] 所以，本文关注的分居是指因感情不和导致的分居。法律对夫妻分居期间法定义务的履行没有特殊规定，所以婚姻当事人应当依照正常婚姻期间的规定继续承担原定的扶养义务。但在夫妻的分居实践中，不继续履行扶养义务的案例屡见不鲜。[⑥] 为什么会出现生活实践与法律规定大范围不一致的情状？当个体实践与法律规范背道而驰时，法律应当如何重新确定夫妻分居期间法定扶养义务的履行标准？本文在梳理现有学说的基础上，以构建主客观伦理共同体理论为中心，剖析夫妻主观伦理共同体与民族、国家等客观伦理共同体对夫妻分居期间扶养义务的态度，进而点明此时扶养义务的应然变化，同时提出相关法律应对方法，以期为法律实践提供理论基础和可操作标准。

---

① 如法国在18世纪末引进离婚制度后便废除分居制度，却又在1804年恢复。参见［芬兰］E. A. 韦斯特马克：《人类婚姻史》（第3卷），李彬等译，商务印书馆2017年版，第1277－1278页。

② 南京国民政府时期《民法》亲属编第1001条规定："夫妻互负同居之义务。但有不能同居之正当理由者、不在此限。"参见郭元觉：《中华民国民法亲属继承》，上海法学编译社1930年版，第8页。

③ 参见王勤芳：《从离婚障碍机制谈我国婚姻法中应增设别居制度》，载《政法论坛》2008年第6期。

④ 如《民法典》第1042条第2款规定："……禁止有配偶者与他人同居。"

⑤ 参见卓冬青主编：《婚姻家庭继承法》，武汉大学出版社2012年版，第122页。

⑥ 如在秦某、马某离婚纠纷案中，双方在婚姻关系存续期间分居，且马某没有向秦某支付扶养费［参见辽宁省朝阳市中级人民法院民事判决书，(2022)辽13民终1084号］。再如，在肖某、戴某扶养费纠纷案中，双方分居期间互不负扶养义务，但是当肖某患病需要扶养时，法院要求戴某履行扶养义务支付医疗费用［参见湖南省隆回县人民法院民事判决书，(2022)湘0524民初1457号］。

一、分居期间扶养义务履行的既有学说述评

为了填补“结婚——离婚”由正常婚姻关系向婚姻关系终止变化的空白,让暂时不和的夫妻有冷静思考婚姻关系的时间和空间,我国从20世纪末开始对建立分居制度的呼声不断扩大。在此期间,妇联和民政部门等出现过“试离婚”,[①]某地方法院曾尝试“冬眠离婚”制度,[②]不少婚姻家庭法学者也试图在此领域提出创新性建议。本文在梳理分析制度学者构建设想的基础上,总结出关于夫妻分居期间扶养义务的承担主要存在维持说、取消说和减损说三种观点。

(一)扶养义务维持说

维持说认为,夫妻在分居期间需继续履行扶养义务,且扶养程度与分居前保持一致。持该说的学者认为,分居期间的双方仍处在婚姻关系存续期间,仍具有“夫妻”这一“身份关系”,而夫妻间扶养义务的性质就是身份义务,只要作为扶养义务的身份前提依然存在,那么扶养义务也就随之留存。[③]扶养义务应分为生活保持义务和生活扶助义务,而生活保持义务是夫妻身份关系本质上不能缺少的要素,只不过分居期间扶养义务的履行方式从共同生活扶养变为定期支付扶养金或以实物进行扶养。[④] 有学者认为,夫妻一经结婚就有权要求与对方保持同一水准生活,[⑤]扶养义务的承担与否仅与婚姻关系的存在与否有关,是无条件的互相扶养的义务,[⑥]而不论婚姻状态。也有学者从夫妻共同债务角度分析分居期间扶养义务的承担方式,主张分

---

① 这里的“试验离婚”是指夫妻双方在自愿的基础上达成的暂时互不履行夫妻义务的状态。可推知实践中的离婚冷静分居期间夫妻停止履行扶养义务。参见《“试离婚”受多地民政部门、法院认可支持》,载搜狐新闻2016年9月9日,https://www.sohu.com/a/114062803_486584。

② 参见张锡磊:《独家调查:台前法院“冬眠离婚”的尝试》,载中原网2005年8月29日,https://news.zynews.cn/2005-08/29/content_259027.htm。

③ 参见孟德花:《国外、域外别居制度比较——再谈我国别居制度的完善》,载《河北法学》2002年第5期。

④ 参见李明舜主编:《婚姻家庭继承法学》,武汉大学出版社2011年版,第127页。

⑤ 参见赵霖编著:《婚姻家庭法学》,贵州教育出版社2007年版,第107页。

⑥ 参见巫昌祯主编:《中国婚姻法》,中国政法大学出版社2001年版,第71页。

居期间因维持本人正常生活和治病需要而产生的债务属于夫妻共同债务；[①]从事经营所负的债务，其收入未用于家庭共同生活的属个人债务，[②]这也侧面说明扶养义务的维持。

综合分析《民法典》有关夫妻关系的相关规定，可以看出《民法典》也倾向此观点。首先，法律在婚姻家庭的倡导性规定中要求夫妻应当互相忠实，互相尊重，互相关爱，以感情为基础，互相负担对方的生活。而只有达到同甘共苦，夫妻双方保持同一生活水平，才能促成实现这些感情要求。其次，法律也规定夫妻地位平等，而经济地位的平等是基础，分居期间扶养义务的维持履行是平等考量和自由选择未来婚姻关系的前提。再次，法律对于扶养义务的规定仅存在于婚姻关系存续期间，且尚未承认分居的独立地位，没有对分居期间的扶养义务另作规定，默认此时的扶养义务维持婚姻常态的履行程度。最后，结合其他夫妻间权利义务的规定和实践，夫妻共同债务的认定并没有因为分居而变化标准，夫妻继承权利的享受并没有因为分居而丧失，即使处在离婚诉讼期间，仍享有第一顺位的继承权，此时的扶养义务也应当尊重法定关系的存续而维持不变。

该说从明示的法律义务出发，禁锢于现行法律规定之中，没有考虑到法律的滞后性缺陷与可发展性。可能持此说的学者会有这种考量：分居不同于离婚，夫妻分居尚有可能和好并恢复共同生活，[③]维持扶养义务利于双方保持联系、促进复合。扶养义务的维持与否确实会影响夫妻双方在分居期间的情感联系。但是，“维持”不是唯一因素，也不是最佳手段。一方面，维持原水平的扶养义务会给扶养方造成心理预期以外的经济负担。分居时的预期和实际是“独自生活”，且基于感情裂痕，扶养方的扶养意愿并不强烈，若利用法律强制其维持原水平的扶养义务，难免令其产生厌烦情绪。另一方面，维持原水平的扶养义务会给被扶养方带来过于完善的保障，而产生经济依附这一不纯粹的婚姻存续需求。被扶养方虽然在空间上离开对方，却没有真正脱离对方的庇护，不利于进行以其独立人格为前提的婚姻关系

---

① 参见何群、郭丽红主编：《婚姻家庭继承法学》，厦门大学出版社 2018 年版，第 135 页。

② 参见杨馨德、谢洁茹主编：《婚姻家庭法学》，上海财经大学出版社 2017 年版，第 197 页。

③ 参见孟德花：《国外、域外别居制度比较——再谈我国别居制度的完善》，载《河北法学》2002 年第 5 期。

反思。

(二)扶养义务取消说

取消说认为,从导致分居的理由出发,除特殊情况外,应当完全免除夫妻分居期间的扶养义务。只有在分居前严重违反夫妻义务的一方,即所谓“分居责任人”[①]才需继续对另一方负扶养义务,反之则无须承担。确实,明确分居责任人有利于让过错方通过履行义务较为深刻地自我反省,表面上似乎符合自己责任原则,也使无过错方的经济生活得到保障。但是,分居责任人并不一定在每一起分居案件中存在。确定分居责任人的前置理由必须是严重违反夫妻义务,那么,夫妻义务指的是法律义务还是道德义务?是强制性义务还是指导性义务?“严重”的程度如何界定?因个人恶习导致感情不和的分居,该如何确定责任人?继续承担扶养义务前置条件的模糊性与分居理由的多样性使分居责任人难以确定,而在没有分居责任人的情况下,需要扶养的一方无从获得经济支持保障基本生活。

也有学者从被扶养方的责任角度进行限制。当一方当事人严重违反对配偶的义务时,免除对方对其的扶养义务。[②] 我国香港特别行政区立法也规定,若赡养令申请人曾有通奸行为,法院则不能发出赡养令。[③] 这一主张看似同样是对过错方的惩罚,符合自己行为自己负责的原则,却间接提升了另一方当事人在婚姻中的地位,违背婚姻的男女平等原则。即使责任方有过错,有惩罚权的主体不是非责任方,而应当由法律这个权威、中立第三方来规定。以获得扶养义务的承担为惩罚工具,违背人权要求。扶养义务不仅是存在于法律中的身份性负担,更是一份人格尊严的保障。扶养义务对于处在分居状态的夫妻双方来说有不同的意义:对于扶养方,这可能只是一项无关紧要的经济支出;但对于被扶养方,这可能就成为维持基本生存的救命稻草。总之,将对分居责任人的惩罚权赋予另一方,通过切断事关生存与人

① 王丽萍:《婚姻家庭法律制度研究》,山东人民出版社2004年版,第167页。

② 参见姚秋英:《婚姻效力研究》,中国政法大学出版社2013年版,第177页;刘昕:《分居制度若干问题研究》,载《当代法学》2002年第1期。

③ 我国香港特别行政区《分居令及赡养令条例》第6条(1)规定:“如证明申请人曾有通奸行为,则不能根据本条例发出命令。”

性尊严的扶养来处置责任人,背离平等、人权等法律基本价值。甚至有学者提出,对分居有责任的配偶对没有生活来源又无分居责任的一方应承担扶养义务。① 该观点不仅要求扶养方是分居责任人,还要求被扶养方只能是无责任人,对扶养义务的履行设置重重限制,既容易因难以认定分居责任而取消扶养义务,也侵害了需要扶养一方的生存权和人格尊严。

(三)扶养义务减损说

减损说认为,夫妻分居期间仍需承担扶养义务,但在特殊情况下应降低扶养水平。持此观点的大多数学者主张将分居期间的扶养水平降至扶助程度,只有出现生活困难时才需要承担扶养义务,帮助对方维持基本生活即可,无须使其与自己保持同一生活水准。如有学者认为,一方由于其分得的财产不能满足基本生活需要,而且不能通过从事适当的工作满足基本生活需要……可判决另一方在一定期限内给予其一定数量的扶养费。② 有学者主张参照《美国统一结婚离婚法》规定,在夫妻间的临时扶养中考虑经济上处于不利地位者的实际需要。③ 还有学者将夫妻间的扶养义务理解为扶助义务,认为分居期间一方生活困难的,有条件的另一方应承担其扶养费用。④ 各学者直接指出保障基本生活的扶养程度,带有保障基本人权的考量。但是基本生活程度的减损幅度是如何得出的? 为何夫妻双方需要相互承担人权保障义务? 这些基础性问题尚未得到合理回答,减损扶养义务的前置逻辑也尚未厘清。

减损至基本生活水平的扶养义务,能够在保障被扶养方正常生活的前提下,帮助其冷静考虑婚姻关系,进而作出回归婚姻或者终止婚姻的选择。但是一般来说,扶养方的经济能力较被扶养方更强,被扶养方在分居前与扶养方共同居住时的生活水平有所保障,至少在扶养方的经济支持下比分居

---

① 参见马齐林:《论我国的分居立法》,载《内蒙古大学学报(人文社会科学版)》2000 年第 2 期。

② 参见姚秋英:《婚姻效力研究》,中国政法大学出版社 2013 年版,第 177 页。

③ 参见何群:《论确立我国别居制度》,载《法律科学(西北政法学院学报)》1997 年第 3 期。

④ 参见张华贵:《设立夫妻分居制度的立法构想》,载《甘肃社会科学》2004 年第 5 期;姜大伟:《法国夫妻分居制度及其借鉴意义》,载《理论月刊》2013 年第 11 期;邓伟平、林博:《从香港法上的分居制度引发的思考》,载《中山大学学报(社会科学版)》2003 年第 6 期;刘昕:《分居制度若干问题研究》,载《当代法学》2002 年第 1 期。

后独立的吃穿用度宽裕。这种生活水平落差有利于促进被扶养方作出回归婚姻的选择,表面上能够推动夫妻关系的恢复,但其到底是迫于经济生活压力还是出于纯粹真情作出的选择?这一问题难以得到明确肯定的解答,将为婚姻最终破裂埋下伏笔。

但是,也有学者认为,在扶养义务得到相当履行的前提下,反而能够保障经济弱势一方行使婚姻自主权而不被经济困难所束缚。① 这一构想忽视了分居的暂时性与扶养义务继续履行的前提。分居只是正常婚姻关系与婚姻关系终止的中间过渡阶段,并不能长久存在。当分居结束,扶养义务也随之结束。若想继续被扶养,只能选择恢复正常婚姻关系。分居期间的这一生活保障方式反而成为夫妻双方地位不对等的原因。在正常婚姻中,如果双方都从事生产工作,则一般不会出现经济上的扶养与被扶养问题;只有在一方工作、另一方居家的情况下,才会有经济上扶养的发生。但此时可以将居家方的家务、照顾等活动视为对家庭的劳动付出,与扶养方的经济扶养形成对价,双方依然得以平衡家庭地位。而在分居期间,不事工作的一方无法在日常生活中为另一方做出家务劳动等贡献,若依然能够获得经济对价,未免有失利益公平。

除以上三种观点外,也有学者小心避开对此难题的回答,将继续承担扶养义务的方式及数额交由婚姻当事人协商。② 但感情出现裂痕、欲分居两地的夫妻何以平心静气地对分居后的权利义务进行友好协商?当然,也不排除这种和平讨论分居问题的情形,但对于感情已有裂痕的夫妻来说,针对此问题的讨论难免沦为一个新矛盾,进而加剧感情破裂,而这与分居制度的目的南辕北辙。

二、主客观伦理共同体构建下分居扶养义务的减损逻辑——对减损说的理路重整

夫妻关系既是一种法律关系,也是一种伦理关系。③ 在伦理关系、伦理认知上存在共同倾向,具有强烈连结点的多方主体便成为伦理共同体。夫

---

① 参见姜大伟:《法国夫妻分居制度及其借鉴意义》,载《理论月刊》2013年第11期。

② 参见罗冠男:《从意大利离婚法的修改看我国分居制度的构建》,载《法学杂志》2016年第1期。

③ 参见袁远、李铭辉:《夫妻伦理规范的现代变化》,载《前沿》2011年第20期。

妻双方以主观感情为伦理基础,结成主观伦理共同体;包含婚姻当事人在内的群体以客观类别为伦理基础,形成客观伦理共同体。夫妻分居期间主观伦理共同体的变化与客观伦理共同体的底线交互作用,要求此时的扶养义务作出改变。

(一)主观伦理共同体的变动及其对夫妻分居期间扶养义务的影响

夫妻主观伦理共同体以夫妻别体主义为前提,推动共同体实现善的价值。夫妻别体主义以个人为本位,要求男女婚后保持各自的独立人格,法律地位平等,独立享有和承担平等的权利与义务,①是对封建婚姻制度与男女不平等历史的有力批驳。夫妻主观伦理共同体并不剥夺双方任一的人格,不以减法形成唯一而达至"共同",而以加法演进为合一结成"共同"。以爱情为连结点的共同体是因其对人格自身之爱而建立起来的,是男女双方相互帮助以实现其真正自我的共同体。在主观伦理共同体中,双方既在自己的存在中,又在对方的存在中,相互独立,相互承担。夫妻权利义务的享有与履行便是在推动夫妻主观伦理共同体的价值实现——共同体的最高的善和幸福。②

夫妻感情的变化会导致主观伦理共同体的变化。和谐的感情促进主观伦理共同体的产生。近代以来,青年男女对婚姻自主权的掌握,使婚姻的缔结基础不再是家庭实力,转而关注男女双方自身人格。两个独立人格经过自由交流与对方人格生成联系,在联系过程中发现并且同步伦理认知,进而产生主观伦理共同体的连结点——爱情。爱情成熟之时进行结婚登记,明确双方夫妻伦理关系,正式成为主观伦理共同体。不和的感情引起主观伦理共同体的衰弱。感情不和区别于婚姻常态中的争执,也区别于婚姻破裂后的决绝,介于二者之间,无法维持常态中的爱情,却又因为旧谊、经济、孩子、家庭等无法一刀两断。此时,夫妻双方不再坚持以婚姻为中心的主观伦理共同体,转而重新衡量婚姻与自我之间的地位,出现以自我为中心的伦理

---

① 参见何群、郭丽红主编:《婚姻家庭继承法学》,厦门大学出版社 2018 年版,第 153 页。

② 参见曾云:《爱与伦理共同体——胡塞尔的社会伦理现象学》,载《安徽大学学报(哲学社会科学版)》2016 年第 2 期。

个体主义倾向。破裂的感情导致主观伦理共同体的瓦解。感情破裂即感情伦理基础完全崩塌,夫妻双方的伦理认知走向分裂,在伦理关系中放弃婚姻考量,专注自我利益与发展,同时以离婚登记或者离婚诉讼方式正式分解夫妻主观伦理共同体。

夫妻分居期间主观伦理共同体的衰退尊重权利义务自治,夫妻扶养义务顺应伦理个体倾向出现减损甚至取消可能。和谐主观伦理共同体内部的扶养义务承担,在帮助对方的同时也在实现自我价值,促使整体走向善和幸福,但分居期间夫妻双方的主观利己性使其注重自身的生活状况与内心体验。[①] 夫妻分居期间主观伦理共同体衰弱下的伦理个体主义倾向受夫妻别体主义的承认与保护,与此同时,扶养义务的共同体价值减弱,夫妻双方形成以保全自身利益为前提的扶养义务履行意愿,并以此为基础进行权利义务自治。于经济上,扶养方的义务履行支出无从得到相应对价,没有被扶养方的财产反馈,也没有家务等劳动回应,即分居期间扶养义务的履行对自身生活状况的提升没有作用;于心理上,感情不和的分居已不具备扶养主观基础,若被扶养方作为分居责任人,则扶养方处于厌恶、背叛等负面情绪,更加抗拒履行扶养义务,即分居期间扶养义务的履行对内心体验的幸福没有效用。所以分居期间对自身没有价值意义的扶养义务往往不被履行。但是出于对最初配偶选择的负责、对婚姻常态时感情的尊重以及对未来伦理关系的考虑,有能力扶养方也许存在承担一定程度扶养义务的意愿。

(二)客观伦理共同体的要求及其对夫妻分居期间扶养义务的影响

夫妻分居期间维持履行扶养义务,是中华民族共同体的道德传承。中华民族共同体是以中国地域、稳定经济活动、历史文化联系等为连结点的客观伦理共同体。[②] 中华人民共和国成立后首次规定夫妻有相互扶养义务的法律是1950年颁布的《婚姻法》(已失效),但在中华人民共和国成立之前,经过中华民族文化的长久发展,夫妻扶养义务早已成为客观伦理性(道德

---

① 参见晏辉:《三种历史场域下的意志自由与道德责任》,载《学术研究》2020年第4期。

② 参见曹爽:《符号互动论视角下铸牢中华民族共同体意识的研究与思考》,载《内蒙古统战理论研究》2021年第3期。

性)义务。“仁者,亲也。”从现实的日常行为中探究出人人关系中的最基本、最原始、最自然的血缘关系,找到了“仁”的现实根基,进而将仁者爱人的“人”扩大。[①] 古时法律对扶养义务的关注焦点在老、幼这两类对象上,并无对夫妻扶养义务的明文规定。但在伦理道德上形成了夫妻应当相互扶养的社会风尚,如东汉时宋弘面对光武帝的赐婚回复“糟糠之妻不下堂”,与妻子同甘共苦;又如各官僚贵族与历代皇帝即使弃置正妻,却仍然维持妻子应有的生活。[②] 夫妻扶养义务早已具有强烈的客观伦理属性。

夫妻分居期间保障基本生活程度扶养义务的履行,是中国国家共同体的当代价值选择。国家共同体是以国籍、政治、法律等为连结的客观伦理共同体。近代以来中国与世界接轨,人权思想传入中国并获得重视和长足发展,保障人权成为国家的义务,[③]《宪法》第33条第3款明确“国家尊重和保障人权”。保障人权在成为国家义务的同时,也成为个人的道德义务。生存权是基本人权之一,国家利用法律认定主观伦理联系为客观伦理关系,使相关公民个人承担社会性责任,最大范围内保障公民的基本人权。如国家法律确认以血脉关系为纽带的家庭伦理共同体中存在父母子女、兄弟姐妹、祖孙等法律关系,并享有和承担抚养、赡养等义务。借用家庭的社会基本单位地位,分解国家保障人权的义务,使人权保障落到实处。同理,夫妻扶养义务的承担是主观伦理共同体帮助客观国家伦理共同体实现人权保障义务的方式之一。即使夫妻双方分居,只要国家认定的婚姻关系尚未解除,双方就仍需顺应国家要求维护对方的基本生存人权。同时,中国的社会主义性质以及共产主义目标要求发扬互助精神,社会主义核心价值观在个人层面的要求也包含“友善”,鼓励一般公民宽容、友爱,[④]对于维持法定婚姻关系的夫妻双方则具有更为强烈的精神引领和价值要求,激励分居期间的双方保持互帮互助。

---

① 参见许峰:《儒家文化视域下的马克思主义中国化研究》,九州出版社2017年版,第100页。

② 参见史凤仪编著:《中国古代婚姻与家庭》,湖北人民出版社1987年版,第154-155页。

③ 参见徐显明主编:《人权研究》(第7卷),山东人民出版社2008年版,第262-263页。

④ 参见刘志山主编:《社会主义核心价值观的多维视域》,广东人民出版社2018年版,第7页。

(三)主客观伦理共同体交互下夫妻分居期间扶养义务的减损

完全根据主观伦理共同体的自由意志确定夫妻分居期间扶养义务的承担,将引起夫妻不平等、生活困难等人权问题。自由主义在强调人自由的同时放逐了德性,将善恶的选择权完全交给了个人,进而导致道德的边缘化。[①]夫妻分居期间扶养义务的履行与否以及履行程度高低完全掌握在经济水平高的一方,即扶养方手中,在功利主义的影响下,其不愿履行没有对价的扶养义务。当扶养方强调实现其个人自由意志与利益时,其已经侵犯了被扶养方的权利与人权价值,对稳定、和谐的社会伦理关系造成威胁。[②] 在唯一生活来源掌握在另一方手中时,被扶养方只能选择恢复正常婚姻关系,依赖对方生活,没有平等的夫妻地位,也没有婚姻自由选择。即使选择离婚,在协议离婚或者诉讼离婚期间,暂时无法获得分割财产的被扶养方的生活也难以得到保障。

完全根据客观伦理共同体的道德要求确定夫妻分居期间扶养义务的承担,将引起扶养义务履行困难、客观伦理共同体意志丧失等问题。客观道德对于分居期间扶养义务的履行基础和要求不统一、不明确,是基于夫妻情谊还是基本生活保障?是维持还是减损?道德义务内容的不确定性使义务履行发生困难。同时,客观伦理共同体以众多个体意志结合形成,此时以客观伦理共同体的要求压制主观伦理共同体的自由,主观意志被消磨,将导致共同体自身的崩塌。

夫妻分居期间减损扶养义务,是实现道德自由的前提,是兼顾主观伦理共同体自由意志与客观伦理共同体基本要求的必然选择。道德自由是指人们在认识客观规律、认识社会所给予的道德义务的基础上,获得的辨别和选择道德行为的能力。[③] 道德自由的实现要求主观伦理共同体与客观伦理共同体交互作用。一方面,主观伦理共同体自由意志的实现以不违背客观伦理共同体基本要求为前提。马克思指出,人的本质在现实性上是一切社会

---

① 参见颜茵:《自由意志与道德的动态耦合机制及其当代效应》,载《求索》2016 年第 7 期。

② 参见杨峻岭、吴潜涛:《论自由意志与道德耻感》,载《中国人民大学学报》2013 年第 1 期。

③ 参见国家教育委员会思想政治工作司组编:《思想道德修养教学大纲》,高等教育出版社 1996 年版,第 102 页。

关系的总和。[①] 主观伦理共同体存在于客观伦理共同体中,其行为不单纯由其主观意志决定,还受客观伦理共同体的影响,主观意志与客观理性以相互嵌入的方式支撑着个体行动。[②] 人的社会性决定了人永远无法游离于道德原则、道德规范之外,否则,将被社会所排斥,甚至为社会所抛弃。[③] 主观伦理共同体内部扶养义务的履行在于实现履行者的社会价值,以内部义务的履行帮助解决社会问题。婚姻当事人的社会性地位要求其在扶养义务的履行行为上将客观道德考虑在内,顺应保障人权的基础性要求。另一方面,客观伦理共同体道德要求的实现以尊重主观伦理共同体自由意志为前提和目的。人是社会的人,社会是人的社会,人与社会的相互联系,构成了一个辩证统一的整体。[④] 社会的人合性决定了道德原则、道德规范等无法脱离个体主观意志凭空产生。客观伦理共同体的人合性基础要求其在扶养义务的履行规定上将婚姻当事人意志考虑在内,尊重意思自治的构成性要求。

主观伦理共同体顺应客观伦理共同体保障人权的要求,客观伦理共同体尊重主观伦理共同体不愿维持履行扶养义务的意愿,从而达成扶养义务减损至基本生活保障程度的共识。夫妻分居期间扶养义务的承担以维持基本生活为限,以法定婚姻关系的维续保障个体基本权利。婚姻常态中的扶养义务履行以双方保持同一生活水平为标准,于实现自我价值、维持社会关系稳定具有重要作用。分居期间将扶养义务的履行降至基本生活程度,突出夫妻伦理个体倾向,同时实现客观伦理共同体对婚姻当事人的道德义务。一方面顺应婚姻双方折中的感情态度,使扶养方愿意支付较低费用,也使被扶养方在经济上不过于依赖对方;另一方面基于生活落差给被扶养方带来寻求经济独立的动力,促进被扶养方从事工作获得自己生活来源。

三、主客观伦理共同体交互下扶养义务减损的法律应对

夫妻分居期间主客观伦理共同体的意志自由与道德义务相互作用,得

---

① 中共中央马克思恩格斯列宁斯大林著作编译局编:《马克思恩格斯选集》(第1卷),人民出版社1972年版,第18页。

② 参见晏辉:《三种历史场域下的意志自由与道德责任》,载《学术研究》2020年第4期。

③ 参见杨峻岭、吴潜涛:《论自由意志与道德耻感》,载《中国人民大学学报》2013年第1期。

④ 参见黄捷荣主编:《马克思主义原理》,辽宁人民出版社1988年版,第200页。

出此时需减损扶养义务至保障基本生活的道德自由要求。分居夫妻感情不和导致双方的精神联系与经济联系减弱甚至消失,此时的减损扶养义务应当如何实现?法律应当如何确定此时扶养义务的实现方式?又当如何应对相关扶养纠纷诉讼?

在立法上,夫妻法律规范应当以当事人主观伦理意志为基础进行修改与完善。私法领域尊重当事人的意思自治,在保证公平正义的前提下,法律首先应当承认夫妻的分居选择及相关权利义务分配约定,以条文的形式确定"分居权"及此期间的权利义务自主权。若双方行使了分居权却没有约定分居后事项,法律也不能留下空白,应当根据推定意思,结合道德基本要求,预先完善规定。法律规范是成熟稳定了的客观伦理(道德)规范,"道德的法律化"是法律规范的重要来源,而客观伦理规范的形成源于主观伦理的统一。在夫妻别体主义与伦理个体倾向下,公民对于分居期间履行扶养义务的主观态度趋向取消,同时受客观伦理共同体的基本人权保障要求。所以法律条文可以如此规定:"夫妻分居期间生活困难的一方,在另一方不履行扶养义务时,有要求其给付扶养费的权利。"正面指明履行扶养义务的情形,既能够积极保障需要扶养方的基本生活,又为其他情形履行扶养义务留有余地,让双方当事人能够实现婚姻事项自治。扶养方的经济支持不能无期限存在,否则被扶养方容易安于现状,缺乏从事生产的动力和紧迫感,使分居期限结束后的婚姻恢复选择缺失爱情纯粹,与建立分居制度的目的背道而驰。所以应当为分居期间扶养义务的履行设置时限,也可以选择一次性支付"分居补偿金"以替代持续性的扶养金。

夫妻伦理个体倾向中感情的不和,要求法律不宜强制规定人身性扶养义务的履行。扶养义务的内容不仅是财产帮助,还有生活、精神等的人身帮助。①婚姻常态中,夫妻双方互相支持对方的学习、工作等社会活动,通过行使家事代理权方便双方生活,也在困难、痛苦时相互慰藉、陪伴,给予对方精神力量。这些人身性扶养义务是夫妻扶养义务主观伦理性质的主要体现,具有

① 《老年人权益保障法》规定,有经济上供养,生活上照料和精神上慰藉。在老年人独居的时代背景下,作出除经济以外的生活、精神上的扶养义务安排是为了督促家庭成员的和睦。以婚姻家庭和睦为目的,日常在一起共同生活的夫妻更要履行生活、精神上的扶养义务。参见陈苇主编:《婚姻家庭继承法学》(第 3 版),群众出版社 2017 年版,第 117 – 118 页。

维续主观伦理共同体的作用。但在感情不和的分居阶段,双方没有共同生活,加上心理的隔阂与疏远,难以甚至不愿真心实意地履行除财产扶养以外的精神扶养。若法律坚持要求履行,很有可能会对分居期间夫妻双方的冷静思考造成阻碍。

在司法上,法官应支持生活困难方的扶养请求。分居期间夫妻双方分开生活,且少有进行财产分配,所以总有一方的经济条件处于弱势。当弱势方的财产状况不足以支撑基本生活时,其依照法定夫妻关系请求对方履行扶养义务。不论是为了保护需要扶养一方的生活,还是维护法律关系的严正,法官都应当支持其请求。反之,对于没有生活困难情形的扶养请求,法官应当不予支持。其实,当前司法实践已有此态度。在刘某、郭某扶养纠纷一案中,双方从 2018 年开始分居至案件审理期间,郭某请求刘某履行扶养义务,法院认为郭某身患残疾和多种疾病,丧失劳动能力,确属生活困难,判决刘某每月向其支付扶养费 800 元。[①] 在霍某、简某扶养纠纷案中,双方分居已久,霍某请求简某支付扶养费 15000 元,法院认为其具有完全民事行为能力和劳动能力,也没有患重大疾病,不属于无劳动能力且缺乏生活来源的情形,故驳回其扶养请求。[②] 以生活困难与劳动能力为标准判断履行扶养义务的必要性,既能够保障需要扶养方的基本生活,又使其不过于依赖扶养方,推动其自力更生,寻求独立。

四、结论

现行《民法典》的限制离婚自由取向,使分居制度的构建成为必要,离婚冷静期的设计给婚姻提供喘息空间,也需要配套的分居制度完善此期间权利义务的实践空白。具体到分居期间扶养义务的承担,受夫妻主观伦理共同体的自由意志与客观伦理共同体的道德义务要求交互作用,顺应夫妻别体主义与分居状态下的伦理个体主义倾向,得出减损至保障基本独立生活程度的结果。或许会有学者以主观意志的不确定性否定履行扶养义务的主观伦理基础,而认为应以分居后双方的实际利益关联为基础确定权利义务

---

① 山西省长治市中级人民法院民事判决书,(2021)晋 04 民终 2588 号。
② 广东省佛山市中级人民法院民事判决书,(2022)粤 06 民终 8799 号。

的分配。但是婚姻以爱情结合为伊始,以爱情维续为日常,以爱情破裂为结束。婚姻作为一个以主观意思为本的社会、法律关系,不应以冷漠的利益为连结点。以利益衡量感情,不仅违背当事人的纯良心理,也不符合大众的爱情信赖,于公于私皆无益。所以应当尊重婚姻当事人的主观意思,在保障其基本权利的前提下维护其婚姻自由。

《民法典》视域下分居探望权的困境与出路

王　倩*

摘　要　《民法典》第1086条仅规定离婚探望权,并未涉及分居探望权。在法律对分居探望权作出明文规定之前,可从四种路径分析《民法典》视域下分居探望权的适用规则:一是类推适用《民法典》第1086条关于离婚探望权的规定;二是将分居探望权解释到《民法典》第1068条关于父母教育、保护子女的权利义务中,进而适用该条的规定;三是通过发布分居探望权司法解释的方式,统一司法实务的裁判标准;四是发布分居探望权纠纷的指导性案例,作为法院审理类似分居探望权纠纷时的参考依据。其中,发布司法解释和指导性案例可以与类推适用《民法典》第1086条的路径同时适用,或者与直接适用《民法典》第1068条的路径同时适用。但因指导性案例不属于正式法源,不建议单独采取发布指导性案例的方式规范分居探望权纠纷的裁判,而应搭配其他路径共同发挥作用。

关键词　分居探望权　离婚探望权　《民法典》　分居

* 王倩,北京大学2021级民商法博士研究生。

一、问题的提出

根据《民法典》第1086条的规定,我国采取狭义探望权[①]的概念,即离婚探望权。囿于离婚探望权适用时间的局限性,夫妻分居期间未与子女共同生活的一方往往难以主张探望子女的权利。在社会生活多样化、家庭结构转变以及离婚率攀升的时代背景下,夫妻因感情不和而分居的现象越来越普遍,这种非正常分居成为大多数夫妻离婚前的过渡阶段,且时间长短各异,酝酿了不同类型的分居探望权纠纷。如何实现此种情形的分居探望权,成为《民法典》背景下的棘手问题。

近年来,理论界对隔代探望权和虚拟探望权多有探讨,但对分居探望权鲜有研究。在分居探望权领域,学者或者在分居制度中谈及设立探望权的必要性,[②]或者在探望权制度中讨论将探望权的适用范围扩大至分居期间的可能性,[③]极少以分居探望权制度为切入点进行专门研究。[④] 不过,透过学者对分居探望权的简单介绍,仍可看出分居探望权是分居制度中必不可少的一种权利,尚存在研究和发展的空间。

---

① 根据不同的标准,探望权有不同的分类:根据适用阶段的不同,探望权可分为分居探望权和离婚探望权,前者指适用于夫妻分居期间的探望权,后者指适用于夫妻离婚后的探望权;根据适用范围的不同,探望权可分为狭义的探望权和广义的探望权,前者指仅适用于夫妻分居期间或者夫妻离婚后的探望权,广义的探望权是指可以适用于夫妻分居期间和夫妻离婚后的探望权。在我国,林坤最早使用"分居探望权"的概念。参见林坤:《冲突与衡平:论分居探望权的司法规制》,载《理论月刊》2019年第8期。

② 例如,陈苇和罗晓玲认为,分居对父母子女关系的效力,主要涉及父母对未成年子女的抚养、监护及探望权,我国应借鉴英国的立法例,以子女最大利益原则指导分居夫妻对子女的抚养、监护及探望权的立法。参见陈苇、罗晓玲:《设立我国分居制度的社会基础及其制度构想》(下),载《政法论丛》2011年第2期。罗冠男认为,夫妻拟有分居协议的,需要就分居期间的相互扶养、子女抚养以及子女探望等问题进行合理的安排,协议经公证并在民政部门进行登记,分居协议中无法达成一致的内容,可以经法院判决。参见罗冠男:《从意大利离婚法的修改看我国分居制度的构建》,载《法学杂志》2016年第1期。

③ 杨亚都提出,应将非婚生子女、分居子女纳入探望权制度中,肯定其探望权主体地位,才能更好地体现探望权制度的价值。参见杨亚都:《中国探望权制度及其完善——以"儿童利益最大化"原则为视角》,载《社科纵横(新理论版)》2013年第3期。

④ 专门使用"分居探望权"概念进行研究的学者,仅有两篇文章。其中,林坤首次采用"分居探望权"的概念,以论文形式专门探讨分居探望权的司法规制。参见林坤:《冲突与衡平:论分居探望权的司法规制》,载《理论月刊》2019年第8期。肖瑶、吴红梅以案件评析的方式,分析分居探望权的行使规则。参见肖瑶、吴红梅:《分居探望权的行使》,载《人民司法》2021年第32期。

随着夫妻分居成为普遍现象，围绕分居而产生的分居探望权纠纷也逐渐进入司法实务领域。鉴于我国尚未规定分居探望权，当事人以探望权纠纷向法院诉求分居期间探望权的行使时会遇到较大的困难。法院或者以不符合民事案由类型为由不予立案，或者立案后以法律未规定为由判决驳回诉讼请求，或者立案后以诉讼请求不明为由判决驳回诉讼请求，较少予以立案或者判决支持当事人的诉讼请求，无法为分居探望权的行使提供充分的法律保障。①

当前理论上关于分居探望权的研究不足与实践对分居探望权的大量需求形成供需不匹配的现实矛盾，意味着有必要研究分居探望权在《民法典》适用中的困境与出路，为分居期间未与子女共同生活的父母一方行使分居探望权提供法律保障，也为司法实务的分居探望权纠纷提供裁判标准。

二、分居探望权缺失的原因

探知分居探望权缺失的原因，可以从《民法典》中探望权的适用范围、离

---

① 笔者以“分居期间”和“探望权纠纷”为关键词在北大法宝进行搜索，共得出52个案例，其中有7个案例涉及分居探望权纠纷，分别是4个判决支持的案例和3个判决驳回的案例。就4个判决支持的案例而言，法院的裁判理由可以分为两种。一种是从探望权与抚养权的角度切入进行说理，认为抚养权作为一种亲权，是父母对未成年子女的一项人身权利，当然包括分居期间不直接抚养子女的一方探望子女的权利。参见民事判决书（2011）西民一终字第01149号，民事判决书（2017）辽0181民初788号，民事判决书（2019）津0116民初24544号。另一种是从满足未成年子女的情感需要，弥补家庭解体给未成年子女造成的情感伤害，从而促进未成年子女健康成长的角度进行说理。参见民事判决书（2018）吉0182民初1706号。虽然这两种裁判理由的说理部分都很简洁，甚至可能逻辑不够自洽，但是这对分居探望权纠纷进入司法视野具有重要的参考意义，也为无法行使分居探望权的当事人提供了一条司法救济途径。就3个判决驳回的案例而言，法院的裁判理由可以分为三种。一是探望权纠纷与抚养权纠纷不是同一法律关系，故当事人在抚养权纠纷中诉求分居期间探望权的行使，法院不予采信。参见民事判决书（2016）京0106民初12444号。二是离婚案件中的子女抚养问题包括直接抚养权、抚养费和探望权等内容，当事人在提起离婚诉讼后又提起探望权纠纷，构成重复起诉，应当裁定驳回。参见民事裁定书（2018）鲁03民终4160号。三是原《婚姻法》第38条规定的是离婚后的探望权，分居期间婚姻关系仍然存在，行使探望权的条件尚未成就，应当裁定驳回。参见民事裁定书（2018）鲁03民终4160号，民事判决书（2020）苏0991民初567号。可见，理由一以探望权纠纷和抚养权纠纷不是同一法律关系而裁定驳回起诉，并未明确分居期间能否行使探望权的问题；理由二以在离婚诉讼期间另行提起探望权纠纷构成重复起诉而裁定驳回，这里存在的问题是，离婚诉讼期间夫妻可能处于分居状态，该阶段存在行使探望权的必要性并有必要诉诸法律的帮助；理由三以原《婚姻法》第38条只适用于夫妻离婚而不能适用于夫妻分居期间为由裁定驳回，可见该条关于探望权适用时间的规定是导致分居探望权无法可依的一种原因。

婚制度与分居制度的关系、离婚冷静期的配套制度、社会各界的关注度等方面着手。

(一)《民法典》中探望权适用范围的局限性

《民法典》第1086条采取狭义的探望权概念,即离婚探望权,是指夫妻离婚后探望子女的权利。通常而言,夫妻离婚后便不再共同生活,子女往往只能与父母一方共同生活,由此便引发子女与未共同生活的父母一方之间有关沟通交流的情感需求问题,需要通过探望的方式予以满足。

当然,这是理想状态下的应然分析。父母离婚后,是否真正享有离婚探望权,与国家的法律制度密切相关。例如,1896年《德国民法典》规定离婚后不具有亲权的父母一方有权探望子女,而未规定非婚生子之父探望子女的权利;直到1969年,德国通过的《非婚生子女地位法》才允许非婚生子之父探望子女,但非婚生子之母享有拒绝权。又如,1989年《英国儿童法》颁布之前,英国的探望权曾经长期使用"探视权"或"接触权"的概念,强调探视权是父或母对子女享有的权利,子女并非权利的主体;在1989年《英国儿童法》颁布之后,英国的探望权改采"交往权"的概念,强调交往权是父或母与子女双向享有的权利。反观我国,直至2001年修正《婚姻法》(已失效)时,立法者才在第38条增设了探望权的规定。此后,探望权作为夫妻离婚后的法律后果得以适用,真正从权利的应然层面落实到实然层面。不过,由于2001年修正的《婚姻法》将探望权明确规定为夫妻离婚后才享有的权利,导致其适用范围仅限于夫妻离婚后的情形,不包括夫妻分居期间的情形。2020年《民法典》第1086条沿用2001年修正的《婚姻法》(已失效)第38条的规定,并无新变化。

问题在于,立法者在2001年修正《婚姻法》(已失效)时,为什么采取狭义的探望权概念,仅就离婚探望权予以规定?这与我国婚姻法律制度对分居的态度有关。在古代,各朝律法均未规定分居制度,即便生活中偶有夫妻分居的实例,但因夫妻分居与当时的礼法相悖,分居的夫妻将会受到律法责罚。[①]事实上,我国立法对分居制度抑或分居概念的采纳,是近现代以来的才出现

① 参见姜大伟:《我国夫妻分居法律制度建构研究》,中国政法大学出版社2015年版,第96页。

的事情。[①] 在北洋政府时期,司法实践中偶有诉请分居的案例发生,大理院通过判例主张在特殊情形下应当允许夫妻分居。[②] 在南京国民政府时期,法律虽未明确规定分居制度,但司法机关在实务中以判例形式确立尚未为立法规定的分居制度。[③] 此后的1950年《婚姻法》(已失效)、1989年最高人民法院《关于人民法院审理离婚案件如何认定夫妻感情确已破裂的若干具体意见》(已失效)、2001年修正的《婚姻法》(已失效)和2020年《民法典》均未规定夫妻分居期间的父母子女关系以及夫妻关系,因为夫妻分居仅被视为可以消灭婚姻关系的法律事实,故而法律对于夫妻分居关系本身的调整尚付阙如。[④]

如果我国采取广义探望权的概念,而非狭义探望权的概念,能否解决《民法典》视域下分居期间无法主张探望权的法律适用难题?理论上是可以的。目前,我国《民法典》第1086条规定的离婚探望权属于狭义探望权,自然不能适用于夫妻分居的情形。如果采取广义探望权的概念,不再将探望权的适用范围局限于夫妻离婚后的情形,那么无论夫妻分居还是离婚,都可以适用探望权,就能够解决当前分居期间无法行使探望权的难题。

(二)离婚制度与分居制度关系的制约

根据分居制度与离婚制度的关系,婚姻关系制度的立法例可分为"单行分居制"、"单行离婚制"、"分居前置制"和"分居与离婚并行制"四种。"单行分居制"是指仅允许分居而不允许离婚的婚姻制度,目前只有极少数国家因宗教原因禁止离婚而采取"单行分居制"。[⑤] "单行离婚制"是指仅有离婚制度而没有分居制度的婚姻制度,我国采取该制度。[⑥] "分居前置制"是指将

① 参见姜大伟:《我国夫妻分居法律制度建构研究》,中国政法大学出版社2015年版,第94页。

② 参见姜大伟:《我国夫妻分居法律制度建构研究》,中国政法大学出版社2015年版,第101页。

③ 参见姜大伟:《我国夫妻分居法律制度建构研究》,中国政法大学出版社2015年版,第102页。

④ 参见姜大伟:《我国夫妻分居法律制度建构研究》,中国政法大学出版社2015年版,第105页。

⑤ 参见杨大文主编:《亲属法》(第4版),法律出版社2004年版,第152页。

⑥ 参见陈苇、罗晓玲:《设立我国分居制度的社会基础及其制度构想》(下),载《政法论丛》2011年第2期。

分居作为夫妻离婚前置程序的婚姻制度,虽然该制度不仅可以防止当事人轻率离婚而损害夫妻、子女以及相关第三人的利益,还可以降低离婚率,但存在限制当事人离婚自由的弊端,因为夫妻必须分居满法定年限才能离婚。[①] 目前,大多数国家采取自由离婚主义,“分居前置制”不能适应这一趋势。“分居与离婚并行制”,顾名思义,即分居制度与离婚制度并行,由婚姻当事人在分居和离婚中自由选择的婚姻制度。[②] 如果婚姻关系确已破裂,婚姻当事人可以选择离婚,从而结束这段婚姻关系;如果婚姻关系出现危机但尚未达到完全破裂的程度,婚姻当事人可以选择分居,继续维持这段婚姻关系,但不再继续夫妻共同生活的状态。“分居与离婚并行制”体现了私法自治原则的要求,符合大多数国家采取的自由离婚主义的趋势,可以让婚姻当事人根据婚姻状况进行选择,更为妥善地处理家庭纠纷。

从比较法的视野来看,认可分居期间行使探望权的国家,往往设立有分居制度。无论是采取“分居与离婚并行制”的德国和英国,还是大部分州采取“分居前置制”而少部分州采取“分居与离婚并行制”的美国,均设立了分居制度,并认可分居期间探望权的行使。值得注意的是,德国、英国和美国规定的是广义的探望权概念,而未专门使用分居探望权和离婚探望权的概念。具体而言,德国的探望权称为“交往权”,规定于《德国民法典》第 1684 条“子女与父母的交往”和第 1685 条“子女与其他相关人的交往”两个条文中。同父母照顾权一样,交往权不论夫妻分居或离婚与否,皆可适用。英国的探望权也称为“交往权”,根据 1989 年《英国儿童法》的规定,父母子女之间的亲子关系不受父母分居或离婚的影响。据此,交往权作为父母子女关系的一项内容,其规范可以不加区别地适用于父母分居或离婚的情形。美国的探望权称为“探视权”,[③]根据《美国统一结婚离婚法》第 306 条第 1 款的规定,为了促进夫妻双方分居或离婚纠纷的友好解决,双方可以签订分居协议,该协议应当包括对夫妻双方所有财产的分配、对配偶一方的扶养、对子

---

① 参见陈苇、罗晓玲:《设立我国分居制度的社会基础及其制度构想》(下),载《政法论丛》2011 年第 2 期。

② 参见陈苇、罗晓玲:《设立我国分居制度的社会基础及其制度构想》(下),载《政法论丛》2011 年第 2 期。

③ 参见夏吟兰:《美国现代婚姻家庭制度》,中国政法大学出版社 1999 年版,第 275 页。

女的抚养、监护和探视等事项。由此,美国有关探视权的规定,既可以适用于分居制度,又可以适用于离婚制度。综上,德国、英国和美国虽然没有专门规定分居探望权,但规定了可以适用于夫妻分居和夫妻离婚的探望权,为分居期间探望权的行使提供了法律保障。

如前文所述,我国实行"单行离婚制",《民法典》仅设立了离婚制度而未设立分居制度。诚然,倘若我国彻底实行"单行离婚制",不对夫妻分居进行规定,亦否认夫妻分居的正当性,便不会生发对分居探望权的现实需求。然而,我国《民法典》第 1079 条第 1 款第 4 项和第 3 款却将夫妻分居满法定期限作为判决离婚的法定事由,而未规定分居的构成要件和法律后果,使得《民法典》的分居仅处于法院可基于此判决夫妻离婚的事实层面。由此造成逻辑怪圈:在婚姻法律制度方面,仅设立离婚制度,而未设立分居制度;在离婚制度方面,夫妻分居却作为夫妻感情确已破裂的判断因素。换言之,根据"单行离婚制"的本质,我国不应设立分居制度,也不应承认夫妻分居的正当性,但根据《民法典》关于判决离婚之法定理由的规定,夫妻分居已经进入《民法典》的视野,并孕育了夫妻以分居满法定期限为由起诉离婚的现实可能性。

但是,分居制度的缺席并不能阻挡夫妻选择事实分居的热情。实际上,很多夫妻在产生离婚念头直至办理完毕离婚登记手续或者获得法院准予离婚的判决书生效的期间内,都处于事实上的分居状态,由于多重因素未选择离婚而选择分居的夫妻亦不在少数。因为分居可以结束同床异梦的夫妻共同生活,"彼此见面机会减少甚至不见面,经济共同生活中止,彼此近乎处于离婚状态"[①],却又无须真正解除婚姻关系,可以避免承担离婚的法律后果。因此,与日俱增的分居现象酿造了行使分居探望权的现实需求,却因《民法典》第 1079 条探望权适用范围的局限性而陷入于法无据的困境。

(三)离婚冷静期的配套制度不完善

近年来,我国的离婚率居高不下,冲动性离婚的现象日益增多。为了促使当事人冷静思考,妥善抉择,防止因一时冲动而轻率离婚,诉讼离婚程序

---

① 姜大伟:《我国夫妻分居法律制度构建研究》,中国政法大学出版社 2015 年版,第 169 页。

和登记离婚程序中的离婚冷静期制度应运而生。

在诉讼离婚程序中,《民事诉讼法》已经对防止轻率离婚进行了程序上的时间限制。根据《民事诉讼法》第127条第1款第7项的规定,针对法院判决不准离婚的离婚案件以及法院调解和好的离婚案件,原告在6个月内再次起诉的,如果没有新情况、新理由,人民法院将不予受理。由此,相当于法院在程序上设置了6个月的冷静期和考虑期。[①] 从司法裁判者的角度来说,法院亦希望通过判决驳回离婚诉讼请求的方式给予当事人提供更多的冷静期。[②] 一般情况下,当事人起诉到法院的离婚案件都会先进入调解程序,只有无法通过调解结案的,才会进入庭审程序。同时,根据《民事诉讼法》第152条的规定,一审案件的审理期限是6个月,有特殊情况经法院院长同意的,可以延长6个月,经过上级法院批准可再次延长审理期限。一审判决之后,当事人不服一审判决的,有权在收到判决书之日起的15日内提起上诉,从而进入3个月的二审审理期限。于是,从当事人向法院提交请求离婚的起诉状开始,到法院准予离婚的判决书生效时止,当事人已经经过了长短各异的离婚冷静期。

在登记离婚程序中,《民法典》第1077条首次设置了离婚冷静期制度。根据该条的规定,当事人协议离婚的,向婚姻登记机关提交离婚登记申请后,需要经过30天的离婚冷静期;在离婚冷静期内,任何一方不愿意离婚的,都可以向婚姻登记机关申请撤回离婚登记申请;离婚冷静期届满,双方需要共同到婚姻登记机关领取离婚证,否则将视为撤回离婚登记申请。因此,采取协议离婚方式的当事人,至少需要经过30天的离婚冷静期。为了达到防止轻率离婚、挽救危机婚姻的目的,该条还将离婚冷静期届满后当事人不申请离婚证的行为视为撤回离婚登记申请。当婚姻登记机关将当事人不申请离婚证的行为视为撤回离婚登记申请后,当事人又申请登记离婚的,将再次经过30天的离婚冷静期。由此观之,通过协议离婚的方式解除婚姻关系的,至少经过30天的离婚冷静期。

---

① 参见朱宁宁:《增加法律规定给离婚一个冷静期》,载《法制日报》2015年6月13日,第3版。

② 参见最高人民法院民一庭第二合议庭:《关于2012~2014年离婚案件相关情况的调查分析报告》,载《民事审判指导与参考》2015年第4辑。

可见,我国的诉讼离婚程序和登记离婚程序中,均设立了离婚冷静期制度。虽然离婚冷静期制度有利于防止轻率离婚,但也加剧了当事人分居的可能性。实际上,从婚姻当事人产生离婚念头到提交离婚登记申请或提起离婚诉讼请求期间,往往已经处于分居的状态。同样,在离婚冷静期期间,甚至在婚姻登记机关发给离婚证或法院准予离婚的判决生效前,大多数当事人都选择以分居状态维系婚姻关系。如何处理离婚冷静期内的夫妻关系与父母子女关系,是离婚冷静期制度不得不面对的问题。遗憾的是,我国立法者和司法者仅关注了挽救危机婚姻、防止轻率离婚的必要性,却忽略了对离婚冷静期配套制度的构建,导致离婚冷静期期间的夫妻关系和父母子女关系立法处于空白状态。分居探望权作为离婚冷静期期间父母子女关系的组成部分,自然也缺乏法律的规范,进而导致分居探望权的缺失。

(四)分居探望权的社会关注度不高

迄今为止,笔者仅搜索到两则有关构建分居探望权制度的新闻,分别是2014年10月11日的《夫妻分居期间子女探望权亟须确立》[①]和2019年7月9日的《业内人士呼吁以未成年人为本位　完善抚养权和探视权制度》[②]。《夫妻分居期间子女探望权亟须确立》报道了两个家庭的分居探望权纠纷:两起纠纷都发生在夫妻分居至法院离婚判决生效期间,男方均采取藏匿子女的方式来争取子女的抚养权,造成了女方无法探望子女的局面。《业内人士呼吁以未成年人为本位　完善抚养权和探视权制度》介绍了父母争取子女抚养权的现象,并呈现了学者们针对完善抚养权和探望权制度的建议。其中,于晶建议"扩大探望权的适用范围,将民法典婚姻家庭编草案中关于离婚后父母对子女的探望权规定,修改为在父母分居期间,不与子女共同生活的父或母有探望子女的权利"。如此,可以解决离婚期间不与子女共同生活的父母一方与子女的探望问题,即解决离婚期间夫妻分居时产生的分居

---

① 参见刘建:《夫妻分居期间子女探望权亟须确立》,载网易新闻2014年10月11日,https://3g.163.com/news/article/A88T10QJ00014AED.html#adaptation=pc。

② 朱宁宁:《业内人士呼吁以未成年人为本位　完善抚养权和探视权制度》,载中国网2019年7月9日,http://news.china.com.cn/2019-07/09/content_74967527.htm。

探望权问题。

遗憾的是,笔者仅能找到前述两则有关分居探望权的新闻,尚未搜索到其他有关分居探望权的报道。虽然这两则新闻报道在一定程度上体现了社会公众对分居探望权的现实需求,并提出构建分居探望权制度的重要性,但是,针对分居探望权的新闻报道数量实在太少,未能引起社会的广泛关注,也未能大范围掀起设立分居探望权的浪潮。

从法治宣传的角度来说,笔者仅搜索到家事审判工作纪录片《家事如天》①第三集深圳篇涉及分居期间探望子女的案件报道。该案是一起离婚纠纷,周某和曾某在离婚前和诉讼离婚过程中均处于分居状态。为了争取孩子的抚养权,周某将孩子带回江苏老家并拒绝接受曾某的探望,曾某因长期无法见到孩子而多次出现情绪失控的情况。为了安抚曾某长期未见到孩子的心情,法院为其安排了分居期间(亦是离婚诉讼期间)的"云探望",让曾某通过视频的方式探望孩子。法院允许曾某"云探望"孩子并判决曾某获得抚养权的做法,在某种程度上体现了其对分居探望权的认可,体现了司法实务中当事人对分居探望权的现实需求。然而,由于该案的争议焦点是离婚后子女抚养权和探望权的归属,法院并未明确提及分居探望权,该纪录片也未使用"分居探望权"的表述。由此可见,纪录片《家事如天》在宣传涉及分居探望权的案件时,使用的措辞也较为保守,尚未引发民众对分居探望权的广泛讨论。

综上所述,分居探望权的缺失有多方面的原因。首先,由于《民法典》第1086 条将探望权的适用范围局限于夫妻离婚后,夫妻分居则仅作为法院判决夫妻离婚的法定理由,导致分居探望权缺乏予以适用的制度基础。其次,我国采取"单行离婚制",即便立法者将分居作为判决离婚的法定条件,也无法构建完善的分居制度,进一步造成分居探望权的缺失。再次,离婚冷静期制度增加了夫妻离婚的时间成本,造成分居现象的普遍化,但立法者并未构建离婚冷静期的配套制度,导致离婚冷静期期间分居家庭的父母子女关系处于无法可依的现象,分居探望权亦无从谈起。最后,分居探望权的社会关

---

① 《家事如天》是中央广播电视总台社教节目中心《现场》栏目、最高人民法院新闻局联合制作的全国首部记录家事审判工作的原生态法治纪录片,于 2021 年 3 月 6 日首次播出。

注度不高,导致分居探望权处于社会报道稀少、法治宣传不足的状态,未能凸显分居探望权的重要性。

三、《民法典》视域下分居探望权的适用路径

虽然法律明确规定分居探望权是解决分居期间探望权行使难题的最佳路径,但《民法典》施行时间不久,立法者在短时间内对《民法典》进行修订并增设分居探望权,难度可想而知。因此,在《民法典》规定分居探望权之前,有必要结合现行《民法典》的规定,探讨《民法典》视野下分居探望权的适用路径,为正处于分居期间的当事人提供行使分居探望权的法律基础,也为司法实务解决分居探望权纠纷提供裁判思路。

(一)类推适用《民法典》第1086条关于离婚探望权的规定

我国《民法典》第1086条规定了离婚探望权,为夫妻离婚后探望权的行使提供了法律依据。虽然分居探望权与离婚探望权存在不同,但是可以通过法律解释的方法,达到类推适用离婚探望权来解决分居探望权纠纷的目的。

从文义解释的角度来说,《民法典》第1086条第1款关于"离婚后"的规定,明确将离婚探望权的适用范围限定于夫妻离婚后,而无法适用于其他情形。由于夫妻分居和夫妻离婚存在根本性的差异,前者不会导致夫妻关系的解除,后者将导致婚姻关系的解除。因此,无法将夫妻分居解释为夫妻离婚,也无法直接依据《民法典》第1086条主张分居探望权的行使。故而,从直接适用的角度来说,不能直接适用离婚探望权的规定解决分居探望权纠纷。

从目的解释的角度来说,《民法典》第1086条设立离婚探望权的初衷是确保夫妻离婚后未与子女共同生活的父母一方能够定期与子女会面交往,满足父母子女之间进行沟通交流的情感需要,保障子女能够得到来自父母双方的关爱与照顾,实现子女利益的最大化。从夫妻分居和夫妻离婚对父母子女关系造成的影响来看,二者均导致子女只能与父母一方共同生活,而无法与父母双方共同生活。因此,从目的解释的角度来说,离婚探望权和分居探望权的宗旨都是一样的。在法律仅规定离婚探望权而未规定分居探望

权的背景下,可以考虑类推适用离婚探望权的规定,达到规范分居探望权行使的目的。

关于分居探望权类推适用离婚探望权的正当性。虽然我国《民法典》未规定民事法律类推适用的规则,但正如学者所言,“现代民法不禁止类推适用,已为公理”[①]。因为类推适用是发展法律的重要途径,能够有效填补逻辑漏洞。因此,在法律没有明文规定时,可以通过类推适用的方式,解决无法可依的局面。目前,我国的分居探望权处于法律没有明文规定的状态,但是从离婚探望权的立法目的来看,分居探望权也有存在的必要性。同时,由于夫妻分居和夫妻离婚将对父母子女关系产生同样的影响,所以分居探望权和离婚探望权也应当有同样的权利义务内容。因此,在分居探望权缺失的背景下,可以考虑类推适用离婚探望权的规定,规范分居探望权的行使,统一分居探望权纠纷的裁判规则。

(二)适用《民法典》第1068条关于教育、保护子女的规定

虽然我国没有关于亲权的规定,但是《民法典》第1068条规定了父母有教育、保护子女的权利和义务,这种教育、保护子女的权利和义务不因父母婚姻关系的解除而消灭,属于类似亲权的规定。因此,无论是在父母婚姻关系维系期间,还是在父母婚姻关系解除之后,父母都有教育、保护子女的权利和义务。只不过,婚姻关系状态并非对父母教育、保护子女的权利和义务毫无影响,而是会影响父母教育、保护子女的方式。

具体而言,当父母的婚姻关系状态良好且二人未分居时,父母双方均可以通过与子女共同生活的方式,采取文明且适当的方法对子女进行教育和保护。当父母离婚后,子女通常只能和父母一方共同生活,而无法同父母双方共同生活,由此必然产生未与子女共同生活的父母一方如何教育和保护子女的问题。对此,《民法典》第1084条第2款、第1085条第1款和第1086条第1款进行了规定。[②] 从条文之间的逻辑关系来看,第1085条第1款关于

① 谢鸿飞:《民法典规范的类推适用》,载《检察日报》2020年11月30日,第3版。

② 《民法典》第1084条第2款规定,离婚后的父母仍有抚养、教育、保护子女的权利和义务;第1085条第1款规定,父母离婚后,子女由父母一方抚养的,父母另一方应当支付部分或全部抚养费;第1086条第1款规定,离婚后不直接抚养子女的父母一方有探望子女的权利。

抚养权和抚养费的规定对应第 1084 条第 2 款关于抚养子女的权利义务的规定,第 1086 条第 1 款关于离婚探望权的规定可对应第 1084 条第 2 款关于教育、保护子女的权利义务的规定。这也印证了学者关于我国亲权内容的观点,即"保护和教育权是亲权的内容,而父母对未成年子女的抚养义务则基于父母子女关系而当然发生,并不构成亲权的内容"①。

据此,离婚后父母教育、保护子女的权利义务与父母探望子女的权利义务有同等含义,或者至少父母教育、保护子女的权利义务包含父母探望子女的权利义务。虽然《民法典》第 1086 条关于离婚探望权的规定仅赋予了父母探望的权利,而未设定父母探望子女的义务,但不影响父母教育、保护子女的权利义务与父母探望子女的权利义务之间关系的判断。

《民法典》第 1084 条第 2 款则明确了父母对子女权利义务的内容,具体包括抚养、教育和保护子女。所以,在父母分居期间,父母对子女权利义务的内容也是抚养、教育和保护子女。分居期间,父母的婚姻关系仍旧存在,父母对子女的抚养义务规定在《民法典》第 1067 条,父母对子女教育、保护的权利义务仍需细化。如此,就提供了将分居探望权纳入父母教育、保护子女之权利义务之中的可能性和正当性。在分居探望权缺失的背景下,当事人可以依据《民法典》第 1068 条关于父母教育、保护子女的权利义务的规定,主张分居探望权的行使,法院也可以依此裁判分居探望权纠纷。

(三)发布关于分居探望权的司法解释

面对纷繁复杂的分居探望权纠纷,法院不应采取逃避态度,而应直面分居探望权纠纷的现实需求,制定解决分居探望权纠纷的司法解释,为司法实务解决分居探望权纠纷提供裁判标准。

司法实务中,由于缺乏法律的明文规定,当事人难以通过民事诉讼案由规定的探望权纠纷予以立案,只能被动接受法院不予受理的裁定,或者辗转以监护权纠纷或者抚养权纠纷予以立案,企图达到解决分居探望权纠纷的目的。即便当事人顺利立案,法院的裁判也缺乏统一的标准,难以支持当事人有关分居探望权的诉讼请求。并且,在裁判文书说理的部分,法院的裁判

---

① 马忆南:《婚姻家庭继承法学》,北京大学出版社 2023 年版,第 159 页。

说理可能存在论证不够充分的地方,甚至可能存在逃避当事人诉讼请求的嫌疑。

法院作为司法裁判者,理应对当事人的分居探望权纠纷作出公正合理的解决,在法院没有规定或者规定不明的时候,通过解释法律的方式找到解决分居探望权纠纷的裁判依据。考虑到分居探望权纠纷是全国范围内普遍存在的现象,尽管可以通过在个案中进行裁判说理的方式,总结出解决分居探望权纠纷的通用裁判规则,但是这毕竟需要花费过多的精力,需要以诸多个案中当事人的正当利益作为代价。如果通过最高人民法院制定司法解释的方式,统一全国的司法裁判标准,将会更有利于分居探望权纠纷的解决,也会促进当事人正当权益的维护。

在《民法典》施行之前,最高人民法院《婚姻家庭编解释一》未就分居探望权进行解释,无法解决分居探望权纠纷的裁判标准难题。《民法典》及其司法解释施行之后,最高人民法院有必要发布关于分居探望权的司法解释,统一司法实务对分居探望权纠纷的裁判标准,促进当事人分居探望权益的保护。

(四)发布分居探望权纠纷的指导性案例

除了发布司法解释以统一分居探望权纠纷的裁判标准,最高人民法院还可以通过发布分居探望权纠纷的指导性案例的方式,规范分居探望权的裁判规则。根据《最高人民法院关于案例指导工作的规定》,最高人民法院的指导性案例是最高人民法院出于总结审判经验、统一法律适用、提高审判质量和维护司法公正的需要,从而确定并发布的对全国法院的审判及执行工作具有指导意义的案件。[①] 在分居探望权缺失的背景下,最高人民法院可以通过发布分居探望权纠纷指导性案例的方式,统一司法实务对分居探望权纠纷的裁判标准,增强判决书说理的逻辑性,提高判决的质量,维护司法的公正。

关于分居探望权纠纷指导性案例的选取,最高人民法院需要选取裁判文书已经生效的、受到社会广泛关注的、法律规定比较原则的、具有典型性

① 参见《最高人民法院关于案例指导工作的规定》第1条。

意义的、疑难复杂或者新类型的以及其他具有指导作用的案例。[①] 考虑到分居探望权纠纷的指导性案例对统一裁判标准具有重要意义，最高人民法院在选取指导性案例时，应当尽量选取裁判文书说理部分比较充分的判决，为各级人民法院在审理类似的分居探望权纠纷时提供参考依据。

由于最高人民法院的指导性案例并非我国的正式法源，其效力等级在法律和司法解释之下，也不具有与法律和司法解释相同的约束力。如果仅通过依靠最高人民法院发布指导性案例的方式规范分居探望权纠纷的裁判，基于个案情况的复杂性，将难以达到为所有的分居探望权纠纷提供裁判标准的效果。因此，发布分居探望权纠纷的指导性案例只是解决分居探望权纠纷一种方式，但不应作为主要方式，而应结合立法解释或司法解释进行运用。

综上所述，立足于我国现行《民法典》的规定，可以考虑通过四种途径解决分居探望权纠纷，弥补分居探望权缺失法律明文规定带来的弊端。其中，类推适用《民法典》第 1086 条和直接适用《民法典》第 1068 条是不同的方法，并且存在互相冲突的可能性，司法实务中有必要统一法律适用的方法，避免造成司法裁判的混乱现象。司法解释和指导性案例则可以与类推适用《民法典》第 1086 条的路径同时适用，或者与直接适用《民法典》第 1068 条的路径同时适用，因为司法解释和指导性案例均可以对《民法典》第 1086 条、第 1068 条进行司法解释和司法适用，从而与类推适用《民法典》第 1086 条或直接适用《民法典》第 1068 条的法律适用方法相匹配。此外，由于我国指导性案例不属于正式法源，不建议单独采取发布指导性案例的方式规范分居探望权纠纷的裁判，而应搭配其他方案共同发挥作用。

四、结语

随着分居现象的普遍化，分居家庭的探望权需求便不可避免，尤其是在形成争议并诉至法院的情形下，如何统一裁判标准就成为司法实践中亟须解决的问题。虽然构建全面的分居探望权制度是最理想的方案，但是难以期待短期内对《民法典》进行修订并增设分居探望权的有关规定，所以有必

---

① 参见《最高人民法院关于案例指导工作的规定》第 2 条。

要研究在《民法典》视野下分居探望权的适用路径,作为设立分居探望权之前的补充方案。随着婚姻家庭观念的转变,有更多年轻人选择试婚模式,广大农村地区则依旧存在仅举办婚宴而不办理结婚登记的现象,当这两种人群选择结束同居关系而分道扬镳时,如何解决这两种情形的分居探望权,就成为当前法律框架下的棘手问题。限于篇幅,笔者未就此进行讨论,留待以后进行分析。

第四专题

遗产管理研究

我国《民法典》遗产债务申报通知与公告制度立法完善研究*

陈 苇 刘宇娇**

摘 要 我国《民法典》继承编增设了遗产管理人制度,此为立法的一大亮点。在我国遗产管理人制度中,制作遗产清单、处理被继承人的债权债务等是遗产管理人的重要职责。遗产债务申报通知与公告制度有利于准确地制作遗产清单、及时确定遗产债务的范围。但是,我国《民法典》继承编只规定了继承开始的通知制度,欠缺公告制度,并且被通知对象没有明列遗产债权人等利害关系人。这可能导致有些遗产债权人等遗产利害关系人不能及时申报对遗产的权利,不利于保护遗产债权人的利益和维护交易安全。本文在考察我国民众观念与民间习惯,汲取域外立法经验的基础上,针对我国遗产债务申报通知与公告制度之不足,从我国实际出发,提出我国遗产债务申报通知与公告制度的补充完善之立法构想。

关键词 遗产债务申报 通知 公告 制度完善

* 本文发表于《学术论坛》2021年第6期。

** 陈苇,西南政法大学民商法学院教授、博士生导师,研究方向:婚姻家庭继承法;刘宇娇,浙江理工大学法政学院讲师,法学博士,研究方向:婚姻家庭继承法。

我国《民法典》于 2021 年 1 月 1 日起实施,第六编继承是其重要组成部分,它系统集成了中华人民共和国成立以来财产继承立法与司法实践的智慧与成果,回应了新时代我国继承领域的新问题、新情况,是一部保护继承人、遗产债权人及其他遗产利害关系人的合法权益,维护交易安全,发展和巩固社会主义市场经济制度,增进人民福祉的具有中国特色的法律。[①] 习近平总书记指出,"民法典颁布实施,并不意味着一劳永逸解决了民事法治建设的所有问题,仍然有许多问题需要在实践中检验、探索,还需要不断配套、补充、细化"。[②] 我国《民法典》继承编增设了遗产管理人制度,此为立法的一大亮点。在我国遗产管理人制度中,制作遗产清单、处理被继承人的债权债务等是遗产管理人的重要职责。遗产债务申报通知与公告制度有利于准确地制作遗产清单、及时确定遗产债务的范围。对遗产债务申报进行通知与公告是制作遗产清单的前提条件,我国《民法典》继承编中的此制度仍不完善,本文以遗产债务申报通知与公告制度为研究对象,在考察我国民众观念与民间习惯,汲取域外立法经验的基础上,针对我国此制度之不足,从中国实际出发,提出遗产债务申报通知与公告制度的补充完善之立法构想。

一、问题的提出

遗产债务申报通知与公告制度[③]是指在继承开始后,由特定的主体,通常包含知道被继承人死亡的继承人、利害关系人或其他权力机关,采取发出通知或公告的方式,告知遗产债权人等遗产利害关系人被继承人死亡而继承开始的事实,要求遗产债权人等遗产利害关系人及时申报对遗产的权利

---

① 参见陈苇、贺海燕:《论民法典继承编的立法理念与制度新规》,载《河北法学》2020 年第 11 期。

② 习近平:《充分认识颁布实施民法典重大意义　依法更好保障人民合法权益》,载《求是》2020 年第 12 期。

③ 根据遗产债务申报的通知与公告,遗产利害关系人包括遗产债权人及受遗赠人等其他遗产权利人须在一定期间内申报对遗产的权利,这些权利即属于遗产的债务,故我们在下文论述中表述为遗产债权人及受遗赠人等其他遗产权利人申报遗产债权。

的法律规范的总和。[①] 涉及遗产债务清偿的继承告示制度在古罗马已经产生。古罗马法学家乌尔比安指出,"继承的告示是为下述原因而设立,其目的在于尚未继承的遗产不会在很长时间内没有所有权人,并不会因此导致债权人们遭受由于较长时间地迟延履行所产生的损失。因此,裁判官认为:给予遗产占有并在遗产占有人之间确定进行继承的顺序、继承的时间,以便使债权人能尽快地知道是否有进行诉讼的继承人,是否有尚未继承的遗产需要上交国库,是否应当要求遗产占有就如同死者没有继承人一样"[②]。古罗马的继承告示制度发展为现代社会的遗产债务申报通知与公告制度。在现代社会,不少国家设立有此制度,它是遗产债务清偿制度的重要组成部分,该制度的主要内容包括遗产债务申报通知与公告的义务主体与对象、要求、期间、遗产债务的登记、查阅与异议以及效力等五个方面的内容。[③]

我国《民法典》继承编已经设立遗产管理人制度,明确制作遗产清单是遗产管理人的职责之一。[④] 遗产清单可以限制清偿遗产债务责任财产的范围,使遗产管理人根据遗产清单依顺序和比例清偿遗产债务,有利于保护继承人与遗产债权人等遗产利害关系人的利益。[⑤] 在遗产债务清偿中,需制作准确的遗产清单,以确定遗产债务的范围。但现实生活中,有已知的遗产债权人等遗产利害关系人,也有未知的遗产权利人,若既未通知已知的遗产权利人,也没有对未知的遗产权利人进行公告,就无法保障遗产清单的准确性,影响被继承人债权债务的处理,进而导致遗产债务清偿纠纷的发生。

目前随着我国经济的发展,民间借贷数量增多,遗产债务清偿纠纷案件也逐渐增长。截至2020年,此类案件的数量分别是:2010年35件,2011年48件,2012年148件,2013年246件,2014年1235件,2015年1754件,2016

---

① 参见陈苇主编:《中国遗产处理制度系统化构建研究》,中国人民公安大学出版社2019年版,第37页。

② [意]桑德罗·斯奇巴尼选编:《民法大全选译——遗产继承》,费安玲译,中国政法大学出版社1995年版,第146-147页。

③ 域外立法有关遗产债务申报通知与公告的内容详见后述。

④ 参见《民法典》第1147条。

⑤ 参见陈苇、刘宇娇:《中国民法典继承编之遗产清单制度系统化构建研究》,载《现代法学》2019年第5期。

年2931件,2017年4397件,2018年6467件,2019年8269件,2020年9124件。[①] 可见,此类案件数量近十年呈逐年增长之势。由于我国1985年《继承法》(已失效)的遗产债务清偿制度不完善,欠缺遗产债务申报通知与公告制度,这导致部分被继承人债务的数量和种类无法查明,这是我国遗产债务纠纷案件逐年增多的主要原因。因此,为依法处理被继承人遗留的债权债务问题,对于遗产债权人等利害关系人,已知的进行通知、未知的发布公告是必要的。然而,我国《民法典》继承编中的遗产债务申报通知与公告制度仍然不够完善,故研究此制度对于催告遗产权利人及时申报对遗产的权利,准确制定遗产清单明确遗产债务的范围,依法处理被继承人的债权债务关系,保护遗产债权人利益和继承人利益,具有十分重要的意义。[②]

二、我国遗产债务申报通知与公告制度民众观念及民间习惯之考察分析

德国学者拉德布鲁赫指出:"就法律而言,其实质并非仅仅是欲然和应然,而且还是民众生活中一种实际有效的力量。因而,法律的具体创新基本上是在没有任何其他附加影响的情况下,发展了与人们生活现实紧密相关的习惯。"[③]我国学者认为,继承法与具有民族色彩的民众继承习惯密不可分,故制定和修改继承法应考虑到民众的财产继承观念和遗产处理习惯。[④]为考察我国民众对遗产债务申报通知与公告的观念与行为习惯,本文以我国学者2017年1月至2月调查我国重庆、吉林、上海、河北、湖北、江西、四川、广东、海南、福建等十省市有关遗产债务申报通知与公告的民众观念与民间习惯的调查统计数据为对象进行研究,分析其形成原因,以分析我国遗产债务申报通知与公告制度的民间习惯基础。

---

① 以上案件数量由笔者通过在中国裁判文书网上以"被继承人债务清偿纠纷"为案由进行搜索。

② 参见陈苇:《中华人民共和国继承法评注·遗产的处理》,厦门大学出版社2019年版,第35页。

③ [德]拉德布鲁赫:《法学导论》(修订译本),米健译,商务印书馆2017年版,第14页。

④ 参见李洪祥:《民众继承习惯与〈继承法〉的立法完善》,载《社会科学辑刊》2018年第3期。

(一)遗产债务申报通知与公告的义务主体民间习惯之考察分析

关于遗产债务申报通知与公告的义务主体的民间习惯,在我国十省市被调查者中,调查统计数据显示的特点是:由知道被继承人死亡的继承人、保管遗产的继承人履行通知与公告义务的所占比例居于前两位,分别各占三成至七成以上、五成至近七成半。除前述两种主体,还有两种:一是由知道被继承人死亡的单位、村(居)委会履行义务的,占近三成至五成半;二是由处理被继承人死亡事件的机构履行义务的,占二成半以上至四成半以上。①

可见,对于发出通知和公告的义务主体,我国十省市被调查者的民间习惯是,除我国1985年《继承法》所规定的知道被继承人死亡的继承人和被继承人生前所在单位或者居住地的(村)居委会外,还包括保管遗产的继承人、处理被继承人死亡事件的机构等,范围更宽,主要原因是更加便利与快捷、节省成本。②

(二)遗产债务申报通知与公告的方式民间习惯之考察分析

关于遗产债务申报通知与公告方式的民间习惯,在我国十省市被调查者中,调查统计数据显示的特点是:(1)以口头、电话、微信等方式通知的,占

---

① 在十省市被调查者中,第一,知道被继承人死亡的继承人履行通知与公告义务的占比分别为:重庆72.24%,吉林33.83%,上海78.50%,河北62.02%,湖北71.62%,江西71.72%,四川71.78%,广东71.02%,海南58.43%,福建民营企业主63.91%,川渝地区民营企业主71.51%;第二,由保管遗产的继承人履行通知与公告义务的占比分别为:重庆65.93%,吉林73.50%,上海56.50%,河北54.77%,湖北65.55%,江西61.33%,四川67.60%,广东58.91%,海南55.82%,福建民营企业主48.87%,川渝地区民营企业主63.13%;第三,由知道被继承人死亡的单位、村(居)委会履行通知与公告义务的占比分别为:重庆44.64%,吉林51.67%,上海30.60%,河北42.39%,湖北47.34%,江西38.16%,四川51.39%,广东55.58%,海南37.05%,福建民营企业主28.57%,川渝地区民营企业主46.30%;第四,选择由处理被继承人死亡事件的机构履行通知与公告义务的占比分别为:重庆39.75%,吉林42.50%,上海36.50%,河北33.85%,湖北37.94%,江西25.72%,四川46.51%,广东30.40%,海南37.29%,福建民营企业主46.62%,川渝地区民营企业主42.46%。参见陈苇主编:《当代中国民众财产继承观念与遗产处理习惯实证调查研究》(上卷、下卷),中国人民公安大学出版社2019年版,第19、130、222、317、412-413、505、607-608、722、804、900、988页。

② 参见陈苇主编:《当代中国民众财产继承观念与遗产处理习惯实证调查研究》(上卷),中国人民公安大学出版社2019年版,第73页。必须说明,对于遗产债务申报通知与公告的义务主体为多项选题,故十省市被调查者选项比例之总和超过了100%。

近六成半至八成以上,居第一位;(2)以信件、告知函等书面方式通知的,占四成半至五成半以上,除湖北外,此类通知方式在其他省市分别居第二位。除前述方式外,还有三种方式:一是在被继承人所在地的村(居)委会公告栏公告的,占一成半至近六成;二是申请人民法院以公告程序进行公告的,占近二成半至近四成半;三是在报纸、电视、网络等平台上发布被继承人死亡公告的,占一成至三成半以上。①

可见,对于遗产债务申报通知与公告方式,我国十省市被调查者的民间习惯是,采用最多的方式是以口头、电话、微信等方式通知,其原因是这些方式不仅成本较低,而且较为便利,效率较高。而在报纸、电视等平台上发布公告成本较高,故采用的较少。

(三)遗产债务申报通知与公告期间的民众观念之考察分析

关于遗产债务申报通知与公告期间的民众观念,在我国十省市被调查者中,调查统计数据显示的特点是:主张继承开始后7日内发出通知的,占近四成至近七成半,居第一位,占比最高。此外,除前述期间外,还有两种:一是主张继承开始后15日内发出通知的,占一成至二成半;二是主张继承开始

① 在十省市被调查者中,第一,以口头、电话、微信等方式通知的占比分别为:重庆81.07%,吉林74.00%,上海75.90%,河北77.38%,湖北66.46%,江西76.32%,四川81.71%,广东75.30%,海南64.61%,福建民营企业主73.68%,川渝地区民营企业主68.16%;第二,以信件、告知函等书面通知的占比分别为:重庆50.47%,吉林46.00%,上海54.90%,河北48.36%,湖北54.48%,江西48.55%,四川51.05%,广东57.24%,海南51.31%,福建民营企业主51.13%,川渝地区民营企业主58.10%;第三,在被继承人所在地的村(居)委会公告栏公告的占比分别为:重庆33.44%,吉林30.00%,上海17.80%,河北26.88%,湖北57.51%,江西29.30%,四川36.93%,广东33.01%,海南32.54%,福建民营企业主15.03%,川渝地区民营企业主40.78%;第四,选择申请人民法院以公告程序进行公告的占比分别为:重庆26.34%,吉林29.83%,上海23.00%,河北29.73%,湖北29.74%,江西25.21%,四川36.93%,广东44.89%,海南31.12%,福建民营企业主30.83%,川渝地区民营企业主34.64%;第五,选择报纸、电视、网络等平台上发布被继承人死亡的公告的占比分别为:重庆22.24%,吉林20.67%,上海15.80%,河北16.07%,湖北25.64%,江西11.41%,四川28.40%,广东36.34%,海南13.60%,福建民营企业主18.80%,川渝地区民营企业主29.05%。参见陈苇主编:《当代中国民众财产继承观念与遗产处理习惯实证调查研究》(上卷、下卷),中国人民公安大学出版社2019年版,第19、131、223、317、413、505、608、723、805、900、988页。必须说明,对于遗产债务申报通知与公告的方式为多项选题,故十省市被调查者的选项比例之总和超过了100%。

后30日内发出通知的,占一成至近四成。[①]

可见,对于遗产债务申报通知与公告期间,我国十省市被调查者中,大部分民众认为应当在被继承人死亡后7日内通知公告被继承人的债权人申报债务,主要是因为民众希望尽快通知遗产利害关系人,以制定准确的遗产清单,及时清偿遗产债务,然后对剩余遗产进行分配。

三、我国遗产债务申报通知与公告制度立法现状之考察与评析

(一)遗产债务申报通知制度立法现状之考察与评析

1. 遗产债务申报通知的义务主体与对象

我国1985年《继承法》(已失效)第23条[②]规定了继承开始通知的义务主体与对象,《民法典》继承编第1150条[③]继续沿用此规定,第一,遗产债务申报通知的义务主体分为两种:(1)继承人。在继承开始后,知道被继承人死亡的继承人有及时通知其他继承人和遗嘱执行人的义务。(2)被继承人生前所在单位或者住所地的居民委员会、村民委员会。被继承人死亡后,继承人中无人知道被继承人死亡或者知道被继承人死亡但无法通知的,被继承人生前所在单位或者住所地的居民委员会、村民委员会有义务通知其他继承人和遗嘱执行人。第二,通知的对象为继承人和遗嘱执行人。换言之,《民法典》明列的继承开始通知的对象只有继承人和遗嘱执行人,而遗产债

---

① 在十省市被调查者中,第一,主张继承开始后7日内发出通知的占比分别为:重庆63.88%,吉林48.50%,上海56.30%,河北70.27%,湖北63.43%,江西72.09%,四川65.68%,广东36.57%,海南52.50%,福建民营企业主63.57%,川渝地区民营企业主62.58%;第二,主张继承开始后15日内发出通知的占比分别为:重庆20.03%,吉林25.50%,上海22.60%,河北11.66%,湖北17.45%,江西15.75%,四川18.12%,广东10.21%,海南22.80%,福建民营企业主15.50%,川渝地区民营企业主21.79%;第三,主张继承开始后30日内发出通知的占比分别为:重庆11.99%,吉林25.33%,上海16.00%,河北、湖北15.33%,江西9.42%,四川13.59%,广东37.53%,海南16.15%,福建民营企业主17.83%,川渝地区民营企业主10.61%。参见陈苇主编:《当代中国民众财产继承观念与遗产处理习惯实证调查研究》(上卷、下卷),中国人民公安大学出版社2019年版,第20、131－132、223、318、414、506、609、723、805－806、901、989页。

② 1985年《继承法》(已失效)第23条规定:"继承开始后,知道被继承人死亡的继承人应当及时通知其他继承人和遗嘱执行人。继承人中无人知道被继承人死亡或者知道被继承人死亡而不能通知的,由被继承人生前所在单位或者住所地的居民委员会、村民委员会负责通知。"

③ 《民法典》第1150条规定:"继承开始后,知道被继承人死亡的继承人应当及时通知其他继承人和遗嘱执行人。继承人中无人知道被继承人死亡或者知道被继承人死亡而不能通知的,由被继承人生前所在单位或者住所地的居民委员会、村民委员会负责通知。"

权人等其他遗产利害关系人没有被列入被通知的对象。

然而,继承开始的通知不仅影响继承人的利益,而且对受遗赠人、被继承人的债权人的利益也有重要的影响。在我国,根据《民法典》第 1124 条的规定,受遗赠人在知道受遗赠后,就必须在法定期限内作出是否接受遗赠的意思表示。否则,视为放弃遗赠。被继承人的债权人只有收到继承开始的通知,才能向遗产管理人申报债务。此外,继承开始的通知还关系遗赠扶养协议中的扶养人等其他利害关系人的利益。[①]《民法典》没有将受遗赠人、被继承人的债权人等遗产利害关系人列入继承开始通知的对象,这可能会导致他们不能及时申报对遗产的债权,从而使他们的利益受到损害。

2. 遗产债务申报通知的要求

(1)遗产债务申报通知的方式。关于遗产债务申报通知的方式,《民法典》继承编无规定。在我国实务界,有些人认为,根据《民法典》第 1150 条规定,发出继承开始通知的方式,既可以是口头通知,也可以是书面通知。随着现代信息技术的不断发展,通知方式灵活多样,电话、短信、邮件、传真等方式均可作为通知的方式。[②] 还有些人指出,通知的方式以能将被继承人死亡、继承开始的事实传达到继承人为准,一般以口头为主,如电话通知,也可以采取电报、传真、快递等书面方式,甚至还可以采取公告的方式通知。[③]

(2)遗产债务申报通知的内容要求。关于遗产债务申报通知的内容,《民法典》继承编仅规定为将被继承人死亡的事实通知继承人和遗嘱执行人,没有规定遗产债权人等利害关系人怠于申报权利的后果,不利于督促遗产利害关系人行使权利。

3. 遗产债务申报通知的期间

《民法典》继承编第 1150 条仅规定通知义务人发出通知的时间为继承开始后"及时"。我国实务界认为,所谓及时通知,就是立刻而不迟延地发出继承开始的通知。但并未规定继承开始通知的期间,即何时起止的时间。

---

① 参见黄薇主编:《中华人民共和国民法典继承编释义》,法律出版社 2020 年版,第 123 页。

② 参见最高人民法院民法典贯彻实施工作领导小组主编:《中华人民共和国民法典婚姻家庭继承编理解与适用》,人民法院出版社 2020 年版,第 651 页。

③ 参见中国审判理论研究会民事审判理论专业委员会编著:《民法典继承编条文理解与司法适用》,法律出版社 2020 年版,第 184 页。

《民法典》规定继承开始后发出通知有利于及时通知继承人和遗嘱执行人,值得肯定,但立法存在以下不足。

(1)遗产债务申报通知的开始期间不明确。《民法典》沿用1985年《继承法》(已失效)的规定,将继承开始的通知时间规定为"及时"。但"及时"具有不确定性,这不利于继承人与遗产利害关系人在确定的时间范围内确认权利,也不利于引导继承人及时履行通知义务,容易引发纠纷。[①] 此外,我国十省市被调查者对于遗产债务申报通知与公告期间的观念的认识不一致,有的认为应当在继承开始后7日内发出通知或公告,有的则认为应当在15日或者30日内发出,这主要是因为我国立法无规定。

(2)遗产利害关系人申报遗产债务的期限无规定。我国立法规定了在继承开始后发出通知,但对申报的期限无规定。这可能导致遗产利害关系人不能及时申报对遗产的权利,影响遗产清单的准确性。

4. 遗产债务申报通知的效力

关于遗产债务申报通知的效力,我国立法无规定:(1)申报期间对限制[②]遗产债务清偿无规定,这可能损害部分遗产债权人的利益。(2)尚未到期的债务、附条件、附期限的债务的清偿方式无规定,若遗产管理人提前清偿债务,可能会导致遗产减少,损害继承人的利益。(3)通知与公告的义务主体怠于履行义务的后果无规定,不利于督促其履行通知义务,可能会影响遗产清单的准确制定。(4)遗产债权人等利害关系人未按时申报债权的法律后果无规定,可能导致遗产分割后,还会有债权人请求清偿债务,不利于提高遗产处理的效率。

(二)遗产债务申报公告制度的立法现状之考察与评析

对于遗产债务申报公告制度,我国立法无规定,但有票据被盗、遗失或者灭失的公示催告程序与认定无主财产的公告制度。首先,关于公示催告程序,根据我国现行《民事诉讼法》第225条、第226条的规定:一是该程序

---

① 参见陈苇主编:《当代中国民众财产继承观念与遗产处理习惯实证调查研究》(上卷),中国人民公安大学出版社2019年版,第113页。

② 所谓清偿限制,是指在遗产债务申报通知与公告期间届满前不能清偿遗产债务。

只适用于票据被盗、遗失或者灭失的情况。二是公示催告的义务主体是人民法院,由申请人向法院申请发布公告。三是公示催告的时间是由人民法院根据情况决定,但不得少于60日。四是公示催告的内容是催促利害关系人申报权利。[①] 可见,我国的公示催告程序只是针对票据遗失的情况,并没有涵盖遗产债务申报的情况。其次,关于认定财产无主案件,《民事诉讼法》第192条规定:"人民法院受理申请后,经审查核实,应当发出财产认领公告。公告满一年无人认领的,判决认定财产无主,收归国家或者集体所有。"此条规定也没有涉及遗产债务申报的公告。

综上,由于对于遗产债务申报公告制度我国《民法典》继承编无规定,这可能会影响未知的债权人、受遗赠人等遗产利害关系人主张权利,从而导致遗产债权人及其他遗产取得权利人的利益受到损害。[②]

四、比较法视野下遗产债务申报通知与公告制度之考察与评析

关于遗产债务申报通知与公告制度,本文以大陆法系的法国[③]、德国[④]、日本[⑤]、瑞士[⑥]、荷兰[⑦]等五国较具有代表性的立法为考察对象。前述五国立

① 《民事诉讼法》第225条规定:"按照规定可以背书转让的票据持有人,因票据被盗、遗失或者灭失,可以向票据支付地的基层人民法院申请公示催告。依照法律规定可以申请公示催告的其他事项,适用本章规定。申请人应当向人民法院递交申请书,写明票面金额、发票人、持票人、背书人等票据主要内容和申请的理由、事实。"第226条规定:"人民法院决定受理申请,应当同时通知支付人停止支付,并在三日内发出公告,催促利害关系人申报权利。公示催告的期间,由人民法院根据情况决定,但不得少于六十日。"

② 参见杨立新:《民法分则继承编立法研究》,载《中国法学》2017年第2期。

③ 参见罗结珍译:《法国民法典》,北京大学出版社2010年版。本文以下引用的法国遗产债务申报通知与公告制度之条文均来自此法典。

④ 参见台湾大学法律学院、台湾大学法学基金会编译:《德国民法典》,北京大学出版社2017年版;参见王葆莳、张桃荣、王婉婷译注:《德国〈家事事件和非讼事件程序法〉》,武汉大学出版社2017年版。本文以下引用的德国遗产债务申报通知与公告制度之条文均来自前述两部法律。

⑤ 参见刘仕国、牟宪魁、杨瑞贺译:《日本民法典》,中国法制出版社2018年版。本文以下引用的日本遗产债务申报通知与公告制度之条文均来自此法典。

⑥ Swiss Civil Code (last amended in 2020),参见瑞士司法部网站,https://www.admin.ch/opc/en/classified-compilation/19070042/202101010000/210.pdf,2021年1月9日访问。本文以下引用的瑞士遗产债务申报通知与公告制度之条文均来自此法典。

⑦ See Hans Warendorf, Richard Thomas & Ian Curry-Sumner, *The Civil Code of the Netherlands* (*Second Edition*), Alphen aan den Rijn: Kluwer Law International, 2013. 本文以下引用的荷兰遗产债务申报通知与公告制度之条文均来自此法典。

法的主要内容包括:遗产债务申报通知与公告的义务主体与对象、要求、期间、遗产债务的登记、查阅与异议以及效力等五个方面的内容。

(一)遗产债务申报通知与公告的义务主体及对象之考察与评析

1. 遗产债务申报通知与公告的义务主体

关于遗产债务申报通知与公告的义务主体,前述五国中,法国、日本为限定继承人。[①] 德国为继承人、遗嘱执行人、遗产管理人、遗产财产的保佐人等都有权向法院申请公示催告。[②] 瑞士为遗产管理人或者主管机关,遗产管理人由主管机关指定,包括遗嘱执行人、继承人等。[③] 荷兰为遗产清算人,遗产清算人包括继承人、遗产代理人或者其他人。[④] 此外,关于义务主体履行义务的内容,除发出申报遗产债务的公告外,日本、荷兰还规定继承人、遗产清算人需要对已知的遗产债权人发出通知。[⑤]

可见,对于遗产债务申报通知与公告的义务主体,前述五国立法的相同点为:除德国外,其他四国都包括继承人。德国继承人只是向法院申请公告的主体,而非发出公告的义务主体。不同点为:(1)关于义务主体主要分为两种,一是由继承人、遗产管理人或遗产清算人等自然人发出,如除德国外的其余四国;二是由法院或主管机关等公权力机关发出,如德国、瑞士。(2)义务主体所履行义务的内容不同。前述五国立法均规定了发出公告的义务,日本、荷兰还规定了义务主体对已知债权人的通知义务。

本文认为,首先,关于发出通知与公告的义务主体范围,由作为国家公权力机关的法院作为发出公告的主体,具有权威性,但由法院发出公告可能会增加法院的工作压力,成本较高,不适合我国国情。反之,由继承人或遗

---

① 参见《法国民法典》第788条第1款,《日本民法典》第927条第1款。

② 参见《德国家事事件和非讼事件程序法》第454条第2款。参见王葆莳、张桃荣、王婉婷译:《德国〈家事事件和非讼事件程序法〉》,武汉大学出版社2017年版,第214页。(本文以下引用此法的条文,均来自此书。)

③ 参见 Swiss Civil Code (last amended in 2020), a. 582(1),595(1),551,554。制作遗产清单必须由主管机关发出公告,催告债权人申报债权,进行官方清算可以由遗产管理人或者主管机关发出公告。

④ See The Civil Code of the Netherlands (amended in 2012), Book 4, a. 206(2)(6),214(1).

⑤ 参见《日本民法典》第927条第3款;The Civil Code of the Netherlands (amended in 2012), Book 4, 214(2)。

产管理人等自然人作为通知与公告的义务主体,可以节约成本,也能达到告知遗产债权人及时申报债权之目的。从我国十省市被调查者的民间习惯看,遗产债务申报通知与公告的义务主体除法律规定的知道被继承人死亡的继承人、被继承人所在单位、村(居)委会外,还包括保管遗产的继承人、处理被继承人死亡事件的机构。我国《民法典》继承编规定继承人、村(居)委会有通知义务是合理的,这有利于及时发出通知。此外,《民法典》已经规定处理债权债务是遗产管理人的职责,故我国可借鉴前述五国立法,适当扩大义务主体的范围。其次,关于义务主体履行义务的内容,日本、荷兰区别规定,对已知债权人应履行通知义务;对未知债权人应履行公告义务,这有利于保障制作遗产清单的准确性。目前,我国《民法典》已规定遗产管理人有制作遗产清单、处理债权债务的职责。[①] 如增补其作为通知和公告的义务主体,有利于其制作准确的遗产清单,更好地处理涉及遗产的债权债务。

2. 遗产债务申报通知与公告的对象

关于遗产债务申报通知与公告的对象,法国、德国、荷兰为遗产债权人;[②]日本为遗产债权人和受遗赠人;[③]瑞士为被继承人的债务人、债权人和保证债权人。[④] 虽然都规定了遗产债权人,但是,各国遗产债权人的含义不同。对于遗产债权的含义,法国、日本、瑞士立法中的"遗产债权人"采狭义,即只包括被继承人生前所欠债务的债权人,而不包括受遗赠人等。德国、荷兰则采广义,遗产债权人不仅包括被继承人生前所欠债务的债权人,而且包括遗赠、特留份等可以对遗产享有权利的人。

可见,对于遗产债务申报通知与公告的对象,前述五国立法相同点为:被通知与公告的对象都包括被继承人的债权人。不同点是:被通知与公告对象范围的宽窄不同,德国、荷兰范围较宽,包括被继承人的债权人、特留份

---

① 我国《民法典》第 1147 条规定:"遗产管理人应当履行下列职责:(一)清理遗产并制作遗产清单;(二)向继承人报告遗产情况;(三)采取必要措施防止遗产毁损、灭失;(四)处理被继承人的债权债务;(五)按照遗嘱或者依照法律规定分割遗产;(六)实施与管理遗产有关的其他必要行为。"

② 参见《法国民法典》第 792 条第 1 款;《德国民法典》第 1970 条;《德国家事事件和非讼事件程序法》第 458 条第 1 款;The Civil Code of the Netherlands (amended in 2012), Book 4, a. 214(1)(2)。

③ 参见《日本民法典》第 927 条第 1 款。

④ See Swiss Civil Code (last amended in 2020), a. 595(2).

权利人、受遗赠人、被继承人生前受其扶养的人等对遗产享有权利的人;日本、瑞士居中,瑞士包括被继承人的债务人、债权人,日本包括被继承人的债权人、受遗赠人;法国最窄,仅有被继承人的债权人。此外,与其他四国不同的是,瑞士的被公告对象还包括被继承人的债务人。

本文认为,通知与公告的对象不仅应当包括被继承人的债权人,而且应当包括受遗赠人、酌情分配遗产请求权人等其他遗产权利人。因为不仅被继承人的债权人之利益应当受到保护,受遗赠人、酌情分配遗产请求权人等其他遗产权利人也应当及时知晓继承开始的信息,以使其在法定期限内申报对遗产的权利,例如,我国的受遗赠人必须在法定期间作出是否接受遗赠的意思表示。[①] 但被继承人的债务人不宜作为被通知对象。因为遗产债权人等利害关系人对遗产享有权利,其申报权利是维护自己的利益,故应当是积极主动的。反之,被继承人的债务人则不具有此种动因,其一般也不会提前主动申报自己对遗产的欠债。故即使将其作为被通知对象,也不会起到应有的作用。从我国立法看,《民法典》继承编规定的继承开始的被通知对象,欠缺被继承人的债权人、受遗赠人等其他遗产权利人,故可借鉴德国、荷兰立法,扩大被通知对象的范围,将被继承人的债权人、受遗赠人等遗产利害关系人纳入。

(二)遗产债务申报通知与公告的要求之考察与评析

1.遗产债务申报通知与公告的启动条件

关于遗产债务申报通知与公告的启动条件,法国、日本规定,遗产债务申报的通知与公告作为继承人承担限定责任的前提条件。瑞士规定,制作遗产清单或进行官方清算,必须发出申报遗产债务的公告。荷兰规定,在进行遗产清算时,必须发出申报遗产债务的通知与公告。[②] 德国规定,由继承人、遗嘱执行人、遗产保佐人等遗产利害关系人申请启动公示催告程序,若

---

① 我国《民法典》第 1124 条第 2 款规定:"受遗赠人应当在知道受遗赠后六十日内,作出接受或者放弃受遗赠的表示;到期没有表示的,视为放弃受遗赠。"

② 参见《法国民法典》第 787 条、第 788 条;《日本民法典》第 927 条第 1 款、第 3 款、第 4 款;Swiss Civil Code (last amended in 2020), a. 582(1),595(1);The Civil Code of the Netherlands (amended in 2012), Book 4, a. 206(6),214(1)(2)。

非继承人申请,法院不得启动。[①]

可见,对于遗产债务申报通知与公告的启动条件,前述五国立法的相同点为,除德国外,其余四国都规定遗产债务申报通知与公告为必经程序。不同点为:法国、日本是在承担限定继承责任时启动,瑞士、荷兰则是在进行遗产清算或制作遗产清单时启动,德国则是由继承人申请法院启动,并且不是必经程序。

本文认为,关于以启动通知与公告程序作为限定责任继承的前提条件(必经程序),由于我国《民法典》继承编仍然沿用 1985 年《继承法》(已失效)的规定,[②]采取无条件的限定责任继承,故无须启动此程序。另外,我国也没有设立遗产清算、官方清算程序,故也无法在此条件下启动此程序。然而,为保护遗产债权人利益,继承开始后需要启动通知与公告程序,催告遗产债权人等遗产利害关系人及时申报权利,制作准确的遗产清单,才能确定遗产债务的范围,前述国家将遗产债务申报通知与公告程序作为制作遗产清单的必经程序,可资我国借鉴。

2. 遗产债务申报通知与公告的方式

关于遗产债务申报通知与公告的方式,法国须在国内进行公示,并未特别规定公示的载体要求。[③] 德国为法院须发布公告,应在法院公告栏上张贴公告的方式做出,且应在《联邦公报》[④]上发布一次,法律对所涉事项有特别规定的除外。另外,还可以通过在电子信息与通信系统内的发布代替在法院公告栏张贴。法院也可以命令以其他形式发布公告。[⑤] 日本为限定继承人作出的公告应刊登在官报上。[⑥] 荷兰为公告应在《国家公报》和任命清算人时指定的一份或多份报纸上公布,并且通知已知债权人的方式必须是

---

① 参见《德国家事事件和非讼事件程序法》第 455 条。

② 参见我国《民法典》继承编第 1161 条和 1985 年《继承法》(已失效)第 33 条。

③ 参见《法国民法典》第 787 条、第 788 条。

④ 《联邦公报》由联邦司法部发行,是《联邦法律公报》之外,德国联邦机关的主要公布和公告事项的官方义务公告刊物。参见王葆莳、张桃荣、王婉婷译注:《德国〈家事事件和非讼事件程序法〉》,武汉大学出版社 2017 年版,第 207 页。

⑤ 参见《德国家事事件和非讼事件程序法》第 435 条。

⑥ 参见《日本民法典》第 927 条第 4 款。

信函。[1]

可见,对于遗产债务申报通知与公告的方式,前述五国立法的相同点为:除法国、瑞士外,前述三国立法都要求在官报上发布。不同点为:其一,在官报上发布,如德国、荷兰、日本;其二,在公告栏上张贴公告,如德国;其三,通过电子系统发布公告,如法国、德国。

本文认为,第一,对于已知债权人的通知方式,荷兰要求统一采用信函,有利于举证,但从我国十省市被调查者的习惯看,民众更乐于采取口头、微信、电话等通知方式,从便捷的角度考虑,我国不宜统一规定必须采用书面信函方式。故我国《民法典》继承编对于继承开始的通知方式不予规定,符合我国国情。第二,对于未知债权人的公告方式,首先,对于在官报上进行公告,具有权威性,但是,成本较高。其次,对于在公告栏张贴公告,我国作为14亿人口的人口大国,张贴在社区或乡镇公告栏,成本低,也便于群众知晓,符合民众的习惯。第三,对于采用电子途径发布公告,发布及时,受众范围广,而且节约资源,符合《民法典》规定的绿色原则,对有条件的城乡社区可采取此种方式。但如果有偿发布成本较高,我国可不做强行规定,以减轻民众负担。

3. 遗产债务申报通知与公告的内容要求

关于遗产债务申报通知与公告的内容,前述五国立法主要包括三方面:一是遗产债权人等利害关系人须在法定或者指定日期内申报债权,如德国、日本、瑞士、荷兰。[2] 虽然法国对此无规定,但继承人在国内以公示方式作出限定接受继承的声明,也可以达到催告遗产债权人申报债权之目的。二是未申报债权的后果,如德国、日本、瑞士。三是申请公示催告的申请人的信息,如德国。

可见,对于遗产债务申报通知与公告的内容,前述五国立法的相同点为:都要求说明被继承人死亡的事实,使遗产债权人等利害关系人在法定或指定日期内申报权利。不同点是:其一,是否说明未申报或逾期申报债权的

---

① See The Civil Code of the Netherlands (amended in 2012), Book 4, a. 206(6),214(1)(2).

② 参见《德国家事事件和非讼事件程序法》第434条;《日本民法典》第927条第1款、第3款;Swiss Civil Code (last amended in 2020), a. 582(1)(2);The Civil Code of the Netherlands (amended in 2012), Book 4, 214(1)。

后果;其二,是否包括申报人的信息。

本文认为,应当将通知与公告的具体内容予以细化。除应当告知被继承人死亡的事实、遗产债权人等利害关系人须在法定或指定日期内申报权利外,还应当说明遗产债权人等利害关系人不申报或逾期申报对遗产债权的后果。这有利于督促遗产债权人等利害关系人积极行使自己的权利。但《民法典》继承编仅将被继承人死亡的事实作为通知内容,尚未规定遗产债权人等利害关系人在法定或指定日期内申报对遗产的权利以及不申报或逾期申报的后果,前述德国、日本、瑞士的立法值得我国借鉴。

(三)遗产债务申报通知与公告的期间之考察与评析

关于遗产债务申报通知与公告的期间,前述五国立法内容为如下所述。

首先,关于遗产债务申报通知与公告期间的开始时间,法国为限定继承人作出限定继承声明后遗产债权人开始申报债权。日本为继承人作出限定承认后 5 日内,继承人发出公告。[①] 荷兰为在可能的情况下,与接受继承或者指定清算人的公告同时发出。[②] 德国、瑞士都未规定通知与公告的开始时间。

其次,关于遗产债务申报通知与公告期间的确定方式与长短,前述在五国中,法国为 15 个月;[③]德国为至少为 6 个星期,最长为 6 个月;日本为不能少于 2 个月;[④]荷兰由法院规定发出公告的期限。[⑤]

可见,对于遗产债务申报通知与公告的期间,前述五国立法相同点为:除荷兰由法院指定具体期间外,其余四国都由法律直接规定通知与公告期间的长短。不同点为:其一,期间的起算点不同。在规定通知与公告期间的国家中分为两种,即作出限定继承的声明后和与接受继承的公告同时发出。其二,通知与公告期间的长短不同。法国要求 15 个月,德国规定了最长与最

---

① 参见《法国民法典》第 771 条、第 772 条;《日本民法典》第 927 条第 1 款。

② See The Civil Code of the Netherlands (amended in 2012), Book 4, a. 214(1)(2).

③ 参见《法国民法典》第 792 条第 2 款。

④ 参见《德国家事事件和非讼事件程序法》第 437 条、第 458 条第 2 款;《日本民法典》第 927 条第 1 款。

⑤ See The Civil Code of the Netherlands (amended in 2012), Book 4, a. 214(1)(2).

短期间,日本规定了最短期间。

本文认为,首先,关于通知与公告期间的开始时间,前述法国、日本规定继承人作出限定继承的声明之日起算,是因为其实行有条件的限定继承制度,申报遗产债权的目的是保障遗产债权人在遗产范围内受偿,故规定在继承人作出限定继承的声明之日起算。而此种起算点并不适合我国,因我国采用的是无条件的限定继承制度。从我国被调查民众的民众观念看,大部分民众认为应在继承开始后7日内发出遗产债务申报的通知与公告。目前我国《民法典》对继承开始通知发出具体时间未规定,上述我国十省市被调查者的民众观念可供我国立法参考。

其次,关于遗产债务申报通知与公告期间的确定方式与期限长短,应当由法律统一规定公告期限。因为由法院自由裁量确定公告期间,不适合我国国情。我国是一个人口大国,若所有的遗产债务申报公告都要向法院提出申请,会增加法院的工作压力,也会增加当事人的讼累。另外,关于期限的长短,法国15个月期限过长,不利于提高制作遗产清单的效率。日本立法规定的期限为不能少于2个月,可资借鉴。这与我国现行《民事诉讼法》规定公示催告程序的时间不少于60日大致相同,可供参考。

(四)遗产债务的登记、查阅与异议之考察与评析

关于遗产债务的登记,前述五国立法,法国要求债权人提供债权证书;德国要求在进行债权登记时,应注明标的和债权基础,并应附上书证原件或复印件。其他三国无规定。① 本文认为,遗产债权人申报债权时,应当要求其提供证据,以避免其虚构债务。

关于遗产债务的查阅,德国、荷兰规定遗产利害关系人可以查阅已经登记的债权。② 本文认为,赋予遗产利害关系人查阅已经登记债权的权利,有利于保障申报的遗产债权的真实性、准确性。

关于异议权,前述五国中,只有荷兰规定,清算人如不同意债权人所提

---

① 参见《法国民法典》第792条第1款;《德国家事事件和非讼事件程序法》第459条第1款。

② 参见《德国家事事件和非讼事件程序法》第458条第2款;The Civil Code of the Netherlands (amended in 2012), Book 4, a. 214(5)。

出的债权或债权等级,应立即通知申报债权的人,同时说明理由。[①] 此外,在申报债权期间届满后,清算人应当在 6 个月内提交一份分配清单,并将此清单进行公告,继承人、受遗赠人以及被继承人的债权人等遗产利害关系人可以就该分配清单提出异议。[②] 本文认为,既然允许相关权利人查阅,就应当赋予其相应的异议权。否则,此权利就可能形同虚设。

(五)遗产债务申报通知与公告效力之考察与评析

1. 遗产债务申报通知与公告期间对遗产债务清偿的限制

关于遗产债务申报通知与公告期间对遗产债务清偿的限制,法国规定,在申报债权期间,禁止清偿遗产债务。[③] 德国、日本规定,在公告期间届满前,继承人可以拒绝向遗产债权人及受遗赠人等遗产权利人清偿;瑞士规定,在此期间不能强制执行被继承人的债务。[④] 此外,日本还规定了不当清偿的法律后果,如果继承人未按照规定在公告期间内向遗产债权人或受遗赠人清偿,从而无法向其他遗产债权人或受遗赠人清偿时,则要对此发生的损害负赔偿责任,并且其他遗产债权人或者受遗赠人也可以向接受不当清偿的遗产债权人或者受遗赠人求偿。[⑤] 荷兰对此无规定。

可见,对于遗产债务申报通知与公告期间对遗产债务清偿的限制,前述五国立法的相同点为:除荷兰无规定外,对于遗产债权人等利害关系人申报权利的期间,都规定了一定的限制。不同点为,其一,限制的程度不同。法国禁止清偿任何债务,德国、日本规定继承人可以拒绝在申报遗产债务期间清偿债务。瑞士则是在制作遗产清单期间,不能强制执行。其二,对于违反清偿遗产债务限制的后果,前述五国中只有日本有规定。

本文认为,关于遗产债务申报通知与公告期间对遗产债务清偿的限制,遗产债务申报通知与公告期间禁止清偿的法国、德国、日本之立法可供借

---

① See The Civil Code of the Netherlands (amended in 2012), Book 4, a. 214(4).

② See The Civil Code of the Netherlands (amended in 2012), Book 4, a. 218(1)(2)(3).

③ 参见《法国民法典》第 792 - 1 条。

④ 参见《德国民法典》第 2015 条第 1 款;《日本民法典》第 929 条;Swiss Civil Code (last amended in 2020), a. 586(1)。

⑤ 参见《日本民法典》第 934 条。

鉴;日本规定不当清偿的法律后果,亦可资借鉴。在遗产债务申报期间,遗产管理人可以拒绝清偿遗产债务,如果遗产管理人违反此规定造成损害,可参考《民法典》继承编第1148条的规定承担相应的损害赔偿责任;受到损害的遗产债权人或受遗赠人也可以向恶意的受清偿的债权人求偿,不当受偿人应予返还遗产。因为在公示催告期间内,遗产管理人不能单独对某个或某一部分遗产债权人和受遗赠人给付,目的是保护其他遗产债权人和受遗赠人等遗产利害关系人的权利不被侵害。尤其是在遗产无法全部清偿债务时,如果继承人或遗产管理人随意清偿,有可能侵害债权顺序优先者的利益。故法律对遗产债务清偿的限制性规定,体现了公平原则,有利于保护各种遗产债权人的利益。

2. 遗产债务申报通知与公告期间届满后遗产债务的清偿

关于遗产债务申报期间届满后遗产债务的清偿,前述五国立法都规定,公告期间届满后,遗产债权人等利害关系人按照规定受清偿。[①] 关于未到期限的债权,法国、日本规定,应依据法律的规定进行清偿。[②] 德国规定,保留必需的遗产数额。[③] 关于附条件、存续期间不确定的债权,日本规定,须按家庭法院选任的鉴定人的评估进行清偿。关于有争议的债权,法国、德国规定,将相应的款项予以寄存或者保留。瑞士、荷兰对此无规定。

可见,对于申报遗产债务的期间届满后遗产债务的清偿,前述五国立法相同点为,其一,都规定期间届满后,遗产债权人等利害关系人按照规定受偿。其二,关于有争议的债权,都要求争议解决后再进行清偿。不同点为,关于未到期债权和附条件、附期限的债权分为两种立法例:一是视为债权到期或者条件成就,可以清偿;二是不予清偿,但应将相应的遗产予以寄存或保留。

本文认为,除对已经到期的债权的债务进行清偿、有争议的债务待争议解决后清偿外,关于尚未到期、条件尚未成就的遗产债务,如提前清偿,虽可

---

① 参见《法国民法典》第796条;《德国家事事件和非讼事件程序法》第458条第1款;《日本民法典》第929条;Swiss Civil Code (last amended in 2020), a. 589(3), 593(3);The Civil Code of the Netherlands (amended in 2012), Book 4, a. 220(1)。

② 参见《法国民法典》第796条;《日本民法典》第930条。

③ 参见《德国民法典》第2046条。

以使继承法律关系能够尽快得到处理,继承人尽快实现遗产的分割,[①]但是,我国有学者认为,如果债务提前清偿造成履行期偏离原债务规划,期限"提前"届满会产生以下两方面的体系效应:其一,可能导致有的债权人怠于履行义务,更容易陷入迟延履行,加速发生抵销的适用状况,并且会导致诉讼时效的起算点"提前"。其二,可能会导致债权人对次债务人"提前"行使代位权与撤销权。[②] 所以,虽然提前清偿债务有利于提高遗产处理效率,但不能为了提高效率而损害其他法律价值。若提前清偿附期限、附条件的债务,在期限尚未届至、条件尚未成就时,则会导致遗产数额减少,进而损害继承人和其他遗产利害关系人的利益。因此,对于尚未到期、条件尚未成就的债务,在期间届满、条件成就时才能清偿,同时应为该债权的实现保留相应的遗产份额,这才是合理的。针对我国对此立法的空白,前述法国、德国立法可以借鉴。

3. 通知与公告义务主体怠于履行义务的后果

关于通知与公告义务主体怠于履行义务的后果,前述五国,只有法国、日本有规定。法国规定,限定继承人未在法定期限内作出限定继承的声明,则对遗产债务承担无限清偿责任。[③] 日本规定,限定继承人怠于履行公告与催告义务的,对由此造成的损害承担赔偿责任。[④]

可见,对于通知与公告义务主体怠于履行义务的后果,前述两国立法规定的后果不同,主要体现为继承人是丧失限定继承利益,对遗产债务承担无限清偿责任,还是对造成的损害承担赔偿责任。

本文认为,有义务就应当有责任,否则无法约束义务主体履行应尽的义务,故怠于履行义务的主体应当承担责任。但法国责任过重,日本要求对造成的损害程度相应的损害赔偿责任是公平合理的,可供我国借鉴。

4. 债权人怠于申报债权的后果

关于债权人怠于申报债权的后果,法国、瑞士规定,债权人未在法定期

---

① 参见陈甦主编:《中国社会科学院民法典分则草案建议稿》,法律出版社 2019 年版,第 425 页。

② 参见李建星:《法定加速到期的教义学构造》,载《法商研究》2019 年第 1 期。

③ 参见《法国民法典》第 772 条第 2 款。

④ 参见《日本民法典》第 934 条第 1 款。

限内报明债权,债权消灭。[①] 德国、日本、荷兰规定,仅能就剩余遗产行使权利,但优先权除外。[②]

可见,对于债权人怠于申报债权的后果,前述五国立法相同点为,遗产债权人怠于申报债权,都应承担一定的后果。不同点为,债权人所承担的怠于申报债权的后果程度不同,前述五国分为两种立法例:一是债权人的债权消灭,如法国、瑞士;二是仅能就剩余财产求偿。

本文认为,前者的后果过于严重,后者较为合理,可资我国借鉴。因为公告程序的目的不仅是提醒债权人主张债权,也督促其及时主张权利,以推进遗产债务清偿与遗产分割程序的进行。况且,法律不会保护躺在权利上睡觉的人,故未按时申报债权的债权人,如果遗产已经被分配,其无权再要求进行重新分配,但其可就剩余遗产受偿。[③] 从而既保证遗产首先被用于清偿被继承人的债务,又在一定程度上保护未申报的遗产债权人利益。[④]

五、《民法典》继承编遗产债务申报通知与公告制度补充完善的构想

如前所述,我国《民法典》继承编涉及遗产债务申报的通知制度中,没有将继承人外的遗产债权人、受遗赠人等遗产利害关系人作为被通知对象,通知内容不具体,通知的效力立法呈空白,并且欠缺遗产债务申报的公告制度。以下,本文针对我国立法之不足,结合我国民众观念与民间习惯,从中国实际出发,汲取前述域外立法的有益经验,提出《民法典》继承编的遗产债务申报通知与公告制度增补完善之立法构想。

在继承开始后 7 日内,知道被继承人死亡的遗产管理人应当对已知的遗产债权人、受遗赠人等遗产利害关系人发出通知,告知被继承人死亡的事

---

① 参见《法国民法典》第 792 条第 2 款;Swiss Civil Code (last amended in 2020), a. 590(1)(3)。

② 参见《德国民法典》第 1973 条、第 1974 条;《德国家事事件和非讼事件程序法》第 458 条第 1 款;《日本民法典》第 935 条;The Civil Code of the Netherlands (amended in 2012), Book 4, a. 220(2)。

③ 参见梁慧星主编:《中国民法典草案建议稿附理由:继承编》,法律出版社 2013 年版,第 191 页;陈甦主编:《中国社会科学院民法典分则草案建议稿》,法律出版社 2019 年版,第 425 页。

④ 参见陈苇主编:《中国遗产处理制度系统化构建研究》,中国人民公安大学出版社 2019 年版,第 61 页。

实,要求遗产债权人及其他遗产利害关系人在60日内申报对遗产的权利。

对未知的遗产债权人,遗产管理人应当发出公告,公告可以采取在社区公告栏张贴或在报纸、网络等发布的方式,也可以向法院申请公示催告。公告的内容与前款相同,公告的期限不得少于60日。

申报期间届满前,遗产管理人应当拒绝清偿遗产债务。

前款申报期间届满后,遗产管理人应按照法律规定清偿遗产债务。未到期的或者附条件的遗产债务,应保留相应的遗产份额,由遗产管理人或其指定的继承人进行保管,待期间届满或条件成就后再进行清偿。

遗产管理人未履行通知义务,或未按时发出公告,或未向法院申请公示催告的,对于由此造成的损害,承担赔偿责任。受到损害的遗产债权人等遗产利害关系人,可以向恶意的受偿人请求返还财产。

未在法定期限内申报权利,且为继承人所不知的遗产债权人,仅能就剩余财产行使权利。

六、结语

遗产债务申报的通知与公告制度是遗产管理人职责的重要内容,我国目前仅有继承开始的通知制度,尚未确立申报遗产债权的通知与公告制度。对于此制度的完善,我国可与《民事诉讼法》中的公示催告程序结合,扩展公示催告程序的适用范围,将遗产债务的申报纳入公示催告程序,同时,明确遗产债务申报通知与公告的义务主体与对象、要求、期间、遗产债务的登记、查阅与异议以及效力等方面的内容,以便于遗产管理人履行职责,提高遗产分配的效率,进而保障遗产债权人与继承人的利益。

《民法典》遗产管理制度释论：演绎逻辑与制度再构*

石　婷**

摘　要　缘起于古罗马的遗产管理制度，经后世诸多大陆法系国家的传承与发展，最终得以确立并形成体系全面的制度规则，其演进路径凸显出特有的演绎特性与价值追求，即伦理性与法律性的合理彰显、自由与限制的协调统一、平等与效益及秩序的相互牵引。此番我国《民法典》继承编首次确立了遗产管理制度，体现了立法的重大进步与创新。然而基于制度适用经验不足等诸多因素制约，我国遗产管理制度在外部制度衔接上与内部制度规则构建中仍存在一定的不足与缺憾。故建议结合我国国情与民众继承习惯，遵循遗产管理制度的演绎特性与价值追求，从制度外部衔接以及制度内部结构进行优化再构，以实现制度的价值效用，推进该制度在我国的有效落地。

关键词　遗产管理制度　《民法典》遗产继承　制度再构

*　本文原载于《私法研究》2021 年第 1 期。

**　石婷，法学博士，西南政法大学民商法学院讲师，中国法学会婚姻家庭法学研究会理事，研究方向：家事法。

引 言

遗产管理制度萌芽于古罗马概括继承发展至限定继承的过程中,近世大陆法系国家在继受古罗马继承理念的基础上,最终确立了该制度。我国自清末法律改制伊始便踏上了借鉴大陆法系遗产管理立法理念与制度规范的征程,尽管中华人民共和国成立后我国立法活动深受苏联法制影响而摒弃了民国时期法律制度,1985年《继承法》(已失效)未规定遗产管理制度,但此番我国《民法典》继承编首次确立的遗产管理制度亦是借鉴和采纳了大陆法系的制度理念,该编于第1145~1149条对遗产管理人的产生、职责、法律责任、报酬进行了规定。《民法典》继承编对遗产管理制度的首次确立,是我国立法的重大进步与创新,其填补了我国1985年《继承法》(已失效)未确立遗产管理制度的空白,实现了制度的规范化与体系化,满足了多年来民众与司法实务对可继承遗产的管理诉求,适应了社会经济发展下社会财富对增值保值以及顺利完成代际传承的需求。然而,由于制度适用经验不足等诸多因素的制约,我国《民法典》遗产管理制度在外部制度衔接上,有待于与有条件限定继承制度、遗产保管制度、遗产清单制度、遗嘱执行人制度等进一步协调与互补,在内部制度规则构建中亦存在一定的不足与缺憾,仍有改进空间。其实,萌芽于古罗马的遗产管理制度并不是孤立存在的,其制度雏形来源于古罗马法概括继承发展至限定继承过程中继承人与债权人利益平衡的博弈。近世大陆法系国家实则是承受与完善了古罗马的继承理念,在补充与修正限定继承制度不足的基础上,同时注重与其他制度的配合与协调,进而最终确立了系统化的遗产管理制度。因此,本文特以追溯遗产管理制度的生成逻辑为前提,剖析其演绎特性以及制度背后的价值追求,以此为鉴,在结合我国国情与传统继承习惯的基础上分析我国《民法典》遗产管理制度存在的缺憾以及未来制度再构的方向。

一、遗产管理制度的生成逻辑

遗产管理制度的产生并非一蹴而就,其最早缘起于古罗马概括继承向限定继承发展历程中继承人与国家对遗产进行的管理。之后近世诸多大陆法系国家在承继古罗马继承法理念的基础上,为进一步平等保护继承人、遗产债权人以及相关遗产权利人的利益,依据各自的国情,最终确立了遗产管理制度。

(一)古罗马遗产管理规则的缘起

早期的古罗马以家长奴隶制经济为基础,为绵延家祀于不绝,实行以身份继承为基础的概括继承制度,即除专属死者人身权利与义务外,继承人概括承受死者可转移的一切财产权利与义务。[①] 根据乌尔比安的《论告示》的记载,概括继承主义下,凡是被视为继承人的人都对死者的遗产或遗产物享有所有权利,其应以继承人的身份对遗产进行经管。[②] 显然,概括继承制度的实质是身份继承和人格继承的必然结果,其不仅在客观上造成了对遗产债权人利益的过度保护,而且无形中促成了继承人对遗产及其全部权利义务的无条件承受和经管。

到古罗马后期,随着商品经济的发展,财产继承成为主要继承对象。但是继承人依据概括继承而继承死者全部权利和义务以绵延家祀的理念并没有改变,被继承人与继承人人格混同,无条件继承和无限债务清偿显得对继承人过为苛刻。[③] 为纠正此种不合理现象,大法官法创设继承规则以保护继承人的利益,如赋予有权拒绝继承的继承人享有"不参与遗产权利";遗产的必然继承人可采取"财产分别";继承人可编制遗产清册以享有有限清偿遗产债务的"财产清册利益",[④]至此,古罗马的限定继承制度得以确立。在此过程中,继承人对遗产的管理职责不再如古罗马早期依据概括继承理念不加选择地全部承揽,而是在限定继承范围内得以逐渐明确和具体化。且此时期,继承遗嘱人人格的继承人为当然遗嘱执行人,对遗产进行经管,特殊情况时才委托继承人以外之人。[⑤] 同时基于财政需要,绝产(bona vacantia)由公权部门处理并归属国库,如资不抵债,则由债权人自行变卖。[⑥]

---

① 参见丘汉平:《罗马法》,中国方正出版社 2004 年版,第 262 - 263 页。

② 参见[意]桑德罗·斯奇巴尼选编:《民法大全选译·遗产继承》,费安玲译,中国政法大学出版社 1995 年版,第 75 - 77、135 - 136 页。

③ 参见周枏:《罗马法原论》(下册),商务印书馆 2014 年版,第 488 - 489 页。

④ 参见周枏:《罗马法原论》(下册),商务印书馆 2014 年版,第 489 - 490 页。

⑤ 参见史尚宽:《继承法论》,中国政法大学出版社 2000 年版,第 564 页。

⑥ 参见戴炎辉、戴东雄:《继承法》,台北,顺清文化事业有限公司 2004 年版,第 224 页。

据此可知,在古罗马“概括继承”向“限定继承”的发展过程中,出现了继承人和国家对遗产进行管理的现象,遗产管理规则在限定继承确立的范围内得以逐渐形成。申言之,尽管古罗马时期没有形成独立的遗产管理制度,但在概括继承主义下所有遗产事务归属于继承人处理的实质就是将继承人视为遗产管理人,而且古罗马后期为纠正概括继承不利影响创设的遗产分别、财产清册利益、有限清偿责任等规则,体现的就是继承人在限定继承下对遗产享有的管理和处分权利,遗产管理规则正是在概括继承发展至限定继承的过程中得以初步确立,初具现代遗产管理制度的雏形。而且,尽管古罗马时期关于遗嘱执行人与无人继承遗产管理的规定并非近现代的遗嘱执行人制度与无人承受遗产管理制度,但其制度背后的理念与目的仍趋于相似。

(二)近世大陆法系国家的继受与发展:遗产管理制度确立

在古罗马继承理念的影响下,近世诸多大陆法系国家规定继承人得概括承受被继承人的遗产权利和义务,但是为保护继承人的利益,又赋予继承人选择接受和放弃继承的权利,规定没有放弃继承而选择接受限定继承者须将其财产与被继承人财产相分离并制作遗产清单,以遗产为限清偿债务,如继承人有侵吞、隐匿遗产等不当行为得强制接受无限概括继承,此即近世确立的有条件限定继承制度,《法国民法典》第 768 ~ 808 条[①]、《德国民法典》第 1942 ~ 1966 条[②]、《意大利民法典》第 479 条和第 490 条[③]、《瑞士民法典》第 554 条[④]、《日本民法典》第 915 ~ 940 条[⑤]的相关规定就是此种立法的典型代表。限定继承制度的设立纠正了概括继承对遗产债权人的过度保护,但

---

① 参见罗结珍译:《法国民法典》,北京大学出版社 2010 年版。(本文所引用的法国民法典条文,均来自此版本。)

② 参见陈卫佐译注:《德国民法典》(第 4 版),法律出版社 2015 年版。(本文所引用的德国民法典条文,均来自此版本。)

③ 参见陈国柱译:《意大利民法典》,中国人民大学出版社 2010 年版。(本文所引用的意大利民法典条文,均来自此版本。)

④ 参见戴永盛译:《瑞士民法典》,中国政法大学出版社 2016 年版。(本文所引用的瑞士民法典条文,均来自此版本。)

⑤ 参见刘士国、牟宪魁、杨瑞贺译:《日本民法典》,中国法制出版社 2018 年版。(本文所引用的日本民法典条文,均来自此版本。)

是一定程度上又造成了对继承人的倾斜保护。[①] 因为即使设置有不当行为下的无限概括继承,实际难以发现占有遗产的继承人擅自处分遗产或其他非法行为,无法实现对其他继承人与遗产债权人利益的有效保护。在此种情况下,如何平等地保护继承人、遗产债权人以及相关遗产权利人的利益,就成为立法设计首先必须考量的问题。为此,大多数大陆法系国家结合各自国情,确立了遗产管理制度,由地位中立的遗产管理人实施遗产管理活动。

在确立了遗产管理制度的近世大陆法系国家中,其立法并没有抛开对承继于古罗马的概括继承与限定继承制度的考量,而是根据已有继承制度的特点,在充分实现与其有效衔接与互补的基础上展开对遗产管理制度的规则设计。对于遗产管理程序的启动,为保障被继承人和继承人的意志自由,规定有遗嘱执行人的,由其担任遗产管理人,没有遗嘱执行人的,可以由选择制定遗产清册的限定继承人申请担任遗产管理人;同时加强公权力对遗产管理的调整,在遗产管理人选任有争议或管理人有不当行为或继承人有无不明等情况时,利害关系人还可以申请国家公权力部门指定遗产管理人,以启动遗产管理程序,法国、德国、意大利、瑞士、日本的民法典[②]实行的都是此种启动模式。具体到遗产管理人的选任,基于遗产管理者需具有执业能力的考虑,大多数国家都规定有遗产管理人的任职资格,如《法国民法典》规定遗产管理人须具有完全民事行为能力,没有受到禁止管理此种财产的处分。[③] 《日本民法典》规定未成年人及破产人不得为遗嘱执行人。[④] 另外,因遗产管理人正式任职前或更替期可能存在短暂管理"空窗期",诸多国家都规定有临时遗产管理制度,如《法国民法典》第 813 – 1 条规定因遗产怠于管理、缺乏管理或者管理上有过错,或因继承人不和、利益有冲突或者遗产状况复杂,法官可指定有资格者暂时管理遗产,此外《德国民法典》第 1959 ~

① 参见冯乐坤:《限定继承的悖理与我国〈继承法〉的修正》,载《政法论丛》2014 年第 5 期。

② 参见《法国民法典》第 793 ~ 795 条、第 812 条、第 877 ~ 880 条,《德国民法典》第 1993 ~ 1955 条、第1981 ~ 1984 条,《意大利民法典》第 479 条、第 508 ~ 528 条,《瑞士民法典》第 517 ~ 518 条、第 594 ~ 597 条,《日本民法典》第 920 ~ 950 条、第 1006 ~ 1015 条。

③ 参见《法国民法典》第 812 条、第 1025 条。

④ 参见《日本民法典》第 1009 条。

1960 条、《瑞士民法典》第 551 条以及《日本民法典》第 940 条的规定亦体现了对遗产的临时管理。显然,这表明诸多大陆法系国家意识到遗产管理制度存在管理漏洞,为避免相关利害关系人有损害遗产、侵害遗产权利人的可乘之机,采取临时管理制度予以弥补。

与此同时,近世大陆法系国家在遗产管理制度的立法过程中,意识到限定继承人难免因管理人身份混同、职责不明确以及惩戒缺乏而出现转移、隐匿、侵吞遗产等损害遗产权利人利益的情况,不同国家又根据不同情形对遗产管理人的职责作出了明确指引,并规定包含继承人在内的遗产管理人因其不当或不忠实行为应担负的法律责任,试图将遗产管理人介入独立于遗产的中立管理地位,以达到对继承人以及遗产债权人利益的全面保护。如在遗产管理人的职责方面,《德国民法典》第 1967 ~ 2013 条规定包含继承人在内的遗产管理人得肩负编制遗产清册、公示催告遗产债权人、清偿遗产债务、申请遗产支付不能程序、交付剩余遗产等一系列职责,《法国民法典》第 793 ~ 795 条以及《瑞士民法典》第 580 ~ 585 条亦有相似规定,尤其详细规定了限定继承人制作遗产清册的要求。对于遗产管理人的法律责任,《法国民法典》第 800 条规定,继承人有严重过错或违反遗产清册利益等行为,得视为无条件接受继承;《德国民法典》第 2005 条、第 1985 条对此也作出了类似规定。此外,为促使遗产管理人尽责履职,立法还赋予相关权利人在权利受侵害时的救济,如《日本民法典》在“财产分离”专章中(第 941 ~ 950 条)明确规定遗产债权人或受遗赠人享有请求分离财产的权利。此系列有关遗产管理人的职责与法律责任的限制性与惩罚性规定,显然从公权力层面保障了遗产管理制度的有效实行,促使遗产管理人积极履行职责,凸显对继承权利人利益的平等保护。另外,近世大陆法系国家对遗产管理的监督以及终止问题也作出了回应,规定遗产管理人在履职过程中不当执行管理任务或有其他不法行为的,利害关系人可以向法院申请解除其职权,待另行指定遗产管理人后再启动遗产管理程序,并明确遗产管理程序可因继承人承认或遗产管理任务完成而终止,《法国民法典》第 810 ~ 813 条、第 1026 ~ 1033 条以及《意大利民法典》第 532 条和第 710 条的规定就体现了上述立法情况。

尽管在制度层面,近世大陆法系国家对遗产管理制度的确立能实现与限定继承制度的衔接与互补,但是如何保障遗产管理人权利有效行使,成为推行遗产管理制度亟须解决的难题之一。为此,一些国家又依据本国实情作出了相应的立法设计。如《德国民法典》就规定遗产管理人和遗嘱执行人可依据第2353条的规定,向遗产法院申请颁发继承证书,继承证书具有权利公信力,其享有证书中载明的权限,可在遗产管理相关法律行为中出示该证书,第三人对证书的信赖受法律保护;①第1984条还确认了遗产管理人的排他权能,规定遗产管理命令发布时继承人就丧失管理和处分遗产的权能,遗产请求权只能对遗产管理人主张。另外,《法国民法典》第812条规定的"同时存在遗产管理人和遗嘱执行人时,应保留赋予遗嘱执行人的权利"以及《瑞士民法典》第518条规定的"遗嘱执行人享有与官方遗产管理人相同的权利和义务"确认和划分了遗产管理人与遗嘱执行人的权限地位。由此可见,上述国家对于遗产管理人权利外观的赋予,保障了遗产管理人权利行使的效果与效力,有效地推进了遗产管理制度的实施。而且从立法层面直接赋予遗产管理人的排他权能,解决了遗产管理人的管理权能否超越继承人依限定继承取得的遗产所有权的学理争论。而对遗产管理人与遗嘱执行人两类主体权能的确认以及相关权利义务的互通适用,则避免了立法的重复弊端,实现了对遗产继承问题的弹性处理。

显然,近世大陆法系国家在继受古罗马继承立法理念的基础上,为了周全地保护继承人及遗产权利人的利益,其对遗产管理启动、遗产管理人选任、管理职责以及法律责任等内容的系统设计,表明立法者意识到古罗马限定继承制度在缺乏独立遗产管理程序时对遗产继承人过度倾向保护的缺憾。为了确保遗产管理制度的合理性与可适用性,实行依次由遗嘱执行人、继承人、公权力指定者担任遗产管理人的逻辑主线,并附以遗产管理人违背管理职责时的法律责任,一方面保障了被继承人与继承人的意思自治,另一方实现了与已有继承制度的紧密结合,充分发挥了承继于古罗马的遗产清单规则的效用,弥补了原继承制度的不足,彰显了平等保护继承人、遗产债权人以及其他遗产权利人的利益的制度目标。至此,近现代大陆法系国家的遗产管理制度在保障私权自治以及公权有限介入的范围内得以正式确立。

① 参见[德]雷纳·弗兰克、[德]托比亚斯·海尔姆斯:《德国继承法》,王葆莳、林佳业译,中国政法大学出版社2015年版,第107、161-163页。

二、遗产管理制度的演绎特性与价值追求

从古罗马遗产管理规则的启蒙到近世大陆法系国家遗产管理制度的最终确立,该制度的演进路径凸显出其特有的演绎特性与价值追求,即在伦理性与法律性的合理彰显、自由与限制的协调统一、平等与效益及秩序的相互牵引下,其制度规范不断趋于完善。

(一)伦理性与法律性的合理彰显

"伦理"为处理社会人之关系应遵循的基本原则,[①]家庭领域继承制度的合理性与有效性既离不开公权力对其制度确立的法律保障,也离不开以人的现实利益为核心的家庭伦理关怀。康德认为,法律与伦理都从属于道德层面以及实践理性法则,伦理与法律具有相同的原则性规范结构和辩护层次。[②] 遗产管理制度作为对家庭财产继承关系予以调整的继承制度,构建在家庭人身关系基础之上,是以家庭亲属关系的存在为前提,其合理化与有效化必然体现为家庭伦理性与国家法律性的协调统一与合理彰显。从最初遗产管理规则在古罗马概括继承发展至限定继承中的形成过程来看,本家庭内继承人所优先享有的遗产经管权,就是血缘关系下的身份伦理在遗产继承与管理利益中的彰显,体现了遗产继承和管理与家庭伦理性和伦理作用的相适应。这也是近世诸多大陆法系国家未抛开原有继承规则,而是在结合与补充原有继承制度不足的基础上构建遗产管理制度的原因之一,其承认并保障遗嘱执行人与继承人的优先管理权能,以尊重家庭财产继承的伦理性与私利性。此外,近世诸多大陆法系国家对遗产管理人资格、职责、法律责任等规则的设计亦无不体现伦理性与法律性的结合,即在依赖家庭伦理属性与身份属性的基础上,使其区别于其他平等主体财产关系的调整,注重对私权的保障以及对弱势地位者的救济,进而促成财产从所有权向继承权再向所有权的顺利转化。如法国、德国、瑞士等国普遍确立的善良管理义

① 参见何怀宏:《伦理学是什么》,北京大学出版社 2002 年版,第 11 页。

② 参见[德]依曼努尔·康德:《法的形而上学原理——权利的科学》,沈叔平译,商务印书馆 1991 年版,第 2-3 页。

务以及违反义务后的法律责任承担,日本确立的利害关系人“财产分离”特殊救济权以及继承人不明时的搜索责任,德国明确的遗产管理人排他性权利等,[①]均彰显了公权力为维护家庭财产稳定流转与交易安全所付诸的努力,凸显了制度的伦理性和法律性。

概言之,遗产管理制度的形成,体现伦理性与法律性的统一结合,是由婚姻家庭的伦理性以及法律的强制性所致。也就是说,在婚姻家庭关系体系之下所衍生出的遗产管理制度,既是基于合理保障家庭财产传承以及维护第三人间交易安全而确立的法律制度,也是在符合家庭的伦理性原则以及满足家庭伦理关系适用的合理范围内对财产继承关系的有序法律调整。

(二)自由与限制的协调统一

自由彰显主体的存在价值,是人必不可缺少的生命要求和体现。[②] 能够满足人的生存需求与自我价值认同的财产权是实现个体自由的具体体现,而遗产管理制度正是通过遗产管理人对遗产有效管理以最终确保合法主体实现对遗产权利的获得和支配,其实质体现了法律对人自由价值实现的保障。从古罗马早期继承人无任何自由的通盘继承遗产发展至后期继承人在自由选择权范围内对遗产债务的有限清偿,就是保障个体财产权利与自由权利的彰显。近世大陆法系国家在承继古罗马立法理念的基础上,对遗产管理规范的设计亦无不凸显对个体自由权利的保护和人文关怀,如在遗产管理人的选任上,前述国家均将被继承人指定的遗嘱执行人列在遗产管理主体的首位,强化了对被继承人生前意思自治及其资产支配权的保障。同时,为确保平等民事主体在最佳范围内实现遗产权利,诸多国家立法践行自由价值,对遗产继承自由与遗产管理自由提供了充分的程序支持与路径保障,如德国与日本立法规定的继承人自由选择权下的限定继承与遗产管理,[③]瑞士立法赋予遗产债权人申请官方清算的自由等。[④] 但是自由并非无

① 参见《德国民法典》第1984条。

② 参见卓泽渊:《法的价值论》,法律出版社2006年版,第262页。

③ 参见《德国民法典》第1942~1943条、第1975~1981条;《日本民法典》第915~918条。

④ 参见《瑞士民法典》第594条。

限度,为更好地保障自由的实现,其应受到一定的调整和限制,即"人类天然之自由,必由国法为之节制,盖国法之存在,此实为其目的"①。近世诸多大陆法系国家基于本国的立法传统、司法经验,又对遗产管理人的资格、具体权限、法律责任等进行限定,如法国立法对遗产管理人民事能力以及执业能力的限制,②德国立法规定特定情况下限定继承人的无限清偿责任以及法院直接指定遗产管理人权利等,③意大利立法规定的法官财产分离权,④均体现了公权对私权领域的适当介入,以限制私人自治原则在婚姻家庭领域的不当扩张。

据此,近世大陆法系国家对涉及调整家庭财产流转的遗产管理制度规则设计,是以尊重家庭财产继承自由与保护财产权利为出发点,并以公权的方式对自由加以适当限制,进而最大程度实现对人性与私权的尊重以及对自由价值的追求。

(三)平等与效益及秩序的相互牵引

平等是民法的价值取向之一,其重要表征在于对民事主体权利的平等保护。卢梭曾指出,人生而平等,但事物力量总倾向于摧毁平等,故立法力量就是倾向于维持平等。⑤ 从遗产管理规则最初产生的动因看,就是为了维护罗马社会继承人利益与遗产权利人利益的平等实现。在古罗马,基于身份属性的概括继承要求继承人全盘接受遗产权利和义务,为纠正此种继承方式对遗产债权人利益的过度保护,又设立了倾向于保护继承人权益的限定继承规则,虽然未能达到对继承人与遗产债权人利益的实质性平等保护,但是仍在很长一段时间内对古罗马社会遗产权利人利益的平等实现以及遗产继承秩序的稳定起重要的保障作用。而近世大陆法系国家则是在承继古罗马继承理念的基础上,为弥补限定继承的缺憾,依据各自国情对遗产管理启动、管理人选任、职责及其法律责任等内容进行精巧设计,最终确立了与

① [法]孟德斯鸠:《论法的精神》(上册),张雁深译,商务印书馆1963年版,第154页。
② 参见《法国民法典》第812条第3款。
③ 参见《德国民法典》第1960条、第2005条。
④ 参见《意大利民法典》第517条。
⑤ 参见[法]卢梭:《社会契约论》(第2版),何兆武译,商务印书馆1980年版,第78页。

限定继承及其他继承制度相互协调与补充的遗产管理制度,其蕴藏的实质就是对平等价值理念的最大尊崇与追求。当然,遗产管理制度在追求平等价值的同时,其制度的指向亦是在保障分配效益的情况下,确保继承秩序的稳定。正如波斯纳所言,法律制度、规范及其程序的设计,目的在于该法律能有效促进社会经济效益。[①] 而秩序作为法律的基础价值与直接追求,是连接法律与法律追求的其他诸如平等、效益等价值的中介,其他价值以法律秩序价值为基础并建立在其实现上。[②] 无论是从古罗马限定继承中所衍生的遗产管理规则雏形,还是近世大陆法系国家所确立的遗产管理制度,即通过遗产管理人有效管理和清算遗产、及时追讨债权和清偿债务、分配剩余遗产,其目的指向无非实现家财有序流转以及继承秩序稳定。[③] 在此过程中平等、效益、秩序作为遗产管理制度的价值追求,三者相互牵引、相互促进,其不仅是制度合理化与有效化的彰显,同时促使制度以其为价值牵引不断趋于完善。

基于大陆法系遗产管理制度演化历程所呈现的上述演绎特性与价值追求及其在制度发展和完善过程中所展现的检验与导向作用,此番主要参考大陆法系制度理念的我国《民法典》遗产管理制度,虽然在具体规则设置上结合我国国情作出了一定的调整和转化,但是制度中所应彰显与追求的价值理念却仍然保持趋同。未来我国遗产管理制度的完善与调整,实有必要在继续坚持我国国情与民众继承习惯的基础上,以辩证的思维借鉴其制度中的优秀规则并同时以制度彰显的价值理念作为一定的检验标准。

三、我国遗产管理制度的立法选择

我国遗产管理制度的立法确立经历了较为漫长的过程。由于封建家本位文化的影响,我国清末之前并未形成现代意义上的遗产管理制度。清末民初时期因西方法律文化思潮的影响,遗产管理规则雏形显现,但是中华人民共和国成立后摒弃了民国时期法律制度的内容,由于社会经济与现实制

---

① 参见[美]查理德·A.波斯纳:《法律的经济分析》,蒋兆康译,中国大百科全书出版社 1997 年版,第 28 页。

② 参见卓泽渊:《法的价值论》,法律出版社 1999 年版,第 113 - 114 页。

③ 参见石婷:《遗产管理制度的体系化研究》,载《学术探索》2016 年第 5 期。

约,1985 年《继承法》(已失效)缺乏对遗产管理制度的规定,直到 2021 年实施的《民法典》才正式确立遗产管理制度的内容。

(一)我国遗产管理制度的传统本源

清末之前,在礼制与法律都不强调财产的个人私有化而是以家庭为单位对财产实行共同共有的社会背景下,为稳固统治者的地位、延续已有的社会等级关系,遗产主要由家族的家长代以传承和管控,遗产在代际传承中呈现显著的身份性和特权性,[①]未形成近现代意义上的遗产管理制度。但是此种带有特定身份性与特权性的封建遗产管理规则,在清末时期得以突破与发展。清末法律文化受到西方国家影响,身份属性强烈的继承制度发生变革,遗产管理规则得以初步形成。《大清民律草案》第 5 编"继承"(第 1525 ~ 1561 条)明确规定遗嘱执行人担任遗产管理人,如无管理人则提请亲属会指定;同时确立了无人承认之继承制度。[②] 此种遗产管理模式在之后民国政府法律中得以承继和发展,《民国民法典》在确立限定继承的同时规定了遗产管理制度,于第 1154 ~ 1185 条对遗产管理人的职责、法律责任、无人承认之继承遗产的管理以及遗嘱执行人制度等内容予以确立。[③] 显然,我国近代遗产管理立法理念逐渐从传统家族主义向个人主义转变,立法者意识到传统继承规则不能适应近代社会生活与经济变革的需要,因此在依据国情的基础上改革固有封建宗祧继承制度,削弱家长权利,[④]确立遗产管理机制,注重对继承关系中个体权利的保护。虽然清末以西方法律为模本的某些继承规则与民间分家析产习惯并不契合,致使一些法律条文难以落实至司法实践和社会生活中,[⑤]但是有关遗产管理规则的确立却仍体现了试图靠近本土继

① 参见俞江:《民事习惯对民法典的意义——以分家析产习惯为线索》,载《私法》2005 年第 1 期。

② 参见杨立新主编:《中国百年民法典汇编》,中国法制出版社 2011 年版,第 214 - 216 页。

③ 参见杨立新主编:《中国百年民法典汇编》,中国法制出版社 2011 年版,第 514 - 515、517、520 页。

④ 参见谢怀栻:《大陆法国家民法典研究》,中国法制出版社 2004 年版,第 112 页。

⑤ 参见李平:《论法定继承顺位的立法策略与实践中的家文化坚守》,载《法制与社会发展》2020 年第 1 期。

承习俗的努力，如继承人未定时守志之妇的优先管理权；[①]亲属会对遗产管理人的选定，此举亦为目前我国台湾地区相关规定所承继。[②] 不可否认的是，包含遗产管理制度在内的我国近代诸多继承制度，其主要目的仍与现代继承制度的价值追求相一致，即保证继承财产的代际顺利流动与家族延续发展，保障平等、自由、效益、秩序等价值得以实现。[③]

（二）我国《民法典》遗产管理制度的确立

中华人民共和国成立后，我国立法活动深受苏联法制的影响，摒弃了民国时期法律制度的内容，由于社会经济与现实制约，1985 年《继承法》（已失效）缺乏对遗产管理制度的规定。[④] 但是随着社会经济的快速发展，如此规定显然无法适应社会需求，出现诸多因遗产管理制度缺失引发的继承纠纷，[⑤]司法实践中亦有大量因遗产管理制度缺失而导致的同案异判案件，[⑥]影响司法公信力。在此状况下，如何构建体系健全的遗产管理制度，以平等保障遗产权利人的利益、促进遗产的有序分配，成为亟须解决的重大现实问题。

基于遗产继承的现实诉求与司法实践的适用需求，我国《民法典》在继承编第四章“遗产的处理”中首次设立遗产管理制度，于第 1145 ~ 1149 条对遗产管理制度的内容进行规定：其一，遗产管理人的产生方式，即依次由遗

---

① 参见杨立新主编：《中国百年民法典汇编》，中国法制出版社 2011 年版，第 373 页。

② 参见林秀雄：《继承法讲义》，台北，元照出版公司 2012 年版，第 200 - 201 页。

③ 参见罗冠男：《我国继承制度中的价值取向和利益平衡》，载《法学杂志》2019 年第 10 期。

④ 1985 年《继承法》（已失效）只是在第 3 章“遗嘱继承和遗赠”第 16 条、第 4 章“遗产的处理”第 24 条和第 32 条中原则性地规定了遗产执行、遗产保管以及无人承受遗产处理的部分内容，缺乏对遗产管理制度的系统规定。

⑤ 参见《侯耀文遗产风波》，载凤凰网，http://ent.ifeng.com/special/star/houyaowenyichan/，2020 年 9 月 10 日访问；《季羡林遗产纠纷案》，载央视网，http://tv.cctv.com/2013/09/26/VIDE1380199921108950.shtml；刘盛钱：《齐白石弟子 21 亿遗产纠纷案宣判：子告母败诉》，载搜狐新闻 2016 年 7 月 30 日，http://news.sohu.com/20160730/n461759291.shtml。

⑥ 如对于“继承人全部放弃继承权的遗产债务清偿案件”，各法院司法裁判思路不一致：一是认定放弃继承无效，继承人作为遗产管理人，在遗产范围内承担债务清偿责任[（2018）豫 03 民终 2117 号判决]；二是认定放弃继承有效，无人承受遗产的债权另行主张权利[（2016）浙 05 民终 970 号裁定]；三是认定放弃继承有效，但是否放弃继承，不影响其债务清偿的管理责任[（2015）昌民二初字第 864 号判决]；四是认定放弃继承有效，村委会接管无人承受遗产[（2015）桦民一初字第 1622 号判决]。

嘱指定、继承人推选、共同继承人担任、被继承人生前住所地的民政部门或者村民委员会担任、法院指定;其二,遗产管理人的具体职责,即清理遗产并制作遗产清单、报告遗产情况、处理债权债务等;其三,民事责任,即遗产管理人因故意或者重大过失造成损害的应承担民事责任;其四,报酬请求权,即可根据实施的遗产管理工作而获得报酬。我国《民法典》继承编对遗产管理制度的规定,是立法的重大进步与创新,其填补了我国1985年《继承法》(已失效)未确立遗产管理制度的空白,实现了制度的规范化与体系化,满足了多年来民众与司法实务对可继承遗产的管理诉求,适应了社会经济发展下社会财富对增值保值以及顺利完成代际传承的需求。但是立法的继受是长期社会变迁与法律变迁的适应过程,法律制度的确立过程受制于实势的影响,①我国《民法典》遗产管理制度在现阶段难免因适用经验不足、与根植于本民族的继承习惯不完全适应等因素制约而表现出一定的局限性,与遗产管理制度本身所应达到的制度效益与价值追求有一定的差距,存在一定的改进与完善空间:一方面,同样采纳古罗马直接继承理念的我国立法在构建遗产管理制度过程中忽略了一重要问题,即萌芽于古罗马的遗产管理制度并不是孤立存在的,其实则是对限定继承制度的协调和互补,同时在与其他相关继承制度相互配合和衔接中得以发展和完善。基于此问题的忽略,我国《民法典》继续沿用1985年《继承法》(已失效)的无条件限定继承制度,首次构建的遗产管理制度未能与限定继承制度、遗产保管制度、遗嘱执行人制度等进行有效的融合与衔接。另一方面,在制度内部规则中,尚存在遗产管理的启动是否为继承的必经程序有待商榷,遗产管理人的权利外观与权限边界如何界定,遗产管理人的产生、职责等规定有缺憾,遗产管理人资格、利害关系人救济性权利、管理费用、管理终止等规定有缺失等问题,值得进一步细化和完善。

四、我国《民法典》遗产管理制度的再构

就我国遗产管理制度的立法现状及其局限性而言,未来我国《民法典》

---

① 参见魏磊杰:《中国民法典的本土化何以可能:一条现实主义的路径》,载《法律科学(西北政法大学学报)》2019年第4期。

遗产管理制度的健全与发展可从其历史演绎逻辑中总结经验和启示,实有必要结合我国的国情与民众继承习惯,从制度外部衔接以及制度内部优化进行再构,以实现制度的价值效用,推进该制度在我国的落实。

(一)制度外部衔接的再构

其一,实现与有条件限定继承的衔接与互补。由前述可知,近世大陆法系国家在继受古罗马继承理念的基础上,为构建对继承人以及遗产债权人利益的平等保护机制,在确立有条件限定继承制度的同时又构建遗产管理制度,以此两项制度有效形成对遗产继承和遗产债务清偿的双重交织调整体系。我国清末之前遗产主要由家长管理和承继,无限责任继承在财产继承作为身份继承和祭祀继承附属物的情况下被认为是理所当然的存在。[①]晚清开始我国借鉴西方立法,1930 年《民国民法典》继承编实行以"无限继承为原则、限定继承为例外"的继承方式,允许继承人抛弃继承或以开设遗产清册为条件接受限定继承,但是颁布于 1985 年的我国《继承法》(已失效)基于当时社会经济发展情况的局限,实行无条件限定继承,[②]明显无法适应社会的变化需求。此番我国《民法典》第 1161 条[③]仍然延续《继承法》(已失效)的规定,实行无条件限定继承制度,使继承人利益仍被过度保护。换言之,即使我国《民法典》确立了遗产管理制度,但是在无条件限定继承下,继承人难以因不当行为而承担无限清偿责任,就无法避免继承人担任遗产管理人时因自我趋利性而出现转移、隐匿、损耗遗产等侵害继承利益的行为,在遗产范围不明确以及侵害行为隐秘的情况下就难以实现对继承人不当行为的惩治,进而无法实现对继承权益人利益的平等保护,无法彰显制度本应指向的平等、效益、秩序价值。因此,在完善遗产管理制度的同时,实有必要

---

① 参见[日]滋贺秀三:《中国家族法原理》,张建国、李力译,商务印书馆 2017 年版,第 126 - 128 页。

② 无条件限定继承是指继承开始后继承人无须作出限定继承的声明,无须制作遗产清单,就可以承担以遗产为限的限定清偿责任。参见黎乃忠:《限定继承制度研究》,群众出版社 2017 年版,第 57 - 58 页。

③ 我国《民法典》第 1161 条规定:"继承人以所得遗产实际价值为限清偿被继承人依法应当缴纳的税款和债务。超过遗产实际价值部分,继承人自愿偿还的不在此限。继承人放弃继承的,对被继承人依法应当缴纳的税款和债务可以不负清偿责任。"

首先对我国《民法典》限定继承制度进行再构,规定选择限定继承的继承人依法制作遗产清单,并以清单为准承担清偿遗产债务的限定清偿责任,在违反清单利益以及法律规定的情况下承担无限清偿责任,以此使遗产管理制度与有条件限定继承制度相互补充与协调,充分发挥制度的应用功能。

其二,实现与遗产保管制度的衔接与互补。我国《民法典》未规定遗产管理人确定前遗产的临时保管,由此,在继承开始后遗产管理程序启动前的此段期间内遗产将处于无人管理的"空窗期",随时面临被转移、藏匿、损毁的危险,直接影响遗产权利人的利益和继承关系的稳定。前述域外国家显然意识到此"空窗期"对继承可能产生的不利影响,采取了相应应对措施,如德国规定临时继承人应管理遗产及其怠于管理遗产或者继承人不明时,法院有权委托遗产保佐人管理。[①] 我国《民法典》在确立遗产管理制度时却忽略了该问题的存在,仅延续了《继承法》(已失效)遗产保管的规定,要求存有遗产的人,应当妥善保管遗产,任何人不得侵吞或者争抢。其实基于制度设计的便利考量,完全可以在遗产保管的立法基础上,明确遗产保管人的责任,规定其有向遗产管理人通报并完整移交的义务及其违反义务时的法律后果,同时增加村(居)民委员会、民政部门或者法律规定的其他组织作为遗产临时保管人的规定,以及利害关系向法院申请指定临时遗产管理人的权利。以此实现遗产管理制度与遗产保管制度的相互衔接,进而保障遗产免受侵害,有效维护遗产权利人的利益,彰显制度的平等、秩序价值。

其三,实现与遗产清单制度的衔接与协调。《民法典》第1147条仅规定遗产管理人的职责之一是清理遗产并制作遗产清单,除此之外对遗产清单的制作要求、制作程序等内容没有任何规定。由前述大陆法系遗产管理制度的演绎逻辑可知,遗产清单制度作为与遗产管理制度相生相伴的一项系统性规则,其不仅是有条件限定继承制度实施的先决条件,而且是遗产管理制度有效实施和落实的重要基础,其作为遗产管理的首要步骤为后续遗产债务的清偿以及遗产的分配提供书面依据与证明,是遗产管理公平、有序进行的有效条件保障。基于遗产清单制度对遗产管理制度有效实施的重要性,当前学术界与司法实务界诸多观点均认为,只有构建好遗产清单制度才

---

① 参见《德国民法典》第1959~1960条。

能引导遗产管理人依法履行制作遗产清单的职责,才能在查明遗产范围的前提下保障遗产管理人对遗产债务的平等清偿,减少继承纠纷的产生以及法院的司法负担。[①] 因此,为凸显遗产管理制度的价值效用,推进其有效实施,我国《民法典》应该细化遗产清单的具体规定,对制作主体、见证人、制作时间、提交与查阅主体、效力、不当制作的法律后果以及制作补正等内容作出明确规定。

其四,实现与遗嘱执行人制度的衔接与协调。我国《民法典》规定遗产管理人的产生方式之一是遗嘱指定遗嘱执行人,但是对于遗嘱执行人的指定仍有诸多疑惑:其主体资格及范围有何限制,其担任管理职责是否需要本人的意思表示为前提,其是否与其他方式产生的遗产管理人享有和承担同等的管理权利和义务等。尤其是在遗嘱只处分了部分遗产的继承中,若遗嘱执行人只对遗嘱所涉遗产有管理权限,就会出现遗嘱执行人与遗产管理人并存的现象,此时二者对公告搜索继承人、清偿遗产债务等权限如何分配,亦是疑惑所在。有学者指出,由于未对遗嘱执行人设立接受或者拒绝的催告程序,实践中难免出现遗嘱执行人迟迟不作出接受执行表示,导致遗嘱执行人职务形同虚设。[②] 显然,遗产管理人与遗嘱执行人的设立初衷都是有效管理遗产,但是二者在产生方式以及适用范围上均有差异。遗嘱执行人依据被继承人遗嘱指定而产生,主要适用于遗嘱继承,而遗产管理人的产生方式多样化,除遗嘱指定外,还包括其他多种方式,在法定继承和遗嘱继承中均可适用。[③] 笔者认为,为避免立法的重复,可以借鉴前述法国和瑞士的立法经验,规定除遗嘱有特殊约定外,遗嘱执行人享有与遗产管理人相同的资格要求以及权利和义务。但基于二者的差异性考量,有必要规定遗嘱执行人应在知道职责后10天内作出接受或放弃遗产管理的意思表示,未表示的视为接受,以保障遗嘱执行人的意思自治,彰显制度应有的自由价值追

---

① 参见陈苇、刘宇娇:《中国民法典继承编之遗产清单制度系统化构建研究》,载《现代法学》2019年第5期。

② 参见刘耀东:《论我国遗产管理人制度之立法构建——兼论与遗嘱执行人的关系》,载《广西大学学报(哲学社会科学版)》2014年第4期。

③ 参见刘春茂主编:《中国民法学·财产继承》(修订版),人民法院出版社2008年版,第416页。

求。另外,笔者建议同一案件中遗嘱执行人与遗产管理人的权限范围应该有所区分,遗嘱执行人仅就遗嘱指定的遗产享有管理权能,除此之外的遗产则按照遗产管理程序进行,但遗嘱执行人与全体继承人或者遗产管理人基于管理优化需要可以在保障不侵犯继承利益的前提下对权能行使予以协商。

(二)制度内部规则的再构

对于遗产管理制度的内部规则优化,其中有两项问题尤为值得关注与解决,一是遗产管理程序是否为继承的必经程序,二是遗产管理人的权利外观与权能界限问题。二者关涉该制度是否能与我国本土继承传统相融合以及能否在实践中积极推行与落实。

其一,遗产管理程序是否为继承的必经程序。《民法典》虽然未明确遗产管理的启动为继承必经程序,但第 1145 条规定“继承开始后……没有遗嘱执行人的,继承人应当及时推选遗产管理人;继承人未推选的,由继承人共同担任遗产管理人……”。此系列规定,尤其是“应当及时”推选遗产管理人,是否应理解为立法默许遗产管理启动为继承必经程序。如以此理解,《民法典》便赋予了继承人法定的遗产管理权利,这会让本已债务缠身或者试图挥霍遗产的继承人有了正当管理权。当该遗产为与在世父或母的共同房产或其他共有财产时,可能会侵犯在世父或母的继承权和财产所有权,还会使得老年父母老无所依、老无所住。显然,这与我国民间坚守的“父母一方在世不分家财”的传统继承习惯与家庭伦理相违背,[①]与《民法典》倡导的“家庭应当树立优良家风,弘扬家庭美德”的核心价值观理念相冲突。其实清末民初,我国立法者已然意识到遗产管理制度与本土继承传统以及家庭伦理相协调的重要性,《民国民律草案》第 1396 条规定,除遗嘱另指管理人

① 我国有学者组织了近年来中国十省市民众财产继承观念与遗产处理习惯的实证调查,近九成地区的继承习惯都是父或母一方去世后,遗产房屋不立即分割,而由该被继承人的生存配偶继续居住,待其父或母去世后继承人才进行此房的遗产分割。参见陈苇主编:《中国遗产处理制度系统化构建研究》,中国人民公安大学出版社 2019 年版,第 434 页。

外,继承人未定时"守志之妇"为第一顺位管理人,[①]尽管《民国民法典》未延续该规定,但规定遗产管理人选任要提请亲属会议,[②]隐性保留了"父母一方在世不分家财"的传统。而且域外诸多大陆法系国家遗产管理程序亦非继承的必经程序,而是在维护家庭伦理性与制度法律性相统一的前提下,有条件地赋予遗产管理程序的启动,如《德国民法典》规定继承人或遗产债权人依据法定条件向遗产法院申请遗产管理的命令,以此启动遗产管理程序,[③]除此之外,《日本民法典》第943～944条有关财产分离后遗产管理的启动[④]以及《瑞士民法典》第593～597条有关官方清算式的遗产管理程序,[⑤]亦是有条件启动的典型代表。进而言之,遗产管理制度并非简单的继受,而是在与本土继承习惯互动融合中发展,在面对遗产管理规则与我国家庭伦理及继承习惯无法有效融合时,应该作出调整,须在注重个体权益的同时兼顾家庭本位的整体主义,以合理实现制度的价值功效。为此,笔者建议,我国《民法典》遗产管理制度在适用时,可由继承权利人根据继承需要自由选择是否适用遗产管理程序,如因选任有争议或其他原因需要选择遗产管理程序,则有必要对遗产管理程序的启动作出一定的限制,规定继承人、遗产债权人以及其他有利害关系人启动遗产管理程序时,需基于遗产范围不明晰、遗产有被损毁或侵害风险、遗产分配有异议、遗产清偿有困难等正当理由。

其二,遗产管理人的权利外观与权能界限问题。遗产管理人的权利外观是遗产管理人执行管理任务时用以证明其身份和权利的外在表现形式。随着社会经济日益发展和财富积累复杂多样,遗产管理人在管理和分配遗产的过程中会涉及诸如房产、银行存款、股票、保险等多样化的遗产,无疑会牵涉以有效的身份授权与房地产登记管理部门、银行、理财机构、保险公司等进行民事活动的问题,此时如何证明遗产管理人的权利身份,保障其管理行为得以有效实现,是不得不面对的现实问题。此番我国《民法典》未对遗

---

① 此规定与此时期民间习惯亦相吻合,即家父死亡后母子同居家庭,母亲任家长,即使儿子成年,不涉及公法家务,家财仍常由母亲经管。参见[日]滋贺秀三:《中国家族法原理》,张建国、李力译,商务印书馆2017年版,第436－437页。

② 参见杨立新主编:《中国百年民法典汇编》,中国法制出版社2011年版,第373、517页。

③ 参见《德国民法典》第1981～1984条。

④ 参见《日本民法典》第943～944条。

⑤ 参见《瑞士民法典》第593～597条。

产管理人的权利外观进行规定,实践中遗嘱执行人能否直接以"遗嘱"为权利证明尚待确认,而其他方式产生的遗产管理人以何种权利外观行使管理权能,更需要立法回应。故笔者认为,可以借鉴前述《德国民法典》的规定,在法院或者公证机关设立专门的遗产管理人权利证明部门,满足合法条件的遗产管理人可以申请特定的管理权利证书,证书中列明其具体权限范围,以保障遗产管理人职责的落实,提高遗产管理效率。另外,对于遗产管理的权能界限,由于我国采取的是直接继承制度,即继承开始后,遗产的所有权直接归属于继承人所有,[①]这就意味着,对遗产享有所有权的继承人亦应享有对遗产的管理权限,这也是第 1145 条确认遗产继承人享有遗产管理权限的重要依据之一。但问题在于,当同一继承案件中如既有遗产管理人又有多个继承人存在时,遗产管理人的权限是否具有排他性,其他遗产继承人是否仍享有对遗产的处分和管理权利,遗产管理人和继承人的权限如何界定。如其他遗产继承人仍享有处分和管理遗产的权利,难免会导致遗产管理的混乱,影响遗产管理制度应有功能的发挥。为化解此问题,避免不必要的继承纠纷发生,笔者认为,可以借鉴《德国民法典》的规定,规定遗产管理人的排他权能,在遗产管理行为未完成之前,继承人以及其他遗产权利人的遗产请求权只能对遗产管理人主张。

另外,值得注意的是,我国《民法典》遗产管理制度的内部规范设置中仍有如下问题需要完善:一是增加遗产管理人的任职资格。遗产管理人关涉遗产有效管理与分配,而管理人的执业能力是重要影响因素。故有必要规定遗产管理人必须为完全民事行为能力人,同时在选任时应该对专业管理能力、是否有不良经济记录或者其他执业能力缺陷进行全方面考察,以保障遗产管理人有效地履行职责,凸显遗产管理的效益价值。二是扩大兜底性遗产管理人的范围。虽然有学者指出,在城市中,民政部门基于职能优势比居委会更能胜任遗产管理人的工作,[②]但是,在当前城镇化不断深入的背景下,仅依靠民政部门作为城市无人继承遗产管理人,不仅加重其工作负荷,

---

① 我国《民法典》第 230 条规定:"因继承取得物权的,自继承开始时发生效力。"第 1121 条第 1 款规定:"继承从被继承人死亡时开始。"

② 参见杨立新:《我国继承制度的完善与规则适用》,载《中国法学》2020 年第 4 期。

而且难以保障遗产管理的效率。既然现有立法已赋予村委会管理人资格，并且《民法典》第101条又明确了居委会和村委会都具有基层群众性自治组织法人资格，因此为推进遗产的有效管理，亦有必要赋予居委会管理遗产的资格。三是明确遗产管理人履行公示催告债权人以及搜索继承人的职责。在《民法典》第1150条规定继承开始后只需通知其他继承人和遗嘱执行人而未要求通知债权人和受遗赠人的情况下，公示催告职责的未明确，难免会损害遗产债权人利益，无法有效实现遗产债权的公平清偿。故应增加遗产管理人公示催告债权人限期内申报债权的职责，如债权人怠于申报债权，则无法享有与已申报者的同时受偿权。另外，明确公告搜索继承人的职责，可结束继承人有无不明的状态，弥补立法中未经过无人承认继承的程序就直接规定遗产为“无人继承又无人受遗赠”的缺憾，[①]达到与《民法典》第1160条规定的无人继承又无人受遗赠遗产处理相互衔接的目的。四是明确遗产管理人的诉讼担当。虽然《民法典》第1147条兜底规定遗产管理人可以实施与管理有关的行为，但是诉讼担当须是具有实体权利义务法律关系的归属人，当遗产无人继承或者继承人均放弃继承时，在我国立法未采用“遗产法人说”的情况下，诉讼担当论难以成立。[②] 因此，需要在立法上作出特别授权，规定遗产管理人有起诉应诉的权利。五是增加遗产利害关系人救济性权利的规定。我国《民法典》没有如域外国家立法般赋予遗产利害关系人在继承人出现侵吞、转移、藏匿遗产等行为时行使请求遗产与继承人财产分离的请求分别权，亦缺乏对遗产权利人遗产清单异议的权利以及遗产债权人请求禁止分割遗产的保全请求权等救济性权利。为保障遗产管理的依法履行，限制私人自治在遗产继承领域的不当扩张，应增加上述救济性规定。六是增加遗产管理费用的规定。遗产管理费用是因管理遗产而产生的成本费用，属于遗产自身损耗，在性质上属于共益费用，为避免管理费用与遗产债权的清偿冲突，阻碍遗产的管理效率，应规定其优先于遗产债务清偿，[③]但是遗产管理人因重大过失或故意而支出的额外费用，不属于管理费用范畴，由

---

① 参见石婷：《民法典编纂中无人继承遗产处理的反思与制度重构》，载《北方法学》2019年第2期。

② 参见陈杭平：《论债务人的继承人放弃继承之程序进行》，载《现代法学》2020年第2期。

③ 参见石婷：《遗产管理制度研究》，群众出版社2017年版，第225页。

其自行承担。七是完善遗产管理终止的规定。《民法典》缺乏对遗产管理的终止规定,未能形成制度规则的系统性与闭合性。[①] 实践中,遗产管理会因管理任务完成而永久性终止,亦会出现因遗产管理人基于正当理由辞任或不当履职被解任等情况的暂时性中止。因此有必要对此作出规定,其不仅是制度体系化的需要,亦是对遗产管理人自由辞任权的保障,同时能达到监督遗产管理人、维护权利人利益的目的。

① 参见王歌雅:《〈民法典·继承编〉:制度补益与规范精进》,载《求是学刊》2020 年第 1 期。

我国遗产管理人职责研究

梁　琳　张婷娟*

摘　要　自1985年《继承法》颁布以来，我国经济、文化和社会以惊人的速度发展，取得的成就举世瞩目。个人财产和财富总量快速增长的同时，法律未能及时就快速变化的实际情况作出修改，适合当时实际情况的有些规定已经不再适应现时的实际。2020年颁布的《民法典》以问题为导向，直面社会发展中出现的新情况，有针对性地规定和完善了遗产管理人制度。但遗产管理人制度在遗产管理人的职责方面仍存在欠缺之处，如遗产清单制度和公示催告债权人职责内容不完善、职务终止事由欠缺以及遗产管理人失职行为的责任承担方式不健全。完善遗产管理人职责的内容确有必要。

关键词　遗产管理　遗产管理人　遗产管理人职责

一、我国《民法典》中的遗产管理人职责规定

遗产管理人的职责是指法律规定遗产管理人应当完成的工作任务，其实质也是遗产管理人的作用所在。我国《民法典》从第1145条至第1149条

---

* 梁琳，兰州大学法学院副教授，研究方向：婚姻家庭法；张婷娟，兰州大学法学院硕士研究生，研究方向：婚姻家庭法。

对遗产管理人制度进行规定,其中第 1147 条与第 1148 条就遗产管理人职责具体内容和违反职责所应承担的法律责任进行了规定。

《民法典》第 1147 条规定了遗产管理人应该履行的职务范围,包括清点遗产并制作遗产清单、告知义务、妥善保管遗产、债权债务的实现与清偿、剩余遗产的分配工作以及与遗产管理相关的其他必要行为。根据《民法典》第 1148 条的规定,遗产管理人应当以合格履职人的态度履行遗嘱或者法律规定的职责,因故意或者重大过失造成他人损害的,应当承担民事责任。按照反面解释,遗产管理人对于因一般过失造成损害不需要承担责任,这一规定意在保障遗产管理人的独立性以及履行职责的最大可能,促使其认真负责并且敢于履行职责,保障遗产管理工作的顺利完成。《民法典》设置的遗产管理人应履行的职责内容与失职行为的法律责任设置,补充了遗产管理的立法空白。遗产管理人制度通过选任专业、中立的遗产管理人履行遗产管理职责,有利于遗产的管理和保存,避免遗产的损毁和灭失,遗产管理人通过清理被继承人的遗产并分类制作遗产清单,即可明确遗产的范围,最大限度地保存遗产的应有价值。遗产管理人职责的规定有利于保护继承人的合法权益,有利于保护债权人的合法权益。遗产管理人通过制作遗产清单,将遗产与继承人的财产实现分离,避免了继承人隐匿、私自转移遗产情形的发生;通过遗产管理人公开、公正地进行遗产债权债务的清偿和实现,遗产的管理、收集和处理,所有处于同等地位的债权人才可能不分大小、先后地公平受偿。

二、遗产管理人的法律地位与遗产管理职责的关系

遗产管理人的法律地位决定了遗产管理人职责的来源和性质。明确遗产管理人法律地位的性质,是构建完备的遗产管理人制度与开展遗产管理工作的前提。分析其职责的来源,能进一步明确遗产管理人的权利、义务及法律后果,维护继承人与遗产债权人利益的平衡。

(一)遗产管理人法律地位的学说类型

法律地位是民事主体进行民事行为所享有的权利和义务,遗产管理人的法律地位即遗产管理人依遗嘱或法律规定参与遗产管理关系中享有权利

和承担义务的职责。但是遗产管理人制度产生之后,迄今为止,争论多年的遗产管理人法律地位还未确定,仍旧存在代理说、信托关系说、法定任务说等三种观点。

1. 代理说

代理说又分为“被继承人代理人说”“继承人代理说”“遗产代理说”。“被继承人代理人说”认为,当被继承人指定遗嘱执行人时,遗嘱执行人受被继承人的委托,成为被继承人的代理人,主要是按照遗嘱(被继承人的意思)来管理和处理遗产,清算被继承人的债权债务,不能违背被继承人旨意或独立按管理人自身意思来执行遗嘱,不受其他人意志或行为的干预;被继承人是遗产的所有者,其享有的财产所有权本身就有权决定遗产的归宿。当被继承人未指定遗嘱执行人时,继承人或法院指定的遗产管理人也必须遵照被继承人的意志来处理遗产,其他人并没有、也不可能有对遗产处理的意思。遗产管理人管理和处理遗产行为的结果均由遗产来承担。“继承人代理人说”认为,遗产管理人是将来确定的继承人的代理人,遗产管理人受遗产所有人即继承人的委托,是继承人的代理人,“遗产代理说”认为遗产管理人作为遗产法人的代理人,履行管理、清算遗产的职责,实现清算的目的,将遗产拟制为人,是特殊的法人,遗产管理人为法人的法定代表人,所以又被称为法人主义说。与遗嘱执行人被视为被继承人的代理人不同,日本民法根据情况变化来确定遗产管理人的法律地位,在继承人有无不明时,遗产被拟制为法人,遗产管理人被视作法人的代表,法人成立的目的为法定代表人的职责,即遗产的管理及清算;若确定有继承人且其未放弃继承时,法律拟制的法人当作不存在,但不影响遗产管理人在此期间履行职务的效力。①

2. 信托关系说

信托关系说是指被继承人将遗产信托于管理人,管理人为被继承人的人格代表人。该说为信托法理较为发达的英国首先采用,后为英美法系国家,如加拿大、澳大利亚等国所沿用。被继承人死亡时,其财产所有权一分为二,对于普通法上的所有权即移转给遗产管理人,而衡平法上的所有权则转移给了受益人。遗产管理人自行、直接依据普通法上的所有权来管理和

---

① 参见《日本民法典》第951条、第955条。

清算遗产,不需要他人的授权。

3. 法定任务说

法定任务说认为遗产管理人应当依据遗嘱的内容或法律规定履行遗产管理职责,按照法律规定不偏不倚地执行遗产管理人的职责,即认为遗产管理人不是代理人的身份,而是在履行法定的遗产管理、清算的义务。[①] 遗产管理人因履行其职责而享有遗产的管理权、处分权以及分配权。[②]

(二)我国遗产管理人法律地位界定

从上述遗产管理人法律地位学说的类型可以看出,三种学说各有利弊,"被继承人代理说"这一学说有相当的合理性,遗嘱的执行实际是财产所有人对财产处分权的行使,只不过是委托他人进行。这一学说也注意到遗产管理人与被继承人之间的委托关系与一般的委托代理关系存在差别,因而只是准用有关委托代理的法律规定。但无法自圆其说的是,遗嘱的执行只有在立遗嘱人死亡后才进行,按照委托代理法律制度的规定,委托人死亡时,代理就自动终止,如不终止就等于承认死者在民法上的主体资格,也具有人格,但是自然人的民事主体资格始于出生终于死亡。"继承人代理说"解决了被继承人死亡出现的种种问题,似乎能克服前一学说的短处。继承开始后,遗产权利转移给继承人,遗产管理人是为继承人的利益而管理遗产,因而应当是继承人的代理人。但是这一学说也存在问题,当清偿遗产债务时,继承人实际并没有财产权利可言;当继承人放弃继承时,其并不属于继承人,在遗产上的权利和义务自动消灭,此时的遗产管理人若为继承人的代理人理应退出。当无人继承遗产的情形出现时,若认为遗产管理人为继承人的代理人,无继承人,委托人一职缺位,委托关系难以成立。"遗产代理说"的问题在于,遗嘱中虽指定了遗产管理人,但未必就指定继承人来担任遗嘱执行人,可以将遗产全部捐赠给社会公益事业等,还可以授权遗嘱执行人决定遗产的去向,在此情况下,将遗产拟制为法人来处理,尚不够完善。

信托关系说基于遗产可以在权利人死亡时相对独立于被继承人、继承

---

① 参见郭明瑞、房绍坤、关涛:《继承法研究》,中国人民大学出版社2003年版,第131页。

② 参见郭明瑞、房绍坤:《继承法》(第2版),法律出版社2004年版,第166页。

人、债权人或受遗赠人等利害关系人的原理，而交由遗产管理人独立地依法处理。被继承人死亡后，其财产全部交给中间人，即死者的代表人，遗嘱执行人或遗产管理人作为信托人，管理和处理遗产，偿付遗产债务。而从我国法律传统和立法精神来看，我国的遗产强调的是被继承人与继承人之间的关系，从古代的宗祧继承、嫡长子继承制，到现在的强调按亲疏远近来划定遗产继承的顺序等，都说明在我国遗产并不属于独立的一部分。从上文遗产管理人与遗嘱信托受托人的区分可知，信托关系说并不能界定我国遗产管理人的法律地位。

因此，在讨论我国遗产管理人的法律地位时，应更多从《民法典》的立法理念和精神出发，强调其公平、秩序、效率、自由以及中立专业的法律取向，联系遗产管理人的产生和职责内容的规定予以明确。依据上述利弊分析，《民法典》视域下遗产管理人的法律地位应采法定任务说更有说服力。因为遗产管理人依据法律规定产生，履行法定职责，失职时承担法律责任，基于职责法定性的特征，遗产管理人更应处于一种中立地位管理遗产，才能更好地平衡各方当事人的利益，维护法律的公平公正。遗产管理人制度建立的目的就是使各方当事人的利益得到有效的平衡，减少遗产继承纠纷，遗产管理人依据遗嘱的内容或法律的规定履行职权，承担义务，其实质就是将法律的价值发挥到极致，最终实现遗产管理人制度的功能和意义。

三、我国遗产管理人职责规定中存在的问题

采取遗产管理人任务说，针对我国遗产管理人职责方面规定考察还缺乏一些具体操作性规定，使得在法律适用中存在问题，有待完善。

（一）遗产清单制度尚未建立

《民法典》第1147条第1项规定遗产管理人负有清理遗产并制作遗产清单的职责，但并未就遗产清单的具体内容予以规定，导致制作遗产清单的主体、时间以及程序等方面存在空白，可能会导致限定继承原则因无相关制度的配合而成为摆设。制作遗产清单是限定继承原则得以成立的前提条件，没有遗产清单制度不仅可能会损害债权人的利益，还可能导致在共同继承时部分继承人的利益遭受损害。

若被继承人的遗产仅涉及部分房屋、存款且没有外债的情况,这种简单的遗产情况不制作遗产清单也可明了其范围和价值,此时遗产管理人的工作相对简洁,作为中立的第三方分割夫妻共同财产,按照遗赠扶养协议、遗嘱继承、法定继承的顺序分配遗产即可。但若遗留的遗产数额较多或巨大,涉及的遗产范围和当事人较多,不仅包括不动产、动产、债权债务等,还涉及股权、死亡赔偿金、虚拟财产、知识产权等情况时,遗产管理人或遗产占有人并不完全明了遗产的状况,就需要制作清晰明了的遗产清单予以辅助。虽然我国《民法典》明文规定了清理遗产并制作遗产清单的职责,但是立法囿于"宜粗不宜细"的原则,并未对其具体内容予以规定,因此,完善的遗产清单制度的缺少会产生诸如遗产管理人制作遗产清单的期限、遗产清单的内容及其要求、遗产清单的查阅权的享有者、制作不实遗产清单的责任承担等问题,这种情况下可能会导致遗产管理工作因须将上述事项的确定作为前置事项而过分拖延,时间和价值成本增加,增加遗产因人为或客观因素损毁和灭失的风险,亦不利于遗产利害关系人相关权益的保障。

(二)公示催告债权的职责内容缺失

我国《民法典》虽然对于遗产管理人制度进行了较为全面的规定,但是囿于"宜粗不宜细"的立法理念,仅规定遗产管理人有处理被继承人债权债务的职责,并未规定遗产管理人负有公示催告债权的职责;仅对继承人应当将被继承人死亡的信息及时通知受遗赠人和遗嘱执行人作出了规定,而未规定继承人应当将被继承人死亡的事项及时通知遗产债权人的义务,这无疑会对债权人的受偿权造成损害。虽然《民法典》已经明确了遗产管理人有制作遗产清单的职责,但是这对于遗产债权人的保护力度仍然有限,当继承人担任遗产管理人制作遗产清单过程中作出毁损、挥霍遗产的行为时,债权人难以获得救济。因此,为实现债权人利益的平等保护、保障遗产管理工作的顺畅进行,有必要将遗产管理人公示催告债权的具体内容予以明确,其中应涉及被继承人死亡、担任遗产管理人情况的报告,以及债权人申报债权的时间、期限、方式等。

(三)遗产管理人职责终止规定缺失

遗产管理人制度应当有始有终,有遗产管理人产生的规定,也应当有职责终止的规定。但是对于遗产管理人职责行为完成之后如何进行辞任或者在遗产管理过程中遗产管理人因不合理履行遗产管理职责,承担民事责任后,更换遗产管理人的事项并未进行规定。为确保遗产管理人制度更有效地发挥应有作用,应该将遗产管理人辞任和更换的具体情形进行明确规定。

一方面,对遗产管理人职责终止事由进行规定是自由价值的体现。若遗产管理人认为遗产管理相关工作偏专业、较烦琐,无能力继续履行遗产管理人工作时,我们应当允许其辞任遗产管理人身份,不能以牺牲遗产管理人的自由权来保护遗产权利人的利益,要保障其作为民事主体的选择权。另一方面,遗产管理职责的终止对遗产管理人履行职责的行为进行了规制,避免其滥用遗产管理人地位侵害他人权益,在此情况下,相关人可以依据该条规定对遗产管理人进行更换,重新选择适格主体来进行遗产管理工作。

因此,笔者认为应该对遗产管理职责的终止事由进行具体的规定,以保障各方当事人的利益。

(四)失职行为的追责制度不健全

我国《民法典》第1148条规定,遗产管理人违反职责造成他人损害要承担民事责任。当遗嘱执行人或继承人为多个人并共同担任遗产管理人时,应该共同履行职责还是将职责具体分配,其在违反职责时主要承担的法律责任属于何种形态,我国法律并没有明确,在法律规定模糊不清的情况下,就会有一些人利用法律的缺陷而逃避责任的承担,增加了债权人寻求法律救济的难度。

当遗产管理人的选任方式为遗嘱指定、继承人推选或担任时,会出现权责不明的现象。在被继承人仅指定一位遗嘱执行人或继承人只有一人的情况下,其承担全部的遗产管理职务且就其造成的损害全权承担责任,当然不存在责任不明确的情形;但是当继承人为二人以上时,相互之间的职责与责任承担就会出现问题,且若被继承人在遗嘱中指定的遗嘱执行人为二人以上时,相互之间的职务和责任承担方式都存在不明确的情形。当遗产管理人在履行遗产管理职责时未尽职尽责,造成损失的,要承担责任。[①] 我国《民法典》和相关司法解释并没有规定共同遗产管理人职责履行方式以及责任承担方式,既不利于权利人追究共同遗产管理人的法律责任,也不利于对已经履行义务或承担法律责任的部分遗产管理人权益的保护。

在遗嘱执行人或继承人共同担任遗产管理人时,对外承担责任的一方是否对另一部分未承担责任的遗产管理人享有追偿超过其责任承担范围的份额,是否也可以像多个担保人承担担保责任一样,在不明确责任承担份额的前提下,支付较多的人可以向支付较少的人进行追偿;对于一部分遗产管理人承担部分职责,另一部分遗产管理人是否在其履行职责时享有监督和异议权;若在履行职责的过程中,共同遗产管理人之一辞职,其只是对于其履行职责时的行为承担责任还是对于整个遗产管理行为承担责任等方面,我国《民法典》并没有对其进行明确规定,导致多主体共同担任遗产管理人时外部责任与内部责任的划分不明晰,损害部分遗产管理人及遗产债权人的合法权益,也不利于遗产后续分配工作的开展。

四、域外相关国家立法经验借鉴

(一)域外遗产清单制度之考察与评析

关于制作遗产清单的主体,主要分为三种情形:一是意大利所推崇的遗产清单的制作主体仅为继承人。[②] 二是制作主体可由遗嘱执行人、继承人或者公证员担任。三是由继承人之外的人担任遗产清单的制作主体。关于遗产清单的制作主体,日本法律的规定值得我国借鉴,即主体为继承人、遗嘱执行人。关于遗产清单的制作要求,上述国家将继承人作出限定继承的声明作为前置要件的规定值得我国借鉴,事先作出限定继承声明,有利于明确继承人清偿遗产债务的范围以及遗产债权人及时申报债权。制作遗产清单由专业机构的人即公证员或继承人作为见证人在场进行监督,保障清单内容的准确无误以及程序的正当性。

---

① 参见王改萍:《论遗产管理人民事责任的承担》,载《山西高等学校社会科学学报》2015年第6期。

② 参见《意大利民法典》第485条。

就遗产清单制作时间的确定分为两种：一种为法定期间，如法国、瑞士、意大利、日本；①另一种为指定期间（由法院进行指定），如德国。② 关于遗产清单的起算点以及期限，法国规定遗产清算的制作时间从继承人表示接受继承之日起开始计算，为期2个月。③ 日本对于制作时间法定期间的规定值得我国借鉴，法定期间的限定，有利于倒逼遗产管理人在规定时间内制作遗产清单，维护各方当事人的利益；且由于我国人口众多，若实行指定期限，不仅会导致遗产管理工作过分拖延，增加当事人的诉累，也会造成司法资源的浪费。就遗产清单制作的具体时间，瑞士、日本等国家所规定3个月的时间限制以及因特殊事由可以延长，延长时间不得超过3个月的规定，值得我国借鉴。我国学者也建议制作期间与延长时间为3个月。因为，对期限予以法律限定，可以避免因制作时间过长导致遗产因人为或客观因素造成的损害，有利于保护遗产债权人的合法权益以及保障交易的顺畅和安全。

一般来说，法国、德国等国家规定遗产清单应提交给法院。④ 就查阅对象而言，法国规定，遗产债权人和受遗赠人在提出证明文件后可查阅和复制遗产清单。⑤ 德国、瑞士、意大利等国家规定凡是遗产的利害关系人均可以查阅遗产清单，⑥且意大利还规定遗产利害关系人可就遗产清单享有异议权。⑦ 上述国家关于遗产清单提交和查阅对象的相同点为，都规定应将制作的遗产清单提交给法院；不同点为享有查阅权的主体，法国将其限定为遗产债权人和受遗赠人，且须提交证明文件才可查阅，但其他国家则规定遗产利害关系人均可以查阅，意大利还规定了异议权。上述遗产清单的提交对象为法院，因我国人口众多，可能会增加法院诉累甚至造成司法资源的浪费，并不符合我国国情。就遗产清单的查阅对象，法国的规定值得我国借鉴，法

---

① 参见《法国民法典》第790条，《瑞士民法典》第580条，《日本民法典》第915条、第924条，《意大利民法典》第485条。

② 参见《德国民法典》第1994～1995条。

③ 参见《法国民法典》第790条。

④ 参见《法国民法典》第790条第1款，《德国民法典》第1993条、第2003条，《日本民法典》第924条，《意大利民法典》第484条。

⑤ 参见《法国民法典》第790条第4款。

⑥ 参见《德国民法典》第2010条，《瑞士民法典》第584条，《意大利民法典》第495条。

⑦ 参见《意大利民法典》第498条、第505条。

国限定了遗产清单查阅的主体及设置前置条件,有利于更好地保障遗产利害关系人的利益,也能避免其他无关人员对遗产管理工作的干扰,保证遗产清单制作的真实、准确、及时。

域外遗产清单的效力包括对继承人的效力和对遗产债权人的效力。

对继承人的效力。其一,责任承担的前提为完成了遗产清单的制作。法国、日本等国都规定继承人须声明其为限定继承人作为遗产清单制作的前置程序,若继承人声明其为限定继承人且依法制作遗产清单,其仅以遗产价值为限对遗产债务承担有限责任。[①] 但德国、瑞士对继承人的有限责任规定又有所不同。德国规定,仅完成遗产清单的制作并不能完全保证继承人承担有限责任,还需启动遗产支付不能程序,其才承担有限责任,即以遗产价值为限承担责任。[②] 瑞士规定,完成遗产清单的制作后,无论继承人是否接受继承,其对遗产债务均要承担无限清偿责任,即以遗产和继承人的价值清偿遗产债务,但若继承人请求主管官厅进行遗产清算,则其承担有限责任。[③] 有多个继承人的,继承人之一制作遗产清单,其遗产清单的制作行为对其他继承人仍旧有效。[④] 其二,未按规定制作遗产清单的。法国、德国、瑞士等国都规定,不履行遗产清单的制作职责或未在规定期间内完成遗产清单的制作的,继承人要对遗产债务承担无限责任,不仅包括遗产价值,还包括自身财产。[⑤]

对遗产债权人的效力。若债权人在法定期间申报债权,法国、日本规定,处于同等地位的债权人按比例以遗产实际价值获得清偿。[⑥] 德国规定,其可就遗产价值受偿,也可就遗产和继承人的财产受偿。[⑦] 瑞士规定,债权人在此情形下以遗产价值和继承人的财产获得清偿。[⑧] 若债权人未在合理

---

① 参见《法国民法典》第 791 条,《日本民法典》第 929 条。
② 参见《德国民法典》第 1975 条、第 1990 条、第 2009 条。
③ 参见《瑞士民法典》第 589 条。
④ 参见《德国民法典》第 2063 条。
⑤ 参见《法国民法典》第 792－1 条第 1 款,《德国民法典》第 1994 条,《瑞士民法典》第 586 条。
⑥ 参见《法国民法典》第 796 条,《日本民法典》第 929 条。
⑦ 参见《德国民法典》第 1975 条。
⑧ 参见《瑞士民法典》第 589 条。

期间申报债权,法国规定,其债权视为自动消灭。[①] 日本规定,其可就已申报债权清偿结束后的剩余遗产获得清偿。[②]

上述关于域外遗产清单的效力的相同点为:除瑞士、德国外,其他国家都规定制作遗产清单的,继承人以遗产清单载明的遗产价值为限对遗产债务承担有限责任。法国、日本等国家规定完成遗产清单制作的,继承人以遗产清单记载的遗产为限对债权人承担有限责任,对我国具有借鉴意义,如此规定有效地平衡了继承人和遗产债权人的利益,体现了法律的公平价值。债权人及时申报债权的,以遗产价值为限按比例或份额获得清偿;未及时申报债权的,则可以剩余遗产获得清偿。该两项的规定对我国具有借鉴价值。因为若债权人未及时申报债权即视为其债权自始不存在,不利于对遗产债权人利益的保护,如此规定,既能督促债权人按时行使权利,也能在保障遗产债权人债权请求权的实现。

(二)域外公示催告债权职务内容考察与评析

1.域外公示催告债权职务内容考察

《法国民法典》规定,遗产管理人负有公示催告债权人在规定期间申报债权的义务。未在法定期间申报债权的债权人,只能对剩余的资产主张权利。[③]《德国民法典》规定,遗产管理人享有公示催告的职权,其应当在担任遗产管理人后通过公示的方式告知遗产债权人被继承人的死亡情况,并催告其在合理期间进行债权的申报工作。但是超过合理期限(于继承开始后5年)主张债权的行为,视为债权不存在,但若该债权为继承人事先知情或者已经进行过申报的除外。[④] 但是仍旧存在不受公示催告程序影响的债权人,比如优质债权人:享有担保的抵押权人、质权人或者法定留置权人等,其享有优先受偿的权利。

《魁北克民法典》规定了较为完备的遗产清算人制度。只要是完全民事

---

① 参见《法国民法典》第792条。

② 参见《日本民法典》第935条。

③ 参见《法国民法典》第810-7条、第810-9条。

④ 参见《德国民法典》第1959条、第1970条、第1978条、第1980条、第1985~1986条、第1993条、第2012条、第2205~2206条、第2215条。

行为能力人,无论是个人,还是经法律许可管理他人财产的法人,均可担任遗产清算人职务。[①] 遗产清算人应依法编制财产清册,并公告给利害关系人查询,遗产清算人有向利害关系人汇报管理账目的义务,还需根据财产情况,确定清偿方案,根据清偿顺序和比例,对遗产进行清偿、分割和分配。[②] 并对遗产清算人公示的方式和内容进行了相关的规定。[③]

2. 域外公示催告债权职务内容评析

关于遗产管理人的公示催告债权人职责,大陆法系有些国家进行了相对比较详细的规定,其相同点为遗产管理人应在合理期间催告债权人申报债权;对未在法定期间及时申报债权的后果规定不一:法国规定,超期即只能以剩余遗产价值获得清偿,但德国规定若继承人对该债权人的债权知情的情况下,其未在法定期间进行申报并不影响其债权的清偿,不知情的情况下,超期即视为不存在。在催告主体方面,遗产管理人是催告主体,对于超期申报的,则只能就剩余遗产价值主张权利,对我国具有一定的借鉴价值。因为被继承人、继承人或法院选任遗产管理人的目的即完成遗产的清偿和分配工作,且遗产管理人负有处理被继承人债权债务的职责,所以应由遗产管理人对债权人进行催告;行为人应积极行使权利,在法定期间未及时申报权利的,视为权利的放弃,待已申报债权清偿结束后,若有剩余遗产,则可予以清偿,若无,则无法得到清偿,法定期间以及后果的设置,即督促权利人积极行使权利,避免遗产管理工作过分拖延,造成遗产损耗等情况。

(三)遗产管理人职务的终止事由之考察与评析

1. 域外遗产管理人职务终止事由考察

域外国家关于遗产管理人的终止事由主要分为两种立法模式,一种将

---

① 参见孙建江、郭站红、朱亚芬译:《魁北克民法典》,中国人民大学出版社2005年版,第102页。

② 参见《魁北克民法典》第836条。

③ 《魁北克民法典》第795条规定:"财产清册的编制完成,应通过登记确定被继承人的身份和表明利害关系人查询财产清册的地点的通告,在债权和动产物权登记簿中公示。上述通告也应在被继承人生前最后已知地址之地流通的报纸上公示。"第796条规定:"清算人应将编制完财产清册的通告登记和可以查询财产清册的地点通知继承人和尚未行使其选择权的相续人、特定遗赠的受遗赠人和已知债权人,如方便,应向上述人员传送财产清册的一个副本。"

遗产管理的终止分为暂时中止和永久终止;另一种并未区分遗产管理的终止类型。

遗产管理的终止事由分为暂时中止和永久终止。以意大利、法国为例,但是具体情形不一。《意大利民法典》对遗产管理永久终止事由的规定主要有:因继承人接受继承而终止;因遗产管理人在履行职责的过程中出现失职或丧失信誉的行为时,司法机关可依申请解除其职务。对暂时中止的规定为:当遗嘱执行人符合上述两种情形被卸任时,遗产管理暂时中止。[①] 而《法国民法典》对于永久终止事由的规定则是:已经完成债务的清偿和剩余遗产的分配工作;没有遗产可供执行;没有继承人时,国家占有遗产,收归国库。暂时中止主要为:在未明确继承人时,遗产管理人的职权由接受继承的继承人承担;规定遗产管理人有履职期限时,期限届满;出现法律规定的重大事由时,如遗产管理人死亡或丧失行为能力,利害关系人可申请法院将其辞退。[②]

未区分遗产管理的终止类型。以德国、日本、英国为例。《德国民法典》规定,在没有遗产可供执行时;资不抵债时或者遗嘱执行人自行辞职、因某些事由被解除职务、死亡或丧失行为能力时,遗产管理工作终止。[③]《日本民法典》规定因遗产没有人继承而产生遗产管理人,此时若继承人出现且承认继承时,遗产管理终止;因履行职务不负责或出现其他正当事由,可向法院申请解除其职权;遗嘱执行人也可根据正当理由向法院申请辞职等,其职务终止。[④] 英国法律规定的遗产管理终止事由为:遗产管理工作的担任者放弃其职权或向法院申请解除其职权;完成遗嘱或法律规定的遗产管理工作。[⑤]

2. 域外遗产管理人职务的终止事由评析

上述国家对遗产管理人职务的终止事由采取两种立法模式进行规定,笔者认为,比较法上具体划分永久终止和暂时中止的立法模式存在一定的

---

① 参见《意大利民法典》第511条、第711~712条。

② 参见《法国民法典》第810-12条、第813-7条、第813-9条。

③ 参见《德国民法典》第1988条、第2225~2227条。

④ 参见《日本民法典》第956条、第1019条。

⑤ See Section 35, Probate and Administration Ordinance1991; Section 23, Administration of Estates Act 1925.

问题:划分标准模糊化。《意大利民法典》通过区分遗产管理人的担任主体对永久中止和暂时中止进行了划分,这种区分主体的划分方式在我国并不适用,对于不同的担任主体实行不同的对待方式有违平等原则的贯彻。而《法国民法典》通过遗产管理过程中出现的具体事由进行划分,虽有一定的借鉴意义,但是暂时中止因中止事由消灭而自行恢复,但继承人为使遗产管理工作尽快完成一般会选择更换遗产管理人而不是等待,所以划分的意义不大。相对于具体划分立法模式,未具体划分立法模式更具有操作性,其终止事由的具体规定,有利于对遗产管理人的管理行为进行监督,督促其以管理自我事务的态度履行遗产的管理工作,并且有利于保障遗产管理人的自由抉择权,所以该未具体划分模式下终止事由的规定对我国具有一定的借鉴价值。

(四)域外遗产管理人失职行为的追责制度之考察与评析

1. 域外遗产管理人失职行为的追责制度之考察

当遗产管理人未尽到善良管理人的注意义务,造成损害的,应当承担损害赔偿责任,该责任是侵权责任,遵循过错责任原则。域外立法对于多人担任遗嘱执行人或继承人共同担任遗产管理人的责任承担方式,大多规定为连带责任。

2. 域外遗产管理人失职行为的追责制度评析

德国等国家规定在有多名遗嘱执行人或者遗产管理人的情形下,其承担的责任为连带责任,但是被继承人在遗嘱中另有说明的除外;其之间争议的解决方式为多数决。这对于我国推动相关立法和处理法律纠纷提供了参考依据。当被继承人在遗嘱中指明每个遗嘱执行人应该承担的职责范围时,遗嘱执行人只需要负责其职责范围内的事项,若没有明确区分或由继承人担任遗产管理人,则要承担连带责任,这种责任承担方式的规定,保障了被继承人自由意志的充分实现,也有利于督促遗产管理人履行遗产管理任务。责任的明确分配和争议解决方案的确定,避免损害出现时遗产管理人相互推诿的情形,促使遗产管理工作高效完成,具有一定的借鉴意义。

五、我国遗产管理人职责之完善建议

(一)构建完备的遗产清单制度

处于中立、专业地位的遗产管理人对遗产清单的制作,便于遗产与其他财产的分离,包括与继承人和遗产管理人自身的财产的分离。只有将遗产专门列示出来,制作出相应的清单,才能使利害关系人明了遗产的具体情况,才能做到对遗产“有数可查”。遗产清单的制作有利于利害关系人核对遗产的真实、准确情况,由于死者的继承人、债权人等利害关系人一般对死者较为了解,其死亡后遗产的情况应与其生前的投资、经营和生活状态基本相称,遗产管理人制作的遗产清单有利于他们回忆、核查和衡量遗产的真实情况。遗产清单的制作还有利于监督遗产管理人的工作,遗产管理人工作的内容、效率、质量等,可以从遗产清单的制作上有相当的反映,最后将清单公布给利害关系人,有利于对其工作进行评价与监督。

遗产清单制度的具体内容包括遗产清单的制作主体、制作要求、制作时间、效力以及查阅对象。

遗产清单的制作主体与制作要求。根据《民法典》第1145条对遗产管理人的选任可推知,当遗嘱执行人、继承人、被继承人生前住所地的民政部门或村民委员会等担任遗产管理人时,其即为遗产清单的制作主体。遗产管理人应当在继承开始后,遗产分割前将被继承人死亡情况告知遗产债权人、受遗赠人等遗产权利人,并催告遗产权利人在法律规定的期间及时申报债权,其遗产清单的制作应由两名无利害关系人担任见证人或聘请两名无回避关系的公证员见证并全程录音录像,制作完成后,制作人、见证人或公证员应在每一页签字或盖章,以保证遗产清单制作的真实、准确、程序正当。遗产清单的内容应将被继承人的债权、债务按照种类、数量、价值或到期日期等分门别类进行制作。

遗产清单的制作时间。遗产清单应当自继承人或遗产管理人知道或应当知道被继承人死亡之日起或继承开始时起90日内完成,存在遗产数额巨大、涉及种类多或制作难度大等特殊原因,经遗产管理人、继承人或遗产债权人等遗产利害关系人申请,法院视情况决定是否延长,但延长的期限不得超过90日。

遗产清单的查阅对象。遗产清单制作过程中,继承人可随时了解遗产情况,在制作完成后,遗产管理人将副本交给继承人,方便其了解遗产状况并及时作出决定;遗产利害关系人可通过借条等有效证据查阅遗产清单。在查阅过程中遗产利害关系人有权对疑惑的部分提出疑问,遗产管理人应及时予以解答;对制作有误的部分其有权提出异议,遗产管理人应及时进行核查,若确有误,应向提出异议人说明情况,并在30日内进行补正,补正后,遗产利害关系人可再次进行查阅;若遗产管理人并未对异议作出应对,异议人有权向法院提起诉讼来维护其权益。

遗产清单制作的效力。遗产清单的制作效力分为对继承人的效力和对遗产债权人的效力。在遗产清单制作完成后,若继承人并未在法定期间作出是否放弃继承的决定,则其应以遗产清单记载的遗产价值范围承担遗产债务清偿责任;遗产清单的制作在继承人之间存在同等效力,继承人存在多人,共同推选一人担任遗产管理人的,该继承人制作的遗产清单,对其他继承人同样有效。遗产管理人在遗产清单的制作和债权申报期间,不得为任何的清偿行为,已经进行的清偿行为无效。遗产债权人应在通知或公告的合理期间及时申报债权,及时申报债权的,以遗产清单记载的遗产受偿,未及时申报的,若遗产清偿完毕之后仍有剩余遗产,可以该部分遗产进行清偿。

当继承人担任遗产管理人时,继承人故意制作不实或虚假遗产清单的,其不再享有放弃继承与否的选择权,也不再仅以遗产价值为限承担有限责任,而应当对被继承人的债务承担无限清偿责任。继承人之外的人担任遗产管理人故意制作不实遗产清单,对继承人或遗产债权人造成损害的,其应承担损害赔偿责任。

非故意制作出不实遗产清单的,应当允许遗产管理人在规定期间内对遗产清单进行补正,损害已经发生的,遗产管理人应当承担损害赔偿责任,并重新制作遗产清单。

(二)增设公示催告债权的职务内容

实现债权、清偿职务是遗产管理人在任职期间应当履行的职责之一。然而,遗产管理人将被继承人死亡的情况以及其担任遗产管理人的事项及时通知债权人,并提醒其在合理期间进行债权的申报工作是遗产管理人履行该项职责的前提条件。公示催告债权人能够使遗产管理人充分了解被继承人的债权债务情况,以更好地进行遗产的管理。但是此次《民法典》并没有规定遗产管理人负有公示催告债权的职责以及具体内容,将会导致债权债务人因为距离远或信息闭塞,对于被继承人的死亡状况不知情,从而错过了债权的申报,导致其债权可能无法得到清偿。①

遗产管理工作开始时,应及时通知相关权利人,包括被继承人的债权人、债务人、受遗赠人和继承人。通知债权人和受遗赠人及时申报债权债务和受遗赠的情况,及时催收被继承人的债权。关于通知的具体程序,一些国家或地区的做法可供借鉴。(1)通知的发出主体:自行清算的,通知可由遗产管理人发出;②经法院诉讼程序委任遗产管理人的情形,则由法院发出通知。(2)通知的形式:上述主体应以电子邮件或公告的方式书面向遗产债权人发出催告其申报债权的通知。但是能以电子邮件等多媒体的方式通知的,不能以公告的方式代替,公告应当是在穷尽其他方式无法通知的情况下采取的方式,否则,遗产管理人会被认定为不尽职,将来要为未及时申报债权的债权人负责。③ 公告通知一般是在公开发行的报纸上刊登,根据遗产利害关系人分布的实际情况以及遗产的规模,选择合适的全国性或本地区的报纸刊登公告。

关于公示催告的期限。从域外立法例来看,公示催告债权人申报债权的期限为1年。我国学者认为继承人和遗产管理人在知道继承开始后,应当于3个月内公示催告债权人。④ 我国《民法典》对遗产管理人的公示催告职能并未作出规定,公示催告应以一定的时间为限,否则会导致遗产管理工作过分拖延,也会造成其他恶意侵权行为的出现,但是对期限的规定应以遗产价值的大小进行初步判断,而后给予遗产管理人充分的自由裁量权,进行期

---

① 《民法典》第1150条仅规定继承开始后,知道被继承人死亡的继承人应当即时通知其他继承人和遗嘱执行人,债权人并不在通知之列。

② 参见《日本民法典》第957条第1项。

③ 参见[英]F. H. 劳森、[英]B. 拉登:《财产法》(第2版),施天涛等译,中国大百科全书出版社1998年版,第210-211页。

④ 参见梁慧星主编:《中国民法典草案建议稿附理由——侵权行为编·继承编》,法律出版社2004年版,第251页。

间的灵活变通:(1)遗产数量少的,应限定债权人于 60 日内进行债权的申报。有特殊原因迟延申报的,说明理由后,由遗产管理人申请法院进行认定该理由是否正当、合理,并对结论进行解释说明。对于遗产管理人知晓的债权人的部分,可以不经过此程序,用确保其可以知悉的方式给其发送申报债权的通知,要求其在收到通知之后 15 日内进行债权的申报。(2)遗产数量多且目前难以确定债权人的状况的,在 60 日的基础上进行一定期限的延长,但是一般不得超过 6 个月。

对于未在法定期限内申报的债权人,一般均视为该债权人放弃债权,只能就已申报债权清偿完毕后的剩余遗产获得清偿。但是,对于遗产管理人事先知情的债权人,虽发出通知仍未按时来申报财产权利,是否还对剩余遗产享有分配权,学界存在肯定说、否定说和折中说的不同见解。肯定说认为,虽然遗产管理人已知债权人,但其收到了相关申报权利的通知,就应当按照通知行使,否则就应当承担相应后果;再有,权利人也可以放弃权利,既然不作申报,就应与申报的权利人有所区别,否则申报的工作因缺乏积极性而过分拖延;因而,未按时做申报的债权人应在按时申报的债权受偿后,有剩余遗产的,再对其进行清偿。自然地,如果前述债权人实现权利后,无剩余财产或剩余财产不足时,这类债权人就会有所损失。否定说却认为,催告和申报的目的是使遗产管理人得知债权人权利的情况,既然遗产管理人已知债权人的情况,就应当不论是否申报均同等对待,不能剥夺已知权利人的权利;如日本民法,就对遗产管理人不能将其知情的未进行债权申报的债权人排除出清偿的序列。[①] 折中说则认为,应在限定继承与无人继承两种不同情况下区别处理。在限定继承之下,已知而未及时申报债权仅就剩余遗产清偿;而无人继承的情况则应与其余债权人同样受偿。[②]

为了维护遗产清偿工作的严肃性和高效性,无论遗产管理人是否知情,被继承人的债权人盖应在接到通知或于公告期限内进行债权的申报,无论是在法院进行,还是当事人自行开始的遗产清算程序,均以申报的债权为

① 参见《日本民法典》第 1057 条第 2 项。

② 参见史尚宽:《继承法论》,中国政法大学出版社 2000 年版,第 376 - 378 页;林秀雄主编:《民法亲属继承争议问题研究》,台北,五南图书出版社 2000 年版,第 3030 - 3060 页。

准,未予以及时申报的债权将被视为其主动放弃权利,这种情况可以类似于行政许可。行政相对人具有提出行政许可申请的资格,但若没有按时向行政机关提出申请,则不会获得该证书或执业资格。只有这样才便于遗产清算工作顺利进行,否则,不及时进行债权申报的债权人与自动放弃债权的债权人无法进行区分,导致程序的混乱,也会损害一些当事人的权益,遗产管理人预留给债权人的债权其迟迟不来领取,长期的遗留和等待使案件无法了结;给这类债权人同样分配债权,给清偿程序的公平性带来挑战;其他依法申报债权的人未受到鼓励,将不便于清算和遗产管理人的工作;此外,在未申报的债权人中,又区分为已知和未知的债权人,人为地区分了债权人,清偿时不能公平对待全体债权人,也会增加遗产管理人的工作负担,这样的遗产清偿程序必然招致债权人的非议。所以债权人若未在规定期间申报债权,则视为其自动放弃权利,只能在已申报债权获清偿后,再视遗产价值情况决定是否予以清偿。

在公示催告期间届满前,遗产管理人对债权人、受遗赠人交付遗产,不发生法律效力。期间届满,确定了遗产债务的范围后,遗产管理人应根据遗产的收集情况,按一定顺序清偿被继承人的债务并进行剩余遗产的分配工作。从《民法典》第1159~1163条的规定可以看出,遗产清偿顺序是:首先给缺乏劳动能力又没有生活来源的继承人留有特定的遗产价值,以保障该继承人的基本生活需要;其次为被继承人所欠税款和债务;最后为遗产的分配。按照法律的现有规定进行清偿存在一定的问题:遗产管理人的费用和报酬如何支付,顺序如何;被继承人的丧葬费用是否可以列入遗产债务系列。

我国《民法典》规定遗产管理人可以根据遗嘱或法律规定获得报酬,但是没有规定遗产管理人的报酬是由谁来支付,如果从遗产中支付,顺序如何;如果是继承人受领遗产后支付,遗产管理工作烦琐复杂,遗产管理人可能为确保遗产管理工作的顺利进行,提前垫付的费用由谁承担等。遗产管理人因遗产管理活动有获得报酬和请求其支付费用的权利,所以其报酬和费用应以遗产价值支付。遗产管理的费用应该优先受偿,只有这样,才能对遗产管理工作的效果得到确保,亦能保证遗产管理工作的顺利完成。

至于被继承人的丧葬费用是否列入遗产债务,存在两种不同的观点:一种观点认为,遗产最终是属于继承人的,丧葬费用亦属于遗产债务,应当由遗产来承担;另一种观点认为,丧葬费用应该由其继承人来承担,因为这是一种孝行的表现,所以不管继承人是否表示放弃继承,都应承担该项费用。笔者认同第一种观点,因为丧葬费用的产生是为被继承人的利益,维护其生前的风采以及身后的体面,供被继承人亲友吊唁、纪念。故该费用应从被继承人的遗产中扣付,若清偿债务后无剩余遗产时,则该丧葬费用应由继承人承担,人数较多的按比例分担。

综上,遗产债务的清偿顺序应该是:特留份、税款、遗产管理人的费用和报酬、债务、剩余遗产份额的分配。

(三)丰富遗产管理人职务的终止事由

《民法典》中遗产管理人职务的终止事由规定的缺位,不仅会导致遗产管理人罔顾民事责任的承担,为了个人利益损害他人利益的情形出现,而且当遗产管理人死亡或者丧失行为能力时,不规定其终止事由,遗产管理的工作就会搁置,无法继续进行。因此,应未雨绸缪,尽快完善遗产管理人职务的终止事由。

1. 遗产管理人职务自然终止

要担任遗产管理人,须有一定的资格限制,虽然我国《民法典》并没有对遗产管理人的资格作出明确的规定,但是根据我国民事法律规定的原则和精神,遗产管理人应为完全民事行为能力人。在任职资格方面,域外立法经验有许多可供借鉴的地方,比如日本、德国、法国、英国等都对遗产管理人的任职资格根据本国国情进行了一定的限制。① 所以我国遗产管理人的任职资格应当为完全民事行为能力人,其遗产管理职务自然终止的情形如下所述。

遗产管理人死亡或者丧失行为能力时,遗产管理职务自动终止。首先,根据《民法典》的规定,自然人的民事行为能力始于出生,终于死亡,在遗产

---

① 《日本民法典》第1009条规定未成年人及破产人不能担当遗嘱执行人。《德国民法典》第2201条规定遗嘱执行人在就职时为无行为能力人或限制行为能力人,或依照第1896条为处理其财产事务而获得照管人的,遗嘱执行人的任命不生效力。参见《法国民法典》第1028条、第1030条。英国法律规定未满21周岁不具有完全行为能力,但已经结婚的男女则具有行为能力。

管理人死亡后,其民事行为能力消失,则相应地也不具备担任遗产管理人的资格,所以,应自动终止。其次,未成年人不具备完全民事行为能力,处理自身事务尚受到限制,需要法定代理人或监护人的帮助,如果担任遗产管理人,需要开展一系列民事法律行为,其所为的民事行为的效力若因行为能力而受到影响时,该民事法律行为的相对人利益将会受到损害,相应的民事法律行为也无稳定性可言。且《民事诉讼法》规定未成年人由其监护人或法定代理人参加诉讼活动。由此可见,未成年人既无民事行为能力,亦无民事诉讼行为能力,并不具备担任遗产管理人的资格。最后,与未成年人相同,精神病人也属于无或限制民事行为能力人,其民事行为和民事诉讼行为均需法定代理人或监护人的帮助,因而无论是不能辨认自己行为还是不能完全辨认自己行为的精神病人,均不具备担任遗产管理人的资格。当遗产管理人死亡、成为无民事行为能力人或限制民事行为能力人时丧失遗产管理人资格要件,其遗产管理职务应自动终止。

完成遗产管理工作。完成遗嘱或法律规定的清理遗产、实现债权、清偿债务以及最后将剩余遗产分配给继承人时,遗产管理工作完成,遗产管理的职务自动终止。

无遗产可供执行。遗产管理人清理遗产时发现,被继承人并没有留下遗产,也就没有展开遗产管理后续工作的必要;或者因地震、洪涝等的地质灾害的发生,导致遗产如不动产或动产灭失,在无遗产这一任职要件时,遗产管理人的职务无载体可供履行,遂自动终止。[①]

此外,有学者认为职务的自动终止事由还包括在遗产管理人管理无人继承遗产时,继承人出现后,其管理职务也就自动终止。[②] 但笔者认为该项不应成为遗产管理人职务的自动终止事由,在无人继承遗产的情况下,继承人的出现与遗产管理人承担管理职责并无冲突之处,遗产管理人制度的出现,就是为了实现债权、清偿债务、分配遗产,有无继承人,并不影响遗产管理人的履职行为,反而更有利于其进行遗产的处理工作。

---

① 参见石婷:《遗产管理制度研究》,群众出版社 2017 年版,第 228 页。

② 参见张玉敏主编:《中国继承法建议稿及立法理由》,人民出版社 2006 年版,第 22 页。

2.遗产管理人自行辞职

遗产管理工作烦琐、复杂,涉及当事人众多,要尽到总揽全局,协调各方的责任,基于此,应允许遗产管理人在认为自己能力不足,不能胜任遗产管理工作时,享有辞职的权利。域外国家都规定了遗产管理人可以自行辞职,但是辞职时是否要具备法定事由规定不一,日本规定要具备法定事由才可;[①]但德国并没有此种限制。[②] 是否应具备法定事由,我国学者建议稿中也有所涉及,认为遗产管理人自行辞职的条件有两个:出现法定事由时;经当事人同意。[③] 但是当遗产管理人产生情况是第三种情形,即民政部门或村委会担任遗产管理人时并没有自行辞职的权利。[④] 在此,笔者认为遗产管理人为遗嘱执行人或继承人担任的,该遗产管理人的选任基于被继承人或继承人之间的意思自治,当其具备正当理由向继承人提出辞职申请时,应当准许。而为妥善解决无人继承遗产或继承人均放弃继承的情况,设置由被继承人生前住所地的民政部门或村民委员会担任遗产管理人不仅有利于避免社会财富的流失,还能最大限度地保障遗产的传承,所以在此种情形下,遗产管理人不能自行辞职。

3.遗产管理人被辞退

我国《民法典》规定,遗产管理人应以忠实、谨慎、认真的态度履行职权,因此,其在履行职权的过程中出现不作为、故意或重大过失造成相关当事人损害的不仅要承担民事责任,还应规定利害关系人可以提供相关证据向法院申请免去其遗产管理人的资格,法院经审理核实证据,应作出判决;在辞退后,须重新选任遗产管理人履行遗产管理任务,并释明其违反规定需承担的责任和后果,被辞退的遗产管理人要与继任者做好职务的交接工作,确保遗产管理工作的顺利衔接。但是相关利害关系人辞退实施不当行为的遗产管理人时须经法定程序,其并不享有也不能私自行使辞退权,要依法向法院

---

① 《日本民法典》第1019条规定,管理人不积极履职,或存在其他合法原因时,当事人可以请求家庭法院撤销其资格。

② 参见《德国民法典》第2226条。

③ 参见王利明等撰稿:《中国民法典学者建议稿及立法理由——人格权编·婚姻家庭编·继承编》,法律出版社2005年版,第626页。

④ 参见王利明等:《民法学》(第6版),法律出版社2020年版,第1022页。

提出辞退申请,并及时选出新的遗产管理人,避免遗产管理工作被搁置。

综上所述,遗产管理人职责履行完毕后,无论是其他人担任遗产管理人还是由继承人担任遗产管理人,任何任职的遗产管理人在职责终结时,都应当向其他相关人员报告其工作内容,并与下一任遗产管理人完成遗产管理的交接工作。

(四)健全遗产管理人失职行为的追责制度

遗产管理人在履行职责过程中因故意或重大过失对他人造成损害的,应承担损害赔偿责任,包括返还财产、恢复原状、赔偿损失等。对遗产的共同管理行为,以遗产管理人在遵从被继承人意志和法律规定的条件下,自觉进行遗产的管理行为为基础;而共同管理行为所体现出的意志,既是个人意志的体现,也是保障遗产管理工作顺利进行的基础。① 参照域外立法,为厘清多人担任遗产管理人之间的责任承担方式,可通过司法解释的形式对我国《民法典》予以完善。在厘清共同担任遗产管理的责任承担方式时,我们应遵守权利义务相一致的原则,明确其职责的划分。

首先,若存在合法有效的遗嘱,且遗嘱中对遗嘱执行人之间的职责进行了分别的规定,那么遗嘱执行人即遗产管理人应该按照遗嘱的规定承担相应的职责,此时,其只需要承担起职责范围内产生的法律责任,无须对超出职务范围的行为承担责任。这样规定既明确了各个遗产管理人的职权范围又界定了其责任依据,促使其认真负责遗产管理工作,提高效率。因为民法的特点就是充分尊重民事主体的意思自治,有约从约,被继承人在遗嘱中对遗产管理人的职责进行一定的区分,充分体现民事法律行为的自由价值,所以依据遗嘱的规定履行职权,承担责任,符合权责一致的立意。

其次,若不存在合法有效的遗嘱或者遗嘱中没有明确限定遗产管理人的履职范围,继承人或遗嘱执行人共同担任遗产管理人应该共同承担遗产管理职责,对因履职行为造成的损失承担连带责任。若规定共同遗产管理人单独承担责任,则难以区分造成损害的责任主体,以及责任承担份额的大小,反而增加执行的成本和难度。所以建议我国采取在没有明确各个遗产

---

① 参见王歌雅:《〈民法典·继承编〉:制度补益与规范精进》,载《求是学刊》2020 年第 1 期。

管理人应承担的职责时,应共同享有职权,共同承担责任,且对该责任承担连带责任,其之间也享有内部追偿权的方式。共同遗产管理人也可以发挥其主观能动性,彼此之间通过制定相关约定以明确职责的划分、承担责任的方式(大小、比例)以及追偿的范围等来履行遗产管理职责,其合意也可以通过向法院备案或者向公证机构申请公证以保证真实性和可供执行性,并为此提供诉讼的依据。对于有多个遗产管理人的情况下,个别遗产管理人的行为将对其余遗产管理人的行为或责任产生约束力。例如,当一个遗产管理人将被继承人的一项财产出售,其出售行为对同意出售的遗产管理人有效;又如,某一个遗产管理人依法应诉后,其诉讼中的行为应对其余遗产管理人均具有效力。

最后,当遗产管理人之间对于遗产管理工作产生分歧时,应采取多数决的形式予以解决,这样规定既能避免诉累,又能避免遗产管理人之间出现严重争执,导致遗产管理工作陷入僵局的情况。关于争议的解决方案,我国学者主张采用多数决的方式予以确定。① 在争议解决时若无法达到表决的人数要求,则意味着遗产管理工作出现了僵局,这时需要寻求法院的帮助,决定是解除部分管理人的职务还是对于争议事项进一步明确,以确保管理工作的顺利进行。

六、结语

随着社会的发展,人民生活水平不断提高,财富的保有量持续上升。为实现遗产的保值增值,保证遗产的合理分配,维护家庭的和顺永续,新时代对于遗产管理人的中立性和专业性提出了更高的要求,在实务操作中更加趋向于寻求专业人士的帮助(比如深圳律师协会出台《律师担任遗产管理人操作指引》;学者对于公证机关、律师、社会服务机构担任遗产管理人的研究),充分发挥家事调解委员会的功能,妥善处理遗产继承相关纠纷,维护各方当事人利益的平衡。因此,在这种情况下,更加需要设立相关的法律制度对此行为加以规范,以维护当事人的合法权益,维护社会稳定。

---

① 参见杨立新、杨震:《〈中华人民共和国继承法〉修正草案建议稿》,载《河南财经政法大学学报》2012 年第 5 期。

《民法典》增设遗产管理人制度的规定不仅是立法上重大进步,而且是对学界多年来现实需要的切实回应。遗产管理人制度作为遗产继承中实用性较强的程序性规则,在遗产债务清偿程序中起着至关重要的作用。通过平衡保护遗产继承人与遗产债权人的利益,防止或减少被继承人的债权人与继承人与遗产相关的纠纷,一方面使财产顺利易主,另一方面使债权债务得到清偿,最终达到降低权利变动影响、保持法律关系稳定和维护交易安全等目的。我国《民法典》通过5个条文,对遗产管理人的产生、职责等方面进行了相关规定,但是对于职责内容,因其偏原则性的规定而产生的法律适用问题,还有待通过出台相应司法解释的途径予以完善。本文通过对遗产清单、公示催告债权具体内容的完善以及对职务终止事由和失职行为的追责制度予以健全,以期达到各方当事人利益的平衡,遗产的公平分配,家庭和睦、社会稳定的目标。